日本政治学会 編

民主政治と政治制度

年報政治学2009−Ⅰ

木鐸社

はじめに

　民主政治が機能するために，政治制度は不可欠の役割を果たしている。民主政治において，国民，政治家，官僚，マス・メディアなどのアクターたちはそれぞれの目的を追求して活動するが，政治制度はこれらのアクターたちを関係づけたり，行動の選択肢を制限したりして，政治的帰結に対して影響を及ぼす。また，制度の成り立ちや変化，あるいは，制度改革は，比較政治学における政治過程分析のみならず，政治史や政治思想史の分野にもわたってきわめて重要な研究対象である。

　本特集号では，「民主政治と政治制度」について，現代政治学（現代政治分析，政治過程論，現代日本政治），日本政治史，比較政治（アメリカ政治）の分野から，多角的に分析を行った。

　「民主政治と政治制度」の研究は，政治制度が民主政治の機能にとっていかなる影響を及ぼすかを探求し，分析する。制度の影響に焦点を当てる研究は，一般に新制度論アプローチと呼ばれ，本特集号の研究もそうした学術的背景の中に位置づけられる。このアプローチにおいて，アクターは，特定の制度的コンテクストの中で，さまざまな最終結果に対して優先順位をつけることのできる選好を持ち，可能な最終結果の中でもっとも好ましいものを得るためにふさわしい行動を選択するものとして分析される。この時，制度はアクターの行動の選択肢を制限する制約条件であり，アクターの目的や選好形成自体には影響しないとするのが合理的選択新制度論であり，ある程度まで影響すると考えるのが歴史的新制度論である。いずれにせよ，このアプローチは，制度がアクターの行動の選択肢に制約を課したために，結果が影響を受けるというフレームワークである。こうして制度の機能・効果が，分析される。本特集においても，民主政治における重要ないくつかの政治制度の機能・効果に焦点を当てて分析を行う。

　しかし，制度が政治的行動や政治過程に影響を及ぼすというだけでは，分析としては不十分である。なぜなら，上述の分析枠組みだけでは，制度は，所与のものとして外生的にアクターを制約するだけの存在としてしか

捉えられないからである．したがって，そうした機能・効果を持つ制度がそもそもどのように形成・創設されたかを明らかにしなければならない．そうするとき，制度が，制度によって制約されるアクターたち自身によって形成されるという内生性が問題となる．制度→アクターへの影響という因果関係に加えて，アクター→制度形成という循環的な因果関係の分析も本特集号の研究の重要な課題である．

　制度の形成に関するもっとも有力な説は，形成時に決定的な役割を果たしたアクターにとってもっとも効用の大きい制度が選択されたとする．しかし，この有力説にはピアソンが強力な批判を提起している（Paul Pierson, *Politics in Time: History, Institutions, and Social Analysis*, Princeton University Press, 2004）．ピアソンは，制度の形成・創設は，現在の制度の機能・効果から推測するべきではなく，それ自体が重要な歴史的実証研究の対象であると主張する．

　制度には多様な効果がありえ，制度設計者が目的達成に効果的な制度より社会的に適切な制度を選択することがあり，制度設計者が長期的効果より短期的効果を優先することがあり，また，制度設計者が意図しないものが制度の主要な効果となることもある．そして，制度をとりまく社会環境やアクター自身も時間とともに変化する．これらの要因は，すべて，制度の効果と制度設計者の意図との関係をより複雑なものにする．したがって，現在の制度の効果を説明する上で，制度設計者の意図は，それほど大きなウェイトを持たない．そこで，制度研究は，制度が時間的経過とともに変化するダイナミックなプロセスの重要性を認識する必要がある．

　本特集の研究では，「民主政治と政治制度」について，多様な政治制度と政治アクターの相互作用のダイナミックスを，民主政治の機能に焦点を当てて分析する．この研究を進めるために，まず，共通する研究分析課題を設定する．
(a)政治制度は民主政治の機能にとってどのような影響・効果を持つか．
(b)政治制度がどのようにして形成・創設されたか．それが，政治制度の効果にどのような関連性を持つか．

　これらの課題を具体的に分析するために，次の政治制度に注目する．
(1)戦前日本の政治制度として，内閣成立をめぐる制度ルールとしての「憲政常道」および1925年における中選挙区制の導入を取り上げる．

(2)現代日本の政治制度として，選挙制度改革の効果と有権者の評価および国会における内閣不信任制度を取り上げる。
(3)選挙制度の効果に関する一般的法則であるデュベルジェの法則を取り上げる。
(4)比較政治学の観点から，分割政府を取り上げる。
　以下，個別に研究を概観する。
○村井良太「近代日本における多数主義と『憲政常道』ルール―政権交代をめぐる制度と規範―」
　1920年代後半から1932年までの日本政治において，「憲政の常道」とよばれる政権形成ルールが成立していた。このルールは，多数党内閣が倒れると少数党に政権が移るというものであり，衆議院の多数党がつねに政権を担当する多数主義が貫徹されてはいない。村井論文は，この「憲政常道」ルールがいかに形成され，失われていったかを，首相選定者，政党政治家，および社会の言説を手がかりにして分析する。そして，多数主義を貫徹しない憲政常道論が単に元老の恣意という問題ではなく，社会において支持され，意味があったことを主張する。
○奈良岡聰智「1925年中選挙区制導入の背景」
　奈良岡論文は，1925年の衆議院の選挙法改正を取り上げ，中選挙区制は，なぜ，どのように導入されたのかを分析する。そして，護憲三派内閣の与党が相討ちを避け，地盤を維持するための妥協の産物だったとする従来の説明に加えて，その背景にあるより長期的な思潮の変化と改正を主導した憲政会の意図に焦点を当てて，第一次大戦後の政党政治と選挙制度の関わりについて掘り下げた分析を提示する。
○山田真裕「衆議院選挙制度改革の評価と有権者」
　山田論文は，1994年の衆議院における選挙制度改革およびそれに伴う2大政党制化の傾向が，有権者にそれ以前よりも強い政治的疎外感や選挙の機能に対する不満をもたらしているかどうかを問い，選挙の集計データの分析および有権者の投票行動調査の分析を行う。そして，有効候補者数の減少に現れる2大政党制化は，政党が擁立する候補者数の減少および有権者の側の投票率の低下の双方によってもたらされたことを指摘する。他方で，有権者調査からは，選挙結果に対する満足度，選挙の機能に対する評価，政治的有力感などの指標には有意な変化があるとはいえない。有権者

は，選挙制度改革と2大政党制化を相対的に肯定的に受け止めているということである。

○増山幹高「内閣不信任の政治学―なぜ否決される内閣不信任案が提出されるのか？―」

　増山論文は，戦後日本の国会において，多数党に支持される内閣に対して少数党の野党が否決されるとわかっている内閣不信任案を提出することを説明する理論を提示し，それを実際の立法データなどから検証する。従来の研究が不信任案を野党による政府の立法的な譲歩を引き出す立法的効用の観点から捉えていたのに対し，増山は，内閣不信任案を与党に否決させることによって，政府の政策的な責任所在を明確にする選挙的効用の観点を提示し，データ分析の結果，後者が妥当することを示している。

○福元健太郎「選挙制度の非比例性に対する機械的効果」

　福元論文は，デュベルジェの法則として知られる選挙制度の政党システムに対する効果のうち，機械的効果に焦点を当てる。福元は，まず，選挙制度の機械的効果を，より厳密な因果的推論によって定義し，さらに選挙制度を，総定数，選挙区定数，定数不均衡，得票の地理的偏り，前二者の交差効果，得票議席変換方式などの指標に分解する。次に，非比例性の指標として，新たに多項分布対数尤度比を用いるべきことを，確率論を用いて提唱する。そして，シミュレーションと1890年から2007年までの日本の国政選挙データを用いて，実際に選挙制度の非比例性指標に対する機械的効果を測定する。

○待鳥聡史「分割政府の比較政治学―事例としてのアメリカ―」

　待鳥論文は，アメリカを中心に進んでいる分割政府の研究を，比較政治制度論の観点から捉えなおして，分割政府の諸類型を提示したうえで，アメリカの事例を位置づける。そして，一般的に適用可能な仮説にもとづいて現代アメリカ政治における分割政府の特徴について検討を行っている。

　以上の特集の研究のために，本年報委員会は日本学術振興会科学研究費を受けている。

　特集に加えて，本号には，9本の投稿論文が収録されている。小川有美査読委員長を始めとする関係者に感謝したい。

　　　　　　　　2009年3月

　　　　　　　　　　2009年度第1号年報委員長　川人貞史

日本政治学会年報 2009‐Ⅰ

目次

はじめに　　　　　　　　　　　　　　　　　　　川人貞史（3）

〔特集〕　民主政治と政治制度

近代日本における多数主義と「憲政常道」ルール
　―政権交代をめぐる制度と規範―　　　　　　村井良太（13）

1925年中選挙区制導入の背景　　　　　　　　　奈良岡聰智（40）

衆議院選挙制度改革の評価と有権者　　　　　　山田真裕（62）

内閣不信任の政治学
　―なぜ否決される不信任案が提出されるのか？―　増山幹高（79）

選挙制度の非比例性に対する機械的効果　　　　福元健太郎（110）

分割政府の比較政治学
　―事例としてのアメリカ―　　　　　　　　　待鳥聡史（140）

〔論文〕

清水澄の憲法学と昭和戦前期の宮中　　　　　　菅谷幸浩（162）

国会法の制定
　―GHQの合理的行動と議院自律権の後退―　　梶田　秀（183）

1967年11月の佐藤訪米と沖縄返還をめぐる日米交渉　　中島琢磨（208）

小選挙区比例代表並立制の存立基盤
　　―3回の議員調査の結果から―　　　　　　　　濱本真輔（232）

自律性と活動量の対立
　　―コンピュータ・プログラム産業保護政策の所管をめぐる政治過程―
　　　　　　　　　　　　　　　　　　　　　　　　京　俊介（257）

政治的ネットワーク論における理論と実証の間隙
　　―「2つ」の社会学モデル―　　　　　　　　　白崎　護（279）

ドイツの分割政府と立法過程　　　　　　　　　　安井宏樹（303）

汚職と経済発展のパラドックス
　　―韓国朴政権下における官僚の合理的行動から見た試論―
　　　　　　　　　　　　　　　　　　　　　　　堀金由美（322）

利害対立と妥協のかたち
　　―カナダ連邦結成期における議員定数配分方式の転換過程―
　　　　　　　　　　　　　　　　　　　　　　高野麻衣子（345）

〔書評〕

2008年度　書評　　　　　　　　　日本政治学会書評委員会（364）

〔学会規約・その他〕

日本政治学会規約　　　　　　　　　　　　　　　　　　（384）

日本政治学会理事・監事選出規程　　　　　　　　　　　　　　　（386）

日本政治学会理事長選出規程　　　　　　　　　　　　　　　　　（387）

日本政治学会次期理事会運営規程　　　　　　　　　　　　　　　（388）

『年報政治学』論文投稿規程　　　　　　　　　　　　　　　　　（389）

査読委員会規程　　　　　　　　　　　　　　　　　　　　　　　（393）

Summary of Articles　　　　　　　　　　　　　　　　　　　　 （396）

民主政治と政治制度

近代日本における多数主義と「憲政常道」ルール
―― 政権交代をめぐる制度と規範 ――

村井良太[*]

はじめに――「憲政常道」という期待と予測

　本稿の目的は，1920年代に盛んに論じられた「憲政常道」論を手がかりに，近代日本における政権交代をめぐる制度と規範との関係を考察することである。戦前日本では1924年の加藤高明内閣成立から32年の犬養毅内閣崩壊まで政党内閣が連続した。その間，政権交代をめぐる規範として高唱され，現実を規定していると考えられていたのがいわゆる「憲政常道」論であった。同時代において多義的に用いられ，時期によっても内容を異にしていたこの言葉は大きく三つの意味で用いられた。すなわち第一に，普遍主義的観点から，憲法政治は議会政治であり，議会政治は政党政治であるとの大原則を示すもの，第二に主として政党政治家の行動規範として，憲法政治が議会政治であることを前提とした上でいかに行動すべきかという議論，そして第三により具体的にどの政権が選ばれるべきかという政権交代の指針としてのものである。ここでは第三の意味を中心に論じていく。

　第三の意味での「憲政常道」論については，元老西園寺公望の政治指導との密接な関係の下で論じられてきた。升味準之輔が「人格化されたルール」と呼んだように，「憲政常道」の中身を論じることは，西園寺の選定結果の意味を経験的に整理することと同義であったとも言えよう[1]。その中で興味深いのは，従来政党内閣か否かに注目が集まる中で，しかし単純に衆議院多数党が政権を組織していたわけではない点である。この事実について川人貞史は，「この時期には，二大政党の一方が政党内閣を形成し，政策的行き詰まりによって倒れた場合に他方の政党が次の内閣を担当すると

---

[*] 駒澤大学法学部教員　日本政治史

いう慣行が行われた。この『憲政の常道』は，衆議院における多数党による政権担当ではなく，政権を担当した政党が次の（しかし必ずしも政権交代直後ではない）選挙で多数党になるという点で，通常の議会制民主主義とはやや異なっていた」と述べて注意を喚起している2。多数をもつ与党の政権が倒れるとなぜ少数党に政権が渡らなければならないのか，すなわち政権交代をめぐってなぜ多数主義は貫徹されないのだろうか。

　本論に入る前に当時の首相選定制度について概観しておきたい。大日本帝国憲法のもと首相の選出は君主の任命によった。これは任命大権と呼ばれ，次の首相が誰かを議論することは「大権私議」であるとして批判の対象となった。しかし，君主が自らの判断によって首相を選ぶわけではなく，憲法上に具体的な選定手続きが定められていたわけでもなかった。憲法の制約下にある君主として適当な助言者に判断を求め，助言者による奏薦こそが実質的な選定行為であったのである。このことを端的に表す例として，例えば1932年に昭和天皇は逆に西園寺に自らの希望を伝えた。また1937年には天皇によって選ばれたはずの宇垣一成の組閣を阻止しようという運動が他ならぬ主観的な天皇支持者であったはずの陸軍内から起こされた。このことは，天皇・宮中官僚も，また社会も，首相選定が君主から自律的に行われていることに自覚的であったことを示している。

　その中で慣行化していったのが元老集団への下問であった。伊藤博文，山県有朋を筆頭とする元老達は，公卿出身の西園寺を例外として全員薩摩・長州両藩の出身者であった。彼らは明治維新とともに近代国家建設期に尽力した経験を明治天皇と共有し，陸軍や海軍，官僚，政党などそれぞれ異なる政治基盤と専門性を背景に，協議によって次の首相を決めていた。1901年に桂太郎を選出して以来彼らが首相となることはなく，選ぶ者と選ばれる者が基本的に分離した。しかし，このような事実の繰り返しによって定着を見た選定制度それ自体の手続き的正統性は天皇による下問と元老の権威に依存しており，天皇の政治利用が批判されたように必ずしも天皇の主体性が広く認識されていたわけでもなく，元老の権威も揺らいでいく中で，正統性を選定結果への評価に求めざるを得ない点で自律性の低い制度であったと言えよう。したがって衆議院における多数派形成の可能性とともに，後述するように選定結果が社会に許容されるかどうかもまた，元老の判断を拘束していた。そこに政権交代をめぐる社会的な規範意識の生

成と意義を論じる意味がある。

　以下，本稿では，ルールについて宮崎隆次の「政治主体相互間の予測と期待の体系」という定義を出発点として[3]，より広く社会における予測と期待を含めて論じていく。なかでも首相選定者，政党政治家，そして新聞記者や学者，評論家といった主として操觚者の言説に表れる社会の三者を対象として，ある制度下でこれら諸アクターの相互作用がもたらすダイナミズムを規範の消長に注目しながら跡づけていく[4]。「憲政常道」と呼ばれる予測と期待の体系は同時代の制度の中でどのように位置づけられていたのか。またいかに形成され，失われていったのか。そして政権交代をめぐる多数主義が貫徹されなかったのは単に元老の恣意によるものなのか，それともそこに何らかの意味が与えられていたのであろうか。

一　社会における期待の形成――多数主義と多数横暴批判の間で

　「憲政常道」という言葉は，憲法制定当初より一般に使われていたわけではない[5]。早い用例として1912年12月14日に政友会の院外団体が全国の政友会支部に送付した「憲政の危機に関する意見書」をあげることができる[6]。これは12月5日に政友会を与党とする第二次西園寺内閣が陸軍二個師団増設問題をめぐって総辞職に追い込まれたことを批判し，議員の奮起を促す檄文である。そこでは，「国民の信頼あり，議会の多数を擁する政治家が，国論を遂行せんが為めに内閣に立つは憲法国の常道也」と指摘され，政友会が「議会に於いて二百十有余名の絶対多数を有」していることを理由に「若し憲政の常道よりすれば我が西園寺内閣の生存は理勢上必然の事に属し，悠然として其の所見を遂行し得べかりしなり」と述べられている。そこでは多数主義の論理が強調されているのである。

　しかし，この言葉はすぐさま注目を集めたわけではない。檄文を報じた政友会の機関誌的新聞『中央新聞』記事においてすら，「立憲の大義」や「憲政の完美」「政界廓清」などが大活字であったのに対して，「憲政の常道」はそのような扱いを受けていない。さらに，10回に及ぶ元老会議の結果，内大臣を務めていた陸軍出身の桂が再び選ばれると，運動は党執行部の思惑をよそに尾崎行雄や犬養毅を偶像化しつつ民党連合の形で展開していく。そこでは多数党政権の正統性を主張する「憲政常道」論は後景に退き，より一般的に政党内閣の成立が主張され，「閥族打破」と「憲政擁護」が運動

の標語となった。いわゆる第一次憲政擁護運動である。

　他方で政権交代における多数主義の論理はそれに大きく先行していた[7]。1881年の大隈重信意見書では，すでに，「聖主ノ御親裁ヲ以テ議院中ニ多数ヲ占メタリト鑑識セラル、政党ノ首領」が首相に選ばれるべきであると明確に述べられている。しかし，憲法制定に際してこのようなイギリス・モデルは退けられ君主主義的なプロイセンがモデルとされた。この動きを主導した岩倉具視の意見書では，政権交代における多数主義は二つの理由から拒否された。すなわち，第一にイギリス流の議院内閣制が君主を「虚器」としてしまうことへの懸念，そして第二に漸進主義をとり，「行政長官ノ組織ハ専ラ天子ノ採択ニ属」すことが望ましいとの判断である。漸進主義が求められた背景として当面小党分立が予想される政党状況が強調された。1889年に制定された憲法では任命大権が制度化され，その現れが政党を認めつつも行政府が党派に左右されるべきでないとの超然主義であった。にもかかわらず将来的なイギリス流議会政治への期待が失われたわけではなかった。大隈は演説において，「憲法の妙は運用にある」ことから「政党内閣の制の如きは，憲法中に規定すべき筈のものにあらざれば固より明記しあらざれども，若し政党員にして皇帝陛下の御信任を得，併せて輿望の飯する所となりたらんには，政党内閣の実を見ること難きにあらざるべし」と述べたのである。そして事実において（すなわち法制上の変更を伴わぬまま）その方向に動いていく。1898年，憲政党という過半数を超える一大多数党ができると大隈を首班とする最初の政党内閣が成立した。この内閣を奏薦したのは憲法制定を主導し，当初超然主義を唱えていた伊藤であり，1900年には伊藤自ら政党を組織した。この政友会を西園寺が引き継ぎ，恒常的な多数党を背景に山県の後継者である桂との間で政権授受を繰り返したのである。

　1913年2月，第三次桂内閣が院外運動の圧力下に退陣すると，西園寺は元老会議に初めて同席を求められ，「将来は英国流に多数党政権を取る事となさゞるや，日本の国情にては此事如何」と他の元老達に問うた[8]。しかし，「英国流にも参らず」との反対に遭い，西園寺自らが海軍軍人である山本権兵衛を提案した。多数主義とは無縁の首相選定であったが，多数党である政友会の支持が求められた。その山本内閣が海軍疑獄事件に関連して再び院外からの批判を受け，倒れると，元老達は社会的に声望の高かっ

た大隈を選んだ。大隈は少数党政権として発足し，選挙で大勝した。
　この時期，多数党政権を求める議論とその批判とが鋭くせめぎ合う。大隈首相は議会運営に山県の協力を得たため，その後継者で陸軍軍人の寺内正毅との間で政権授受交渉を行った[9]。そこで大隈は「所謂多数政治ノ横暴ハ之ヲ許スヘキニ非サルモ，而モ議院ニ多数ヲ制シテ政務ヲ挙クルハ立憲国ノ常道ナリ」と衆議院に多数を占める与党の引き継ぎを求めた。これに対して寺内は「一党一派」ではなく「国民ヲ基礎」としたいと「挙国一致」の必要性を唱え，「党議ハ必スシモ輿論ニアラス」と衆議院多数党の党議であっても政権の従うべき輿論とは見なさなかったのである。そこで大隈は，退陣時の辞表で衆議院多数党である与党立憲同志会の総裁加藤高明を首相に指名するよう大正天皇に求めたが，山県の介入を受けて慣例通り元老が首相を選び，寺内が選出された。寺内内閣の後藤新平内相は，「横暴なる多数党の存在せるがため，比較的健全なる少数党ありといえども，後継の任に当たるべき大命を拝するあたわざるの事情ありし」と地方長官会議で訓示し，「不自然の多数」と「横暴なる多数党」を強く批判した[10]。
　寺内内閣のこのような形態と姿勢は「非立憲内閣」との強い批判を受けた。政治と道徳の諧調を重視し，政権交代をめぐる規範を強調したのが政治学者の吉野作造であった。吉野は政治の目的として「どうせ議会の意思を重んぜなければならぬものであるならば，議会に多数を占むる政党の領袖をそのまま挙げて政府に入れた方が捷径である」「政党内閣制は，甲内閣が倒れた時直ちに議会の新多数勢力を代表する乙後継内閣がこれに代るということによって，その妙用を発揮する」と主張した[11]。
　日本は1902年以来日英同盟を外交の基軸とし，英国が立憲君主制をとる強国であったことはモデルとしての輝きを増していた。日露戦争後には自由で民主的な政治社会現象が広がり始め，第一次世界大戦を挟んでこのような社会的雰囲気が首相選定にも影響していく。寺内内閣が米騒動などの内政要因で倒れると，1918年9月，衆議院第一党であり実質的に寺内内閣を支えていた政友会の総裁原敬を首班とする政党内閣が成立した。

二　野党の論理から政権交代のルールへ─期待から予測へ：1918-1927年

　原内閣から高橋是清内閣という二つの政友会内閣が成立する頃から「憲政常道」は盛んに論じられるようになる。原内閣は同時代でも初の本格的

政党内閣と歓迎された。与党政友会は1920年5月の第14回総選挙で過半数を占めた。1921年6月2日の『読売新聞』は「所謂憲政の常道（政権の合理的移動）」と題する社説で，「所謂憲政の常道からいへば，政友会内閣は衆議院に二百八十余名の絶対多数を擁してゐる。次の総選挙に於て此の絶対多数が破れないうちは，原内閣は形式上国民の信任を失はないといへる」との原則を論じつつ，しかし次のように多数の意味を問題にした。すなわち，「その民意は，官憲の力と運動費の力とによつて，常に政府を謳歌する形式に帰する」。そこで「多数の国民は，所謂憲政の常道を形式的に解釈して，政友会内閣が無限に延長することを容認するものでない。〔中略〕吾人は，成るべく憲政の常道が形式的にも行はれたいと希望するが，その結果は如上の通りとすればそんな名に毫末も執着を感ずる訳に行かない」と述べたのである。

このような多数党による永続政権への懸念は当の政治家にも意識されていた。原は山県と将来の首相選定制度を論じる中で，退陣する首相による指名案について，「政事家徳義を守りて其窮地に陥らざる已前に反対党に円満に政権を渡す様の慣習にても生じたらんには一応其辺の便宜を得る事なれども，退く者の推薦を必らず容れらるゝとせば自党を進めて永く同一党にて政権を専らにし，一時は他を圧し居るも其反動の起りたるときは即ち革命の不幸を見る事ならん，是れも考ものなり」と述べていた[12]。

他方で，第二次大隈内閣の与党三派が合同してできた野党憲政会は，「在野党」「反対党」を強調し，与野党間での政権交代を強く主張した。「是々非々」を唱えて寺内内閣下で党勢を回復した政友会に対して，「非立憲内閣」批判を続けていた憲政会は，少数党ではあっても，「政党内閣論ニ心酔」する新聞記者達からの強い支持を受けていた[13]。

原内閣が首相暗殺によって倒れると，元老達は様々な可能性の中から結局，政友会の高橋を選んだ。この時憲政会は，「憲政の常道と時代の潮流」を理由に，政友会内閣の継続か「反対党」である自党への政権交代を求めていた[14]。高橋内閣の成立によって事実として政党内閣が連続したことは社会における期待を高め，予測をもたらした。後に日米交渉に関わる外交官来栖三郎は1922年春のこととして，「その時分に自分は政党政治華やかなりし当時の事象が，そのまま永続し得るものであるかに考えた」と回想している[15]。

これに対して，おそらく先の憲政会や操觚者達の議論を念頭に，西園寺は，「憲政純理論とか常道とか云うて，政友会内閣が仆れれば憲政会に，又憲政会が可けなければ国民党と云ふ順に総理大臣を出さなければならぬと云ふが，私は政友会内閣と云ふも政友会の内閣に非ず，陛下の内閣と思ふ」とこのような政権交代論に批判的であった[16]。しかし同時に「憲政の常道又は純理論等は分らぬ議論と思ふが，兎に角今日は時勢の上より政党を基礎とせざれば内閣組織は六ヶ敷い」との認識を語っていた。

　このような期待と予測にも拘わらず，高橋内閣は党内の混乱から倒れた。高橋は多数を理由に党内での政権授受にも言及していたが，顧みられることはなかった。ここでアクターとしての新聞記者にも再度注目しておきたい。記者同盟会代表者連名の意見書「憲政常道ヲ確立スヘシトノ謹白」は元老松方正義に対して，「反対党の総裁」を奏薦し「政党交互ニ責任の衝に当る端を開」くことで，「過渡を円滑にし，帝国の政界に憲政の常道を確立する責任」を果たすよう求めた[17]。また1922年6月5日の『読売新聞』社説は，「正々堂々，謂はゆる憲政の常道に基き，綺麗薩張りと憲政会に引渡し，徐に再挙を企てるのが彼等の為に得策である」と述べている。

　しかし，元老が選んだのは海相であった加藤友三郎であり，6月12日，政友会の支持を得同内閣が成立した。以後，1924年に再び政党内閣が誕生するまで三代にわたって非政党内閣が連続した。この時，「憲政常道」論を掲げて政権獲得に努めていた憲政会は「憲政の逆転」を批判し，第三次桂内閣を退陣に追い込んだ大正政変のひそみに倣って憲政擁護運動をいうも，盛り上がらなかった。憲政会の唱える「憲政常道」論とは，党首加藤高明の言によれば，「一旦人心を失ひたる場合潔く反対党に譲り，反対党亦民意を失へば取つて之に代り，政権の授受が常に民意に基いて行はれ，大権は民意を参酌して発動するもの」であった[18]。そこでは首相選定が元老の恣意ではなく一定の基準に基づいて行われることを求めるとともに，「反対党」が強調されたごとく政策的な代替性が重視されていた。

　1922年6月13日の『読売新聞』は，「加藤内閣の出来上がる二三日前から，憲政常道論が疾風の勢を以て流行して居た。それは衆議院の多数党たる政友会が政府を投出した以上，政友会に次で多数党たる憲政会に政権の移るは当然であると云ふのである」と「憲政常道」論を説明した上で，「英国の下院の如く，我が衆議院が真性に民意を代表した立法機関であるならば，

高橋内閣の辞職したる場合，直に加藤子の出廬を見るべき順序であらうが，如何せん現在の代議士の多数は干渉，買収，情実等に依つて選出せられたものである。従つて英国の下院と本邦の衆議院とは同様に取扱ふことが出来ぬ〔中略〕衆議院のみの多数決で，内閣の更迭を決する時機には遺憾ながら我国情が未だ到達せぬのである。而も之は憲政完成の楼に上る階段として已むを得ぬであらう」とこのような過渡的内閣の成立を肯定している。吉野もまた，「憲政は政党政治でなければならぬ。故に一政党が失脚したとすれば他政党がこれに代るのが憲政の常道である」と同様の政権交代論を「形式上正しい」と述べつつも，「日本の今の政界では之が無難であり政党に即せざる此種の内閣の成立する理由もあり」と達観しており，併せて「さるにても醜きは政友会の輩也」と書き記している[19]。

このように沈滞期を迎えるものの，しかし三代の非政党内閣期に野党の論理としての「憲政常道」論の活発化と一定の訴求力が培われていく。この度の首相選定に際しても，元老松方は自らが望ましいと考える加藤友三郎が組閣できない場合には，少数野党である憲政会の加藤高明に政権が移ることを容認しており，与野党間での政権交代を重視する「憲政常道」論は首相選定上に一定の意味をもった。これに慌てたのは政友会であり，小川平吉は松方に対して「憲政常道」であれば多数党である政友会が筋であると書簡を送っている。そして加藤内閣が首相病死によって退陣すると，「各派各様の憲政常道論」が新聞紙上を賑わすに至る[20]。政友会は「大多数党たる我党こそ大命拝受の唯一の有資格者にして，憲政純理の帰結は当然我党に政権は落下すべし」と多数主義の立場に立った。これに対して憲政会は与野党間での政権交代を訴えた。しかし選ばれたのは海軍長老の山本権兵衛であり，次いで枢密院議長の清浦奎吾であった。吉野は清浦内閣の成立に，「政党者流は所謂憲政常道論を振り翳して下院に於ける多数党（最大多数党又は其の失脚せる場合には次位の多数党）に当然組閣の大命の降るべきを説くも，之は理論上にも実際上にも未だ確乎たる原則となつて居ない。僕一己の意見としては，理論上所謂憲政常道論に賛するも，我国の政党が其の当然の発達を為して居ない所から，今日俄かにこの理想論を文字通りに行はねばならぬとするの説を執らざる」と述べている[21]。

沈滞したこのような状況を打開したのは他ならぬ政党政治家達であった。政友会と憲政会は第二次山本内閣下で提携を始め，清浦内閣が成立すると

政友会の大分裂を伴いつつ第二次憲政擁護運動を称して院外運動に乗り出した。そこでは「政党内閣制の確立」が掲げられた。多数党か反対党かはさておき，まずは政党内閣が求められたのである。第15回総選挙では憲政会が第一党となり，この結果を受けて，選挙管理とその結果に基づく政権移行に自らの政権の存在意義を見出していた清浦内閣は，議会での結着を求める西園寺の意思に反して直ちに退陣した。この時の首相選定には西園寺と平田東助内大臣が関わったが，もはや他に選択肢がないと考えられ，憲政会の党首加藤が選ばれた。1924年6月，第一次加藤内閣が「護憲三派」と呼ばれた憲政会，政友会，革新倶楽部の連立内閣として成立し，1932年まで続く政党内閣の先駆けとなる。1925年には男子普通選挙制度が導入され，併せて政治腐敗の温床と考えられた戸別訪問が禁止されるなど，選挙運動に関する規制が強化された。

　他方，松方の死によって西園寺が唯一の元老として残された。このことで首相選定制度は本質的な変化を遂げる。すなわち従来の元老協議方式が薩摩閥と長州閥に代表される体制内の多元性を前提として諸勢力間での均衡と合意を模索するものであったのに対して，唯一人の長老政治家が大局から均衡点を判断するものとなった。また最後に残されたのが彼であったことは興味深い。吉野は松方の死に際して「同侯の死に依て日本損益する所なし　有つて邪魔にならず（此点山県公とことなる）無くて惜しからず（此点西園寺公と違ふ）」と書き記している[22]。このことは当時の政権交代をめぐる期待が端的には西園寺の選択に対する期待であったことをうかがわせる。吉野は，1924年5月，選挙の結果が次第に明らかになる中で，「政府与党が絶対多数を獲ぬ限り，清浦組閣は直ちに辞職せねばならぬ。これに代るものは護憲三派の連合たるを当然の順序とし，その連合の破れたる時始めていわゆる第一党を以てする単独組閣が問題となる。憲政常道の要求するところは，かくの如くするの方途を措いて他にない」と「常道」の実現を求めた[23]。そして同時期に始まった東京帝国大学法学部での政治史講義では「憲政常道」を中心概念に据え，「緒論」において「今日ノ政治ヲ理解スルタメニ憲政ノ常道ト称スルモノヲ理解スルヲ要ス」と指摘し，「最善ノ知識ヲシテ政治ニ活躍セシムルト云フ目的カ乃チ憲政ノ常道ノ内容ナリ」と説明した[24]。

　その西園寺は平田内大臣と相談しながら次代の首相選定制度を考えてい

た。従来の元老協議方式は機能性，正統性，制度的安定性の面ですでに行き詰まりを見せており，元老の再生産による元老協議方式の継続，退陣する首相による指名，枢密院への諮詢，首相経験者などある役職者による協議，そして内大臣による指名といったいくつかの代案が議論されてきた。まず両名とも元老の再生産に否定的であった。また，ともに眼前の政党政治には確信を持ち得ない中で，内大臣を新たに選定に加えることで合意した。しかし内大臣の政治関与は「宮中府中の別」を乱すと批判されてきたため，平田は内大臣の相談相手をあらかじめ準備しておきたいと考えたが，西園寺は将来的な相談先を定めなかった。そこで新たに内大臣となる牧野も首相選定のあり方や内大臣の相談先について検討を続けたように，元老以後の首相選定制度としてはなお不完全なものに止まった。

　こうした中，尾崎行雄は1925年9月に刊行された『政治読本』の中で，多数主義の立場から問題提起を行っている。「所謂る憲政の常道とは，総選挙に勝つた党派が政局に立ち，敗けた党派は，野に下つて反対党となり，以て他日民心再び其党派に帰向するを待つと云ふ政権移動の法式である。世間には往々所属議員の多少に拘らず，内閣交迭の場合は，反対党から後任総理を挙げるのが，憲政の常道と考へる人もあるが，それは思ひ違ひである。苟も選挙で多数を失はない限りは，反対党に内閣を渡す必要はない。〔中略〕政権を握つてから，多数を得るのではない，多数を得てから，政権を握るのである」[25]。にもかかわらず尾崎の議論もまた多数主義貫徹の全面肯定ではない。問題はここでもやはり選挙であり，「若し選挙民が常に政府党に加担すること，我が国の現状の如くであれば，一たび政権を得た党派は，内訌に依て分裂する乎，首相が病死する乎，暗殺せられる乎，或は内乱暴動等の起らざる限りは，何時までも多数を得て政権を維持し得る筋合となる」と選挙民の事大主義に一つの原因を求めた。

　現実政治では連立破綻に伴う閣内不統一によって内閣が退陣すると，新たに憲政会のみを与党とする第二次加藤内閣が成立した。先の政権末期，野党政友本党の総裁床次竹二郎は両にらみで臨んでいた。すなわち，「政党純理論より行けば政憲内閣の仆るゝ時は当然反対党たる我党に大命降下すること勿論」であり，他方，「若し元老等に於て政党の首領を除き中間内閣を奏請する場合は必ず政憲両党の内閣の反対者たる我党に提携又は連立の相談あるべきことは火を睹るよりも明か」と考えたのである[26]。この時，

政友会と政友本党は提携を申し合わせ，多数派を誇示する意味であろうかすぐさま西園寺に打電している。

ところが，西園寺は牧野内大臣と協議し，憲政会の政策が未だ「輿論ノ支持」を失っていないこと，依然「政党中最多数ヲ占メ」ること，そしてその態度が「立憲的」で「世論」の「是認」が見込まれることを理由に再び加藤を選んだ。このように一般的な理由で再び加藤が選ばれたことは，西園寺がこれまで忌避してきた憲政会を統治政党の一つとして承認したことを意味する。また，牧野が「一般に御尤もの御聖断と拝するを疑はず」と述べたように，宮中官僚はこの後も大権の発動が道理に適うと見られることを重視した。さらに，このとき牧野が「政党の世の中ゆゑ反対党の床次が順かも知れませぬが床次では何うも」と前置きしたように，首相選定に際しても「憲政常道」が意識されていたことは興味深い[27]。

次いで，議会開会中の首相急死を受けて加藤内閣が退陣すると，臨時首相代理を務めていた若槻礼次郎が首相に選ばれた。若槻は加藤の後を継いで憲政会の総裁にもなっている。吉野はこの政変を「憲政常道の当然の成行として喜ぶべきものである」と評価した[28]。さらに吉野は1926年9月に「西園寺公の元老無用論」を著し，「若槻が退けば，憲政会に次ぐ大政党たる政友会の田中総裁が之に代るべきだとか，又は政友会と政友本党とを左右両翼に率ゐて下院の過半数を制し得べき人物が仮りにあつたとすれば，其の人にやらせるも面白いといふのは，皆是れ民間の下馬評に過ぎず，その評判が如何に盛であつても，之れで後継内閣がきまるのではない。下院の形勢に基き，その多数を制し得べき者がお召に預つて，陛下より新内閣組織の大命を賜るといふ慣例は，まだ定まつてゐないからである。尤も段々斯ういふ傾向になりつゝあることは明白だ。併し之が一個の政治的慣例と認められるには，今後なほ数回之が繰返されることを必要とするだらう」と述べた上で，西園寺について，「まがう方なき政党内閣論者なることは明白」であり，自ら元老を無用化しようとしていると分析した[29]。

こうした1924年から27年の三党鼎立期は，ルールの形成という点で興味深い。一方では政党内閣を継続すべきか否かが論じられ，他方では政党勢力内でどのような政権が選ばれるべきかが議論された。第一次若槻内閣下で疑獄事件が相次ぐと，宮中官僚内でも非政党内閣による初の男子普通総選挙実施論への共感が現れる。これに対して西園寺は，総選挙による時局

の収拾および政党勢力内での解決に期待することを述べて,「政党ニ立脚セザル中間内閣, 若ハ総選挙ノ為ノミニスル超然内閣組織ノ如キハ断然不可」と釘を刺した30。ところが解散総選挙の準備に余念のなかった憲政会内をよそに若槻首相は三党首間での妥協を行い, 解散総選挙を回避した。これは首相選定者内において選挙結果に政権の帰趨を委ねる意思がある中, 政権交代ルールを考える上で貴重な機会を逸したと言えよう。

重ねて重要なのは妥協後である。解散が遠のく中, 憲政会は院内での過半数獲得のため政友本党との提携を進めた。若槻は「二大政党の対立は立憲政治上の一の理想であるが, 我邦今日の如き数党対立の場合には, 政見を同うする政党が提携若くは連盟して多数を制するより外に, 其の主張を実現する手段はない」と述べている31。しかし, 新聞からは政権の「たらひ回し劇」と批判され32, 西園寺の政治秘書をしていた近衛文麿からは両党が合同しない限り首相指名の可能性がないとの見込みが伝えられた。こうして選定の不確実性は高まり, 政党政治家は西園寺情報に一喜一憂する。

これに対して政友会は「思ふに憲本連盟は, 憲政会が憲政常道の運行を妨げんとする陋劣なる心事と, 次の政権獲得に手段を選ばざる政友本党の野望とが, 期せずして相一致したる陰謀の結晶である」と批判し,「天下の公論は到底其目的の貫徹を許さざるや自明の道理にして, 政権の帰趨が憲政の常道に従つて当然帰着すべき所に帰着するは多く論弁の要なき所である」と全国の支部に報告している33。ここに至り, 恒常的な多数党として従来多数主義の観点から「憲政常道」を理解する伝統があった政友会でも, 単純な多数とは異なるイメージで語られるようになったのである。

枢密院による緊急勅令案否決を受けて若槻内閣が退陣すると1927年4月20日, 政友会の田中義一内閣が成立した。この西園寺の判断はルール形成行為である。すなわち, 政党勢力内での政策による多数派形成の可能性ではなく単独での次位の多数党を評価するものであった。革新俱楽部から政友会に加わらなかった富永孝太郎は,「若槻内閣の後継者は田中にあらす中間内閣にあらす速かに議会を解散し普選によりて選出されたる第一党こそ真の後継者たるべしとは吾々の夙とに声明した通りである然るに元老は此の当然の途を辿る事なくして終に田中義一を奏請したり吾人は之を以て不満とするものなれども盥廻し内閣や中間内閣に比すれば憲政の常道に近きものと信ずる」と評価した34。

5月4日，大阪毎日新聞主幹の高石眞五郎は「憲政の常道」と題する講演を行い，「憲政の常道と云ふ言葉は唯今非常に流行致しまして政界に於ては或党は他党に対して憲政の常道に反して居ると称し，又他の党は敵党に対して憲政の常道に反して居ると云ふ」と現状を語り，少なくとも「良い徴候」であると評価した[35]。高石は，「立憲政治と云ふものは議会を中心とする政治である。是は世界共通の定義であつて間違ひなき所である」と普遍主義的立場から「憲政常道」を論じ，「議会の多数が内閣の死命を制するやうになつた。即ち憲政の常道が水の流れる如く今日は自然に行はれねばならなくなつた。試に今回の政変を見ますると政友会内閣の立つた事を憲政の常道であると申して居ります」と述べた。さらに西園寺についても，下問に際して「判断をする只一つの規矩となるべきものは憲政の常道に則ると云ふ以外には何物もない」と考えているようだと論じた。

　1927年6月1日には憲政会と政友本党が合同して立憲民政党が結成された。床次は「時論は小党の分立に満足せず，又新選挙法の実施に直面して」と理由を説明している[36]。結果として先の選定によって西園寺が二大政党に誘導したということもできるが，世論の支持を受け，かつて山県が過半数政党が生じにくく超然内閣の政党操縦に利する三党鼎立論を唱えていたこととの対比でも理解されるように，首相選定に際しての元老の操作性を狭め，不確実性を低下させることになった。

三　ルールの強化—予測の下で：1927-31年

　こうして「憲政常道」論と言えば二大政党間での政権交代と単純に理解される局面を迎えた。以後，1932年まで，男子普通選挙制を前提として二大政党（二大政党制）が政権をめぐって（政党内閣制）競い合う1927年の政治システムが機能する[37]。この間，総選挙での得票率と議席率は二大政党に集中していき，「憲政常道」論の規範性を併せ鑑みれば，このような政治システムは一度社会に定着していたといえよう。吉野もまた，「天下は下院の多数党に与へる。その多数は必ずや選挙に由て獲たものでなければならない。そしてその選挙が公正に行はるれば，それで民衆政治の真面目は形式実質の両面に於て完了される」と政党内閣制への確信に立って，いわゆる「既成政党」を批判し，選挙による「四年後」の多数と政権獲得に向けた社会民主主義政党の成長に期待を寄せていった[38]。20年間に渡って

日本外交の基軸であった日英同盟は1922年に廃棄されていたが、1920年代を通じて加藤高明から浜口雄幸、昭和天皇に至るまで、日英米三国の協調が太平洋の平和と繁栄を保障していると理解されていた。

1929年7月2日、田中内閣が張作霖爆殺事件の処理を契機とする昭和天皇の不信任表明によって退陣すると、即日、次位の多数党とはいえ少数の反対党でしかない民政党を基盤とする浜口内閣が成立した。牧野が「世論も其帰着点に付ては大勢上已に期待するところあるが如し」と観察したように、このような政権交代は世間の支持を得ており、個別に介入しない西園寺が高く評価されていた。評論家の馬場恒吾は、「憲法に規定されざる機関」である元老が「内閣組織者を推薦」することは「憲法政治の過渡期に於てのみ許さるゝ制度」であり、「政党が発達して、政権の授受が政党間に円滑に行はれるやうになれば、元老は不必要になる」と述べ、「それを知ってゐる」西園寺のもとで、「政権の授受は誰の目にも不自然でなく、政党相互の間に行はれる習慣が作られた」と評価している39。また、選ばれた当の浜口も、民政党内閣成立に至る「我国憲政進歩」の理由として、憲政会と加藤の努力、「主として言論機関に依つて代表せられたる我が国民の政治的自覚が最近特に著しく発達し、為に政党内閣制の確立に対する澎湃たる輿論の欲求が頗る熾烈であつた結果」とともに、「残存せる元老政治家等の透徹せる進歩的識見」をあげている40。

こうした政権交代をめぐる「憲政常道」論を単純な多数主義と対比したときの特徴は、既に論じてきたように現に多数であるものが選ばれないことに加えて、誕生した少数党政権もすぐさま多数を求めない点にある。7月2日に成立した浜口内閣も翌1930年1月21日に衆議院を解散、2月20日に総選挙を実施して過半数を得ている。この点について吉野は、「浜口首相の直接の形式的推薦者は西園寺公だが、世間でも能く云ふ如く、西園寺公は所謂憲政の常道に従て第二党の総裁を奏薦したるに過ぎぬのだから、謂はば公は常道に遵ふの名に於て国民の意図を代弁したものに外ならぬ。〔中略〕所謂憲政の大道はあの場合、第二党首領の奏薦に始まり、やがて新に出来た内閣の信任が更めて議会の討議に上り其の形式上の信認を得るを以て完了せらると謂はねばならない」として、清瀬一郎など世間に起こった早期の臨時議会召集論を「憲政運用の定石」、少数党政権を「憲政上の一変態」と評価しつつ、「民意の確実に選挙の上に現れぬ国」においては

「解散の時機」を政府に委ねることが「必ずしも理路の公明を欠くことにはならない」と政府を擁護している[41]。

これはいわば第二の意味での「憲政常道」論に関わる問題であり、明治立憲制が許容する範囲内でのより望ましい政治のあり方は何かが議論された。緊縮財政方針をとる浜口内閣が実行予算の名の下に政友会内閣が成立させた予算を縮小して執行し、また首相凶変後に党籍のない外相を臨時首相代理として議会に臨んだことは、「政党政治破壊」であると政友会からの強い批判を受けた[42]。政友会は男子普通選挙制下で多数を獲得すべく地方遊説員教育を強化し、田中総裁が不人気のまま死去すると犬養を総裁に推戴したように、積極的に1927年の政治システムに適応しており、さらに発展させていく意思が強かったのである[43]。

一方、近代日本における衆議院の多数が様々な制約下にあったことはよく知られている。衆議院には貴族院が対置され、条約の批准や官制上の重要事項等について枢密院が配置された。軍の統帥事項も内閣から独立し天皇に直隷されていた。にもかかわらず、このような分立的な統治構造の下で強力な政治を求める声が政党政治の伸張を促したように、衆議院の多数を背景とする政党内閣が強すぎると理解されたことは無視できない。第一次若槻内閣は枢密院に勅令案を拒否されたことで退陣したが、浜口内閣では枢密院の改造を視野に屈服させた。田中内閣は昭和天皇によって退陣に追い込まれたが、これは衆議院で多数を維持し、閣内が一致している限り、望ましくないと思われる政権であっても続いていくことを危惧した結果である。軍は大正政変のように世論の真正面の敵になることを厭い、政党政治下での組織目標実現を図った。世論や国民の後援が見込まれる限り、介入しない元老の下、衆議院で多数を維持し統一のとれた政党内閣は、平時において政党外勢力に対して十分に強力であり、ますます強化されることが予測され、期待されていたのである[44]。

浜口内閣がテロによる首相の病勢悪化により退陣すると、西園寺は「今日所謂政党内閣の成立せる時代」との認識を示し、「未だ其の政策は行詰れりと云ふにもあらず」との理由から、既に民政党総裁に選ばれていた若槻を奏薦した[45]。西園寺はすでに1926年10月に、枢密院への諮問など首相選定の将来像を様々に検討する宮中官僚を後目に、将来内大臣を中心に選定を行い、内大臣が相談をしたい場合には勅許を得て協議する者を求めるこ

とを奏上した。1930年に西園寺が大病をし，天皇からあらためて元老以後の首相選定方式を問われた際も，内大臣以外に特定することを避け，内大臣がいない場合には宮内大臣が代わるよう求めている。内大臣は「宮中府中の別」との批判を受けやすく，そこに誰もが納得する「憲政常道」ルールの選定上の意義がある。東京朝日新聞編集局長の緒方竹虎は1929年1月に刊行された「朝日常識講座」『議会の話』の中で，「いはゆるイギリス流の政権の授受も，今日となつては何等我が国におけるそれと変りはないのである。総選挙の結果，一つの政党が下院の過半数を占むれば，その政党の首領が国王に召されて内閣組織の大命を拝すること，我が国と同じである」と総括している[46]。

四　ルールの喪失：予測の喪失から期待の喪失へ：1931-36年

こうして衆議院の現にある多数党ではなく二大政党相互間での政権交代路線として社会の認識，政党政治家の行動，首相選定者の判断という三者が織りなして形成されたルールは，1920年代末の試練に遭遇する中で再び意味内容を分化させていく。それは政党内閣が常態化し，併せて二大政党化したが故の問い直しでもあった[47]。すなわち，強力政治の源泉と見られていた二大政党制が弊害の根元と見なされるようになり，またイギリスやアメリカでは「意義ある政治の形式」であっても，「対外発展」を必要とする日本では不適当ではないかとの疑念も出された。そして本場イギリスで挙国一致内閣が成立する。イギリスでの危機は日本でも他人事ではなく，不況が深刻化するなか，3月事件，10月事件と相次ぐクーデター未遂事件が発覚するなど軍の統制が懸念された。そもそも護憲運動が「軍閥」批判を出発点としており，政党内閣の下で軍縮が相次ぐとともに国際協調方針によって大陸政策は抑制され，さらには軍部大臣文官制による軍部統制の強化が議論されていた[48]。1931年9月，外からの国内改造の意味も込めて満州事変を起こした石原完爾は，民主主義国家では統帥が政治に従属させられ「統帥が政治の犠牲になる場合が多」いと後に書いている[49]。

そこでこのような内外の危機に対処するために「協力内閣」論と呼ばれる大連立構想が登場する。若槻首相は「今の政府は，一党一派の民政党内閣であり，国民の一部を代表しているにすぎない。〔中略〕各政党の連合内閣を作れば，政府の命令は国民全体の意志を代表することとなり，政府の

命令が徹底することとなる」と考えた50。しかし，危機が昂進と沈静化の間をめまぐるしく揺れ動くなか，大連立政権論に対して再び単独政権論が優位に立ち，両者のせめぎ合いのなかで内閣は倒れた。

このとき，首相選定の場でも政党内閣制成立後初めて意見が分かれた。牧野内大臣ら宮中官僚が大連立政権に期待したのに対して西園寺は単独政権論を貫き，犬養政友会総裁を選んだ。この時退けられた牧野らの案が政党内閣であったことは重要である。成立した犬養内閣が満州事変後の情勢を挽回できず，半年を過ぎずして政党内閣の幕引き役となったことを今日の吾々は知っている。しかし同時代において，政治学者の蠟山政道は「元来我国の憲政常道といつても最近の田中内閣及び浜口内閣の成立に際して，漸く成立した憲法上の慣行に過ぎない。従つて今回の政変がこの慣行の軌道によつて行はれたとするなら確にその慣行を一層強めることになつたといひ得よう」とルールの強化を指摘した51。

しかし危機は終息せず，満州事変は上海事変へと飛び火し，新たに満州国が建国された。第18回総選挙の運動期間中には近い将来民政党を担うと見られていた井上準之助が暗殺された。1932年2月20日の総選挙では与党政友会が圧勝したが，4月3日，木戸幸一内大臣秘書官長は「今日の時局は三百余名を有する政友会を以てしても安定せしむること能はず」と考え，「斎藤海軍大将等は最も適任」とすでに政党内閣以後を意識していた52。そして5月15日を迎える。五・一五事件の翌日，吉野は「次の総裁は鈴木か床次かいづれにしても後継内閣が同じく政友会によつて組織せらるべきは疑ない」と日記に記した53。政友会も同様の見通しから次期総裁の選出を急ぎ，鈴木喜三郎に決定して大命降下を待った。

しかしこの時宮中官僚は異なる選択肢を模索していた。政党内閣か否か，多数党か反対党かといった議論は第一次世界大戦後の政治改革を求める潮流に棹さすものである。男子普通選挙制の導入や貴族院改革を終えた加藤高明は，地方議会選挙への男子普選の拡大によって「政治生活の基礎」を固めると，以後は「経済的社会的生活」の安定に尽力しなければならないと述べていた。しかし1920年の反動不況以来日本経済は低調に推移し，救いを求めた金解禁政策の断行は世界恐慌と相まって厳しい社会状況を生み出していた。これを首相選定に直接媒介したのが先に見た木戸であった。

1931年8月より貴族院議員を務める木戸は，1930年10月に宮中官僚とな

る前は商工官僚であり，世界恐慌の下で中小工業者の実情に通じる立場にあった。木戸は事件直後の16日には斎藤実を首班とする挙国一致内閣構想に牧野内大臣の賛意を得ている54。木戸の下には一方では陸軍筋から「所謂憲政の常道論により単純に政党をして組閣せしむるが如きことにては軍部は収まらざるべし」との観察や「現在の政党による政治は絶対に排斥するところ」との情報があり，他方では，「軍部横暴の声」を背景に「後継内閣に就ては政党内閣を可とするの論相当強し〔中略〕後継内閣が政党を基礎とせざる場合には，所謂護憲運動の台頭は免れざるべく〔中略〕後継内閣奏請については政党方面と充分此の点の諒解を得る様相当手段を講ずるの要あるものと思ふ」との警保局長からの報告があった55。そして19日には「今回の陸海軍将校の行動は必ずしも盲動的と見るを妥当とせず，之は窮情に困める農村の子弟に直接接触せることにより感化せられ，既成政党の堕落，財閥の横暴等に憤慨したるものと解すべく，即ち之全く一の社会問題と解すべき」と結論付けていたのである56。木戸案は牧野の承認を受け，西園寺の支持を得た。この時の首相選定は政党党首が選ばれなかっただけでなく，選定方法においても従来と異なるものとなった。昭和天皇からは「御希望」が伝えられ，また牧野内大臣の求めに応じて西園寺は首相経験者や軍指導者といった重臣達と相次いで面会した。これは西園寺が忌避してきた方法であった。選ばれた斎藤首相は，政友会と民政党の総裁に協力を求め，それぞれ四名と二名を入閣させた。

　しかし，同内閣の成立は必ずしも「憲政常道」の破壊とは見なされず，あくまでも「非常時」における一時的逸脱と考えられていた57。斎藤首相は「私としては憲政の常道復帰に対する希望を持つてゐる」と述べた上で，「憲政常道復帰の近道としては政党が浄化されて国民の信用を増すやうにすること」との見通しを示した58。斎藤内閣と引き続く岡田啓介内閣の下では1927年システムの下で問題視されていた選挙制度の改革，政官関係の再編が進んだ。また同じく斎藤内閣成立に驚いた馬場も，同内閣が政友会と民政党の支持を得て成立したことを評価し，「これで議会政治は当分助かつたのである。それゆえに第三次桂内閣や，清浦内閣に対して起つたように，護憲運動は斎藤内閣に対しては起らない」と指摘している59。こうして非政党内閣の下で「憲政常道」への復帰を念頭に政権交代ルールは再び議論の的となる。「憲政常道」論への攻撃はもとより陸軍や国粋主義者な

ど，ルール下で疎外され，また不利益を被っていた勢力からのものが中心であった。1935年末の情勢を背景に編まれた警察官教養資料では，日本主義団体の議会政治批判について三つに整理している。第一に「議会で多数を占める」ための「衆愚」「金権」政治批判であり，第二に資本主義高度化に伴う議会政治の時代遅れに対する批判であり，そして第三に，「議会主義」が究極的には「民主主義」すなわち「人民に依る政治」にまで発展することへの根本的な批判である。このような議会主義の本質は「憲政常道論をつきつめて考へて見れば，直ちに理解される事」であった[60]。

　ここではルール形成に寄与した操舵者，政党政治家，そして首相選定者の三者がどのように考え行動したのかに注目する。まず始めに社会を担う操舵者である。馬場は，1934年発行の中央公論附録『議会政治読本』の中で「政党内閣が何日復活するかは未だ明かでない」と述べつつも，「西園寺公は此議会政治を改廃する意図なく，〔中略〕ファッショの要求する挙国一致内閣の形式を採用して，それに依つて議会政治と政党の実質を助けんとする苦心を示したものと見るべきだ」と好意的に評価した[61]。しかし楽観は困難である。同じ読本の中で宮澤俊義は，「むろん議院内閣制に反対の人たちはもう『憲政の常道』は亡びてしまつたと主張するし，又それに賛成の人たちはそれが決して亡びないことを強調する。しかし，これらの論はいづれも論者の望みの表白であるにすぎぬ。議院内閣制は現実においていかにも中々の深手を負つてゐる。それは疑ひない。だがそれはまだ致命傷では決してないであらう」と総括している[62]。

　吉野は二人に比してさらに悲観的であった。斎藤内閣成立という「著しい変調」に驚いた吉野であったが，変調の原因は「政党内閣では，頭から政党政治の否認排撃を標榜して居る軍部の諒解を得られぬから」であった。では軍部の真の要求とは何か，それは「政党財閥の排撃」といった一般的題目ではなく，「支那問題の解決に関する軍部の方針を無条件に承認せしめんこと」であって，もし仮に斎藤内閣退陣後に「下院に多数を擁するといふ常道論にかへり彼等の希望通り政友会総裁が奏薦されたとしても，恐らくは軍部大臣を得るに苦しんで流産に終るだらう。そこで已むなく再び超然内閣となる」と見たのである[63]。この点，「一の社会問題」と見た木戸の理解とは異なる。

　対して美濃部達吉は機能面から批判し，「議会が内閣組織の原動力とな

り，議会殊に衆議院の多数を占むることに依つて，当然内閣組織の大命を拝することを期待することも，将来においては望み難いことであり，又それが将来における社会情勢に適する所以とも信じ難い」と述べている[64]。さらに批判は固有性の観点からも行われた。操觚者とは言い難いが，1933年に政友会を脱党し政党解消運動を起こした松岡洋右は，「政党は借着です，たつたこの間欧米から借着をしたのが政党である」と述べ，「今や欧米から学ぶべき殆んど何ものもない，欧米はあの通りお先真暗である」と西洋の没落論を背景に「日本の憲法を御覧になるがよい一目瞭然何処に政党政治は憲政の常道なりと書いてあるか〔中略〕私は政党を解消し政党をなくして茲に始めて議会が生きるのであると考へる」と主張した[65]。このような憲政理解は陸軍の心性とも共鳴し，1935年には天皇機関説事件が起こり，国体明徴声明に結びついていく。「常道」復帰を前提とする「非常時」下で，公式な「常道」が入れ替わってしまったのである。

　次いで，このような情勢変化を受けての政党政治家の動向に触れたい。政友会の秋田清は，1932年11月28日，「憲政ヲ常道ニ復シ政党政治ノ復建再興ヲナス」ことを原の墓前に誓い，また，五・一五事件後初の通常議会再開を前に政友会院外団は「憲政ノ常道ニ鑑ミ速カニ政党内閣ノ復帰ヲ期ス」と決議した[66]。しかし政党勢力，なかでも多数党である政友会にとって，「憲政常道」への復帰を標榜する非政党内閣にいかに向き合うかは大きなジレンマであった。鳩山一郎は12月17日の時局対談で，「政党政治の将来についてどういふ時機に政党内閣が復活するだらうかといふに今の総理大臣も大蔵大臣も二人とも早く憲政の常道に戻したいといふ考へを持つて居るらしいから憲政の常道に復帰して政党内閣の出来るのは余り遅くないだらうと僕はさういふ風に思つて居ります」と釘を刺した上で，「政党内閣の今までのやり来りに対して不満を持つて居る人間が多かつた─多かつたかどうか知らないけれども有力な階級においてさういふ風に思つて居た人があつた，それで変態の内閣が出来た，それを政党が承認したといふやうな行きがかりになつて居る，あの五月十五日の政変の時に敢然立つて争つて居れば別ですけれども一度降伏したんですね」と述べている[67]。こうして第三次の憲政擁護運動は未発に終わった。また外交官から政友会に転じた芦田均が「憲政の常道」を「二大政党の対立といふ如き形式的な意味に用ふるのではない。もつと実質的に民意を反映する政治機構と云ふ意義をもつ

ものと解する」と述べて政民連携運動に尽力していくように68，期待ばかりで予測の立たない状況下で「憲政常道」の意味内容は再び抽象性を高め，行動規範としては遠心力を強めていくことになった。

　このように社会規範が動揺し，政党政治家の行動上の遠心力が高まる中で首相選定をめぐる構造も変化していた。1932年8月，西園寺は牧野内大臣に首相選定からの引退と，代わるべき新たな選定制度の検討を依頼した。西園寺の意向を受けて，先の例に倣い重臣を選定に加える案が立案されたが，「元老と云ふことも自分の在世中に廃したい」と述べる西園寺を説得し，その役割を残した69。こうして首相経験者と枢密院議長が選定に加えられる道が開かれたが，その後も西園寺と牧野との間では意見が相違した。すなわち，牧野は若槻を念頭に首相選定者中に政党総裁がいることを問題視したが，西園寺は「政党の総裁を不可とするは理由無し」とこの意見を退けたのである。西園寺は「どこまでも公平に，且公然と重大な問題を解決することが必要」であり，「前総理たちがそこに寄つて話して，それが民心を諒察される材料になるといふことが，主権者たる陛下の極めて立憲的な思召を徹底させる所以であつて，たゞ僅かに内大臣とか，枢密院議長とか元老とかの限られた少数の者で相談して，元老が御下問に奉答するといふことは，頗る専制的で危険なことに思はれる」と考えていた70。このことは，西園寺が内大臣とのみ相談して実質一人で首相を決めていた1927年システム下での「憲政常道」ルールの意義を物語るものである。

　暫定政権が続けば政党内閣への復帰の可能性は遠ざかるものであろう。西園寺は斎藤内閣の継続を望み続け，励まし続けた。しかし，「憲政常道」という規範意識が高ければこそ，政友会の支持を得つつ危機緩和を目指す政権運営は困難を極めた。未だ危機が十分に緩和していないと考えられるなか斎藤首相が退陣の意思を固めると，同様の内閣として岡田以外に選択肢はなかった。西園寺は若槻に新政権への民政党の支持を求め，1936年2月の第19回総選挙では内閣に選挙資金を仲介した。そして与党民政党が再び第一党に返り咲いた。

　しかし，二・二六事件の勃発で事態は不可逆的になっていく。尾崎は「憲政の常道といふのは，正しき政党のある時に於ての常道であつて，今日の如く不健全な政党に政権を渡すのは，憲政の常道でありやう筈がない」として，「私は衷心から，政党が更生し，政党が正しく発達することを祈つ

て已まない。然らざる限り憲政は常道に乗らないのである」と書いた[71]。ここに政党自力更正論の隘路を見ることができる。憲政擁護はおろか憲法擁護が課題となる中で政党内閣制への期待は当面失われた。1937年4月に西園寺が再び首相選定からの引退を申し出ると、首相選定の責任は内大臣に移った。しかし、首相候補者はおろか協議すべき重臣の範囲さえも状況に支配されていく。同年6月、長谷川如是閑は「今日はもはやいはゆる『憲政常道』を口にするものゝない〔中略〕今日では突如として思ひもよらぬものが政府の重要な地位を占めるので、国民は明治時代ほども政治の発展過程に関する見透しをもつことは出来ない」と述べている[72]。満州国承認後の日本は中国とはもとより英米両国とも次第に疎隔対立し、遂に開戦に至った。戦時下にも普遍主義的な意味での「憲政常道」への期待は残り続けたのか、その分析は本稿の課題を超えるものである。

おわりに——立憲政治と民主政治

　日本政治において1918年から36年は「憲政常道」が問われた時代としての長い1920年代であったということができる。それは立憲政治の内側に民主政治が成長していく過程であり、結果的に失われていく過程ともなった。このような変化は、社会における認識（規範意識）の変化と、それ自体に手続き的正統性をもたないという相対的に自律性の低い首相選定制度との相関関係に起因していたと考えられる。ルールの形成は、ここでは操觚者に代表される社会と、政権の担い手となる政党政治家と、元老など首相選定者の三者の相互作用によって行われ、いずれも突出した権力を持ち得てはいなかった。

　次にルールの中身について、貫徹されない多数主義の不思議は同時代でも認識されていた。にもかかわらず、それが望ましい多数主義の範疇として受け止められていたことは重要である。その理由は様々考えられるが、政治過程の中で憲政会型の規範が形成され、政治的に勝利したこと、原内閣期に見られるように多数党横暴批判が強かったこと、そして選挙の問題として多数の質が問われていたことが指摘できる。こうして「憲政常道」ルールの形成と展開に際して常に重要な意味を持っていたのが選挙の問題であり、一方では政党内閣による選挙干渉、他方では選挙権者の事大主義が問題視され、自力更正論とも相まって選挙運動に対する厳しい規制につ

ながった。そしてもう一点指摘しておきたいのが内閣の倒れ方の重要性である。既述の通り元老の権力は相対的であり、誰を選ぶかと並んで、いつどのように首相が辞めるのかが政権交代上の決定的な要素となっていた。

こうして一度形作られた規範は、敗戦と占領改革によっても易々と変わっていくものではない。日本国憲法では首相選定手続きが多数主義の観点から明確化されたが、1946年7月、その審議に際して民主党の小野孝は「此ノ内閣総理大臣ヲ国会デ指名スルト云フ制度ハ、或ル場合ニハ非常ニ合理的ニ行ハレマスケレドモ、或ル場合ニ於テハ政党ノ責任政治ト云フモノト相背馳スル結果ヲ生ズルノデハナイカ」と質し、「今マデ日本ニ行ハレテ居リマシタ所謂憲政ノ常道ト云フ点カラ申シマスト、内閣ガ政策ノ行詰リカラ総辞職致シマシタ際ニハ其ノ内閣ト反対ノ立場ニアツタ政党ガ仮ニ衆議院デ多数ヲ占メテ居ラナクトモ次期政権ヲ担当スルト云フノガ憲政ノ常道デアルト今マデハ考ヘテ来ラレタ訳デアリマス」と述べた[73]。

このことはすぐに現実政治上の問題ともなった。1948年2月の片山哲内閣退陣後に多数を維持する連立与党が再び政権を組織しようとすると、「政権盥回し」との批判が起こり、吉田茂自由党は「憲政常道」を掲げて政権交代を訴えた。2月16日の『読売新聞』は、西尾末広官房長官談話として、「自由党側の主張する憲政常道論は首班を国会で指名するという新憲法の規定からすれば的はずれである、いわゆる憲政常道とは旧憲法のもとで元老なり重臣なりが民意にそむいて後継首班を選ぶ危険があつたのにたいしてこれを防ぐため朝野交替の方式で政権の帰すうを間違えないようにしようとしたものである」と報じたが、21日の社説は、西尾説を「驚くべき暴論」と断じた上で、「われわれは憲政の常道は国民が政権を元老や重臣の手から守ろうとする為めのみに存在したものであるとは解せず、手段を選ばず頭数を揃えてこれを民意なりと詐称し、如何なる失敗をも顧みず政権にかじりつこうとする政権亡者の横車を抑えるためにこそ必要であると解するのである」と反論した。この時、後の首相岸信介も吉田を「理の当然」と考え、「民主政治の明朗化」のためにも「極めて不愉快な政治現象」と日記に記した[74]。

これは新たに構築される政治制度と、復元しようとする社会規範とが衝突した事例であり、近代日本における、多数主義を貫徹しない「憲政常道」論が単に元老の恣意という問題ではなく、社会において意味があったこと

を示唆するものである。それはイギリス式の政治様式に接近する過渡的な政治形態とも見えるが、普遍性に立脚し成長を重ねながらもある特定の時期の制度と政治文化に根ざした戦前日本型の民主政治と言うべき一つの有り様であったのではないだろうか。

（１）　升味準之輔『日本政党史論』5巻（東京大学出版会，1979年）13頁。先行研究の整理は，村井良太『政党内閣制の成立一九一八〜二七年』（有斐閣，2005年）を参照。。
（２）　川人貞史『日本の政党政治1890－1937年』（東京大学出版会，1992年）234頁。本稿の問題関心は川人氏の教示に基づく。他に衆議院・参議院編『議会制度百年史議会制度編』（大蔵省印刷局，1990年）26頁。また，先駆的研究として坂野潤治「『憲政常道』と『協力内閣』」（『近代日本の外交と政治』研文出版，1985年），憲法習律の観点から論じた倉山満「憲法習律としての『憲政の常道』」『憲法論叢』11号（2004年），共同研究の成果として坂野潤治ほか編『憲政の政治学』（東京大学出版会，2006年）がある。
（３）　宮崎隆次「日本政治史におけるいくつかの概念」『法学論集』5巻1号（1990年）90頁。
（４）　本稿二節，三節の対象時期について，それぞれ村井前掲書と村井良太「政党内閣制とアジア太平洋戦争」杉田米行編『アジア太平洋戦争の意義』（三和書籍，2005年）で異なる問題関心から分析を行った。本稿では紙幅の制約から重なり合う分析や論証の一部をこれらに負っている。
（５）　「一九一二〜一三年の第一次憲政擁護運動以来」と言われている（粟谷憲太郎『昭和の政党』岩波現代文庫，2007年）36頁。
（６）　『中央新聞』1912年12月15日付夕刊と同1912年12月15日付朝刊。
（７）　以下，鳥海靖『日本近代史講義』（東京大学出版会，1988年）より。
（８）　原奎一郎編『原敬日記』3巻（福村出版，1965年）289頁。
（９）　山本四郎編『寺内正毅内閣関係史料』上巻（京都女子大学，1985年）112－116頁。
（10）　前田英昭編『選挙法・資料』（高文堂出版社，2002年）311頁。
（11）　吉野作造「憲政の本義を説いてその有終の美を済すの途を論ず」岡義武編『吉野作造評論集』（岩波文庫，1975年）117頁。吉野について，三谷太一郎「（解説）政治と道徳との一致を求めて」吉野作造『吉野作造選集4』（岩波書店，1996年），田澤晴子『吉野作造』（ミネルヴァ書房，2006年），松本三之介『吉野作造』（東京大学出版会，2008年）等を参照。
（12）　前掲『原敬日記』4巻（1965年）125頁。
（13）　前掲『寺内正毅内閣関係史料』下巻（1985年）655-656頁。

(14)　横山勝太郎監修『憲政会史』上巻（原書房，1985年）340頁。
(15)　来栖三郎『泡沫の三十五年』（中公文庫，2007年）243頁。
(16)　松本剛吉『大正デモクラシー期の政治』（岩波書店，1959年）142, 151頁。また村井前掲書77頁を参照。
(17)　松方峰雄編『松方正義関係文書』17巻（大東文化大学東洋研究所，1995年）271-273頁。
(18)　横山勝太郎監修『憲政会史』下巻（原書房，1985年）417頁。加藤について奈良岡聰智『加藤高明と政党政治』（山川出版社，2006年）を参照。
(19)　吉野「最近政変批判」前掲『吉野作造評論集』192頁。前掲『吉野作造選集14』（1996年）264頁。議論の野党性について北岡伸一『政党から軍部へ』（中央公論新社，1999年）20-23頁を参照。なお，この政変は朝鮮統治の観点から調査されている（アジア歴史資料センター Ref.C06031206700「内閣更迭に対する感想」防衛省防衛研究所）。そこでは「在鮮内地人」など「階級」毎に感想が摘記され，「憲政の常道」による内閣として憲政会内閣を想定する一方で「政党専制政治」への懸念や「善政」への期待が表明されるなど，同時期の内地と同様の認識状況が見られる。一例として「外国人」では，「固ヨリ欧米諸国ニ於ケル憲政常道論ヨリセハ政友会ニ次ク憲政会ニ於テ後継内閣ヲ引受クヘキカ当然ナルヘキモ日本ト欧米トハ国情ニ於テ自ラ相違ノ点アリ彼此一律ニ論シ難ク要ハ国家国民ノ為ノ善政ナレハ可ナリ」とある。
(20)　『東京朝日新聞』1923年8月23日付。
(21)　吉野「山本内閣の倒壊から清浦内閣の出現まで」前掲『吉野作造選集4』78頁。
(22)　前掲『吉野作造選集14』355頁。
(23)　吉野「憲政常道の要求」前掲『吉野作造評論集』214頁。
(24)　吉野作造講義録研究会「吉野作造講義録（一）」『国家学会雑誌』121巻9・10号（2008年）。「岡義武筆記ノート」『岡義武関係文書』東京大学法学部附属近代日本法政史料センター原資料部所蔵。
(25)　尾崎行雄『政治読本』（日本評論社，1925年）94頁。
(26)　前掲『大正デモクラシー期の政治』406頁。また，土川信男「政党内閣期における床次竹二郎の政権戦略」北岡伸一・御厨貴編『戦争・復興・発展』（東京大学出版会，2000年）を参照。
(27)　「大正十四年八月加藤第二次内閣成立之経過」（『大塚常三郎文書』132，国立国会図書館憲政資料室蔵，なお同110「第二次加藤内閣成立ノ顛末」では「第一党ナルコト」と記載）。牧野伸顕『牧野伸顕日記』（中央公論社，1990年）222頁。前掲『大正デモクラシー期の政治』431頁。
(28)　吉野作造『古い政治の新しい観方』（みすず書房，1988年）36頁。

(29) 吉野「西園寺公の元老無用論」前掲『吉野作造選集4』174－181頁。
(30) 河井弥八『昭和初期の天皇と宮中』6巻（岩波書店，1994年）234頁。
(31) 若槻礼次郎「憲本連盟訂結の真意義」『憲政公論』1927年4月号。
(32) 『東京朝日新聞』1927年3月1日付。
(33) 「憲本連盟に関する報告書」『政友』314号（1927年）。
(34) 富永孝太郎『第五十二帝国議会報告書第五十三回帝国議会報告書』パンフレット，34頁。
(35) 高石眞五郎『憲政の常道』（天理教道友社，1927年）1－21頁。
(36) 河原彌三郎編『政友本党誌』（政友本党誌編纂所，1927年）262頁。
(37) 1927年には日本政治の新しい枠組みが出揃っていたことを受けて，男子普通選挙制，政党内閣制，二大政党制という三つの政治システムによって特徴づけられる政治体制をここでは1927年の政治システムと呼ぶことにする（村井良太「元老西園寺公望と日本政党政治」日本比較政治学会編『リーダーシップの比較政治学』早稲田大学出版会，2008年，ならびに村井良太「政党内閣制の展開（１）」『駒澤法学』7巻2号，2008年を参照）。
(38) 吉野「現代政局の展望」前掲『吉野作造選集4』252－255頁。吉野作造『近代政治の根本問題』（クララ社，1929年）27頁。
(39) 馬場については御厨貴『馬場恒吾の面目』（中央公論新社，1997年）を参照。
(40) 池井優ほか編『濱口雄幸日記・随感録』（みすず書房，1991年）478頁。
(41) 吉野「浜口内閣の前途」前掲『吉野作造選集4』303－306頁。少数党政権が早期に臨時議会を召集する必要を認めないことについて，ここでは明治立憲制下の行政府の自律性の高さを指摘しておきたい。帝国議会の常会の会期は三ヶ月と憲法に定められ，延長や臨時会も含めて限定的に運用されていた（村瀬信一『帝国議会改革論』吉川弘文館，1997年を参照）。また緊急勅令は議会の承認を得る必要があるが「次ノ会期ニ於テ」と定められ，例えば60日以内といった固定された時間的制約はなかった。
(42) 原田熊雄『西園寺公と政局』別巻（岩波書店，1956年）109頁。
(43) 遊説員講習会を機に大阪青年部も発足した（『政友』312号，1927年）。
(44) なお議会に基礎を置く政党内閣の強化が，多くが議会の強化ではなく内閣の強化によって行われたことは重要である。川人前掲書を参照。また統治デザインの展開について清水唯一朗「政治指導の制度化」慶應義塾大学法学部編『慶應の政治学　日本政治』（同，2008年）を参照。
(45) 木戸幸一『木戸日記』上巻（東京大学出版会，1966年）72頁。
(46) 緒方竹虎『議会の話』（朝日新聞社，1929年）33頁。
(47) 村井前掲「政党内閣制とアジア太平洋戦争」15－17頁。
(48) 軍部大臣文官制をめぐる議論について，森靖夫「軍部大臣文官制の再

検討」日本政治学会編『年報政治学2008-Ⅰ』（木鐸社，2008年）を参照。
(49)　石原完爾『国防政治論』（聖紀書房，1942年）11頁。
(50)　若槻礼次郎『明治・大正・昭和政界秘史』（講談社学術文庫，1983年）341-342頁。
(51)　蠟山政道『日本政治動向論』（高陽書院，1933年）472-473頁。
(52)　前掲『木戸日記』上巻，153頁。
(53)　前掲『吉野作造選集15』（1996年）386頁。
(54)　前掲『木戸日記』上巻，163-165頁。
(55)　同上，163，165，169頁。
(56)　同上，168頁。
(57)　酒井哲哉『大正デモクラシー体制の崩壊』（東京大学出版会，1992年）87頁。他に黒澤良「政党政治転換過程における内務省」『東京都立大学法学会雑誌』35巻1号（1994年），菅谷幸浩「帝人事件と斎藤内閣の崩壊」『日本政治研究』4巻1号（2007年）等を参照。
(58)　『読売新聞』1933年3月28日付。同，1934年4月2日付も参照。
(59)　馬場恒吾「斎藤内閣の素描」『民政』6巻6号（1932年）21-22頁。
(60)　警保局調査室『日本主義運動の解説』1936年，45-47頁。
(61)　牧野武夫編『議会政治読本』（中央公論社，1934年）132，144頁。
(62)　同上，36-37頁。
(63)　吉野「国民主義運動の近況」『国家学会雑誌』46巻7号（1932年）78-87頁。
(64)　美濃部達吉「我が議会制度の前途」『中央公論』1934年1月号，12頁。
(65)　松岡洋右『政党を脱退して日本国民に訴ふ』（大阪毎日新聞社，1934年）44-59頁。
(66)　『本邦政党関係雑件　政友会関係』外務省外交史料館所蔵。
(67)　『東京朝日新聞』1933年1月1日付。小宮京氏から教示を得た。また，小宮京「鳩山一郎と政党政治」『本郷法政紀要』11号（2002）を参照。
(68)　芦田均「議会政治の将来」『政友』414号（1934年）76頁。
(69)　前掲『木戸日記』上巻，207頁。
(70)　同上，303頁。前掲『西園寺公と政局』3巻（1951年）325-326頁。
(71)　村田芳人『憲政を護るもの』（社会事情評論社，1936年）序。
(72)　『読売新聞』1937年6月14日付。
(73)　『帝国議会衆議院委員会議録』昭和編162（東京大学出版会，2000年）284頁。
(74)　原彬久編『岸信介証言録』（毎日新聞社，2003年）53頁。

1925年中選挙区制導入の背景

奈良岡聰智 *

はじめに

　1925年，衆議院議員選挙法が改正され，選挙資格から納税要件が撤廃された。改正後の衆議院議員選挙法が，普通選挙法と通称される所以である。他方で，この時にはもう一つ大きな制度改正が行われている。選挙区制度が，小選挙区制から中選挙区制に変更されたのである。ここで導入された中選挙区制は，終戦直後の一時期を除いて，近年まで存続しており，その後の日本政治に大きな影響を与えた。それでは，1925年中選挙区制は，なぜ，どのように導入されたのであろうか。

　この問いに対しては，時の加藤高明内閣（護憲三派内閣）が連立内閣だったがゆえに，与党三派が相討ちを避け，地盤を維持するための妥協の産物として導入されたという説明がなされることが多い。また，若槻礼次郎内相は，大小の選挙区制に伴う各種の弊害を除き，かつ両者の利点を得るということを，表面上の立法趣旨として掲げていた[1]。このような側面があったのは事実であるが，中選挙区制導入の背景には，より長期的な思潮の変化が存在していたにもかかわらず，従来十分に検討がなされていないように思われる。そこで本稿はこの問題を検討し，第一次大戦後の政党政治と選挙制度の関わりについて掘り下げた考察を加えていきたい[2]。

　第一に，当時の主要政党である政友会，憲政会，国民党（革新倶楽部）における選挙区制度論を分析し，各党が中選挙区制に対していかなる態度を取ったのかを考察する。第二に，美濃部達吉，吉野作造，森口繁治らの選挙区制度論を分析し，第一次大戦後のアカデミズムにおいて，中選挙区制論，比例代表制論が有力になっていたことを論じる。第三に，同時代のイギリスにおける多党化傾向や選挙区制度改革論議の影響についても，若

---

　*　京都大学法学部教員　日本政治史

干触れる。以上を踏まえ、1925年の中選挙区制の導入は、当時の様々な選挙区制度論を折衷しつつ、第一党・憲政会の主導によってなされたことを明らかにしたい。

1 大選挙区制から小選挙区制へ：
1919年の衆議院議員選挙法改正

原敬内閣による「小選挙区制」導入

1919年3月、政友会を与党とする原敬内閣の下で、衆議院議員選挙法が改正された（第41議会）。この改正によって、選挙権の納税資格要件が10円から3円に引き下げられ、選挙区制度は、大選挙区制から小選挙区制に変えられた[3]。

よく知られているとおり、小選挙区制の導入は、原首相の念願であった。圧倒的な多数党が存在する場合、小選挙区制は多数党にとって有利である。原の基本的な狙いは、このような小選挙区制の特性を活かして衆議院の圧倒的多数を確保し、元老・藩閥勢力と対決することにあった。また原は、小選挙区制の導入によって候補者と選挙区の結びつきを強め、地方名望家秩序の動揺に対応すると共に、政党や議員を改良することも目指していた[4]。原は、日露戦後から既にその導入に意欲を持っており、第二次西園寺公望内閣の内相だった1912年には、自らの主導で、小選挙区制の導入を中核とする衆議院議員選挙法改正案を議会に提出している（第28議会）。この改正案は、衆議院を通過したものの、政友会の勢力拡大を懸念する貴族院で強い反対に遭い、否決された。しかし原は、その後も小選挙区制導入への意欲を失わず、1918年9月に首相の座に就くと、直ちに衆議院議員選挙法の改正を行ったのであった。

もっとも、この時の小選挙区制導入を、単純に「政友会による多数実現」のためと割り切ることには、問題があるように思われる。第一に注意しなければならないのは、この改正によって、人口13万人を1区とし、1区から1人を選出することが原則とされ、295の1人区が設けられたものの、この他に、行政区の分割が不可能であることなどを理由として、169議席分もの2・3人区が設けられていることである（表）[5]。これほど多くの2・3人区が存在する制度を、単純に「小選挙区制」と評することはできない。実際、同時代においては、この時導入されたのは「大小選挙区制」を折衷し

表　戦前期日本における衆議院議員選挙制度の変遷

	選挙区制度	定員	選挙・投票方法	選挙人資格	最低年齢	有権者／人口
衆議院議員選挙法（1989）	小選挙区制 1人区　214 2人区　43	300	記名捺印 2人区は連記 非立候補制度	直接国税 15円 男子	選挙人 25歳 被選挙人 30歳	1.1%
同1900年改正	大選挙区制 1府県1選挙区 都市に53独立選挙区	376	単記無記名 非立候補制度	直接国税 10円 男子	同上	2.2%
同1919年改正	小選挙区制 1人区　295 2人区　68 3人区　11	464	同上	直接国税 3円 男子	同上	5.5%
同1925年改正	中選挙区制 3人区　53 4人区　39 5人区　31	466	単記無記名 候補者制度 戸別訪問禁止 運動費制限	男子普選 ただし「貧困に因り生活のため公私の救助を受け又は扶助を受くる者」は欠格	同上	20.1%

た「中選挙区制」であるという評価も，しばしばなされている（後述）。1925年に導入される中選挙区制の伏線は，この時既に敷かれていたと見ることもできよう。

　もともと原自身は，1区1人制という原則をできるだけ崩さない形での小選挙区制の導入を志向していた。しかし，第二次西園寺内閣での選挙法案作成の際，原は党内外からの反発を前にして，妥協を余儀なくされた。与党政友会の大勢は，小選挙区制導入に賛成だったものの，地盤の変化に対する懸念の声もかなりあったようで，原内相の下で作成されたいくつかの原案で最大でも44だった2・3人区の数は，内閣からの法案提出時には64に増加していた[6]。また，貴族院での小選挙区制反対論にはまことに根強いものがあり，選挙法案の採決の際には，実に28対211という圧倒的多数を以て否決されている[7]。原内閣での選挙法改正時にも，このような与党議員からの意向は当然働いたと推測されるし，何よりも，前回法案を否決した貴族院に対して，明確な配慮を示すことが不可欠であった。

　また，原内閣が，第二次西園寺内閣の時に比べて衆議院内で厳しい立場

に置かれていたことも，軽視されるべきではない。第二次西園寺内閣の際，政友会は衆議院の過半数以上を占めており（議員定数376に対し，政友会所属議員209），法案の衆議院通過のためには，与党内の調整だけに意を用いていれば良かった。しかし，原内閣の成立当初，政友会は衆議院の第一党ではあったものの，過半数は占めていなかった（議員定数376に対し，政友会所属議員165）。大選挙区制を唱える野党第一党の憲政会，第二党の国民党とは妥協の見込みがなかったため，法案通過のためには小会派（24名の新政会，27名の清和倶楽部）と若干名の無所属議員から賛成を得る必要があり，原内閣は法案提出に先立ち，彼らの説得にかなり意を用いている[8]。

実は，政友会は，前年（1918年，寺内正毅内閣時の第40議会）にも衆議院議員選挙法改正案を提出していたが，この時設定されていた2・3人区の数は58であった[9]。原内閣が提出した改正案では，2・3人区の数がさらに21増加していた訳である。ここから，原内閣が，厳しい政治状況の下で「小選挙区制」を導入するため，かなりの妥協を強いられていたということが理解できよう。法案が衆議院で修正され，可決の目処が立った3月5日に，原が日記に「兎に角過半数を有せざる我党の現況に於て成功なりとす」と記しているのは，象徴的である[10]。なお，原内閣の働きかけが成功し，小会派所属・無所属議員の大多数は政府案に賛成し，小選挙区制案は，衆議院では賛成205，反対144で可決された。貴族院でも，賛成216，反対12の圧倒的多数を以て法案が通過している。

第二に注意しなければならないのは，原首相が小選挙区制導入にあたって強く意識していたのは，第二党・憲政会を打破するというよりも，元老・山県有朋が期待する第三党構想を潰すことだったということである[11]。山県は，政友会，憲政会という二大政党の操縦がもはやほとんど不可能という状況を打開するため，両党の間に第三党を割って入らせ，議会での主導権を握ることを構想していた。前述の小会派（新政会，清和倶楽部）所属議員の多数は，寺内内閣の下で行われた1917年総選挙で当選した中立系議員であり，山県の意を受けた田健治郎（貴族院議員，前逓相）らが，彼らに国民党，憲政会の一部を合流させ，反政友会の一大新党を作ろうと画策していた[12]。この動きは結局頓挫するのであるが，原は，小選挙区制の導入によって，初期議会以来連綿と続いてきたこのような「御用政党」育成の動きを断ち切ろうとしていたのである。

ところで、小会派を潰すということは、将来的には政党の数が整理され、場合によっては二大政党制に向かうことを意味する。確かに原は、政友会の政権担当能力に絶大なる自信を持つ一方で、野党第一党である憲政会の政権担当能力を評価しておらず、近い将来に政権を渡すことは想定していなかった。当面は、貴族院を中心とする官僚勢力と政友会が交互に政権を担当するというのが、原の考えであった。しかし同時に、原は議会内で少数党がキャスティング・ボートを握り、官僚勢力に操縦されることを非常に警戒しており、将来的に二大政党制が出現することを否定もしていなかった[13]。原は、かつてジャーナリスト時代に、イギリスの二大政党制を「其争や君子にして更に私心挟むなく」「政権授受斯くの如く平穏」と好意的に論評したことがあり[14]、その実現を長期的目標としては視野に入れていた。日記に、憲政会総裁・加藤高明の指導力不足を頻繁に書き留めたり、しばしば加藤が将来組閣する可能性を想定したのも、原が政党間での政権交代の可能性をかなり意識していたがゆえであろう[15]。このように、小選挙区制の導入には、長期的な意味において、二大政党制形成への好意的なニュアンスも込められていたというのが、筆者の解釈である。

憲政会の選挙区制度論

これに対して、野党はどのように反応したのであろうか。少数党である憲政会、国民党は、次期総選挙での大敗を恐れて小選挙区制案に強く反対し、対案として提出した法案で大選挙区制を主張した[16]。ただし、従来看過されてきたことだが、ほぼ大選挙区制一辺倒の国民党に対して、憲政会内部の動きは少々複雑であった。

憲政会の選挙対策の責任者で、「選挙の神様」と称された安達謙蔵は、小選挙区制は「比例代表、少数代表の意味を減殺するものなりとは云え、比較的公平なもの」であると見なし、かつて第二次西園寺内閣で原内相が構想した小選挙区制案についても、「小選挙区制としては理想的成案」であると一定の評価をしていた[17]。そして、原内閣が作った小選挙区制案を批判するに際しては、小選挙区制の導入よりもむしろ、2・3人区の区割り案が「党本位」で政友会の拡張を目指すものであることを強調していた。ここで注目すべきは、安達が小選挙区制の導入に反対である一方で、実は大選挙区制の維持にも消極的であり、両者を折衷した「一種の中小区制折衷

案」を提唱し，政府との妥協ができないかと考えていたことである[18]。憲政会の最高幹部である浜口雄幸，江木翼も，「元来小選挙区制論者」で安達に近い考えだと報じられていた[19]。党首である加藤高明の意向ははっきり確認できないが，安達の考えを支持していたものと推測される。

　憲政会幹部が，大選挙区制論から脱皮し，あえて新しい選挙区制度を模索していたのはなぜなのだろうか。そこには，第二党の成長という歴史的背景が深く関わっていたように思われる。

　かつて非政友会系勢力は弱体であり，選挙による政権交代はほとんど現実味を持たなかった。1900年に政友会が創立され，以後その一党優位体制が確立していく中で，憲政本党，国民党は万年野党であった。当然彼らは，少数党に不利な小選挙区制には反対で，少数代表を特徴とする大選挙区制を主張していた[20]。しかし，1913年に非政友会系勢力が結集し，同志会が創立されたのを契機として，第二党が徐々に発展し，二大政党制形成の兆しが見えてきた。同志会は，1915年の総選挙で初めて第一党に躍進し，その後1917年に再び第二党に転落したものの，加藤高明総裁の下で憲政会に改組し，結束を固めていた。憲政会幹部は，政友会に対抗し得る政権政党として，二大政党の一翼となることを目指し，実際そうなりつつあるという自信も持っていた[21]。そのため彼らは，小党の乱立に陥りやすく，政権交代のダイナミズムが生まれにくいという大選挙区制の負の側面に目を向け，選挙区制論の見直しに着手したのではないだろうか。

　第一次大戦前の日本においては，イギリスの二大政党制およびそれを支える小選挙区制を議会政治のモデルとみなす考え方が，根強く存在していた。それゆえ，憲政会幹部の中に小選挙区制を唱える者がいてもおかしくはないはずだが，そこまで踏み込む幹部はいなかった。それは，政友会に比べて歴史が浅く，いまだ劣勢にある憲政会にとっては，小選挙区制は選挙で大敗するリスクがあまりにも大きいと考えられたからであろう。実際，1919年1月に41議会を前にして開かれた議員総会の席上では，安達の折衷的な中選挙区制案でさえも容れられず，大選挙区制が党の主張となっている[22]。党内には，「少数党」「弱者」という自己認識を持つ声の方がまだ大きかったのである。このように，憲政会では安達ら幹部を中心として中選挙区制が徐々に構想されつつあったが，それが公式の政策として掲げられるのは，翌年を待たなければならなかった。

新聞，学界の選挙区制度論

　小選挙区制の導入をめぐる評価は，新聞や学界でも非常に複雑であった。主要新聞各紙の中で，小選挙区制を明確に支持したのは，かつて第二次西園寺内閣の時にも小選挙区制を主張した『時事新報』であった。同紙は，政府が法案の最後の詰めを行っている1919年2月5日に，社説「選挙法改正案」を掲げ，小選挙区制は「文明諸国の例」にも適っていること，これまでの大選挙区制は小人物を生み，選挙運動の腐敗を招いてきたことなどを理由として，小選挙区制の導入を主張した[23]。その後，議会の審議が進む中でも，政府提出の法案を社説などで支持し[24]，法案通過後には，さっそく東京選挙区を例にとって小選挙区制導入後の選挙のシミュレーションを行っている[25]。

　同じように小選挙区制に賛意を示しながら，原内閣が提出した法案に反対したのが，『大阪朝日新聞』であった。同紙は，小選挙区制が大選挙区制よりも合理的であると見ていた。しかし，政府提出の法案は，大小選挙区制どちらでもない一種の「変態」であり，区割りには「大政党の利己」が感じられるとした。そして，かつて西園寺内閣で提出された小選挙区制ならば支持できるが，今回の「小選挙区制」は支持できないと論じている。これは，前に見た憲政会幹部の主張に近いが，同紙は，憲政会が主張する「中選挙区制」にも「利己的立案」が感じられるとして，反対した[26]。

　他方で，小選挙区制に反対していたのが『東京日日新聞』であった。同紙は，政府が法案を提出した前日の2月24日の社説で，専門家の間では少数代表制論，比例代表制論が主流で，その実現のためには大選挙区制こそがふさわしいのに，「単純なる小選挙区制」に固執するのは既に陳腐であると論じた[27]。その後の社説でも，選挙費用の大きさ，補欠選挙の困難など，従来言われている大選挙区制の欠点は克服可能であり，逆に小選挙区制を導入する積極的理由は乏しいという主張が繰り返されている[28]。

　『東京日日新聞』の主張するところとは異なり，実は専門家の間でも，選挙区制度に関する意見は大きく割れていた。小選挙区制を支持した代表的な論者は，東京帝国大学の政治学者・吉野作造であった。吉野が，1916年に『中央公論』に発表した論文「憲政の本義を説いて其有終の美を済すの途を論ず」の中で，イギリス流の小選挙区制に支えられた二大政党制の確

立を主張したことはよく知られているが，彼は，原内閣が導入した小選挙区制についても，支持を表明している[29]。他方で，かつて政友会の小選挙区制を支持し，「小選挙区論のヒーロー」とまで評されたにもかかわらず，この頃から比例代表制論に転じたのが，同じく東京帝国大学の憲法学者・美濃部達吉であった[30]。京都帝国大学でも，憲法学の佐藤丑次郎が，ヨーロッパにおける比例代表制論の広がりに着目していた[31]。

　新聞の論調や学者の議論が大きく割れていた背景には，同時代のヨーロッパでも選挙制度改革が叫ばれ，実際に制度が大きく変わりつつあるという事情があった。ドイツでは，第二帝政期（1871～1918年）に小選挙区絶対多数二回投票制が敷かれていたが，新興の社会民主党（SPD）が1891年頃から比例代表制の採用を強く求めるようになり，第一次大戦の敗戦が濃厚となった1918年8月，帝国選挙法によって26の選挙区で比例代表制が導入されるに至っていた[32]。イタリアでは，1910年頃から比例代表制を推進する運動が強くなり，1918年8月の選挙法改正によって，大選挙区制と比例代表制を組み合わせた選挙制度が採用された[33]。イギリスにおいても，1918年の国民代表法の審議過程で比例代表制の導入は見送られたものの，20世紀初頭から小選挙区制の改革が活発に唱えられるようになっており[34]，その動向は日本にもよく伝わっていた[35]。また，1918年12月に実施された総選挙では，ロイド・ジョージ（David Lloyd George）首班の連立内閣維持をめぐって，自由党，労働党が分裂した他，アイルランドの民族主義政党であるシン・フェイン党が73もの議席を獲得し，多党化傾向が顕著となっていた。

　前述の通り，第一次大戦前の日本においては，イギリスの二大政党制・小選挙区制を議会政治のモデルとみなす考え方が，根強く存在していた。そのイギリスの議会政治が大きく動き始めたことは，日本にも少なからぬインパクトを与えることとなった。イギリス政治に詳しいジャーナリスト・伊藤正徳が「二大政党の英国式典型は茲に一旦終りを告ぐることとなった」と評しているとおり[36]，それまでモデルとして考えてきたイギリス流の二大政党制・小選挙区制を再検討しなければならないという意識が，日本の政治関係者の間に上り始めていたと考えられる。前に見た『東京日日新聞』の論調や比例代表制に対する関心の高まりは，その表れと見ることができるのではないだろうか。そして，このような見方が，やがて中選挙

区制の導入の底流となっていくのである。

2 小選挙区制導入後の選挙区制改革論

安達謙蔵の中選挙区制論

　1919年2月（原内閣が提出した衆議院議員選挙法案が審議されている真っ最中である），憲政会の安達謙蔵は，加藤高明総裁に勧められて外遊に出発した[37]。安達は，2月から8月にかけて，アメリカ，イギリス，フランス等を訪問し，議会制度や選挙制度の視察を行った[38]。アメリカでは，4日間にわたって市長選挙の模様を巨細に視察し，選挙結果まで見届けた。また，ハーバード大学で「米国自治制度の真髄を問」い，婦人参政権運動本部や議会も訪れた。イギリスでは議会を視察・傍聴し，政府要人に会うと共に，自由党・労働党本部や比例代表会本部等も訪問した[39]。江木翼の依頼で，選挙制度研究のための書籍も購入したらしい[40]。

　ここで注目されるのは，憲政会の代議士や憲政会系の内務官僚たちが同行して，英語ができない安達をサポートしていたことである。憲政会中堅代議士の齋藤隆夫は，イギリスで安達と行動を共にし，種々の視察を行った[41]。齋藤はこの後も，憲政会の選挙法案作成に深く関与していくことになる。また，元早稲田大学教授の永井柳太郎は，イギリスで安達の翻訳・通訳をし，選挙制度の調査研究を手伝っていた[42]。安達は，永井の通訳によって選挙学の権威であるカーペンター博士なる人物を訪問し，持論の「中選挙区制論」に対してお墨付きをもらうという場面もあったらしい[43]。永井もこの後，代議士に当選し，憲政会の政策立案に関わっていく。このように，安達は英米の選挙の実情や選挙制度論を学ぶ中で，洋行前に温めつつあった中選挙区制論に確信を抱くようになったものと思われる。

　1919年12月，再び通常議会が開かれた（第42議会）。この議会は，野党である憲政会と国民党が普通選挙を主張したため，解散されることになるが，選挙区制に関しても大きな動きがあった。憲政会が，1選挙区から2～4人を選出する中選挙区制を，初めて政策として採用したのである。これは前年来検討を行ってきた安達の案を基に，下岡忠治，齋藤隆夫の意見を参照して作成されたものだと伝えられている[44]。安達は，これによって大小両選挙区制の弊害が除去でき，将来的に導入を検討すべき比例代表制的な

意味合いを持たせることもできると語っている[45]。憲政会では，比例代表制の導入についても実際に検討を始めており，具体的な検討は江木や斎藤が進めた[46]。以後，中選挙区制を基礎として，将来的に比例代表制を求めるというのが憲政会の基本的な政策となり，大選挙区制を求める声は，党人派の一部に見られるだけになっていく。

他方で，政友会には選挙区制度を見直そうという動きはなく，高橋是清内閣，加藤友三郎内閣の下では，選挙区制度の変更が本格的に検討された形跡がない。事態が大きく動き始めたのは，1923年9月に成立した第二次山本権兵衛内閣においてであった。

小選挙区制に対する批判の高まり

山本内閣は，普通選挙の検討を本格化したことで知られる。山本内閣は，まず臨時法制審議会（1919年に設置された首相直属の諮問機関。総裁は東京帝国大学名誉教授の穂積陳重）で普選問題を担当する主査委員会（委員長・倉富勇三郎）に審議を促した[47]。同委員会は，内閣と密接に連絡を取りながら，選挙権，選挙の方法，選挙運動の取り締まりなどについて審議を進めた[48]。この時，選挙権と並んで最も大きな争点の一つとなったのが，選挙区制の問題であった。

1923年11月6日，主査委員会では選挙区制に関する審議を開始し，委員から動議が提出された。政友会の鵜澤総明，松田源治，鳩山一郎は，基本的に従来の小選挙区制の維持を主張した。ただし，鵜澤と松田が現行法通りの小選挙区制を主張したのに対し，鳩山は，三大（または六大）都市に限っては1区3～5名選出の中選挙区制を採用すべきとした。これに対して少数党の側では，関和知（憲政会），関直彦（革新倶楽部）が大選挙区制の採用を主張し，比例代表制については「採用すると否とを問わず」とした[49]。また10日の委員会では，江木翼（憲政会）が，定員5人前後の中選挙区制を基本とし，比例代表制を部分的に導入すべきだと主張し[50]，13日の委員会では下岡忠治（憲政会）が，小選挙区制の弊害を列挙し，それに反対を表明した[51]。このように，政友会・憲政会とも内部に意見の差異を抱えていたものの，基本的には原内閣の時と同様，政友会の小選挙区制論と憲政会の中選挙区制論が対立するという構図であった。

一方で政党以外の委員の意見は，一様に小選挙区制を修正すべきだとい

う方向に傾いていた。6日，10日の主査委員会では，従来から比例代表制を提唱してきた美濃部達吉（東京帝国大学教授，憲法学）が，比例代表制と1選挙区5人程度の中選挙区制の導入を主張した。また，同じく小選挙区制は弊害が大きいと見ていた小野塚喜平次（東京帝国大学教授，政治学）は，六大都市に限って比例代表制（単記移譲投票式）を採用し，それ以外の大都市では小選挙区制，郡部では1区3〜4名選出の中選挙区制とすることを主張した[52]。13日の主査委員会では，江木千之（貴族院議員）が大選挙区制，副島義一（早稲田大学教授）が中選挙区制の採用を主張した[53]。いずれも，現行の小選挙区制を比例代表制または大選挙区制の方向に修正しようとしているのが特徴的であった。

　彼らの意見は，当時の知的潮流を反映していた。学界では，美濃部，小野塚の他，京都帝国大学の森口繁治（憲法学）が体系的な比例代表制の研究を開始し，その導入を提唱していた[54]。原内閣期に小選挙区制を主張し，比例代表制を誤りだとして明確に排していた吉野作造も，この頃になると，比例代表主義を加味するための大選挙区制について「少くとも純粋な選挙理論としては此の説を採らぬ」と，やや主張のトーンを変えていた[55]。ジャーナリズムでも，比例代表制支持の声が強くなっていった[56]。加藤高明内閣で普選法の立案に当たった坂千秋（内務省書記官）が，普選法の通過後に著書『比選と婦選』を著し，比例選挙（比選）と婦人参政権（婦選）が普選後の大きな政治課題だとしたように，比例選挙が望ましいという認識は非常に広まっていた[57]。論者によって主張の力点は異なるが，民意の正確な反映，今後出現が予想される労働者政党を含めた少数党の尊重，世界的な多党化の傾向に合致，選挙費用の抑制などが，その論拠として考えられていた。学界の権威がこぞって小選挙区制の修正や比例代表制の導入を求めたことは，政党にとっても大きな圧力となったはずである。

　主査委員会は，11月6日，10日，13日にわたって選挙区制の議論を行ったが，採決の結果，いずれの案に決定することもできず，なるべく速やかに比例代表制を採用するよう政府に希望する条項（江木千之の提案）を採択するにとどまった[58]。選挙区制の議論を注視していた安達謙蔵（臨時法制審議会の委員ではない）の談話によれば，13日の審議では大選挙区制論者と小選挙区制論者の数が同数であったため，双方が否決に至ったのだという。安達は，大選挙区制はある程度比例代表の効果を表すと述べ，大選

挙区制の採用を希望した[59]。しかし結局総会でも，主査委員会の決議を踏襲して，比例代表制の採用を希望するにとどまった。すなわち，選挙区制度の問題は，先送りとされたのであった[60]。

　なお，あまり知られていないことであるが，この頃深刻な問題となっていた選挙費用高騰についても，欧米の制度を参照しながら議論がなされていた。いずれも否決されたものの，主査委員会では，選挙費用の決算報告制度や郵便の無料発送制度の導入が提案され[61]，総会では，江木翼と小野塚喜平次がイギリスに倣った選挙費用の制限を主張していた[62]。間もなく行われる第15回総選挙では，かつてないほど選挙費用が高騰するが[63]，やがてこれは小選挙区制に由来するものと主張されるようになり，中選挙区制導入の一つの背景となっていく。

　12月5日，臨時法制審議会は政府に最終答申を提出した。しかし，山本内閣，次いで成立した清浦奎吾内閣共にこれを実行に移せず，選挙制度改革は，加藤高明内閣に持ち越しとなった。

3　小選挙区制から中選挙区制へ：
　　1925年の衆議院議員選挙法改正

加藤高明内閣による中選挙区制導入

　1924年5月，第15回総選挙が行われた。選挙前の第二党・憲政会が第一党に躍進したものの，単独過半数は得られなかったため，護憲三派（憲政会，政友会，革新倶楽部）による連立が組まれることとなり，6月に加藤高明内閣（護憲三派内閣）が成立した。選挙区制度改革については，既に見てきたとおり，憲政会が中選挙区論，政友会が小選挙区制論，革新倶楽部が大選挙区制論を唱えて対立していたが，憲政会の安達謙蔵の主導によって，中選挙区制導入へとまとめられていく。

　安達は，総選挙後直ちに，論文「憲政済美は選挙界の革正」を発表し，選挙結果を総括した[64]。この中で彼は，小選挙区制は政友会による「自己擁護の策略」だったので，政友会・政友本党では目下この改正を望む者がいないこと，第15回総選挙では政友会の有力者が多数落選したが，彼らの多くは大中選挙区制であれば当選可能だったことを指摘し，今回の結果を教訓として，選挙区制度を再考する必要があるとした。すなわち，小選挙区制の下では党の幹部が多数落選する危険性があることを指摘して，小選

挙区制の改正を促したのである。また安達は，暴行脅迫が横行するなど，小選挙区制の下では「不当の競争」が行われたとして，その矯正のためにも選挙区制度を変える必要があるとも論じ，結論として，持論である中選挙区制の導入を提唱した。

選挙区制度改正については，政府に先立って与党が方向性をまとめる形となり，7月11日，第1回目の護憲三派普選調査会が開かれた。会長に就任したのは憲政会の安達で，議事の整理は同じく憲政会の齊藤隆夫が担当することになった。調査会では，普通選挙の導入については早期に合意に達したが，選挙区制度については各党・各議員の利害が複雑に絡むため，容易に決しなかった。しかし，憲政会が既に中選挙区制論を周到に練り上げ，その導入を明確に主張したのに対し，政友会からは，小選挙区制を維持しようという強い意見は出されなかった。安達の回顧によれば，「いかに小選挙区制が深刻な競争を巻き起こすかという事を，彼等〔政友会－筆者〕は実地に経験，身にしみて其の痛さを分かったようである」というような状況となり，政友会も安達の主張に耳を貸すようになったという[65]。新聞でも，小選挙区制の是正を求める主張が見られる一方で，中選挙区制に強く反対する声は上がらなかった[66]。

こうして，まもなく与党内で安達の主張する「中選挙区制」論が大勢となり，7月21日の調査会で，①1区から3～5人を選出する中選挙区制を導入すること，②比例選挙は導入を見合わせること，③人口12万人につき1区を標準とし，独立選挙区は廃止すること，が決定された[67]。政友会でこの問題の責任者だった小川平吉は，大小選挙区制の弊害が既に明らかになったので，「試験的に」中選挙区制を導入すべきであること，比例代表制はヨーロッパでの動向もまだ判明せず，導入は時期尚早であると，政友会で説明している[68]。これを受けて，若槻礼次郎内相も中選挙区制が「一番適当」と明言するに至り[69]，以後与党と内務省の間で区割などの調整が進められ，11月6日に選挙区制案が完成した[70]。

1925年2月，加藤内閣は，普通選挙・中選挙区制の導入を柱とする衆議院選挙法改正案（普通選挙法案）を第50議会に提出した。若槻内相は，議会での説明において，中選挙区制には大小選挙区制の長所を取り短所を除き，比例代表に近い効果があること，死票が少なくなり，少数代表が実現されること，綱紀粛正のために腐敗選挙の矯正が期待できることなどを主

張した[71]。このように中選挙区制には，世界的な趨勢と見なされていた少数代表・比例代表の効果をもたらし，腐敗選挙を是正する狙いが込められていた。議会では，中選挙区制に対する大きな反対はなく，可決された。最終的に導入された中選挙区制では，3人区　53，4人区　39，5人区　31が設けられた（表）。

中選挙区制導入の意味

　それでは，与党三派は自党の利害得失，選挙区制と政党制（二大政党制か多党制か）との関係については，どう考えていたのであろうか。残念ながら，この点について政党側の意図をはっきりと示した史料は見あたらないが，従来から，与党三派の地盤を維持する意図があったことが指摘されている。これは，合理的な推定であろう。中選挙区制の下では，与党同士の相討ち回避が比較的容易であるし，従来の選挙地盤の大きな変化を避けることもできる。

　それと同時に，三派のというより憲政会の党勢維持という意図も込められていたというのが，筆者の推定である。ここまで見てきたとおり，中選挙区制を最初に提唱し，その実現で主導権を握ったのは憲政会であった。憲政会は，第15回総選挙で第一党に躍進し，政権政党としての自信を持つようになっていたが，それまで「苦節十年」と称される長い野党生活にあり，自党をいまだ「少数党」「弱者」とも認識していた。憲政会は，政友会に対抗する政権政党としての地歩を固めるために，小党乱立を生みやすい大選挙区制を避けつつも，「大負けしない」選挙制度を構築するために，中選挙区制を選択したのではないだろうか。

　実際，第15回総選挙の終了直後から，政友会と政友本党の間では再合同（いわゆる政本合同）の動きが常にあり，憲政会はそれを終始非常に恐れていた[72]。この後も田中内閣や民政党脱党後の床次竹二郎は，小選挙区制論を梃子として政本合同（および政友会と床次の率いた新政倶楽部の合同）を実現し，「大政友会」を復活させようという動きを見せ[73]，憲政会は強い警戒感を示す[74]。政友会の小選挙区制論は，「多数党」「強者」としての地位を復活させようという意図に基づいており，憲政会側の自意識と裏腹のものであった。

　ところで，イギリスの政治制度に詳しい緒方竹虎（大阪朝日新聞社政治

部長）は，1926年に，「第五十一議会の経験－二大政党かグループ・システムか－」という興味深い論文を発表している[75]。緒方は，日本では近年「二大政党は最早や昔の夢であるという，何れかといえば，グループ・システムに傾いた議論が多かった」とし，そのような風潮を背景として中選挙区制が生まれ，比例代表制論も台頭してきたと分析する。そして，日本人の多くは，イギリスの「三党鼎立」状況を過大視しているのではないか，現下のイギリスの状況は，保守党，自由党による二大政党制から保守党，労働党による新しい二大政党制に移行する過渡期なのではないかと指摘し，政権の安定化という視点を抜きにして，安易に大選挙区制，比例代表制に飛びつくことを戒める。緒方は，結論として，中選挙区制は多党化を招いて政局を不安定にする懸念があると論じ，少数与党内閣の政権運営のあり方を考える必要性を提起している。

　緒方の主張は，第一次大戦前の日本における古典的なイギリス政治観，選挙制度観に基づいていると言って良い。第一次大戦前には，吉野作造もこれに近い小選挙区制論を唱えていたし，古くは，陸奥宗光がこのような視点からイギリスで選挙制度論を学んでいた[76]。また，加藤高明は，イギリス留学時代に陸奥の秘書・通訳を務め，小選挙区制がイギリスの二大政党制を支えているということを実地で学んだ経験があった[77]。加藤，安達や憲政会幹部は，憲政会が政友会に対抗するだけの実力を有していれば，小選挙区制を導入しようとは考えなかったのだろうか。

　この答えは，詳しい史料が残されていないため何とも言えないが，おそらく答えは否である。以後の憲政会（および後進の民政党）で，小選挙区制を導入しようという議論はほとんど見られなかった。むしろ表向きの発言には，多党化を「世界の趨勢」と見なし，それに合わせた選挙制度を作るべきだというものが多い。安達は，比例代表制は世界的にもまだ試験中だとし，即時の導入は否定したが，中選挙区制には比例代表的な意味があり，将来的な移行には含みを持たせていた[78]。江木翼は，安達より積極的に比例代表制導入を提唱し，イギリスにおいて二大政党制と小選挙区制が結びついているという議論を否定すると共に[79]，今後イギリスでは多党化時代が続くという観測を示していた[80]。これらは，臨時法制審議会で示された美濃部達吉，小野塚喜平次の主張にも通じる。吉野作造も，この頃には小選挙区制論を唱えず，むしろ中選挙区制を「実際上の便否」という観

点から「機宜を得たるもの」と評価するようになっていた[81]。

　ただし，二大政党の一翼となることを目指している憲政会幹部が，多党化を本当に歓迎していたかどうかは疑問である。実際に多党化傾向を進めようとしたのであれば，大選挙区制に戻すか，比例代表制の実現にもっと熱心に取り組んだはずであり，憲政会幹部は，比例代表制や少数党（これにはやがて成長するはずの無産政党も含まれる）の尊重を求める声に，あくまで部分的に応じていただけだと考えられる。すなわち，憲政会は，中選挙区制という折衷的な選挙制度を導入することによって，比例代表制を求める圧力に部分的に応えつつも，基本的には二大政党が議会の主力を占めていくという体制を維持・発展しようとしていたと見るべきである。かつて前身の同志会時代には，大選挙区制の下で少数与党による解散を行い，過半数を制した実績もあり（第12回総選挙），「中選挙区制下での二大政党制」は可能だと考えていたのであろう。実際，以後しばらくは中選挙区制の下で二大政党制が継続していくことになるのである[82]。

おわりに

　最後に，これまで述べてきたことを簡単にまとめておきたい。

　原敬内閣は，1919年に衆議院議員選挙法を改正し，選挙区制度を大選挙区制から小選挙区制へと改めた。原の基本的な狙いは，多数党である政友会の安定的多数を確保し，政権基盤を強化することにあったが，単純に「政友会の多数実現」のための制度が作られたと割り切れるほど，事態は単純ではなかった。この時の「小選挙区制」には，かなり多くの2・3人区が設定されており，そこには政友会の多数支配を警戒する貴族院や，選挙地盤の変化を恐れる一部の与党議員や無所属議員，中立系議員の意向が反映していた。原敬内閣で導入された「小選挙区制」は，少数代表を求める声にかなり妥協したものであり，中選挙区制の伏線は，この時既に敷かれていたと見ることもできよう。

　第二党として力をつけてきていた憲政会は，小選挙区制に反対する一方で，従来の大選挙区制論からも脱皮し，中選挙区制という新たな選挙区制度を構想し始めていた。他方で，学者や新聞の議論は割れており，小選挙区制こそが議会政治の典型であるという観点から，この時の改正を歓迎する者も，ヨーロッパにおける比例代表制や多党化の広がりに着目し，小選

挙区制に批判的な眼差しを向ける者も存在した。このように，原敬内閣期の選挙区制度をめぐる議論は，日本やヨーロッパの現実の変化を反映して，非常に流動的であった。

原内閣が小選挙区制を導入した後，憲政会では，安達謙蔵の主導により中選挙区制を正式に政策として掲げた。また，政府部内では，1923年に第二次山本権兵衛内閣の下で開かれた臨時法制審議会において，選挙区制度の再検討が開始されたが，そこでは小選挙区制を批判する声が多数派となっていた。この背景としては，選挙の腐敗，選挙費用の高騰といった国内事情の他，ヨーロッパにおける比例代表制の広がりや，イギリスにおける多党化状況の出現も影響も与えていた。最終的に，審議会は選挙区制度改正に関する結論を先送りにしたものの，比例代表制の採用を希望し，小選挙区制改正の動きに弾みがつくこととなった。

1925年，加藤高明内閣（護憲三派内閣）は衆議院議員選挙法を改正し，選挙区制度を小選挙区制から中選挙区制へと改めた。この改正には，内閣成立前に行われた総選挙で選挙費用が高騰し，選挙運動が激化したことから，それを矯正しようという狙いが込められていた。また，与党三派が相討ちを避け，地盤を維持するための妥協の産物として導入されたという側面もある。しかし，より重要なのは，改正を主導した憲政会の意図である。筆者は，憲政会が中選挙区制を導入した狙いは，一方では大選挙区制による少数乱立の弊に陥らないため，他方では政友会に対抗する政権政党としての立場を固め，いまだ「弱者」である自党が選挙で「大負けしない」ため，折衷的な選挙制度に改正することにあり，さらには，将来有望視されていた比例代表制の含みをも持たせるためでもあったと推定する。憲政会は，この中選挙区制の下で二大政党の一翼として成長することを目指したのであるが，実際これ以降，しばらく二大政党制が継続する結果になったのである。

このように，中選挙区制は様々な意味において折衷的なものであり，そこには，日本の政党政治やヨーロッパの選挙制度をめぐる過渡期的状況も，如実に反映していた。この後中選挙区制は，驚くほど長期間存続することになるが，その理由の一つは，まさにこの「折衷性」にあるのではないだろうか[83]。もっとも，この点を解明するためには，政党や政党制，選挙区制度論，ヨーロッパ政治観の長期的変化，さらには選挙活動の実態などを

踏まえた分析が必要である。今後の課題としたい。

（１）　中選挙区制の導入に関する通説的な説明は，二井関成『選挙制度の沿革』（ぎょうせい，1978年）130～131頁，柚正夫『日本選挙制度史』（九州大学出版会，1986年）83～86頁，升味準之輔『日本政治史』3（東京大学出版会，1988年）39頁を参照。季武嘉也氏は，近代日本の選挙制度の発展についてまとめた通史的論考の中で，中選挙区制導入については「研究上その意図は必ずしも十分に明らかにされておらず」と評価している（同「政党政治を支えたもの」同編『大正社会と改造の潮流』吉川弘文館，2004年）。

（２）　本稿は，拙著『加藤高明と政党政治－二大政党制への道』（山川出版社，2006年）第5～6章の分析を下敷きとし，2008年度日本選挙学会（分科会B「小選挙区制下の選挙と選挙制度改革論」）で報告した内容を基にしている。分科会でご一緒し，有益なコメントを下さった先生方に御礼申し上げたい。

（３）　松尾尊兊『普通選挙制度成立史の研究』（岩波書店，1989年）132～138頁，今井清一「小選挙区制の歴史的検討－原内閣の小選挙区制を中心に－」（『歴史学研究』325号，1967年6月）。

（４）　三谷太一郎『増補　日本政党政治の形成　原敬の政治指導の展開』（東京大学出版会，1995年）230～256頁。

（５）　前掲，二井関成『選挙制度の沿革』94～99頁。

（６）　「衆議院議員選挙法改正案の別表原案」（『原敬関係文書』9巻，日本放送出版協会，1988年，644～694頁），『帝国議会衆議院議事速記録28』（東京大学出版会）180～190頁。

（７）　『帝国議会貴族院議事速記録28』（東京大学出版会，1985年）151頁。

（８）　原奎一郎編『原敬日記』5巻（福村出版，1965年）1919年2月24日，3月5日。

（９）　衆議院事務局『衆議院議員選挙法改正案ノ沿革』（衆議院事務局，1919年）528～550頁。

（10）　前掲，原奎一郎編『原敬日記』1919年3月8日。

（11）　川田稔『原敬　転換期の構想　国際社会と日本』（未来社，1997年）196～202頁。

（12）　伊藤之雄『大正デモクラシーと政党政治』（山川出版社，1987年）15～26頁。

（13）　前掲，三谷太一郎『日本政党政治の形成』98～99頁，山室建徳「普通選挙法案は，衆議院でどのように論じられたのか」（有馬学・三谷博編『近代日本の政治構造』吉川弘文館，1993年）68～71頁。

(14) 原敬「官民相対するの道を論ず」(1880年8月3日)(『原敬全集』上巻, 原敬全集刊行会, 1929年)。
(15) 『原敬日記』1919年9月25日, 1920年6月30日, 8月5日。
(16) 『帝国議会衆議院議事速記録35』(東京大学出版会) 121～124頁。
(17) 安達謙蔵「選挙法改正問題」(『憲政』2巻1号, 1919年1月)。安達の政治的軌跡については, 拙稿「安達謙蔵－『選挙の神様』と称された生粋の『党人派』政治家」(『月刊自由民主』2008年12月号) を参照。
(18) 『東京日日新聞』1919年2月20日 (安達謙蔵談)。『安達謙蔵自叙伝』(新樹社, 1960年) では, このことに触れていない。
(19) 『東京日日新聞』1919年1月26日。
(20) 第二次西園寺内閣当時は, 吏党系の少数会派・中央倶楽部に属していた安達も, 小選挙区制案を批判し, 大選挙区制を主張していた (前掲, 『帝国議会貴族院議事速記録28』243～247頁)。
(21) 前掲, 拙著『加藤高明と政党政治』第2部。
(22) 「選挙法改正案の経緯」(『憲政』2巻2号, 1919年2月), 『東京日日新聞』1919年1月24日, 27日。なお党内には, 大竹貫一ら小選挙区制論者もいた。
(23) 社説「選挙法改正案」『時事新報』1919年2月2日。
(24) 社説「選挙法の論戦」『時事新報』1919年3月7日, 「議会の二問題」『時事新報』1919年3月18日。
(25) 『時事新報』1919年3月28～31日。
(26) 社説「所謂小選挙区」『大阪朝日新聞』1919年2月19日夕刊, 社説「選挙法案と政府党の利己」『大阪朝日新聞』1919年2月22日。
(27) 社説「盍ぞ一歩を進めざる－不徹底の選挙案」『東京日日新聞』1919年2月24日。
(28) 社説「選挙法案上程－誤れる区制改正」『東京日日新聞』1919年3月8日, 社説「議会の成績」『東京日日新聞』1919年3月28日。
(29) 吉野作造「憲政の本義を説いて其有終の美を済すの途を論ず」(『中央公論』1916年1月号), 同「小選挙区制の利害」「小題小言十則」(『中央公論』1920年5月号)。吉野の小選挙区制支持の背景には, 人格主義という観点もあった (三谷太一郎『新版 大正デモクラシー論 吉野作造の時代』東京大学出版会, 1995年, 150頁)。大正期における吉野の二大政党制論については, 小山俊樹「吉野作造の二大政党論－大正期における『民本主義』変容の一断面」(関静雄『「大正」再考─希望と不安の時代─』ミネルヴァ書房, 2007年) を参照。
(30) 前掲, 三谷太一郎『日本政党政治の形成』246～250頁, 空井護「美濃部達吉と議会の正統性危機」(『法学』62巻4号, 1998年10月) 60～63頁。

(31) 佐藤丑次郎「比例選挙制度の最近の発達」『京都法学会雑誌』9巻6号, 1914年6月。
(32) 河崎健「ワイマール共和国における比例代表制の導入の経緯とその後の動向」(2007年度日本選挙学会報告ペーパー)
(33) 高橋進「自由主義国家の危機突破としての男子普通選挙権と比例代表制の導入—戦後危機, 大衆政治, 大衆政党—」(2007年度日本選挙学会報告ペーパー)
(34) 小松浩『イギリスの選挙制度—歴史・理論・問題状況』(現代人文社, 2003年) 3章。
(35) 例えば, 衆議院書記官長の林田亀太郎は1908年に渡英し, イギリスの比例代表協会の動向について調査を行っている(同「英国の新選挙法」(1)(2)『東洋経済新報』474~475号, 1909年1月25日, 2月5日)。
(36) 伊藤正徳「英国政界の大変動」(上)~(下)『時事新報』1919年2月16~19日。
(37) 「田川大吉郎氏談話速記」(『政治談話速記録』6巻, ゆまに書房, 1999年) 246頁。
(38) 『永井柳太郎』(勁草書房, 1959年) 171頁。
(39) 安達謙蔵「欧米旅行日誌抄」(前掲, 『安達謙蔵自叙伝』) 1919年3~7月の各記事。
(40) 『大阪朝日新聞』1921年12月25日。
(41) 齋藤隆夫『回顧七十年』(中公文庫, 1987年) 53頁, 前掲, 安達謙蔵「欧米旅行日誌抄」1919年7月7日, 9日。
(42) 前掲, 『永井柳太郎』171頁。前掲, 安達謙蔵「欧米旅行日誌抄」1919年4月30日~5月15日。
(43) 『東京日日新聞』1925年5月31日, 前掲, 安達謙蔵「欧米旅行日誌抄」1919年5月12日。
(44) 『東京日日新聞』『大阪朝日新聞』1920年1月20~21日。
(45) 『東京日日新聞』1920年1月22日(安達謙蔵談)。
(46) 江木翼「比例代表のはなし」(『東日』1921年12月21~24日), 『大朝』同年12月13日夕刊(同談), 齋藤隆夫「全国一選挙区比例代表論」(『憲政』6巻1号, 1923年1月)。
(47) 臨時法制審議会については, 前掲, 松尾尊兊『普通選挙制度成立史の研究』256~258頁を参照。
(48) 「倉富勇三郎日記」(国立国会図書館憲政資料室所蔵)1923年9月6日, 12日, 10月20日, 23日, 24日, 11月2日, 5日など。
(49) 「選挙区に関する件, 比例代表に関する件の動議」(「平沼騏一郎文書」267-4, 国立国会図書館憲政資料室所蔵)。

(50) 『大阪朝日新聞』1923年11月11日，15日（江木翼談），「比例代表法採用諸国」「単名移譲式比例代表法手続」（「平沼騏一郎文書」267－4）。
(51) 『大阪朝日新聞』1923年11月14日。
(52) 『大阪朝日新聞』1923年12月11日，「選挙区比例代表に関する提案（小野塚委員）」「美濃部委員　第一案　第二案」「選挙区に関する件・比例代表に関する件の動議（11月6日主査委員会）」（「平沼騏一郎文書」267－4）。小野塚の主張については，小野塚喜平次「選挙法改正管見」（『国家学会雑誌』38巻1号，1924年1月，のち同『現代政治の諸研究』岩波書店，1926年所収）を参照。
(53) 『大阪朝日新聞』1923年11月14日。
(54) 森口は，1924～25年に論文「比例代表法の研究」を7回にわたって『法学論叢』に連載し，著書『比例代表法の研究』（有斐閣，1925年）として公刊している。
(55) 吉野作造「選挙理論の二三」（『国家学会雑誌』37巻5号，1923年5月）。
(56) 「比例代表選挙に就て」（『大阪朝日新聞』1923年11月11～15日），大日本文明協会編『比例代表制度論』（大日本文明協会事務所，1925年）。
(57) 前掲，山室建徳「普通選挙法案は，衆議院でどのように論じられたのか」。
(58) 1923年11月15日付穂積総裁に対する倉富委員長の報告書（「平沼騏一郎文書」267－2），『大阪朝日新聞』1923年11月14日。
(59) 『東京日日新聞』1923年11月18日（安達謙蔵談）。
(60) 1923年12月5日付山本首相に対する穂積総裁の答申書（「平沼騏一郎文書」267－1）。
(61) 1923年11月20日付穂積総裁に対する倉富委員長の報告書（「平沼騏一郎文書」267－2），「選挙の方法に関する調査資料　衆議院議員選挙法調査会」（「穂積陳重文庫」筑波大学図書館所蔵）54～94頁。
(62) 『東京日日新聞』『大阪朝日新聞』1923年11月28日。
(63) 前掲，拙著『加藤高明と政党政治』267～278頁。
(64) 安達謙蔵「憲政済美は選挙界の革正」『憲政』7巻6号，1924年6月。執筆日は5月29日とされている。
(65) 前掲，『安達謙蔵自叙伝』201頁。
(66) 社説「特別議会迫る」『東京日日新聞』1924年6月21日。枢密院や貴族院には，中選挙区制への反対論があった（『東京日日新聞』1924年7月24日〔某枢密顧問官談〕）。
(67) 安達謙蔵「議会後の所観」『憲政』7巻8号，1924年8月，『東京日日新聞』1924年7月11～22日。
(68) 『政友』283号，1924年10月，21～24頁。

(69) 『東京日日新聞』1924年7月27日（若槻礼次郎談）。
(70) 前掲，松尾尊兊『普通選挙制度成立史の研究』308～309頁。
(71) 田中宗孝「大正十四年中選挙区制導入議論」（『政経研究』38巻4号，2002年3月）。
(72) 岡義武，林茂校訂『大正デモクラシー期の政治　松本剛吉政治日誌』（岩波書店，1959年）1924年11月10日。
(73) 永井和『青年君主昭和天皇と元老西園寺』（京都大学学術出版会，2003年）298～303頁，村瀬信一「第五六議会における小選挙区制案の周辺」（『選挙研究』18号，2003年2月）。
(74) 『京都市政史』1巻（京都市，2009年）387頁（奈良岡聰智執筆部分）。
(75) 緒方竹虎「第五十一議会の経験―二大政党かグループ・システムか―」（『中央公論』1926年4月号）。緒方の二大政党制論については，栗田直樹『緒方竹虎』（吉川弘文館，1996年）72～79頁を参照。
(76) 高世信晃「陸奥宗光と日本の選挙制度確立：イギリスおよびオーストリアにおける留学研究から」（黒沢文貴，斎藤聖二，櫻井良樹編『国際環境の中の近代日本』芙蓉書房出版，2001年）。高世氏は，衆議院議員選挙法が作られた際に小選挙区制が採用されたのは，陸奥の影響によるものではないかという興味深い説を提起している。
(77) 前掲，拙著『加藤高明と政党政治―二大政党制への道』29頁。
(78) 『東京日日新聞』1924年9月21日（安達謙蔵談）。
(79) 江木翼『比例代表の話』（報知新聞社出版部，1924年，『江木翼論叢』江木翼君伝記編纂会，1938年所収）。
(80) 『東京日日新聞』1923年12月19日（江木翼談）。
(81) 吉野作造「昨今の世相」（『中央公論』1924年10月号，同『現代政治講話』文化生活研究会，1926年所収）。
(82) 中選挙区制の下で二大政党化が進展していったことについては，川人貞史『日本の政党政治1890－1937年　議会分析と選挙の数量分析』（東京大学出版会，1992年）265～286頁を参照。
(83) 1947年の中選挙区制の再導入も，自由・進歩・社会三党間の妥協と駆け引きによって，様々な選挙区制論を折衷する形でなされており，1925年のケースと類似する面があるように思われる（福永文夫「戦後における中選挙区制の形成過程―GHQと国内諸政治勢力―」『神戸法学雑誌』36巻3号，1986年12月）。

衆議院選挙制度改革の評価と有権者

山田真裕 *

1　はじめに

　衆議院総選挙において1995年に導入された小選挙区比例代表並立制の効果とそれをめぐる評価は，多くの人々の関心をひくトピックであろう。効果についていえば，4回の総選挙を重ねる中で，2つの政党に得票と議席が集中する傾向，すなわち2大政党制化傾向が現れていることは明白である。むろん，公明党という第3党が無視しがたい勢力を有しているので，厳密な意味での2大政党制の実現は短期的には予想しがたいのだが。
　制度がもたらしたこの帰結に対する評価は当然に立場が分かれるところである。政権選択選挙の実現と内閣総理大臣（首相）の強化を主張する立場1からは，このような2大政党制化の傾向は権力核の明確化につながるということで肯定的な評価につながるであろうと思われる。
　一方，小林良彰は争点態度と投票行動の分析から，以下のような批判を行っている。
　「2大政党制と言いながらも自民党と民主党の各候補者が提示する公約の間にさほどの大きな相違がみられず，しかもそれらが有権者の争点に対して持つ態度と乖離していることを指摘せざるを得ない。言い換えれば，わが国の有権者は形式的には選択権を持っていても，肝心の選択肢が有権者の最適点と離れたところで類似しているのであれば，実質的には選択権がないと言わざるを得ない」（小林 2008, 128）。

　またジェラルド・カーティス（Gerald L. Curtis）は小選挙区制が導入さ

＊　関西学院大学法学部教員　投票行動

れたことによる好ましくない結果を以下のように述べている。

「党内の争いから出てくるエネルギーがなくなった。与党と野党の政策上の違いが曖昧になった。草の根の民主主義が弱まった。議会制民主主義なのに，リーダーを支えるのは彼が率いる政党の院内の代議士ではなく世論であるとなると，ナショナリズムを煽って大衆迎合するようなポピュリズムに傾き，何とか人気を高めようとする方向に行く危険性が強まる」(カーティス2008, 96)。

以上のような見解の相違を受けて，本稿では次のような問題を設定したい。すなわち，衆議院における選挙制度改革及びそれに伴う2大政党制化の傾向は，有権者にそれ以前よりも強い政治的疎外感や選挙の機能に対する不満をもたらしているのであろうか。もしそうであるならば事態は憂慮すべきである。

この問題にアプローチするために本稿では以下のような研究戦略をとる。まず，選挙区レベルにおける2極化傾向が4回の選挙を通じてどのように進行しているのかを，有効候補者数の変遷を追うことで確認する。次に，このような有効候補者数の低減傾向が，投票率の低下とどのように関連しているのかを，重回帰分析によって検証する。もし有効候補者数の低下が棄権の増大をもたらすものであれば，2大政党制化の傾向（いわゆるデュベルジェ均衡への収斂 (Cox 1997)）は民主制の正当性を危うくする可能性があることになる。これらの分析はアグリゲート・データによる得票結果を用いてなされる。利用するデータセットは水崎節文と森裕城によって作成されたJED-Mデータである。

次に，全国的なサーヴェイ・データを用いて，選挙結果に対する満足度，有権者の政治的有力感，選挙の機能に対する評価の変化を長期的に観察する。ここで中心的に用いるデータセットは，JES調査(1983年実施)，JES 2調査（1993年～1996年），JES 3調査（2001年～2005年）である[2]。その際に，アグリゲート・データより得られた有効候補者数の指標と組み合わせることで，小選挙区における2極化傾向と上記の心理的変数との関連について分析する。

2 有効候補者数と投票率

まず4回の総選挙における選挙区別の投票率と有効候補者数について検討しよう。投票率は，全投票数から無効票を除外した有効投票数を分子として計算する有効投票率を用いる。また有効候補者数としてLaakso-Taageppera指数を用いる。すなわち各候補者の相対得票率の自乗を総和しその逆数をとる[3]。

表1は小選挙区比例代表並立制のもとでの4回の選挙において，各小選挙区の投票率と有効候補者数がどのように変化してきたかをまとめたものである。表1を見ると，選挙区単位の有効投票率に関してはその平均値に選挙ごとの増減があるが，有効候補者数に関しては一貫して減少傾向を示していることがわかる。つまり投票率の増減と有効候補者数の増減の間に強い関連は見られない。この点についてさらに確認するために，投票率の増減と有効候補者数の増減との間で相関係数を計算してみたところ，1996年から2000年にかけての投票率と有効候補者数の変化の相関係数は.210, 2003年から2005年にかけては.224という低い値であった(ともに1％水準で有意)[4]。

また表1において興味深いのは，有効投票率，有効候補者数ともその標準偏差が年を追うごとに小さくなっていることである。ことに有効候補者数のそれは明快であり，平均値が2に近づいて行っていることから，各小選挙区の得票状況が全体としてデュベルジェ均衡へと接近しつつあることが知れる。

投票率の変化と有効候補者数の変化との関係を確認するために重回帰分析を行う。変数はt期のものとt－1期，すなわち1期前の変数を用意する。従属変数はt－1期からt期にかけての有効候補者数の増減とする。これに対して独立変数は，t－1期からt期にかけての有効投票率の増減である。さらに統制変数として以下を投入する。

・候補者数変化（候補者数(t)－候補者数(t－1)）

表1　衆議院小選挙区における有効投票率と有効候補者数

選挙年	有効投票率				有効候補者数			
	最小値	最大値	平均値	標準偏差	最小値	最大値	平均値	標準偏差
1996年	0.4509	0.7816	0.5856	0.0656	1.3477	6.9311	2.9524	0.7528
2000年	0.4875	0.8265	0.6121	0.0606	1.3777	5.3540	2.7672	0.6846
2003年	0.4689	0.7438	0.5855	0.0549	1.2299	3.5976	2.4054	0.4060
2005年	0.5612	0.7849	0.6629	0.0395	1.7087	3.7678	2.3991	0.3616

候補者の数の増減は当然に有効候補者数の増減に影響するであろう。
・重複立候補数の増減（重複立候補者数(t) －重複立候補者数(t－1)）
　　重複立候補者の増減も有効候補者数の増減に影響するのではないか。
・重複立候補者比例区当選数(t－1)
　　前回重複立候補して比例区で当選した候補者がいれば，その分今回の有効候補者数の低減を食い止めるのではないか。

我々は4回の衆院選のうち，1996年と2000年，2003年と2005年を1つのペアとして考えて分析する[5]。分析で用いる変数の記述統計量を表2に示す。

これらの変数によって我々は2つの回帰式を得ることになる。表3は

表2　回帰分析のための変数

1996年と2000年	N	最小値	最大値	平均値	標準偏差
有効候補者数の増減	300	－2.2350	2.3621	－0.1852	0.6205
有効投票率の増減	300	－0.1035	0.1408	0.0266	0.0383
候補者数の増減	300	－4	4	－0.2067	1.1232
重複立候補者数の増減	300	－3	4	0.4433	1.1034
1996年の惜敗率	300	0.1728	0.9986	0.7260	0.2053
1996年重複立候補者の比例区当選者数	300	0	2	0.2767	0.4976

2003年と2005年	N	最小値	最大値	平均値	標準偏差
有効候補者数の増減	300	－1.3997	1.6173	－0.0063	0.4503
有効投票率の増減	300	－0.0568	0.1855	0.0775	0.0301
候補者数の増減	300	－4	3	－0.1233	0.8702
重複立候補者数の増減	300	－1	3	0.0800	0.6494
2003年の惜敗率	300	0.1165	0.9967	0.7274	0.2039
2003年重複立候補者の比例区当選者数	300	0	2	0.3933	0.5159

表3　1996年から2000年にかけての有効候補者数の増減を説明する回帰分析

従属変数：有効候補者数の増減	非標準化係数 B	標準誤差	標準化係数 ベータ	t値	有意確率	VIF
定数	0.088	0.100		0.880	0.379	
有効投票率の増減	2.033	0.670	0.125	3.034	0.003	1.050
候補者数の増減	0.329	0.026	0.596	12.647	0.000	1.362
重複立候補者数の増減	0.071	0.027	0.126	2.654	0.008	1.376
1996年重複立候補者の比例区当選者数	0.000	0.053	0.000	0.007	0.994	1.098
1996年の惜敗率	－0.400	0.128	－0.132	－3.116	0.002	1.106

自由度調整済み決定係数　　　　　　　0.513
推定値の標準誤差（Standard Error of Regression）0.433

1996年と2000年の衆院選についての回帰分析結果である。回帰式全体の当てはまりを示す自由度調整済み決定係数は0.513，また回帰式による推定値の標準誤差を示す SER は0.433である[6]。なお VIF の値からいって多重共線性の心配はない。

我々にとって最も関心があるのは投票率の増減の効果である。表3によれば投票率の増減は1％水準で有意な係数2.411をもっているから，投票率の増加は有効候補者数を増やす効果があることになる。具体的には投票率が10％ポイント増減することで，有効候補者数は0.2411増減する。

その他に候補者数の増減も有効候補者数の増減に対して正の効果を持つ。非標準化回帰係数から見て，候補者数1名の増減は有効候補者数にして約0.337の増減につながる（有意水準1％）。また，重複立候補者数の増減も5％水準で有意な効果を持つ。重複立候補者数が1増えることで，有効候補者数は0.067増える。これに対して1996年重複立候補者の比例区当選者数は統計的に有意な効果を示していない。

表4は同じ分析を2003年と2005年の選挙結果で見たものである。有効投票率の増減はここでも有意な正の効果（5％水準）を示している。有効投票率が10％ポイント上昇すれば，有効候補者数は0.1337増加する。候補者数の増減も同様で，1名増えると有効候補者数は0.371増える。重複立候補者数の増減は有意な効果を示していない。2003年重複立候補者のうち比例区で当選した者の数は有意な負の効果を示しており，1名の増加が有効政党数を0.073減少させる。

これら2つの分析から，有効投票率の増減，候補者数の増減はともに有効候補者数の増減に対して正の効果を示していることがわかった。 1996

表4 2003年から2005年にかけての有効候補者数の増減を説明する回帰分析

従属変数：有効候補者数の増減	非標準化係数 B	標準誤差	標準化係数 ベータ	t 値	有意確率	VIF
定数	0.277	0.081		3.400	0.001	
有効投票率の増減	1.182	0.562	0.079	2.102	0.036	1.042
候補者数の増減	0.355	0.022	0.685	16.463	0.000	1.274
重複立候補者数の増減	0.007	0.028	0.010	0.240	0.810	1.222
2003年重複立候補者の比例区当選者数	0.019	0.038	0.022	0.504	0.615	1.375
2003年の惜敗率	−0.466	0.097	−0.211	−4.814	0.000	1.415

自由度調整済み決定係数　0.593
推定値の標準誤差（Standard Error of Regression）0.287

年から2000年にかけては新進党の解党など政党システムにかかわる大きな出来事があり，直接の比較は難しいところがあるが，それにもかかわらずこの傾向は一貫している。

先に表1でみたように有効候補者数は減少し続けているのに対して，小選挙区単位の有効投票率はそのような動きをしていない。ということは候補者数の減少（候補者や政党による戦略的参入と退出）が有効候補者数の減少に大きく貢献しているのであろう。ただ一方で有効投票率の増減が有意な正の係数をもつということは，有権者の棄権が有効候補者数の減少につながることも示唆している。候補者数の減少と投票率の低下によって実現する2大政党制では，その代表機能に対して不安が生じる。

次節以降では，JES調査によって得られたサーヴェイ・データを用いて，有効候補者数と政治的有力感や選挙に対する満足度などの心理的変数との関連を探る。有効候補者数が少ないことが政治的有力感を低下させたり，選挙に対する不満を増すのであれば，現行の選挙制度に対する評価に小さからぬ含意を持つからである。

3 選挙の機能に対する評価と政治的有力感

まず選挙結果に対する満足度と選挙の機能に対する有権者の評価が，選挙制度の変更を経てどのようになっているのかを確認しよう。JES調査では1993年のJES 2調査以降，継続的に選挙後調査において選挙結果に対する満足度を尋ねている。図1はそれを積み上げグラフとして表示したものである。ただし選挙結果に対する満足度についての設問は調査年によっていささか異なっている7。「わからない」と無回答はどの時点の調査についても両者を合わせて1％

図1 選挙結果に対する満足度

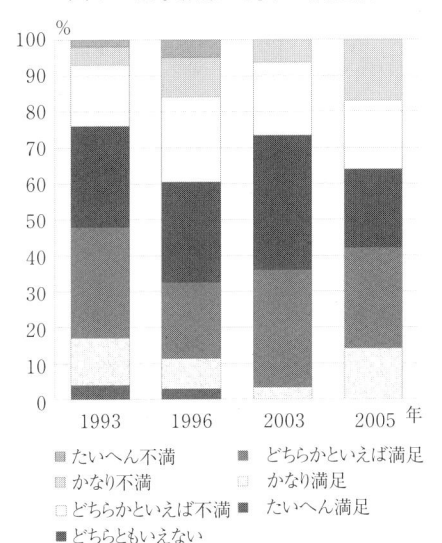

から2％程度にすぎないので除外した。この図から1993年の選挙結果に対する満足度が最も高いことがわかる。ただしこの結果が選挙制度のためなのかどうかはわからない。1996年の満足度が最も低いが，2003年，2005年と回を追うごとに回復している傾向がみられる。2005年衆院選は図にある4回の選挙のうちで「どちらともいえない」という回答が最も少なく，前回の2003年に比べると満足を示す回答と不満を示す回答がそれぞれ増えている。

次に選挙の機能に対する有権者の評価を同様にJES調査データで確認しよう。図2は「選挙があるからこそ，庶民の声が政治に反映するようになる」という設問（1983年衆院選後調査問27(2)，1993年選挙後調査問32(2)，1996年選挙後調査問21(2)，2003年選挙前調査問31(2)，2005年選挙前調査問38(2)）に対する回答の分布である。1983年のJES調査および1993年と1996年のJES 2調査において選挙後調査におかれていたこの設問は，JES 3では選挙前調査でなされるようになった。選挙後調査として行えば，調査期間に該当する選挙の結果に対する評価が色濃く反映されるであろうが，選挙前では選挙結果が出ていないのでより一般的な回答となると推測される。図2を見ると1996年が最も評価が悪いが，それでも常に9割前後が選挙による代表機能を認めていることになる。2003年以後は1983年，1993年の傾向にもどっている。もちろんこの設問は衆議院選挙に限らず選挙一般の重要性について尋ねているのだが，設問はいずれも衆議院選挙のための調査に含まれたものであり，少なくとも衆議院の選挙制度改革による変化をこの図から

図2 選挙があるからこそ，庶民の声が政治に反映するようなる

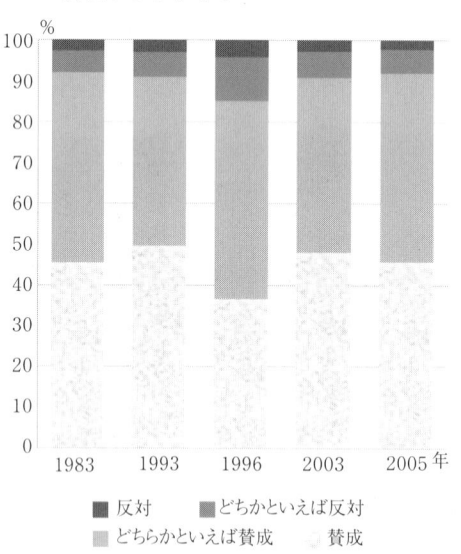

うかがうことはできない。

政治的有力感に変化はあるだろうか。図3は外的有力感を測定するための設問「自分には政府のすることに対してそれを左右する力はない」(1983年参院選後調査問10(4)，1993年衆院後調査問33(2)，1996衆院選後調査問22(2)，2003年衆院選前調査問31(2)，2005年衆院選前調査問39(2))に対する回答の分布を示したものである。5回の調査を通じて約6割の回答が「そう思う」「どちらかといえばそう思う」であることには変化がない。「そうは思わない」「どちらかといえば

図3　自分には政府のすることに対してそれを左右する力はない

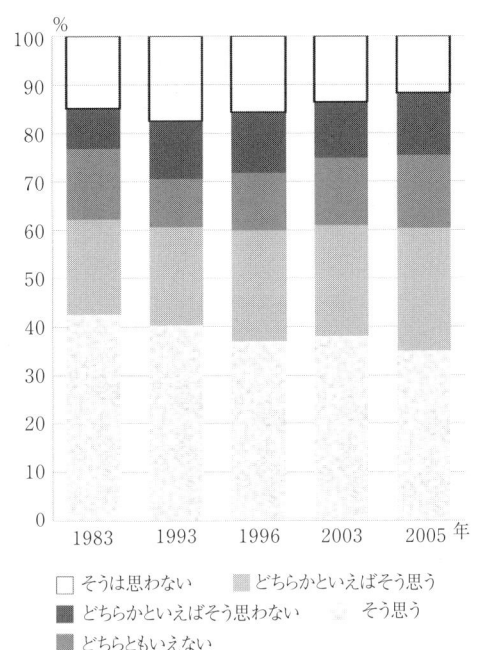

そうは思わない」という回答がわずかに減少する傾向を示しているが，その分「どちらともいえない」という回答が否定的な回答の減少分をほぼ吸収している形である。つまり選挙制度が変わってから，日本人の外的有力感が悪化しているとは言えないことになる。

少なくとも以上3葉の図からは選挙制度改革による負の影響を読み取ることは難しい。

4　有効候補者数は選挙結果に対する満足，選挙の機能に対する評価，政治的有力感に影響するか？

そもそも有効候補者数の多寡は選挙結果に対する満足度や，選挙の機能に対する評価，政治的有力感などに影響を及ぼしているのであろうか。まず選挙結果に対する満足度と有効候補者数の関係から見てみよう（表5）。1993年の段階ではむしろ選挙結果が不満な層において有効候補者数が高い

表5　選挙結果に対する満足度と有効候補者数

		1993	1996	2003	2005
たいへん満足している	平均値	5.924	2.743		
	標準誤差	0.150	0.079		
かなり満足している	平均値	5.931	2.919	2.376	2.354
	標準誤差	0.081	0.051	0.049	0.024
どちらかといえば満足している	平均値	5.950	2.942	2.384	2.384
	標準誤差	0.051	0.035	0.017	0.022
どちらかともいえない	平均値	6.026	3.023	2.432	2.409
	標準誤差	0.055	0.032	0.018	0.028
どちらかといえば不満である	平均値	6.042	3.012	2.406	2.369
	標準誤差	0.071	0.031	0.021	0.022
かなり不満である	平均値	6.279	3.157	2.408	2.422
	標準誤差	0.113	0.049	0.041	0.026
たいへん不満である	平均値	6.168	3.075		
	標準誤差	0.207	0.071		

という傾向が現れているが，誤差から考えて顕著な差とは言い難い。1996年においても「たいへん満足している」という層が相対的に低い有効候補者数を示しているが，これも同様に顕著な差ではない。また2003年，2005年ではさらに差は判じ難くなっている。

　次に選挙の機能に対する評価について確認する（表6）。1983年については顕著な差はない。1993年ではむしろ「反対」すなわち選挙による代表機能に否定的な層の方が，有効候補者数の少ない選挙区にいる傾向が出ている。ただし，先に図2で確認したように，この層は調査に回答した有権者全体の1割程度である。1996年になると「反対」の層における有効候補者数が相対的に低く現れている。しかし2003年，2005年はむしろ「賛成」の層で有効候補者数は低くなっている。ただしこれも標準誤差から考えれば，なきにひとしい差だろう。

　最後に，政治的有力感

表6　選挙の機能に対する評価と有効候補者数

「選挙があるからこそ，庶民の声が政治に反映するようになる」		有効候補者数				
		1983	1993	1996	2003	2005
賛成	平均値	5.667	6.007	2.985	2.382	2.368
	標準誤差	0.061	0.040	0.028	0.014	0.014
どちらかといえば賛成	平均値	5.729	5.965	3.067	2.406	2.408
	標準誤差	0.056	0.049	0.024	0.016	0.018
どちらかといえば反対	平均値	5.791	6.087	2.966	2.571	2.449
	標準誤差	0.185	0.117	0.051	0.044	0.060
反対	平均値	5.772	6.234	2.746	2.503	2.240
	標準誤差	0.334	0.156	0.069	0.065	0.040

表7　政治的（外的）有力感と有効候補者数

「自分には政府のすることに対して，それを左右する力はない」		有効候補者数				
		1983	1993	1996	2003	2005
そう思う	平均値	5.638	5.951	2.984	2.390	2.381
	標準誤差	0.059	0.044	0.027	0.017	0.019
どちらかといえばそう思う	平均値	5.828	5.901	3.012	2.382	2.391
	標準誤差	0.103	0.066	0.034	0.021	0.022
どちらともいえない	平均値	5.891	6.171	2.961	2.508	2.336
	標準誤差	0.119	0.096	0.045	0.029	0.026
どちらかといえばそうは思わない	平均値	5.858	6.119	3.122	2.410	2.407
	標準誤差	0.106	0.084	0.044	0.029	0.029
そうは思わない	平均値	5.505	6.068	3.001	2.386	2.438
	標準誤差	0.097	0.068	0.041	0.025	0.032

（外的有力感）と有効候補者数の関係を確認すると（表7），ここでも明確な関係は現れてこない。1983年では有力感の弱い層（「そう思う」と回答した層）と，逆に強い層（「そうは思わない」と回答した層の有効政党数が相対的に低いが，それ以外に顕著な差は見出しがたい。

5　党派性と選挙の機能に対する評価

ではこのような評価はイデオロギー的な立場や支持政党によって異なっているのだろうか。日本は戦後長らく保守中心の政権を維持してきたので，保革で評価が異なっていても不思議はない。特に日本における左翼側の政党（社会民主党や共産党）は小選挙区中心の選挙制度によって，苦戦を余儀なくされているであろうから，その支持者は現行の選挙制度に対して否定的な評価をもっている可能性が高い。また極右や極左にシンパシーをもつ有権者などが議会制民主主義そのものに否定的ないし懐疑的であるなら，選挙に対する評価も高いものではないだろう。

まず保革イデオロギーと選挙の機能に対する評価（「選挙があるからこそ，庶民の声が政治に反映するようになる」）の関係について確認しておこう。保革イデオロギー（自己認知）についての調査もJESは一貫して行ってきている。ただし，JES 3調査からはそれまでの10点尺度をやめて11点尺度を採用している。最初に分布を確認しておこう。表8はJES調査がカバーしている衆院選調査におけるイデオロギーの度数分布を示したものである。DK（「わからない」），NA（無回答）はパーセント表示からは除外して度数のみを右端に記した。この表からわかるように両極は度数も少ないので，

表8　保革イデオロギーの度数分布

年（調査）	0	1	2	3	4	5	6	7
1983		34	26	98	118	280	239	181
（JES 第3波）		2.6%	2.0%	7.5%	9.0%	21.4%	18.3%	13.8%
1993		34	31	152	219	454	409	272
（JES 2 第2波）		1.7%	1.6%	7.7%	11.1%	23.0%	20.7%	13.8%
1996		43	16	152	213	463	337	298
（JES 2 第7波）		2.2%	.8%	7.9%	11.1%	24.0%	17.5%	15.5%
2003	30	13	46	218	194	695	214	267
（JES 3 第4波）	1.5	.7	2.3	11.0	9.8	35.2	10.8	13.5
2005	22	14	27	137	153	454	154	168
（JES 3 第8波）	1.6%	1.0%	2.0%	10.1%	11.3%	33.6%	11.4%	12.4%

　選挙の機能に対する評価とのクロス表を作成する際にはカテゴリーを結合する。すなわちJES 2 調査までのデータについては1と2、3と4。5と6、7と8、9と10を1つに、そしてJES 3 調査のものについては0と1と2、3と4をそれぞれまとめ、5はそのまま単独のカテゴリーとし、6と7、8と9と10をそれぞれまとめるかたちで5点尺度を構成した。数字が大きくなるほど保守的、少ないほど革新的である。見ての通り、いずれの調査においても相対的に、右に厚く左に薄い分布となっている。
　このように再構成した保革イデオロギー尺度と選挙の機能に対する評価のクロス表をグラフにまとめたのが図4－1から図4－5である。1983年の段階（図4－1）では相対的には革新において選挙の機能を低く評価す

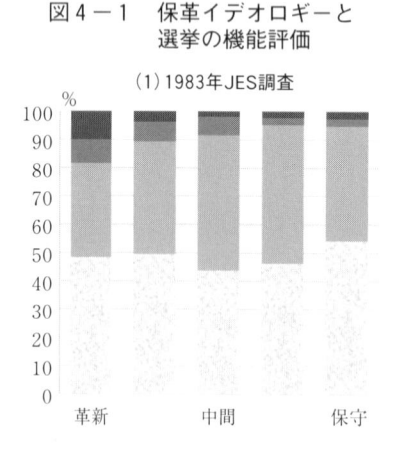

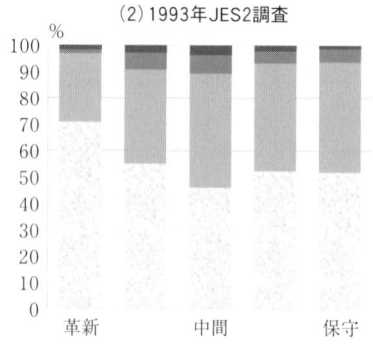

図4－1　保革イデオロギーと選挙の機能評価
(1)1983年JES調査

図4－2　保革イデオロギーと選挙の機能評価
(2)1993年JES2調査

8	9	10	n	DK, NA
178	58	95	1307	300
13.6%	4.4%	7.3%	100%	
246	83	77	1977	171
12.4%	4.2%	3.9%	100%	
247	78	79	1926	217
12.8%	4.0%	4.1%	100%	
180	46	71	1974	188
9.1	2.3	3.6	100%	
141	32	50	1352	72
10.4%	2.4%	3.7%	100%	

る層が厚く分布しており，図の右に行くほどそれは減少する傾向がある。もっとも革新的な層で2割近くが，「選挙があるからこそ，庶民の声が政治に反映するようになる」という言明に反対しているが，最も保守的な層でのそれは5％程度である。

これに対して1993年になると様相は変わる(図4－2)。最も選挙の機

図4－3　保革イデオロギーと選挙の機能評価
(3) 1996年JES2調査

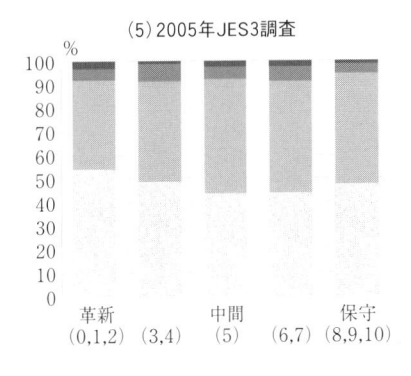

図4－4　保革イデオロギーと選挙の機能評価
(4) 2003年JES3調査

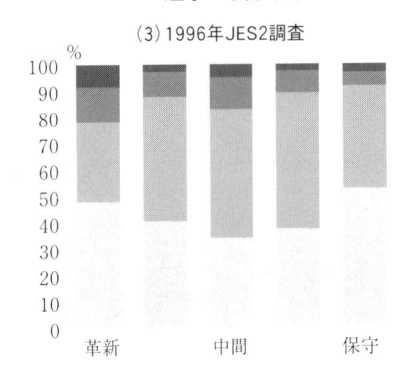

図4－5　保革イデオロギーと選挙の機能評価
(5) 2005年JES3調査

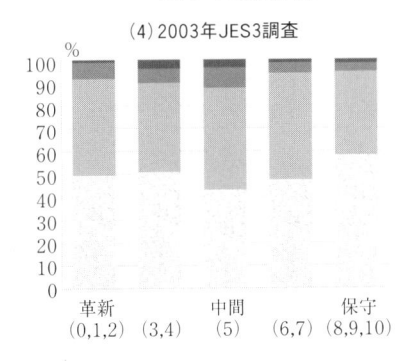

図4－1から
図4－5を通じて

■ 反対
■ どちらかといえば反対
□ どちらかといえば賛成
□ 賛成

能を低く評価しているのはイデオロギー的には中間に位置する層である。とはいえ，この層を1983年と比べると大きな変化はなく，むしろ左右の両翼が選挙の機能を評価するように変化していることがわかる。特に革新サイドにおける「賛成する」という回答率の上昇が顕著である。政権交代につながる選挙に対して革新サイドが高い評価を示したということであろうか。一方保守側には目立った変化はない。

選挙制度が変わった1996年では，再び1983年と近い分布となる（図4－3）。すなわち革新的な有権者のうち2割以上は，選挙による庶民の意思の反映に関して否定的な見解を示している。また最も比率の高い中間層における「賛成」の表明が30％と低くなったことも顕著な特徴である。

2003年になると（図4－4），イデオロギーによる評価の違いは目立たなくなり，また「反対」「どちらかといえば反対」という回答の割合がどのカテゴリーでも1割前後となっている。ここでも中間層における評価が最も悪い。

表9　政党支持と選挙機能評価

1993年	自民	社会	公明	民社	共産	社民連	新生
平均値	1.60	1.60	1.42	1.74	1.58	1.53	1.51
標準誤差	0.02	0.04	0.06	0.11	0.09	0.09	0.06
標準偏差	0.69	0.74	0.60	0.89	0.73	0.56	0.74
N	954	303	104	62	71	36	158
％	46.6％	14.8％	5.1％	3.0％	3.5％	1.8％	7.7％
1996年	自民	新進	民主	社民	共産	さきがけ	その他
平均値	1.73	1.80	1.76	1.84	1.84	1.75	2.00
標準誤差	0.02	0.05	0.05	0.06	0.08	0.11	0.41
標準偏差	0.75	0.78	0.70	0.77	0.79	0.45	0.82
N	906	299	228	187	106	16	4
％	45.3％	15.0％	11.4％	9.4％	5.3％	0.8％	0.2％
2003年	自民	民主	公明	社民	共産	保守新党	その他
平均値	1.73	1.60	1.66	1.80	1.72	2.50	2.50
標準誤差	0.03	0.04	0.08	0.14	0.08	0.50	0.50
標準偏差	0.71	0.72	0.68	0.98	0.58	0.71	0.71
N	692	282	76	46	47	2	2
％	55.2％	22.5％	6.1％	3.7％	3.8％	0.2％	0.2％
2005年	自民	民主	公明	社民	共産	国民新党	新党日本
平均値	1.63	1.62	1.49	1.68	1.62	1.83	2.09
標準誤差	0.02	0.04	0.07	0.12	0.11	0.17	0.28
標準偏差	0.67	0.66	0.67	0.75	0.85	0.41	0.94
N	717	340	85	37	55	6	11
％	53.2％	25.2％	6.3％	2.7％	4.1％	0.4％	0.8％

2005年でもやはりイデオロギーによる違いは見えない(図4－5)。この選挙ではすべての層において，選挙の機能を評価する回答が9割を越えている。つまり2003年に比して，中間的な層がより高い評価をするようになっている。

以上からその時々の選挙における波はあるにせよ，選挙制度の変更によって「庶民の意思を反映」する選挙の機能が失われたと，特定のイデオロギーを持つ有権者が認識しているとは，これらのデータからは断じがたい。

では政党支持についてはどうだろう。表9は支持政党別に選挙の機能に対する評価を見たものである。ここでは支持政党について「選挙のことは別にして，ふだんあなたは何党を支持していますか」(JES 2調査)，「話はかわりますが，今回何党に投票するかは別にして，ふだんあなたは何党を支持していますか」(JES 3調査)という設問と，それらの設問において特定の政党をあげなかった回答者に対しての「支持するまでではなくても，ふだん好ましいと思っている政党がありますか。どの政党ですか」(JES 2調査)，「あえていえば，どの政党を最も好ましいと思っていますか」(JES 3調査)との組み合わせによって，いずれかにおいて特定の政党をあげた回答者を支持者とし，いずれの設問においても支持政党もしくは好ましい政党をあげなかった回答者を無党派として分類している。これを見ても明らかなようにいずれの調査時点においても無党派層の評価が相対的に悪い(平均値が高い)ものの，その差が顕著なのは1996年くらいのもので，あとは標準誤差を勘案すれば，大きな差とは言い難い。社民，共産などの小政党支持

さきがけ	日本新	その他	無党派	計
1.65	1.58	2.50	1.90	
0.09	0.07	0.50	0.06	
0.66	0.74	0.71	0.86	
49	125	2	184	2048
2.4%	6.1%	0.1%	9.0%	100.0%

無党派	計
2.19	
0.05	
0.86	
252	1998
12.6%	100.0%

無党派	計
1.97	
0.09	
0.88	
106	1253
8.5%	100.0%

無党派	計
1.86	
0.08	
0.78	
96	1347
7.1%	100.0%

者の方が，評価が低めに（平均値は高めに）出る傾向はあるが，それもやはり標準誤差を考えれば顕著な差ではない。

ただしここで留意すべきなのは，無党派層の比率が10％前後であり，ワン・ショットで行われる一般の世論調査などに比べると低いことである。周知のようにJES調査等の大規模な政治意識調査における回答の回収率は100％ではない。ここで分析対象としている1983年衆院選後のJES調査で69.3％，1993年衆院選後のJES 2調査では77.3％，1996年衆院選後のJES 2調査では76.6％，2003年衆院選前のJES 3調査では57.5％，2005年衆院選前のJES 3調査では71.1％となっている[8]。つまり回答を得られなかった層において，相当の割合で無党派層が含まれている可能性が高いとすれば，有権者全体としての選挙の機能に対する評価は，これまで見てきた以上に厳しいものであると推測される。一般にJESなどの調査における回答者の中には，棄権者が1割程度しか含まれていない。回収率に9割をかけると投票率と近い値になることが多い。そのように考えると回収不能標本においては，党派性をあまり強く持たない棄権者が多く含まれている可能性が高い。棄権の増大と回収率の低下は，選挙の機能に対する無言の抗議であるかもしれない。

6　おわりに

本稿は衆議院における選挙制度改革及びそれに伴う2大政党制化の傾向は，有権者にそれ以前よりも強い政治的疎外感や選挙の機能に対する不満をもたらしているのであろうかという問題意識のもとにデータの検討を行ってきた。検討の結果言えることは，そのような事実は観察されなかったということである。ただし，いくつか留意すべき点も見つかった。

まず第1には有効候補者数の低下と投票率の関係である。第2節で検討したように有効候補者数の増減と投票率の増減には正の関係があった。有効候補者数の低下が投票率の低下によってもたらされ，その状態が硬直化してしまえば，一定数の有権者が選挙過程から退出することとなる。木村（2003）が分析したような政治に不満であるがゆえに棄権する層が増加することは，日本の民主政治にとって望ましくない。

第2に留意すべきは本稿で用いたサーヴェイ・データの有効性である。我々が用いたデータは全国的なパネル・データであり信頼性は高いが，一

方でそこから漏れる有権者が確実に存在している。サーヴェイ・データの中に含まれていない有権者の存在を考慮しないと，たとえば無党派層の存在や政治的不満層を過小評価する恐れがある。サーヴェイへの回答率の低下傾向はこの点からも憂慮される。

上記2点に留意した上でのことではあるが，有権者は現行の選挙制度や2大政党制化に対して否定的な論者の主張ほどには否定的，悲観的とはいえないというのが本稿の知見である。

（1） たとえば飯尾（2007）。
（2） JED-M データならびに JES データ，JES 2 データについてはレヴァイアサン・データバンクより，また JES 3 データは SSJ データアーカイヴより入手した。データの公開に尽力された関係者の労に謝意を表する。
（3） 蛇足ながらこれを議会内の議席率を用いて計算すれば，議会内の有効政党数となる。Laakso and Taagepera (1979) 参照。
（4） なお2003年総選挙に先立つ2002年に小選挙区の区割り変更があったので，2000年から2003年にかけての変化はここでは見ないこととする。
（5） 上述したように2002年には大規模な区割り変更と定数是正があったので，2000年と2003年の組み合わせは分析から除外する。
（6） 当然この誤差が小さいほどよい推定となる。
（7） 1993年と1996年の JES 2 調査では，「あなたは今度の衆議院選挙の結果に満足していますか」と問い，回答が7点尺度であるのに対して，2003年と2005年の JES 3 調査では，「では，あなたは今度の衆議院選挙の結果に，全体としてどの程度満足していますか。この中から1つだけお答えください」と尋ね，5点尺度の回答を求めている。
（8） 綿貫ほか（1986：289），蒲島ほか（1998，13），池田ほか（2004，16），池田ほか（2006，16）。なお回収不能標本の内訳はいずれの調査においても留守ないし一時不在が3，4割，回答拒否が同程度存在している。

引用文献

Cox, Gary W.. 1997. *Making Votes Count: Strategic Coordination in the World's Electoral Systems* Cambridge University Press.

カーティス，ジェラルド．2008．『政治と秋刀魚　日本と暮らして四五年』日経BP社。

飯尾潤．2007．『日本の統治構造』中公新書1905，中央公論新社。

池田謙一，小林良彰，平野浩．2004．『特別推進研究　21世紀初頭の投票行動の全国的・時系列的調査研究　―2003年衆議院選挙パネル調査コードブッ

ク』非売品。
———. 2006.『特別推進研究　21世紀初頭の投票行動の全国的・時系列的調査研究　—2005年衆議院選挙パネル調査コードブック』非売品。
蒲島郁夫，綿貫譲治，三宅一郎，小林良彰，池田謙一. 1998.『変動する日本人の選挙行動⑥　JESⅡコードブック』木鐸社。
木村高宏. 2003.「衆議院選挙における退出と抗議」『選挙研究』18：125－136。
小林良彰. 2008.『制度改革以降の日本型民主主義　選挙行動における連続と変化』木鐸社。
Laakso, Markku, and Rein Taagepera. 1979. "Effective Number of Parties: A Measure with Application to West Europe." *Comparative Political Studies* 12: 12(1): 3-27.
綿貫譲治，三宅一郎，猪口孝，蒲島郁夫. 1986.『日本人の選挙行動』東京大学出版会。

内閣不信任の政治学

―― なぜ否決される不信任案が提出されるのか？ ――

増山幹高 *

1 はじめに

　議会制度の立法的，政策的な帰結を理論・実証の両面において解明することは近年の議会研究における中心的な課題の一つであり，アメリカの議会研究において発展してきた合理的選択論に基づく制度選択の分析は，議院内閣制の国々についても同様の研究を触発し，比較議会研究のフロンティアを開拓してきている。例えば，議員が自身の立法権限を制約するような制度や手続きをなぜ選択するのかという疑問に答えるため，議員の法案修正権限を制限する立法手続きの採用・定着に関する理論が提起され，実際の立法データに照らし合わせて検証されている。

　具体的には，法案修正に制限を課さない Open Rule と法案の可否のみを問う Closed Rule に大別すると，議院内閣制における後者に相当するものとして，立法の可否を内閣の存続と併せて問う「信任投票」が分析されてきている。ただし，議会制度に関する合理的選択論が議院内閣制に応用されること自体は評価されるが，そうした信任投票の合理的選択論は，議院内閣制において立法を主導する内閣とそれが拠って立つ与党ないしは議会多数による立法手続きの戦略的選択をモデル化するものであって，内閣や与党と対立する関係にある少数野党が提出する内閣不信任の制度的作用を必ずしも解明するものではない。とくに，日本の国会では，議院内閣制に加えて，国会の会期が立法の時間的制約を厳しくし，実質的に法案修正を制限する制度的制約となっており，国会による立法活動は法案の可否を問うことに概ね集約され，国会が主導的な役割を果たすような立法は限定的

---

　* 政策研究大学院大学教員　議会制度，日本政治

なものとなっている。歴史的にも，内閣に対する国会の信任は，野党による内閣不信任案の提出という形において主として顕在化し，その制度的作用を議会多数による自らの法案修正権限の制約という意味においてのみ理解しようとすることには限界がある。このように内閣の信任・不信任は議院内閣制の骨格をなす立法・行政関係の憲法規定でありながら，実際に発動される内閣不信任案の制度的作用は，従来の議会研究では国内外を問わず，体系的な検証対象とされてきていない。本研究では，戦後日本の国会における内閣不信任の実態を題材とし，その制度的作用を解明することによって，合理的な制度選択としての比較議会制度論を一歩前進させることを目指す。

論文の構成は以下の通り。まず戦後日本における内閣不信任を整理し，その議事協議に関する制度化を明らかにする。次いで内閣不信任に関する先行研究を概観したうえで，野党が否決されると分かっている内閣不信任案を提出する理論を提示し，その当否を実際の立法データなどから検証していく。

とくに，内閣不信任案の制度的作用として，立法的効用と選挙的効用の二つのモデルを区別する。従来の国会研究においては，国会の会期など時間的制約を課す制度的特徴が主として野党に影響力を行使させるものであり，野党による内閣不信任案も政府の立法に抵抗する議事妨害の一つとして，与党に立法的な譲歩を余儀なくさせる手段と考えられてきている。これに対して，内閣不信任案の選挙的効用という観点は，内閣不信任案を与党に否決させることによって，政府の政策的な責任所在を明確にするという野党の態度表明・意思表示を重視するものである。すなわち，野党は，内閣の推進する法案の成立が将来の選挙において与党を全体的に不利にするとみなされる場合，内閣不信任案を与党に否決させるべく提出し，その責任所在が内閣を存続させた与党にあることを明確にしようとする。こうした観点からは，内閣不信任案の提出は，信任しない内閣の立法を阻止するのではなく，逆説的ながら，その成立をむしろ促進するという仮説が導き出される。

本研究の意義は，内閣不信任案を体系的に分析することによって，国会における制度選択を理解し，内閣不信任案の比較議会制度論に先鞭をつけることにある。さらに，制度論におけるラカトシュ的な意味での「リサー

チ・プログラム」を提示し，制度的作用の捉え方をめぐる論争を基礎付けるという意義もある。すなわち，本研究は，否決されるだけの内閣不信任案が審議妨害としての手段ではなく，政府の政策的な責任所在を明確にするために戦略的に選択されるという解釈を提示することによって，議院内閣制における議会と内閣の信任関係という制度本来の意図に反するような動機で提出される野党の内閣不信任案であっても，それらに制度の意図に合致した根拠のあることを示す。より一般的に言えば，制度本来の意図に反するように見える現象も，実は制度的な想定のなかで選択可能な制度的選択肢が戦略的に選択された結果として捉えることができる。こうした解釈の妥当性を検証することによって，これまで筆者が展開してきた議会制度の多数主義的解釈をめぐる論争を，政治制度の制度的作用をいかに捉えるべきかという方法論的な論争に止揚し，理論的，実証的研究の新たな展開の契機となることを期待したい。

2 戦後日本における内閣不信任

表1は戦後の日本における内閣不信任関連の動向をまとめている。2008年までに内閣の信任が問題となった国会は46回あり，そのうち，不信任案が可決されたのは4回である（1948年と1953年の吉田内閣，1980年の大平内閣，1993年の宮澤内閣）。いずれも内閣は総辞職することなく，衆議院が解散され，総選挙となっている。また，不信任案の採決前に内閣が総辞職したり，衆議院が解散される場合もある。具体的には，1954年の吉田内閣や1994年の羽田内閣が総辞職した事例であり，1958年の岸内閣や1979年の大平内閣，1983年の中曽根内閣，2000年の森内閣による衆議院解散が後者に該当する[1]。最近の事例では，2005年の小泉内閣による郵政民営化を問うた衆議院の解散・総選挙がある。さらに，内閣不信任案は提出されたものの，本会議上程前に会期末となり，審議未了・廃案となる場合もある（1951年吉田内閣，1961年池田内閣，1976年三木内閣）。

これらに加えて，野党の不信任案提出を受けて，与党が内閣信任案を提出することもあり，1956年の鳩山内閣に対する信任案は採決には至らなかったが，1992年の宮澤内閣に対するものは国会として可決された初めての信任案である。これはPKO法案に強く反対する野党が内閣不信任案を提出するなど激しく抵抗し，それへの対抗手段として与党が提出したもので

表1　戦後の衆議院における内閣不信任案

首相	内閣	年次	回次	国会	会期	信任	提出日	採決日	結果	備考
吉田茂	2	48	3	臨時会	48/10/11−30		11/16	(11/18)	留保	※1
			4	常会	48/12/1−23		12/13	12/23	可決	解散
	3	50	7	常会	49/12/4−50/5/2		4/30	5/1	否決	
							4/30		未了	※2
		51	11	臨時会	51/8/16−18		8/17		未了	※3
		52	13	常会	51/12/10−52/7/31		6/25	6/26	否決	
							6/14		未了	※2
	4	53	15	特別会	52/10/24−53/3/3		3/13	3/14	可決	解散
	5	54	19	常会	53/12/10−54/6/15		4/22	4/24	否決	
							4/22		未了	※2
							4/24		未了	※2
			20	臨時会	54/11/30−12/9		12/6		未了	※4
鳩山一郎	3	56	24	常会	55/12/20−56/6/3	◎	4/29	(5/1)	撤回	
							5/31	6/1	否決	
岸信介	1	57	26	常会	56/12/20−57/5/19		5/16	5/17	否決	
		58	28	常会	57/12/20−58/4/25		4/24		未了	※5
	2	59	31	常会	58/12/10−59/5/2		3/27	3/28	否決	
池田隼人	2	61	38	常会	60/12/26−61/6/8		6/7		未了	※3
	3	64	46	常会	63/12/20−64/6/26		6/23	6/24	否決	
佐藤榮作	1	66	51	常会	65/12/20−66/6/27		5/14	5/14	否決	
	2	67	56	臨時会	67/7/27−8/18		8/7	8/7	否決	
		69	61	常会	68/12/27−69/8/5		7/29	7/30	否決	
	3	71	67	臨時会	71/10/16−12/27		12/23	12/24	否決	
		72	68	常会	71/12/29−72/6/16		6/15	6/15	否決	
田中角榮	2	73	71	特別会	72/12/22−73/9/27		9/21	9/22	否決	
		74	73	臨時会	74/7/24−31		7/30	7/31	否決	
三木武夫	1	75	75	常会	74/12/27−75/7/4		7/2	7/3	否決	
			76	臨時会	75/9/11−12/25		12/18	12/19	否決	
		76	78	臨時会	76/9/16−11/4		11/4		未了	※3
大平正芳	1	79	88	臨時会	79/8/30−9/7		9/7		未了	※5
	2	80	91	臨時会	79/12/21−80/5/19		5/16	5/16	可決	解散
鈴木善幸	1	82	96	常会	81/12/21−82/8/21		8/17	8/18	否決	
中曽根康弘	1	83	98	常会	82/12/28−83/5/26		5/24	5/24	否決	
			100	臨時会	83/9/8−11/28		11/28		未了	※5
竹下登	1	88	113	臨時会	88/7/19−12/28		12/22	12/23	否決	
宮澤喜一	1	92	123	常会	92/1/24−6/21	◎	6/12	6/14	可決	
							6/13		未了	※2
		93	126	常会	93/1/22−6/18		6/17	6/18	可決	解散
羽田孜	1	94	129	常会	94/1/31−6/29		6/23		未了	※4
村山富市	1	95	132	常会	95/1/20−6/18		6/12	6/13	否決	
橋本龍太郎	2	97	141	臨時会	97/9/29−12/12		12/11	12/11	否決	
		98	142	常会	98/1/12−6/18		6/11	6/12	否決	
小渕恵三	1	99	145	常会	99/1/19−8/13		8/10	8/11	否決	

首相	内閣	年次	回次	国会	会期	信任	提出日	採決日	結果	備考
森喜朗	1	00	147	常会	00/1/20－6/2		5/31		未了	※5
		00	150	臨時会	00/9/21－12/1		11/20	11/21	否決	
		01	151	常会	01/1/31－6/29		3/5	3/5	否決	
小泉純一郎	1	02	154	常会	02/1/21－7/31		7/30	7/30	否決	
		03	156	常会	03/1/20－7/28		7/25	7/25	否決	
	2	04	159	常会	04/1/19－6/16		6/15	6/15	否決	
		05	162	常会	05/1/21－8/8		8/8		未了	※5
安倍晋三	1	06	165	臨時会	06/9/26－12/19		12/15	12/15	否決	
	1	07	166	常会	07/1/25－7/5		6/29	6/29	否決	
福田康夫	1	08	169	常会	08/1/18－6/21	◎	6/12	6/12	可決	※6

年次は立法年（一般会計予算を審議する予算国会に始まり，次年度の予算国会までに召集された国会を含む期間）とする。※1　議院運営委員会における留保　※2　他の決議案が採決されたため議決せず　※3　会期末となり審議未了・廃案　※4　内閣総辞職のため議決せず　※5　解散のため議決せず　※6　参議院における首相問責決議可決

ある。また，2007年の通常選挙で民主党が参議院の第一党となり，いわゆる「衆参ねじれ」国会となるなか，2008年には参議院で問責決議が可決されたのを受けて，福田内閣に対する信任案が与党から提出され，可決されている。

このように内閣不信任案の処理には様々な過程がある。ただし，内閣不信任案の可決は4回であり，不信任案の提出を受けて，内閣が総辞職するといった実質的に不信任に相当する事例もあるものの，大部分の内閣不信任案は採決に付され，否決されていることを考慮すれば，否決されることを前提とした内閣不信任案の立法手続きが定着し，何らかの議会制度的な機能を果たすようになってきていると言えよう。

また，表1からも明らかなように，内閣不信任案の議事協議には歴史的な変遷がある。具体的には，第7回国会と第19回国会のように，吉田内閣に対して複数の内閣不信任案が提出されるということが戦後初期には生じており，これらの事例では，一つの不信任案が採決され，残りの不信任案は一事不再議によって議決されていない。1948年における初めての内閣不信任案は，結果的には議院運営委員会で留保するという処理がなされているが，試行錯誤期の状況を浮き彫りにするものとして，少し詳しく経緯をみておこう。

第3回国会は芦田内閣退陣を受けた後継の首班指名で冒頭から混乱した。衆議院の首班指名選挙では，一回目の投票で決まらず，二回目の投票で吉

田が185票を得たに過ぎなかったが，213票の白票があり，少数政権として吉田内閣が発足する。第3回国会の懸案は，マッカーサー書簡に基づく国家公務員法改正であり，具体的には，人事院を設置して公務員の争議行為を禁止するというものであった。昭電疑獄による芦田内閣の総辞職を受けて発足した吉田内閣は少数政権でもあり，その選挙管理内閣的な性格は与野党で了解されていたが，マッカーサー元帥が勧告する国家公務員法改正は至上命題であった。

　1948年11月15日，野党は吉田首相の施政方針演説要求決議案を衆議院に提出し，それを可決した。吉田首相は決議案の採決後に発言を求め，公務員法改正を実現させたうえで解散・総選挙するという所信を表明したが，野党は首相の発言は院議を無視するものと反発した[2]。公務員法改正反対の立場から衆議院の解散・総選挙を目指す共産党，労農党準備会，農民党の三党は，吉田内閣不信任案を提出したが，他の野党各派は公務員法改正を審議未了とすることの責任を野党がかぶるのではないかと懸念し，不信任案の本会議上程に難色を示した[3]。

　表2は衆議院議院運営委員会議録に記載のある内閣不信任案について協議した議院運営委員会の開催日一覧である（以下，衆議院議院運営委員会は「議運」と略し，その会議録も単に「会議録」と呼び，会議録「〇年〇月〇日」として言及する）[4]。会議録「1948年11月17日」からも，野党として吉田内閣不信任で一致するものの，共産党などが不信任案の速やかな本会議上程を求めたのに対して，社会党，民主党，国民協同党の主要野党が公務員法改正や災害対策の推進を政府に求め，また首班指名で吉田を支持した農民党の姿勢に疑義が呈せられるなど，不信任案の採決では共同歩調がとれていないことがわかる。議運の協議は翌日に継続され，会議録「1948年11月18日」には，野党両派で論争が繰り広げられたことが生々しく記されている。最終的には，議運委員長が引き取って，不信任案を留保する旨提案がなされ，議運の満場一致で不信任案は留保するという処理がなされている。

　さらに，内閣不信任に関する議運会議録からは，吉田内閣時代には，現在からみると相当に自由で活発な議論が戦わされ，立法手続きの試行錯誤期にあったことが明瞭である。例えば，初めて内閣不信任案が可決されることになった第4回国会では，国会冒頭の所信表明で吉田首相は速やかな

総選挙を実現するとしつつも、公共企業体等の労働関係立法を目指したこともあり、内閣不信任案は提出から採決まで10日を要し、会議録の記載では議運は4回開催されたことになる。議事協議も不信任の理由から、不信任案の是非、上程の方法、本会議における議事の順序、討論の方法・時間配分まで詳細になされている。最終的には、内閣不信任案は可決され、衆議院が新憲法下で初めて解散されている。

表2　内閣不信任に関する衆議院議院運営委員会開催一覧

回次	号数	開会日	備考	回次	号数	開会日	備考
3	18号	1948/11/17	◎	68	36号	1972/6/15	◎
3	19号	1948/11/18	○	71	58号	1973/9/22	◎
4	11号	1948/12/13	◎	73	2号	1974/7/31	◎
4	12号	1948/12/14	△	75	34号	1975/7/3	◎
4	20号	1948/12/22	◎	76	18号	1975/12/19	◎
4	21号	1948/12/23	◎	88	5号	1979/9/7	◎
7	54号	1950/5/1	◎	91	25号	1980/5/16	◎
11	2号	1951/8/18	○	96	37号	1982/8/19	◎
13	61号	1952/6/17	△	98	24号	1983/5/24	◎
13	62号	1952/6/18	○	100	13号	1983/11/28	◎
13	64号	1952/6/19	△	113	25号	1988/12/23	◎
13	68号	1952/6/26	○	126	35号	1993/6/18	◎
15	43号	1953/3/14	◎	132	36号	1995/6/13	◎
19	49号	1954/4/22	○	141	22号	1997/12/11	◎
19	50号	1954/4/24	◎	142	47号	1998/6/12	◎
20	7号	1954/12/6	◎	145	53号	1999/8/11	◎
24	43号	1956/5/1	○	147	40号	2000/6/2	◎
24	59号	1956/6/1	○	150	20号	2000/11/20	◎
26	44号	1957/5/17	○	151	10号	2001/3/5	◎
28	33号	1958/4/24	○	154	55号	2002/7/30	◎
28	34号	1958/4/25	○	156	50号	2003/7/25	◎
31	29号	1959/3/28	◎	159	41号	2004/6/15	◎
38	44号	1961/6/7	◎	162	40号	2005/8/8	◎
46	39号	1964/6/24	◎	165	23号	2006/12/15	◎
51	39号	1966/5/14	○	166	49号	2007/6/29	◎
67	22号	1971/12/24	◎	169	42号	2008/6/12	◎

回次は国会回次、号数は衆議院議院運営委員会議事録の号数、備考は「本日の会議に付した案件」にそれぞれ内閣不信任・信任決議案の記載がある場合◎、単に決議案の記載がある場合○、決議案としての記載のない場合△を示す。

　その後、第7回国会では、比較的に現在の制度化された議運に近い、事前に調整された議事協議がなされているが、講和条約案を国会に説明し、全権団を承認するために開かれた第11回国会では、共産・労農両党が条約案の説明が不十分であるとして内閣不信任案を提出する[5]。しかし、議運の議事協議では、その提案理由を聞き置くだけで、明確な意思決定をせずに会期末を迎えている（会議録「1951年8月18日」）。また、第13回国会では、平和条約発効にともなってポツダム命令の措置に関する一群の立法が行われ、国内治安対策の基本となる破壊活動防止法案の審議が紛糾し、内閣不信任案が提出されるに至る。その議事協議は再び4回に及ぶ議運の開

催を要したが，議運で留保とされた最初の内閣不信任案の場合と同様，共産党による不信任案の先行提出，他の主要野党の情勢判断を待ったうえでの内閣不信任案の本会議上程という大会派優先の議事手続きを反映している。

　第15回国会は吉田首相のいわゆる「バカヤロー解散」となるが，これは予算委員会で野党議員が質問中に吉田が「バカヤロー」とつぶやいたとされることを契機として，野党の提出した内閣不信任案が与党自由党内の反吉田派が賛成に回ったことで可決されたことによる。議運における不信任案の議事協議は，野党三派共同で提案・本会議上程すること，採決後の休憩を副議長が申し出ていることなど，採決に関する事前の合意があることを示すとともに，討論における会派の代表や小会派の扱いについて意見調整に手間取ったことも明らかにしている（会議録「1953年3月14日」）[6]。

　また，第19回国会における内閣不信任案は否決されるという点で第15回国会のそれと異なるが，不信任案の議事協議という意味では不信任案を採決に付すかどうかが大会派の意向に拠り，小会派の趣旨弁明や討論の扱いが主たる争点であったことでは共通している。具体的には，造船疑獄に関して自由党幹事長の逮捕許諾請求に法務大臣が指揮権を発動したことで政局が緊迫し，社会党左右両派より内閣不信任案が提出され，自由党反吉田派で結成した日本自由党もそれに続いて不信任案を提出する。保守合同の動きが活発となるなか，独自路線を模索する改進党の党内事情から，議運の協議は長引き，最終的には改進党も不信任案を提出することとなる。議運では，不信任案三本を本会議に逐次上程することとし，したがって，議員数で最大となる社会党両派による不信任案がまず上程され，それについて討論，採決がなされ，他の不信任案が議決不要となるため，他の野党はそうした委員会運営に反発し，議事協議も紛糾したまま終わっている（会議録「1954年4月22日」「1954年4月24日」）。

　第19回国会終盤には，警察法改正案をめぐって与野党が激突し，衆議院における会期延長の採決では大混乱が生じ，警察官の出動を要請するという事態となった。社会党両派は以後の国会審議を全て拒否し，参議院でも警察法改正案の委員会審議で中間報告が求められるなど紛糾が続いた。こうした国会運営の混乱を背景にして，吉田内閣は苦境に立たされ，占領政策の見直しを求める右派の台頭が保守合同の推進力となっていく。1954年

11月, 自由党反吉田派と改進党が中心となり, 鳩山を総裁とする日本民主党が結成される。第20回国会が召集され, 与野党で国会運営のルール尊重が申し合わされるとともに, 12月6日には, 反吉田で歩調をそろえる社会党両派と日本民主党によって内閣不信任案が提出される。吉田は衆議院を解散し, 総選挙に打って出る決意が固かったとされるが, もはや吉田にはそれを断行するだけの求心力はなく, 吉田内閣は総辞職に追い込まれる。不信任案に関する議運の議事協議も不信任案の取り扱いを単に確認するだけであり, 会派間の合意のうえで処理されたことを示唆している (会議録「1954年12月6日」)。

　吉田内閣退陣を受けた後継首班指名では, 社会党が衆議院の解散を条件として鳩山を支持したため, 日本民主党は衆議院の120議席を占めるに過ぎなかったが, 鳩山内閣が誕生する。1955年1月, 衆議院が解散され, 総選挙の結果, 日本民主党は185議席を得るが, 少数与党にとどまった。この総選挙では, 自由党の党勢が著しく後退する一方, 社会党は左右両派で156議席を占めることとなった。こうした社会党の党勢拡張と左右両派の統一が保守陣営の危機感を募らせ, 11月に保守合同が実現し, 衆議院299名, 参議院118名を擁する自由民主党が誕生する。

　第24回国会は, 二大政党となって初めての通常国会であり, 保革対立の激しい国会となった。とくに公職選挙法改正では, 小選挙区制導入が憲法改正に必要な3分の2の議席を得るためで, また選挙区割が不公平であると社会党が批判し, ゲリマンダーをもじった「ハトマンダー」が流行語にもなった。公職選挙法改正を阻止しようとする社会党によって国会審議は難航し, 自民党は本会議に委員長の中間報告を求めようとする。これに対抗すべく, 社会党は国務大臣の不信任案を提出し, 記名投票による採決で牛歩戦術を採ったため, 自民党は内閣信任案で応じ, 両党の提案合戦の様相を呈することとなった[7]。小選挙区法案をめぐる国会運営の紛糾は, 最終的には, 衆議院の正副議長の斡旋によって, 信任・不信任案を全て撤回し, 小選挙区法案は委員会に差し戻すという形で収拾が図られている[8]。このように国会における内閣信任案は, 野党の審議引き延ばしなどに対抗する手段として提出されたが, 鳩山内閣信任案は採決に付されるには至らなかった。議運会議録も事態収拾後の議運であることを反映し, 委員長の一連の混乱に対する遺憾の意の表明に始まり, 議長斡旋に従って, 内閣信

任案の審議推進動議の本会議上程を協議したことを記載するにとどまっている（会議録「1956年5月1日」）。

その後も公職選挙法改正案は審議が難航し，衆議院を通過したものの，会期末の新教育委員会法案にかかる大混乱に巻き込まれ，参議院で審査未了となる。この新教育委員会法案は，教育委員会の公選制を廃して任命制とし，教育関連の財政権限を地方公共団体の長に移すことなどを骨子とするものであった。こうした改正を教育の中央集権化，中立性を侵すものとして社会党は強硬に反対した。衆議院においては，委員長の中間報告の後，本会議での採決で社会党が投票せず，議長は棄権とみなし，法案は原案通り可決された。参議院の審議も難航し，衆議院同様，委員長の中間報告が求められ，社会党は議長の入場を阻止したり，副議長の不信任案など各種の動議を連発した。

こうした混乱の国会終盤，衆議院では内閣不信任案が提出され，本会議で否決されている。参議院では混乱が続き，議長の要請により警察官500名を院内に導入し，内20名が議長命により議場に入るという帝国議会以来前例のない事態のもとで，委員長の中間報告が行われ，新教育委員会法案が可決成立している。このように第24回国会は自民・社会両党の激突に終始し，不信任案や動議が連発されたが，議運の内閣不信任に関する議事協議は，会議録に記載される範囲では，従来の平場での自由な議論が影を潜め，議事手続きの確認という意味合いが強くなり，とくに会議録「1956年6月1日」では，現在の定式化した議事協議の原型ともみなされるような趣旨弁明，討論，採決方法，時間配分の一括提案・了承がみられる。

1956年の通常選挙の結果，自民党は参議院においても124議席を占めるようになり，衆参両院において単独多数を確保し，1957年に岸内閣が発足することによって，本格的な自民党政権が船出することになる。懸案となっていた国会運営の正常化を図るため，第28回国会では，国会法が改正され，従来制限のなかった国会の会期延長について，延長回数を常会において1回，特別会と臨時会において2回に制限し，また，懲罰事犯も院議により閉会中に審査し，後の国会に継続審査することを認め，議長の秩序保持権および権限強化の一環として，議事協議会を設置し，意見が一致しない場合には議長が裁定できることを明記している。

このように二大政党による国会運営の制度化が進展するとともに，第28

回国会では，与野党の話し合いで衆議院を解散することになる。岸内閣に対する不信任案は第26回国会ですでに提出・否決されており，議運の協議も前の鳩山内閣に対するものと同様の手続きを確認するものであった（会議録「1957年5月17日」）。しかし，二回目の不信任案となる第28回国会では，議運の不信任案に関する議事協議は再び紛糾したものとなる。具体的には，4月18日に自民・社会の両党首会談で解散の日程が協議され，4月24日に社会党が岸内閣は総選挙によって国民の信任を得た内閣ではないとして不信任案を提出する。25日の議運では，与党が内閣不信任案の採決にあたって首相が所信表明することを求め，それに反対する野党との間で激しい応酬が交わされている（会議録「1958年4月25日」）。結果的には，本会議で社会党が不信任案の趣旨弁明を行い，自民党の反対討論の直後に解散詔書が伝達され，不信任案は採決されないまま審議未了となる。

こうして保革二大政党による初めての総選挙が実施され，自民党は解散時の勢力を上回ることに成功し，長期政権の足場を固めていく。岸内閣による警察官職務執行法改正や日米安保条約改定で与野党は激しく対立し，国会は院内外で混乱が続いたが，内閣不信任に関する議運の議事協議は，定式化されるにはなお紆余曲折はあるものの，自民党政権下の国会運営の一環として着実に制度化されていく。第31回国会の岸内閣不信任案に関する議運の議事協議は，討論時間に制限を設けず，良識の範囲で行うとしているが，第24回国会でみられたような趣旨弁明，討論，採決方法を一括提案しており（会議録「1959年3月28日」），また，第46回国会の池田内閣不信任案についても，議運の議事協議は同様の簡単な一括提案となっている（会議録「1964年6月24日」）。

ただし，これに先立つ第38回国会の池田内閣に対する初めての不信任案では，議運の議事協議は不信任案と懲罰動議の先決問題で紛糾したものとなっている（会議録「1961年6月7日」）。「安保騒動」の一連の責任をとって退陣した岸内閣の後を受け，池田内閣は所得倍増計画など経済政策に重点を移すとともに，国民や野党に対する「低姿勢」を示して宥和に努め，第38回国会も当初は与野党の話し合いで進められた。しかし，前内閣からの懸案処理のためには宥和策にも限界があり，自衛隊法改正と防衛庁設置法改正のいわゆる防衛二法案やILO条約関連法案，農業基本法案などの国会審議は難航し，とくに政治的暴力行為防止法案の取り扱いをめぐって，

会期末に自民・社会両党の対立が激化し、議長・副議長の不信任案，内閣不信任案，社会党議員の懲罰動議を相互に提出し合うという事態となった。政治的暴力行為防止法案を成立させられなかったことに不満を募らせた自民党は，社会党議員の懲罰動議を本会議に上程し，これを時間切れに持ち込もうとする社会党は議事を引き延ばし，最終的には，自民党が時間的な制約から懲罰動議の可決を断念せざるを得なかった。衆議院は休憩のまま閉会となり，社会党の提出していた内閣不信任案も議題とならなかった[9]。

こうした国会の混乱の後，三年間は内閣不信任案が提出されることもなく，先に触れたように第46回国会では池田内閣に対する二度目の不信任案が提出されるものの，その議運の議事協議は定式化された現在のものに近いものであった。さらに二年を経て，第51回国会において，会期延長で与野党が対立し，佐藤内閣に対する初めての不信任案が提出されるが，その議運の議事協議は以降半世紀に及んで繰り返される定式化された議事協議の最初のものとなっている。以下は会議録「1966年5月14日」の内閣不信任案に関する議事協議部分である。まず不信任案の本会議上程を諮り，次いで趣旨弁明，反対討論，賛成討論，討論時間の了承を得たうえで，採決方法が記名投票によることを確認するという一連の提案・承認であり，不信任案に関する議事協議の定式化を示している[10]。

議運会議録の内閣不信任案に関する議事協議抜粋

昭和四十一年五月十四日（土曜日）
　佐藤内閣不信任決議案の取り扱いに関する件
　次回の本会議の議事等に関する件
　　　―――――――――――――
○塚原委員長　これより会議を開きます。
　決議案の取り扱いに関する件についてでありますが，本日，日本社会党の佐々木更三君外三名から佐藤内閣不信任決議案が提出されました。
　本決議案は，本日の本会議において議題とするに御異議ありませんか。
　〔「異議なし」と呼ぶ者あり〕
○塚原委員長　御異議なしと認めます。よって，さよう決定いたしました。
　なお，本決議案の趣旨弁明は日本社会党の河野密君が行ない，討論につきましては，自由民主党の江崎真澄君から反対，日本社会党の赤松勇君及び民主社会党の門司亮君から賛成討論の通告があります。

討論時間は、おのおの二十分程度とするに御異議ありませんか。
　〔「異議なし」と呼ぶ者あり〕
○塚原委員長　御異議なしと認めます。よって、さよう決定いたしました。
　なお、日本共産党の林百郎君から討論の通告がありますが、先ほどの理事会において御遠慮願うことになりましたので、御了承願います。
　また、本決議案の採決は記名投票をもって行ないます。

　この内閣不信任案以降、第169回国会の福田内閣信任案までの28回にわたって、討論時間に長短の違いこそあれ、原則、議運の内閣不信任に関する議事協議は同様に定式化され、事前に与野党で了解済みの事項を形式的に確認するものとなり、採決される場合には、不信任案提出の当日ないし翌日に本会議上程されている（表１参照）。若干の例外は、本節の冒頭でも内閣信任案の可決事例として言及した1992年の宮澤内閣信任案であり、提出の翌々日に採決されている。また、他の案件との関連で通常の定式化された議運の議事協議と同じでない場合が２回ある。第132回国会の村山内閣不信任案と第165回国会の安倍内閣不信任案であり、前者は議長・副議長に対する不信任案と併せて案件となっているため、内閣不信任部分だけについてみれば、定式化された議事協議を踏襲している（会議録「1995年６月13日」）。後者では、会期延長と内閣不信任の先決問題が争点となっているが、内閣不信任部分だけについては、上記の事例と同様、定式化された議事協議となっている（会議録「2006年12月15日」）。
　内閣不信任に関する議事協議の変遷をみてくると、吉田内閣時代の試行錯誤期、自民党政権発足から池田内閣までの移行期を経て、以後の半世紀に及ぶ時期において、不信任案の本会議上程、趣旨弁明、討論、採決方法を一括了承する定式化された議事協議が繰り返されてきたことがわかる。ただし、このことをもって議運の議事協議が形骸化したと捉えるのは早計であり、むしろ定式化された議事協議の背景に与野党間の激しい攻防と事前の交渉・調整があり、議運が本会議上程の手続き確認に機能集約した結果であることを認識すべきである。いずれにせよ、議運における内閣不信任の議事協議に関して、自民党政権の定着とともに、1960年代以降、議事手続き上の慣行が定着してきたことは、本会議上程の方法や会議録に記載された内容から明らかであり、それは1960年代前半に立法の一括化や政省令化を求めた法案提出方法の制度変更、その帰結として政府立法が年間

100〜150本の水準で比較的に安定するようになる数量的な動向とも合致し，そうした変化の前提となる1950年代後半の国会法第七次改正や理事会中心の議運運営，自民党による事前審査の定着といった国会運営の一連の制度環境変化に対応している[11]。

3　内閣不信任の制度的作用

内閣の信任・不信任は，議院内閣制の骨格をなす立法・行政関係の憲法規定であり（Bryce 1921; Lijphart 1992; Stepan and Skach 1993），行政権の行使が立法権を握る議会多数に依拠することで，代議制民主主義を機能させるようにする（Müller et al. 2003）。従来の議会研究では，古典的な比較議会制度論（Loewenberg and Patterson 1979）から，最近の演繹的な代議制度論（Lupia and Strøm 1995; Baron 1998; Diermeier and Feddersen 1998）まで，内閣不信任案は議会が内閣をコントロールする手段として把握されてきている。

また，Huber (1996a) は，内閣の信任を議会に問うことで議会多数の法案修正権限を制約するという立法手続きの制度選択論を展開している。具体的には，Huber (1996a) は，フランス第五共和制における一括投票と「ギロチン」と言われる憲法規定に着目し，それらを第四共和制の病理とみなされた内閣の不安定性と議会の麻痺状態を回避するための議会による法案修正制限と捉えている。一括投票とは，憲法第44条3項において，議会による法案修正を制限する権限を政府に認めるものであり，政府法案の可否のみを議会に問う立法手続きである。これに対して，「ギロチン」は，憲法第49条3項の「政府責任」の解釈によって，政府法案を政府に対する譴責決議に付随させる立法手続きである。「ギロチン」においては，実際に投票が行われるのではなく，譴責決議が提出されない，あるいは一定の期間内に採決されない場合，政府法案が可決されたものとみなされる。これらの立法手続きは，アメリカ議会における法案修正を制限する Closed Rule と同様に法案の可否のみを問題とし，議会の選択肢を政府法案の採択か現状の維持に制限することになる。

Huber (1996a) によれば，政府による一括投票と「ギロチン」といった制限的な立法手続きの採用は，法案の「緊急性」ではなく，むしろ少数政権や争点の論争性に影響され，また財政委員会に付託されるような分配的な

特徴を備える立法で一括投票が多く採用されるのに対して,「ギロチン」の採用には立法の分配性との関連がない。こうした分析結果に基づいて,Huber (1996a) は一括投票を分配的な利益の交換を実現する立法手続きとする一方,「ギロチン」を議会多数が可決しようと思えば可決できる譴責決議を放棄し,政権崩壊による議会の麻痺状態を回避するとともに,反政府的な態度は維持することを可能にする立法手続きと特徴づけている。こうした多数制限的な制度選択の分析は,フランス第五共和制における政府の安定性を大統領の独裁的な憲法的権限に帰着させる従来の捉え方に再考を促すものであり,また少数政権の存立を多数主義的に解釈する一連の研究にも相通ずるものである[12]。

こうした研究は内閣不信任の制度的作用を理解するにあたって示唆に富むが,Bergman et al. (2003) も指摘するように,多くの国々において実際に提出されているのは内閣不信任案であり,それらを単に議会が内閣に対抗する手段と捉えることには限界がある。Bergman et al. (2003) によれば,1945年から2000年までの期間において,14カ国の西欧諸国では300以上の内閣不信任案が提出されているが,可決されたものは13に過ぎない。例えば,デンマークでは採決に付された内閣不信任は2回とも可決されているが,フィンランドでは127回の内閣不信任案の採決で一度も可決されたことはない。Bergman et al. (2003) は,内閣不信任案を野党の政府に対する不満の表明として,対外的にアピールする手段と捉えているが (166頁),内閣不信任案提出のメカニズムを体系的に解明しているわけではない[13]。

日本の国会では,議院内閣制に加えて,国会の会期が立法の時間的制約を厳しくし,実質的に法案修正を制限する制度的制約となっており,国会による立法活動は法案の可否を問うことに概ね集約され,国会が主導的な役割を果たすような立法は限定的なものとなっている。前節でみたように,内閣に対する国会の信任は,野党による内閣不信任案の提出という形において顕在化し,その制度的作用を議会多数が自らの法案修正権限を制約するものとして理解することには限界がある。

むしろ,与党が内閣信任案を提出するほうが例外であり,実際に採決に付されたのは戦後で2回だけである。最初の可決事例となった1992年の宮澤内閣に対する信任案も,与党が主体的に内閣の信任を問題としたのではなく,野党が内閣不信任案を提出し,審議引き延ばしを目論むことへの対

抗手段であった。2008年の福田内閣信任案は，審議促進を目的とした信任案とは若干異なる意味があり，日本の国会における内閣不信任を理解するうえでより示唆的である。すなわち，福田内閣信任案は，衆参ねじれ国会という状況において参議院で問責決議が可決されたため，内閣の依拠する衆議院の信任を確認するという意味があった。言いかえれば，内閣の信任が問題となったのは，ねじれ国会のように，立法・行政関係が相対的に分離し，国会と内閣における権力融合が弱まったからである。逆に，衆参両院の多数が一致しているならば，立法・行政関係の分離はなく，内閣の信任が国会で問題となることはない。より一般的に言えば，議院内閣制として制度本来の議会と内閣の権力融合が実現しているならば，内閣の信任は問題とならない。ただし，議院内閣制における本来の内閣信任のあり方と，それを実現させる内閣信任の議会手続きがいかに使われるかは別次元の問題であり，その議会手続きを少数野党が内閣不信任にならないとしても活用することは妨げることができない。

　従来の国会研究では，国会を野党に影響力を行使させる政治制度と捉え，立法における時間を制限する国会の制度が審議の引き延ばしや妨害を通じて，野党に法案の生殺与奪を左右させ，与党に政策的な譲歩を強いるものとみなしてきた。これは，国会の立法において内閣提出法案が圧倒的に多いことに着目し，国会は官僚の法案を裁可するだけという「国会無能論」に対して，国会の制度的機能を肯定的に評価しようという一連の研究の結論であり，比較的に分権的な委員会制や衆議院とほぼ同等の権限を持つ参議院の存在，全会一致的な議事運営を強調し，立法過程が与野党協調によって見かけ以上に「粘着的」であるという主張につながってきている[14]。国会の機能として与野党間の審議や交渉を通じた野党の影響力行使に重きを置く観点からは，内閣不信任案は議事序列において優先され，それに記名採決を求めることで牛歩といった審議引き延ばしを可能にする議事手続きと理解され，国会が野党に立法的な影響力を行使させる制度であるという見解の論拠の一つともなっている。

　ただし，議院内閣制における立法・行政関係を重視するならば，国会の機能は法案の生殺与奪を議事運営に集約させることで，行政省庁の法案作成に国会の意向を反映させることにあると捉えられる[15]。つまり，議院内閣制とは，議会の多数派によって内閣が形成され，内閣が立法を主導する

ことによって，政府運営や政策形成における責任の所在を明らかにし，選挙において国民の選択が政府や政策に反映される代議制度である。議院内閣制における議会の機能とは，議会多数が議事運営の制度的権限を掌握することによって，議会多数の政策目標を政府立法として立案させ，そうした政府立法を効率的に実現することにある。したがって，従来の国会研究におけるように，野党が政府立法に抵抗し，立法的な影響力を行使することに国会の機能があると捉え，そうした「見える形」において論争的な立法事例に分析の焦点を置くことは，議院内閣制における権力融合という観点からは，むしろ非効率な立法が着目されてきたことを意味し，議院内閣制本来の立法機能である効率的な政府立法を分析の視野に入れてこなかったことになる。

　議院内閣制は多数与党に立法的な影響力を行使させる代議制度であり，野党が抵抗戦術を採るのは，それが制度的に野党の影響力行使を保証しているためではなく，与党の推進する立法の審議妨害以外には為す術がないからと理解することができる。したがって，野党による内閣不信任案には，政府立法を抑制するという作用ではなく，むしろ政府立法の実現を暗黙裡に認め，与党に内閣不信任案を否決させることで，立法責任の対外的な明確化を図るという態度表明・意思表示が期待されることになる。時には，与党内の対立から，不信任案の賛成にまわる反主流派が出ることもある。しかし，通常，内閣不信任案は否決され，立法責任を世論に訴えるといった選挙的効用を主たる機能とするのであって，国会を野党に影響力を行使させるという従来の観点から期待されるような立法的効用があるわけではない。

　このように国会の制度に関しては相反する捉え方が可能であり，内閣不信任案の立法的作用についても異なる仮説を立てることができる。すなわち，国会の制度を主として野党に影響力を行使させるものとする観点からは，内閣不信任案は審議引き延ばしなどの抵抗手段として与党の推進する立法を抑制する作用があると期待される。これに対して，国会の制度を主として与党に影響力を行使させるものとし，与野党の対抗関係を明示する機能を強調する観点からすると，内閣不信任案は立法責任の所在を明確にして与野党の相違を対外的にアピールすることに主たる目的があり，与党の推進する立法を抑制するという作用があるとは期待されない。以下，節

を改め，これらの仮説を戦後の立法動向などから検証していくこととする。

4 内閣不信任と立法的生産性

野党による内閣不信任案提出の二つのモデルを立法的効用モデルと選挙的効用モデルと呼ぶことにしよう。内閣不信任案の制度的作用として，前者は与党による立法を抑制し，後者はそれを促進すると予測する。ここでは与党による立法の指標として，内閣提出法案数に着目する。ただし，国会における法案審議は委員会主義を基本としており，委員会別の政府立法を与党の立法的な生産性と捉えることとし，内閣不信任案の提出される政治状況がその立法的生産性に及ぼす影響を検証していく。具体的には，衆議院における主要常任委員会ごとに各予算国会で成立した内閣提出法案数を被説明変数とし[16]，それらを時系列にプールしたパネル・データを用いる。ただし，戦後における内閣不信任の展開を検討した際にも明らかとなったように，戦後の試行錯誤期から自民党政権への移行期を経て，内閣不信任の議事協議は1960年代に入って制度化しており，また，1960年代前半の立法の一括化や政省令化といった法案提出方法の制度変更後に内閣提出法案数が安定化してきていること，さらに，後に述べる世論調査のデータ的な制約を併せて考慮し，ここでの立法データは1961年からの予算国会を対象とする。

与党の立法的生産性を左右する政治状況としては，まず「不信任案」を内閣不信任案の提出された国会を示すダミー変数とする。その作用が立法の抑制にあるとする立法的効用モデルは「不信任案」が政府立法を減少させる場合に支持され，これに対して，選挙的効用モデルは，内閣不信任案を否決させることで与党の立法責任を明確にしようとするものであり，逆説的ながら，与党による立法を促進するか，少なくもと統計的に意味のある水準の作用がないと予測する。

表3は委員会別の政府立法数を内閣不信任案の提出された国会であるか否かで比較している。全ての委員会を通じて一義的な関係はみられないものの，多くの委員会で不信任案の提出された国会における平均値のほうが提出されなかった国会の平均値を上回り，とくに法務，農林水産，建設の各委員会では平均値の差は統計的に有意な水準であり，これらに文教，逓信，商工，地方行政の各委員会が続く。大蔵や内閣，運輸，また存続期間

の比較的に短い厚生と労働の各委員会では，不信任案の提出されなかった国会における平均値のほうが上回っているが，平均値の差は統計的に有意な水準ではない。また，厚生労働委員会では，不信任案の提出された国会における平均値のほうが上回るが，厚生と労働の委員会がそれぞれ存在した時期と合わせて考えると，この領域において不信任案が提出されたか否かは実質的な相違を政府立法数に及ぼしているとは言い難い。

立法的生産性は内閣不信任案の提出のみに依存するわけではなく，以下の要因も政府立法を左右すると考えられる。まず与野党の勢力関係を反映するものとして，衆議院における与党の議席比百分率を「与党議席」とする[17]。また「解散」は国会が解散された場合を示すダミー変数，「会期」は国会の会期日数であり，これらは会期の時間的制約に関わる政治状況を変数化するものである。また，総選挙からの経過日数を示す「選挙期」は選挙日程を考慮した政府の立法的取り組みを考慮するための変数である。

表3　委員会別政府立法数の内閣不信任案提出の有無による比較

委員会	不信任案提出 有	無	T検定 A	B
内閣 24/24	8.33 (1.27)	9.25 (1.29)	0.51 (0.62)	0.51 (0.62)
地方行政 23/24	8.52 (0.80)	7.17 (0.62)	−1.34 (0.19)	−1.34 (0.19)
法務 24/24	6.83 (0.69)	5.21 (0.47)	−1.94 (0.06)	−1.94 (0.06)
大蔵 24/24	12.79 (1.52)	14.54 (1.34)	0.86 (0.39)	0.86 (0.39)
文教 24/24	4.88 (0.52)	3.92 (0.29)	−1.61 (0.12)	−1.61 (0.12)
厚生労働 17/22	9.12 (0.96)	8.95 (0.60)	−0.15 (0.88)	−0.14 (0.89)
農林水産 24/24	9.17 (0.66)	7.71 (0.47)	−1.81 (0.08)	−1.81 (0.08)
商工 24/24	9.33 (0.78)	7.71 (0.73)	−1.52 (0.14)	−1.52 (0.13)
運輸 17/23	4.88 (0.66)	5.26 (0.64)	0.40 (0.69)	0.41 (0.68)
通信 15/22	5.80 (0.58)	4.64 (0.49)	−1.53 (0.13)	−1.54 (0.13)
建設 24/24	8.79 (0.80)	5.96 (0.52)	−2.98 (0.00)	−2.98 (0.00)
厚生 7/2	6.29 (1.06)	7.00 (3.00)	0.29 (0.78)	0.22 (0.85)
労働 7/2	4.43 (0.48)	6.00 (1.00)	1.52 (0.17)	1.42 (0.27)

委員会は現在の名称と異なる場合，地方行政＋通信＝総務，大蔵＝財務金融，文教＝文部科学，商工＝経済産業，運輸＋建設＝国土交通となる。不信任案提出の有無でそれぞれ政府立法数の平均値を求め，下段括弧内に標準誤差を示している。平均値の差に関するT検定のAは等分散を仮定した場合，Bは等分散を仮定しない場合のT値であり，下段括弧内に有意確率を示している。委員会名下段は不信任案提出の有無の年数をそれぞれ示す。

さらに，こうした与野党の勢力関係や国会の時間的制約に加えて，自民党政権という意味では特殊な状況と想定される国会を区別するために，「細川連立」は自民党が野党であった細川連立内閣の下での予算国会であることを示すダミー変数とし，「衆参ねじれ」は2007年の通常選挙で自民・公明の連立与党が参議院での過半数を維

持できなくなった状況下の予算国会であることを示すダミー変数とする。また，国会外の一般的な政権基盤の安定性を変数化するために，世論における内閣に対する支持と与党に対する支持をそれぞれ変数化する。世論調査としては，定期性と長期的な継続性という観点から，毎月実施されている時事通信の世論調査を用い，予算国会の開会中の平均値を「内閣支持率」「与党支持率」とする。この世論調査は1960年6月に始まっており，ここでの分析は1961年からの予算国会を対象とする[18]。

　一般的には，パネル分析とは複数の時系列データを回帰推定するものであり，

$$y_{it} = \alpha_i + x_{it}\beta + u_{it}$$

に示されるように，個体固有の属性を個体別の切片α_iとして推定する[19]。とくに時点数が限られている場合，α_iを確率変数として扱うかが問題となり，非確率変数として扱うモデルを固定効果モデル，確率変数として扱うモデルを変量効果モデルと呼ぶ。個体別定数と説明変数に相関がない場合（$E(\alpha_i|x_{it})=0$），変量効果モデルにおいて平均αと分散σ^2の共通分布から抽出される定数を用いた一般化推定が漸近的に有効となることが知られている。ただし，個体の属性と説明変数に相関がある場合（$E(\alpha_i|x_{it})\neq 0$），変量効果モデルによる係数βはバイアスを持つことになるが，固定効果モデルでは誤差項に個体の属性α_iは含まれず，推定量自体はバイアスのないものとなる。したがって，係数βの推定が両モデルで大きく乖離すれば，モデルの特定化に誤りがあることになり，両者の係数の差に関するハウスマンχ^2検定によって変量効果モデルの妥当性が判断される。ここでも両モデルを推定し，ハウスマンχ^2検定を行っているが，いずれのモデルによる係数も大きく異なるものではなく，以下では変量効果モデルの推定結果のみを報告する。

　表4は政府立法に関するパネル分析の推定結果である（表5に各変数の基礎統計をまとめている）。まず「不信任案」の推定係数からは，野党が内閣不信任案を提出するような政治状況は立法的生産性と統計的に有意なプラスの関係にあることが確認される。したがって，こうした推定は，野党による内閣不信任案の提出には立法を抑制する作用がなく，国会の制度が野党に影響力を行使させるとする立法的効用モデルが立法の実態と照合して妥当でないことを意味している。むしろ，立法的生産性と不信任案提出

にプラスの関係があることは、与党に影響力を行使させる国会の制度的帰結として、立法的に無力な野党が与党の立法責任を明確化するという選挙的効用を重視する観点に合致している。

他の説明変数に関しては、まず「与党議席」が立法的生産性にプラスに作用するという推定となっており、このことは与党の政権基盤が安定化するほど、政府の立法的生産性が高まることを意味している。国会の解散によって会期が中断された場合には立法的生産性は悪化する一方、会期が長引くと立法的生産性は改善するという関係も見出されるが、いずれの作用も統計的に有意な水準でないことに留意する必要がある。これに対して、「選挙期」の推定係数は統計的に有意な水準にあり、総選挙から時間が経過するに応じて、立法的生産性が低下することを示

表4　立法的生産性のパネル分析

変数	係数	標準誤差	有意確率
不信任案	1.176	0.392	0.003
与党議席	0.198	0.035	0.000
解散	−0.769	0.646	0.234
会期	0.006	0.006	0.268
選挙期	−0.001	0.001	0.006
細川政権	2.702	1.470	0.066
衆参ねじれ	−3.026	1.328	0.023
内閣支持率	0.044	0.024	0.061
与党支持率	0.154	0.042	0.000
定数	−10.997	2.501	0.000

衆議院の主要常任委員会ごとに各予算国会で成立した内閣提出法案数を被説明変数とする変量効果モデル推定（$E(\alpha_i|x_{it}) = 0$）。データ総数：517。委員会数：13。委員会別データ数最大：48, 最小：9, 平均：39.8。σ_u：2.449, σ_e：3.615, ρ：0.315。Wald χ^2検定：115.82（自由度：9）。固定効果モデルの決定係数：0.188（全体：0.144, 委員会間：0.123）、委員会別定数と説明変数の相関 $E(\alpha_i|x_{it}) = 0.018$。

表5　パネル・データの基礎統計

変数	平均	標準偏差	最小	最大
政府立法数	7.660	4.645	1.000	36.000
不信任案	0.491	0.500	0.000	1.000
与党議席	57.362	6.058	37.573	71.200
解散	0.083	0.276	0.000	1.000
会期	169.518	30.722	120.000	280.000
選挙期	469.166	343.322	8.000	1187.000
細川連立	0.023	0.151	0.000	1.000
衆参ねじれ	0.017	0.131	0.000	1.000
内閣支持率	35.271	8.156	15.250	47.550
与党支持率	30.288	5.035	16.460	38.957

1961年からの予算国会を対象とする。委員会は表3に列挙する衆議院の主要常任委員会13。支持率は予算国会開会中の平均値。

しており、このことは総選挙を通じて国民の信託を得たものとして、与党は立法を推進するものの、次期総選挙の影が忍び寄るにしたがって立法を抑制する傾向のあることを示唆している。さらに、立法的生産性は、細川連立内閣の下で相対的に高く、自公連立政権が参議院で多数を維持できなくなった「ねじれ国会」において低いものとなっている。また、国民の一般的な世論動向も立法的生産性を左右する要因であり、内閣支持率や与党支持率が高いほど、立法的生産性は高まる[20]。

この推定は，内閣不信任案提出が政府立法を規定するという因果関係を想定しているが，政府立法の動向が不信任案提出を左右するという逆の因果関係を排除するわけではない[21]。その他の説明変数も含めて，そうした内生性の問題を孕んだ推定であるという留保のうえで，内閣不信任案と立法的生産性の関係を考えると，例えば，他の変数をそれぞれ平均値として予測政府立法数を求めると，不信任案が提出されなかった場合には7.1本，提出された場合には8.3本となり，不信任案提出の有無で委員会ごとの政府立法数に約1.2本の差が生じることになる[22]。これは，常任委員会数が10であるならば，予算国会あたり12本の政府立法の増加を意味する。

また，表6は内閣不信任案が提出された月の内閣支持率と提出されなかった月の平均値を比較しており，不信任案が提出された場合のほうが6％ほど内閣支持率の低いことを示している。さらに，内閣支持率の変化に着目すると，不信任案が提出された場合に支持率は平均的に下がり，提出されなかった場合には支持率は平均的に少なくとも下がっていないことがわかる。こうした単純な比較は，相互に絡み合った様々な要因を一切考慮しないものであり，先に触れたような内生性の問題は一層避け難いが，野党による内閣不信任案の提出が国民的な世論動向と関連していることの傍証として示しておきたい。

表6　内閣支持率の不信任案提出の有無による比較

内閣支持率	不信任案 有	不信任案 無	T検定 A	T検定 B
水準	30.42	36.50	3.25	3.71
34/549	(1.57)	(0.45)	(0.00)	(0.00)
変化	−2.23	0.14	2.19	3.25
34/548	(0.68)	(0.27)	(0.03)	(0.00)

不信任案提出の有無でそれぞれ内閣支持率の平均値を求め，下段括弧内に標準誤差を示している。平均値の差に関するT検定のAは等分散を仮定した場合，Bは等分散を仮定しない場合のT値であり，下段括弧内に有意確率を示している。内閣支持率の水準・変化それぞれの下段は不信任案提出の有無の月数をそれぞれ示す。

5　おわりに

本稿では，戦後日本における内閣不信任を概観し，その議事協議に関する制度化を明らかにしたうえで，野党が否決されると分かっている内閣不信任案を提出することについて，その制度的作用を立法的効用と選挙的効用の二つの観点から仮説化し，それぞれから期待される立法の抑制・促進のいずれが実際の立法データと整合的であるのかを検証してきた。

議院内閣制とは，議会の多数派によって内閣が形成され，内閣が立法を

主導することによって，政府運営や政策形成における責任の所在を明らかにし，選挙において国民の選択が政府や政策に反映される代議制度である。議院内閣制における議会の機能とは，議会多数の政策選好を政府立法として実現することにあり，議会と内閣の権力融合が実現しているならば，内閣の信任は問題とならない。日本の国会において，2008年に福田内閣信任案が可決されたのは，衆参ねじれ国会という状況において参議院で問責決議が可決され，内閣に対する衆議院の信任を確認する必要が生じたためである。言いかえれば，衆参両院の多数派が一致しているならば，立法・行政関係の分離もなく，権力融合が実現している限り，議院内閣制において内閣の信任が問題となることはない。

合理的選択に基づく制度選択論は，比較議会研究のフロンティアを開拓してきており，議院内閣制において法案の可否のみを問う立法手続きとして，内閣に対する「信任投票」が分析されてきている。Huber (1996a) は，内閣の信任を議会に問うことで議会多数の法案修正権限を制約する立法手続きとして，フランス第五共和制における一括投票と「ギロチン」に着目し，それらが内閣の不安定性と議会の麻痺状態を回避する制度選択であると論じている。こうした分析は内閣不信任の制度的作用を理解するにあたって示唆に富むが，立法を主導する内閣とそれが拠って立つ議会多数による立法手続きの戦略的選択がモデル化されているのであって，内閣や与党と対立する関係にある少数野党が提出する内閣不信任案の制度的作用を必ずしも解明するものではない。多くの国々においては内閣不信任案が提出されており，日本でも，内閣に対する国会の信任は，野党による内閣不信任案の提出という形において顕在化し，その制度的作用を議会多数が自らの法案修正権限を制約する立法手続きとして理解することには限界がある。

内閣の信任・不信任は議院内閣制の骨格をなす立法・行政関係の憲法規定でありながら，実際に発動される内閣不信任案の制度的作用は，従来の議会研究では体系的な検証対象とされてきていない。本稿は，戦後日本の国会における内閣不信任の実態を題材とし，その制度的作用を解明することによって，合理的な制度選択としての比較議会研究に方向性を示すことを目指してきた。

2008年までに内閣の信任が問題となった国会は46回ある。そのうち，不信任案が可決されたのは4回であり，いずれも衆議院が解散され，総選挙

となっている。また，不信任案の採決前に内閣が総辞職したり，衆議院が解散される場合もある。さらに，不信任案は提出されたものの，本会議上程前に会期末となり，審議未了・廃案となる場合もある。これらに加えて，与党が内閣信任案を提出することもある。ただし，大部分の内閣不信任案は採決に付され，否決されており，否決されることを前提とした内閣不信任案の立法手続きが定着してきている。

内閣不信任に関する議事協議の変遷をみると，吉田内閣時代の試行錯誤期，自民党政権発足から池田内閣までの移行期を経て，以後の半世紀に及ぶ時期において，不信任案の本会議上程，趣旨弁明，討論，採決方法を一括了承する定式化された議事協議が繰り返されてきたことがわかる。自民党政権の定着とともに，1960年代以降，内閣不信任案に関する議事手続き上の慣行が定着してきたことは，1960年代前半に立法の一括化や政省令化を求めた法案提出方法の制度変更，その帰結として政府立法が年間100~150本の水準で比較的に安定するようになる数量的な動向とも合致し，そうした変化の前提となる1950年代後半の国会法第七次改正や理事会中心の議運運営，自民党による事前審査の定着といった国会運営の一連の制度環境変化に対応している。

従来の国会研究においては，国会の会期など時間的制約を課す制度的特徴が主として野党に影響力を行使させるものであり，野党による内閣不信任案も政府の立法に抵抗する議事妨害の一つとして，与党に立法的な譲歩を余儀なくさせる手段と考えられてきている。これに対して，内閣不信任案の選挙的効用という観点は，内閣不信任案を与党に否決させることによって，政府の政策的な責任所在を明確にするという野党の態度表明・意思表示を重視するものである。こうした観点からは，内閣不信任案の提出は，信任しない内閣の立法を阻止しようとするのではなく，逆説的ながら，その成立をむしろ促進するという仮説が導き出される。

本稿では，野党による内閣不信任案提出を立法的効用と選挙的効用の二つのモデルに区別し，委員会別の政府立法を与党の立法的な生産性と捉え，衆議院における主要常任委員会ごとに各予算国会で成立した内閣提出法案数を被説明変数としたパネル・データに照らして，それらモデルの妥当性を計量的に検証してきた。政府立法に関するパネル分析の推定結果からは，野党が内閣不信任案を提出するような政治状況が立法的生産性と統計的に

有意なプラスの関係にあることが確認された。こうした推定は，野党による内閣不信任案の提出が立法を抑制するという立法的効用モデルではなく，むしろ，与党に影響力を行使させる国会の制度的帰結として，立法的に無力な野党が与党の立法責任を明確化するという選挙的効用モデルと合致する。

ただし，野党による内閣不信任案と政府立法にプラスの関係があるとしても，与党が立法に積極的に取り組んだ結果として，野党が内閣不信任案で抵抗したということの反映である可能性は否定できない。しかし，同時に，従来の国会研究で主張されてきたような制度的作用が内閣不信任にあるわけでないことも明らかである。つまり，国会を野党に影響力を行使させる制度とする従来の観点では，野党は内閣不信任案などの議事手続きを活用し，審議を引き延ばし，与党による立法を抑制するとされてきたが，本稿における計量分析からは，そのような主張を裏付ける推定結果は得られなかった。こうした推定を従来の見解に好意的に解釈しても，せいぜい与党の立法的な攻勢に対して，内閣不信任案を提出していなかったならば，実現していたであろう水準の立法的生産性の実現を阻止したという可能性があるに過ぎない。いずれにせよ，野党が内閣不信任案を提出するような政治状況は，そうでない状況と比較して，与党の立法的生産性の向上に関連があっても，その逆でないことは認識されるべきである。

言うまでもなく，より一般化した議論を展開するには，内閣不信任案が立法的生産性などに及ぼす影響についてさらなる理論的，実証的な検討を加えるとともに，内閣不信任案が提出された個々の事例や提出に至らなかった事例を丹念に検証していく必要がある。ただし，国会における制度選択を理解し，立法・行政関係の比較議会制度論に方向性を示すという本稿の意義はここまでの議論から自明であると期待する。さらに，政治制度の制度的作用をいかに捉えるべきかという方法論的な論争を提起し，議会制度にとどまらず，理論的，実証的研究の新たな展開を触発することも本稿の目指すところである。

福元（2007）は，制度が設計者の意図通りには作用するとは限らないという制度論を唱え，法案提出，二院制，定足数に関する制度が意図通りには機能していないと論じている。そうした議論の詳細な検討はいくつかの書評において既になされているので[23]，ここでは本稿の知見との対比によ

って，制度的作用の捉え方についてラカトシュ的な意味での「リサーチ・プログラム」を提示するにとどめたい。

例えば，予算に関する両院協議会が有名無実化していると言われる。しかし，両院協議会が予算に関する衆参の議決が異なった場合でも実質的な審議をしないからといって，予算に関する両院間調整が意図通り機能していないと結論づけられるだろうか。予算における衆議院の優越という制度からすれば，衆参で議決が一致しなくても，衆議院の議決が国会の議決となることが憲法で規定されている以上，両院協議会で成案を得る努力がみられないのは制度的な帰結である。予算に関して衆議院の議決が優越する以上，参議院がいかなる議決をしようと結果は同じであり，そもそも参議院が衆議院と異なる議決をしなければ，両院間の不一致も生じない。まさしく衆議院の議決が優越するという制度の帰結として，参議院は結果責任のない態度表明として衆議院と異なる議決をするとも言える。

本稿では，否決されるだけの野党の内閣不信任案も審議妨害としての手段ではなく，政府の政策的な責任所在を明確にするために戦略的に選択されるという解釈を提示し，議院内閣制における議会と内閣の信任関係という制度本来の意図に反するような動機で提出される内閣不信任案であっても，それらに制度のより包括的な意図に合致した根拠があることを明らかにしてきた。つまり，議院内閣制における内閣信任のあり方と，それを実現させる内閣信任の議会手続きがいかに使われるかは別次元の問題である。その議会手続きを少数野党が内閣不信任にならないとしても活用することは妨げられないが，そのことをもって議院内閣制における内閣信任や権力融合による責任所在の明確化という制度が意図通りに機能していないとは言えない。

制度が設計者の意図通りには作用しないという制度論は，制度設計者の意図とされることを限定的に捉え，そうした限定的な意図から表面的に逸脱する現象に着目しているに過ぎないのかも知れない。従来の国会研究において，国会の機能を野党に影響力を行使させることにあるとし，「見える形」での論争的な立法事例に着目することを筆者は観察主義として批判してきた。それが議院内閣制における権力融合という観点からは本来の立法機能である効率的な政府立法を分析の視野に入れてこなかったのと同様，表面的に制度の意図に反するような現象に着目することは，政治制度本来

のより包括的な意図を考慮することなく，そうした現象が実際には制度的な想定のなかで選択可能な制度的選択肢が戦略的に選択された結果として理解される可能性を排除してしまうのではないだろうか。

いずれの方法論的アプローチが制度的作用を理解するうえで妥当であるかは，単に今後の理論的，実証的研究の展開如何にかかっている。本稿は内閣不信任の制度的作用に関する一試論に過ぎないが，政治制度の選択・定着に関する建設的な論争の端緒となることを期待したい。

〔付記〕　本稿を作成するにあたって，日本政治学会2009年Ⅰ号年報編集委員会において，川人貞史委員長を始め，各委員から貴重な助言を頂いた。また本稿は，Lazarus et al. (2005) に発展する未公刊論文を部分的に基礎としており，共著者である Jeffrey Lazarus と Benjamin Nyblade にも感謝の意を表したい。本稿における分析は，日本学術振興会科学研究費補助金（課題番号18330026, 20330023），財団法人櫻田會政治研究助成の部分的成果である。福元 (2007) の第一の読者とされながら，忙しさにかまけて書評などで応答する機会を逸してきた。福元健太郎氏には，本稿をささやかな返礼とさせて頂ければ幸いである。

（1）　内閣不信任案を分析したものとして前田 (2001) があり，可決された事例や採決前の解散ないし総辞職の事例について詳しく解説している。
（2）　読売新聞1948年11月16日朝刊1面。
（3）　読売新聞1948年11月17日朝刊1面。同18日朝刊1面。朝日新聞1948年11月17日朝刊1面。
（4）　補足資料として，議運会議録の内閣不信任に関する協議経過を抜粋して整理したものを『法学研究』82巻 (2009年) に掲載する予定である。
（5）　朝日新聞1951年8月18日朝刊1面。
（6）　会議録の終わりには，NHKやラジオ東京からの実況放送の申し出が検討されている。内閣不信任案をめぐる論戦が対外的なアピールに活用されていくことの傍証と言えよう。
（7）　朝日新聞1956年4月29日朝刊1面。同夕刊1面。
（8）　朝日新聞1956年5月2日朝刊1面。
（9）　朝日新聞1961年6月8日朝刊1面。同夕刊1面。同9日朝刊1面。この不信任案の議事協議は紛糾するが，表2に示すように，この議運会議録以降，内閣不信任案が議題となる場合，「本日の会議に付した案件」に必ず「○○内閣不信任決議案の取扱いに関する件」が明記されるようになる。以前にも，同様の表記の仕方がなされることもあるが，単に「決議案の取

扱いの件」とされることもある。
(10) ここまでの記述は，新聞記事，議運会議録に拠るほかは，衆議院・参議院（1990a, 1990b, 1990c），政党政治研究会（1988）に拠っている。
(11) 岩井（1988），福元（2000, 2007），増山（2003），川人（2005）。
(12) また Huber (1996b), Huber and McCarty (2001) なども参照。少数政権については，Laver and Schofield (1990), Strøm (1990), Laver and Shepsle (1990, 1996), King et al. (1990) を参照。
(13) 立法手続きの態度表明・意思表示的な作用については，大統領の拒否権行使といった議会と大統領の立法交渉において解明する試みがある（Groseclose and McCarty 2001）。
(14) Mochizuki (1982), Krauss (1984), 岩井（1988），伊藤（1990, 2006），Richardson (1997), 福元（2000, 2007）。
(15) 増山（2003），川人（2005）。
(16) 予算国会は一般会計予算を審議する国会とする。
(17) 与党は所属議員が内閣に参加する政党とする。
(18) 「与党支持率」は連立政権の場合には各与党の支持率合計とする。時事通信社（1981），時事通信社・中央調査社（1992），1991年7月以降は内閣総理大臣官房広報室のまとめる『世論調査年鑑』の該当年版，2000年4月以降は『中央調査報』（No. 518), 時事通信社の http://www.jiji.com/ における報道に拠る。調査は毎月ほぼ10日からの数日間において行われている。
(19) 個体間に共通な定数を想定した単純な回帰推定では変数の効果を過小評価することが知られている。
(20) ここでの推定は政府立法数に関して単純な線形モデルを想定しており，そうした被説明変数がマイナスの値をとるものでないという制約を考慮していない。この問題に対処するために，法案数を法案成立回数と捉えたポアソン・モデルや負二項分布モデルによる推定も行ったが，いずれにおいても説明変数の推定係数の正負や有意水準は線形モデルと同様であり，ここでは直感的な解釈が可能である線形モデルの推定結果を報告している。
(21) Lazarus et al. (2005) は内閣不信任案が提出されるか否かの二項選択をモデル化した計量分析を行っている。
(22) ポアソン・モデルや負二項分布モデルによっても，内閣不信任案が提出されたか否かによる効果は，予測値の差としてそれぞれ1.07と2.77が予測される。
(23) 川人（2007），藤村（2008），森（2009）。

引用文献

Baron, David. 1998. "Comparative Dynamics of Parliamentary Governments."

American Political Science Review 92: 593-609.

Bergman, Torbjörn, Wolfgang C. Müller, Kaare Strøm, and Magnus Blomgren. 2003. "Democratic Delegation and Accountability: Cross-national Patterns." in Strøm, Müller, and Bergman, eds., *Delegation and Accountability in Parliamentary Democracies*. New York: Oxford University Press.

Bryce, James. 1921. *Modern Democracies*. New York: Macmillan.

Diermeier, Daniel and Timothy Feddersen. 1998. "Cohesion in Legislatures and the Vote of Confidence Procedure." *American Political Science Review* 92: 611-621.

藤村直史．2008．「書評：福元健太郎著『立法の制度と過程』木鐸社，2007年」『選挙研究』23号190−191頁．

福元健太郎．2000．『日本の国会政治−全政府立法の分析−』東京大学出版会．

福元健太郎．2007．『立法の制度と過程』木鐸社．

Groseclose, Tim and Nolan McCarty. 2001. "The Politics of Blame: Bargaining Before an Audience." *American Journal of Political Science* 45: 100-119.

Huber, John. 1996a. "The Vote of Confidence in Parliamentary Democracies." *American Political Science Review* 90: 269-282.

Huber, John. 1996b. *Rationalizing Parliament: Legislative Institutions and Party Politics in France*. Cambridge: Cambridge University Press.

Huber, John and Nolan McCarty. 2001. "Cabinet Decision Rules and Political Uncertainty in Parliamentary Bargaining." *American Political Science Review* 95: 345-360.

伊藤光利．1990．「比較議会研究と国会研究−対立と協調のダイナミクスの追及−」『レヴァイアサン』6号172−185頁．

伊藤光利．2006．「国会『集合財』モデル」村松岐夫・久米郁男編『日本政治変動の30年−政治家・官僚・団体調査に見る構造変容−』東洋経済新報社，25−48頁．

岩井奉信．1988．『立法過程』東京大学出版会．

時事通信社．1981．『戦後日本の政党と内閣−時事世論調査による分析−』時事通信社．

時事通信社・中央調査社．1992．『日本の政党と内閣1981−91−時事世論調査による分析−』時事通信社．

川人貞史．2005．『日本の国会制度と政党政治』東京大学出版会．

川人貞史．2007．「書評：福元健太郎著『立法の制度と過程』」『公共選択の研究』49号69−72頁．

King, Gary, James Alt, Nancy Burns, and Michael Laver. 1990. "A Unified Model of Cabinet Dissolution in Parliamentary Democracies." *American Journal of Po-*

litical Science 34: 846-871.

Krauss, Ellis. 1984. "Conflict in the Diet: Toward Conflict Management in Parliamentary Politics." in Krauss, Rohlen and Steinhoff, eds. *Conflict in Japan*. Honolulu: University of Hawaii Press.

Laver, Michael, and Norman Schofield. 1990. *Multiparty Government: The Politics of Coalition in Europe*. Oxford: Oxford University Press.

Laver, Michael, and Kenneth Shepsle. 1990. "Coalitions and Cabinet Government." *American Political Science Review* 84: 873-890.

Laver, Michael, and Kenneth Shepsle. 1996. *Making and Breaking Governments*. New York: Cambridge University Press.

Lazarus, Jeffrey, Mikitaka Masuyama, and Benjamin Nyblade. 2005. "No-Confidence Motions as Electoral Signals." Prepared for delivery at the annual meeting of the American Political Science Association, Washington, D.C., September 1-4, 2005.

Lijphart, Arend. 1992. *Parliamentary Versus Presidential Government*. Oxford: Oxford University Press.

Loewenberg, Gerhard and Samuel Patterson. 1979. *Comparing Legislatures*. Boston: Little, Brown.

Lupia, Arthur, and Kaare Strøm. 1995. "Coalition Termination and the Strategic Timing of Parliamentary Elections." *American Political Science Review* 89: 648-665.

前田英昭．2001．「衆議院の内閣不信任決議－過去・現在・未来－」『議会政治研究』58号35－46頁。

増山幹高．2003．『議会制度と日本政治－議事運営の計量政治学－』木鐸社。

Mochizuki, Mike. 1982. "Managing and Influencing the Japanese Legislative Process: The Role of the Parties and the National Diet." Doctoral Dissertation. Harvard University.

森裕城．2009．「書評：福元健太郎著『立法の制度と過程』木鐸社，20007年」『レヴァイアサン』44号140－143頁。

Müller, Wolfgang C., Torbjörn Bergman, and Kaare Strøm. 2003. "Parliamentary Democracy: Promise and Problems," in Strøm, Müller, and Bergman, eds., *Delegation and Accountability in Parliamentary Democracies*. New York: Oxford University Press.

Richardson, Bradley. 1997. *Japanese Democracy: Power, Coordination, and Performance*. New Haven: Yale University Press.

政党政治研究会．1988．『議会政治100年』徳間書店。

衆議院・参議院．1990a．『議会制度百年史－国会史・上巻－』大蔵省印刷局。

衆議院・参議院．1990b．『議会制度百年史－国会史・中巻－』大蔵省印刷局。
衆議院・参議院．1990c．『議会制度百年史－資料編－』大蔵省印刷局。
Stepan, Alfred and Cindy Skach. 1993. "Constitutional Frameworks and Democratic Consolidation: Parliamentarism Versus Presidentialism." *World Politics* 46: 1-22.
Strøm, Karre. 1990. *Minority Government and Majority Rule*. Cambridge: Cambridge University Press.

選挙制度の非比例性に対する機械的効果

福元健太郎*

はじめに

　民主政治と政治制度の関係を考えるとき，最も関心が寄せられてきたのは，選挙制度が政党政治（非比例性や政党数など）に及ぼす効果であった。それは機械的効果と心理的効果から成る。「心理的効果は機械的効果の予期から成り立っているから，機械的効果の不正確な理解は心理的効果をも歪める」(Benoit, 2002, 36)。しかし実際には意外にも，機械的効果の研究は心理的効果ほど進んでいない。第1節では，因果的推論の枠組（今井，2007）を用いて，厳密に選挙制度の機械的効果を定義する。本稿で繰り返し強調するのは，機械的効果を算定するにあたって，投票結果を固定したままにしておく必要がある，という「投票結果保持の原則」である。いわば，投票が済んだ後で，票を議席に変換する制度を変えてみるようなものである。「もし選挙制度が変わることを事前に有権者や政治家が知っていれば，そもそも投票結果が異なるはずだ」という異論もあろう。しかしそれこそは心理的効果に他ならない。しかも本稿が定義する機械的効果は，心理的効果と違って，正確に算定できる。さらに選挙制度を，①総定数，②市民配分（選挙区定数の大きさ），③定数配分（不均衡），④得票配分（地理的集散），⑤前二者の交差項，⑥変換方式（単記非委譲式等）の6つに分解し，それぞれの機械的効果を定義する。

　機械的効果が及ぶ対象は，政党数など様々な指標があり得るが，本稿が俎上にのせるのは非比例性である。これは議席率が得票率から乖離している程度を示す。第2節では，これまでの非比例性指標の問題点を改善する

---

*　学習院大学法学部教員　政治学方法論・数理政治学

ために，確率論に依拠して，多項分布（MN）指標という新たな指標を提唱する。本稿を通じて重視するのは，「議席の整数性」である。何故なら，議席率が得票率に比例しない根本的な理由は，議席数が整数だからである。そのため，得票率が増えても議席率が増えるとは限らず，定数が増えると議席率は減る「議席率版アラバマのパラドックス」が起きることもある。

 以上を踏まえると，先行研究のように回帰分析を用いることは，誤差を伴い，単線的な関係を想定しているがために，適切ではない。もっと言えば，バイアスを除去するためには，現実の選挙データではなく，架空のシミュレーションの方が望ましい。そこで第3節では，シミュレーションにより，機械的効果が正負いずれにもなり得ることを確認する。それを踏まえた上で，1890年から2007年までに日本で行われた衆参の選挙データから機械的効果を算定し，「区割と地理的集中の鏡像命題」と「定数不均衡と地理的集中の鏡像命題」を提示する。

選挙制度の効果

因果的推論

 選挙制度を構成する諸制度の中の1つである説明変数X（例えば定数）が，被説明変数Y（例えば非比例性）に与える効果を厳密に測るとする。そのためには，選挙制度の中でX以外の制度（例えば比例代表の方式）や選挙制度以外の要因（例えば社会経済的要因や政党支持）の全てから成る制御変数Zを一定にした上で，説明変数が基準値X^0（例えば定数1）から設定値X（例えば定数2）に変わる場合に，Yがどれほど変化するかを調べればよい。

$$\Delta Y(X|X^0; Z)=Y(X|Z)-Y(X^0|Z) \qquad 式(1)$$

左辺が効果である。右辺第1項はZを与件として説明変数の値がXの場合のYの値，第2項は説明変数の値がX^0の場合のYの値である。説明変数が制度であれば，これは新制度論の枠組そのものである。この定義は概念的には厳密で素晴らしいが，実際には役に立たないことが多い。何故なら，右辺の第1項か第2項の，どちらかしか測定できないからである（「因果的推論の根本問題」（Holland, 1986）と呼ばれる）。上の例を続ければ，実際

の選挙が定数2のもとで行われたとすればY(X|Z)は観察されるが、その同じ選挙が仮に定数1であったとすれば起きたであろう $Y(X^o|Z)$ は実際には起きなかったわけだから観察できない。そこで通常の回帰分析など多くの場合、代わりの便法として、同じ選挙 (Z) ではなく別の選挙（別の国や年、Z'）で定数1であった際の $Y(X^o|Z')$ を測定して $Y(X^o|Z)$ を推定し、Y(X|Z) と比べた効果ΔYを推定することになる (Cox, 1997, 213; Lijphart and Aitkin 1994; Norris, 2004; Taagepera and Shugart, 1989)。しかし厳密に言えば、回帰分析でどんなに思いつく限りの制御変数を投入したとしても、2つの選挙で事前変数を完全に制御すること (Z=Z') はほぼ不可能であり、$Y(X^o|Z)$ やΔYの推定には誤差が生じる。ところが選挙制度の機械的効果については、この問題が生じないことを、次項で示す。

機械的効果と心理的効果

投票結果 <u>V</u> はN行J列の行列（下線で表す）で、そのi行j列の要素 V_{ij} は、i番目の市民がj番目の候補に投票すれば1、しないと0とする。区割 **g** はi番目の市民を第d選挙区に割り振る（d=**g**(i)、関数はゴチック体で表す）。第d選挙区における候補jの得票数を $V_{dj}=\sum_{i\,s.t.\,d=g(i)} V_{ij}$、各候補への得票数を表すベクトル（イタリック体で表す）を $V_d=(V_{d1}, V_{d2}, ..., V_{dJ})$ で表す。第d選挙区の定数を M_d とし、各選挙区の定数のベクトル $M=(M_1, M_2, ..., M_D)$ を定数配分と呼ぶ（Dは選挙区数）。変換方式 **a** （例えば単記非委譲式）が V_d に基づき定数 M_d 分の当選候補 $j_1, j_2, ..., j_{Md}$ を決める[1]。j番目の候補が p=**p**(j) 番目の政党に所属するとすれば、第d選挙区の第p政党の議席数は $S_{dp}=\sum_{m(d)} I(p=\mathbf{p}(j_m))$、各党の議席数はベクトル $S_d=(S_{d1}, S_{d2}, ..., S_{dp})$ で表される（Pは政党数）[2]。全国で集計すると、第p政党の議席数は $S_p=\sum_d S_{dp}$、各党への議席配分は $S=(S_1, S_2, ..., S_p)$ となる。

すると、区割 **g**、定数配分 *M*、変換方式 **a** から成り立つ選挙制度Xが決まれば、その他の要因Zとは関係なしに、議席数配分 *S* は投票結果 <u>V</u> から一意的に定まる。

$$S=X(\underline{V}) = X(\underline{V}|\mathbf{g}, M, \mathbf{a})$$

これに対して投票結果 <u>V</u> は、選挙制度Xだけでなくその他の要因Zにも依存し、かつ一意に定まらない。従って、XとZから投票行動を予測する

関数 b と誤差項行列 E を用いて

$$\underline{V}=\mathbf{b}(X, Z)+\underline{E} \qquad 式(2)$$

と表せる。

ここで効果を測定する対象である Y は，議席配分 S と投票結果 $\underline{V}$ の関数 **f** とする（非比例性指標に限らず，有効政党数，最大党ボーナス[3]，偏向，反応性（King, 1990; Jackman, 1994），累乗指標[4] などでもよい）。Z を与件とした時に，選挙制度が X である時の Y の値は

$$Y(X|Z)=\mathbf{f}(S, \underline{V})$$
$$=\mathbf{f}(S=X(\underline{V}),\ \underline{V}=\mathbf{b}(X, Z)+\underline{E})$$

となる。選挙制度 X の指標 Y に対する効果は，選挙制度 X のもとで投票結果 $\underline{V}$ になることを（測定などで）前提とすれば，式(1)より，

$$\Delta_t Y(X|X^0; Z, \underline{V})=Y(X|Z, \underline{V}) - Y(X^0|Z)$$
$$=\mathbf{f}(S=X(\underline{V}), \underline{V}) - \mathbf{f}(S^0=X^0(\underline{V}^0), \underline{V}^0=\mathbf{b}(X^0, Z)+\underline{E}^0) \qquad 式(3)$$

となる。これを全体的効果 $\Delta_t Y$ と呼ぼう。ここで仮に X^0 で選挙を行った場合の誤差 $\underline{E}^0$ の値は測定も算定もできないため，$\underline{V}^0, S^0, \Delta_t Y$ も算定できない。従って式(2)に現実のデータ $\underline{V}, X, Z$ を当てはめて，関数 **b** の形や誤差項 $\underline{E}$ の確率分布を特定するパラメータの値を推定し，それを式(3)に代入して $\Delta_t Y$ を算定するしかない。そのため $\Delta_t Y$ は誤差を伴う推定値である。先行研究のほとんどが，この方法をとっており，従って機械的効果と心理的効果とを峻別できていない（前項末尾で挙げた他，Baker and Scheiner (2007)）。

ところが機械的効果は誤差のない算定が可能である。機械的効果の意味は，誤解されていることもままあるが，Duverger 自身の言葉を借りれば「機械的要因は［イギリスにおける］第3党，つまり最も弱い政党の過小代表から成る。第3党の議席率は得票率より劣る」(1954, 224)。つまり，第3党の議席率が絶対的に小さいことではなく，得票率と比べて相対的に小さいことを指している。今日のより洗練された言い方に直せば，「心理的要因は得票に影響し，機械的要因は（得票を与件として）議席に影響する」(Blais and Carty (1991, 80), 傍点福元。Benoit (2002, 38) も同旨)。もし「機械的効果は議会政党のみを扱う」とする Taagepera and Grofman (2003, 456)

のように得票を与件としないと，心理的効果の影響も受けた議席を制御しないから，機械的効果だけを分析することにならない。本稿の図式で言い換えれば，機械的効果 $\Delta_m Y$ とは，投票結果 $\underline{V}$ を固定したままで選挙制度が X^0 から X になった時の Y の変化だ，と表現できる。

$$\Delta_m Y(X|X^0; Z, V) = Y(X|Z, \underline{V}) - Y(X^0|Z, \underline{V})$$
$$= \mathbf{f}(S=X(\underline{V}), \underline{V}) - \mathbf{f}(S^{0*}=X^0(\underline{V}), \underline{V}) \qquad \text{式(4)}$$

$\Delta_t Y$ と違うのは，第2項も $\underline{V}$ を所与としている点である。これを「投票結果保持の原則」と呼ぶことにする。X^0，$\underline{V}$ が与えられれば，S^{0*} は測定されないが算定はできるので，後は X が決まれば Z とは関係なしに $\Delta_m Y$ も算定できる。

全体的効果から機械的効果を差し引いたものが心理的効果 $\Delta_p Y$ と考えられる。

$$\Delta_p Y(X|X^0; Z, \underline{V}) = \Delta_t Y(X|X^0, Z, \underline{V}) - \Delta_m Y(X|X^0, Z, \underline{V})$$
$$= \mathbf{f}(S^{0*}=X^0(\underline{V}), \underline{V}) - \mathbf{f}(S^0=X^0(\underline{V}^0), \underline{V}^0 = \mathbf{b}(X^0, Z) + \underline{E}^0)$$

この意味は，投票結果が（X^0 のもとで予想される）$\underline{V}^0$ から（X のもとで現実に起きた）$\underline{V}$ に変わった時に，それを選挙制度 X^0 で議席に変換すると Y がどれだけ増減するか，である。全体的効果の場合と同様，$\underline{E}^0$ が不確実であるために，$\Delta_p Y$ も不確実である。

重要なのは，全体的効果や心理的効果は，推定しかできず，誤差が伴うのに対して，機械的効果は，測定できないが算定はできるので，100％正しい結果が得られ，わざわざ（不正確でしかあり得ない）確率モデルを用いて，誤差の避けられない推定をする必要はない，ということである。

選挙制度の分解

前述したように，選挙制度 X は区割 g，定数配分 M，変換方式 $\mathbf{a}$ に分解できる。区割 g は，得票配分を決める側面と市民配分を決める側面がある。一方で第 d 選挙区の第 p 政党の相対得票率を小文字の $v_{dp} = (\sum_i \sum_j V_{ij \text{ s.t. } p=p(j), g(i)=d}) / / (\sum_i \sum_j V_{ij \text{ s.t. } g(i)=d})$ で表し，ベクトル $v_d = (v_{d1}, v_{d2}, ..., v_{dP})$ を選挙区得票率，d 行 p 列成分が v_{dp} であるような行列 $\underline{v}$ を得票配分と呼ぼう（候補別の得票数は大文字の V）。さらに定数配分と得票配分の交差項を考える（以下単に

「交差項」と記す）。他方で，第 d 選挙区の市民数が全市民数に占める割合を $c_d=\sum_i I(g(i)=d)/N$ と表せば，各選挙区への市民配分はベクトル $c=(c_1, c_2, ..., c_D)$ となる。また定数配分 M から自動的に総定数 $T=\sum_d M_d=\sum_p S_p$ が定まる。よって本稿は選挙制度 X を 6 つの制度，すなわち，変換方式 **a**，定数配分 M，得票配分 **v**，交差項 $M \times$ **v**，市民配分 c，総定数 T，に分解する。これらの機械的効果を合計したものが選挙制度全体の機械的効果になる。

　以下では各制度について，後に分析する近代日本の国政選挙を念頭に置いて，基準値 X^0 と制御変数 Z を定め，式(4)に基づいて機械的効果を定義する。いずれの場合も，投票結果保持の原則により，投票結果 **V** は固定されたままである。これは機械的効果を検討する上では，選挙制度を変えても，済んだ投票を集計する方法が変わるだけなので，**V** は変わらないはずだからである。（他国の選挙制度を考慮して）本稿とは異なる制度に分解することは可能であり，異なる基準値 X^0 や制御変数 Z を使うこともできるが，その場合でもここで示した考え方は通用する。

変換方式　変換方式 **a** が単記非委譲式である場合には，基準値 $\mathbf{a}^0$ をドント式比例配分とする。これは，政治家と有権者に一定の合理性を仮定する場合，単記非委譲式における議席配分は，ドント式によるそれと一致するためである（Cox, 1991; 李，1992）。ドント式は，（ドント式で得られる議席数で得票数を除した商を基数とする）単記委譲式と同じ議席配分をもたらすから，厳密に言えば，委譲式でなく非委譲式であることの効果を算定することになる。より具体的には過大公認，過小公認，票割不均等の効果である（Baker and Scheiner, 2007; Christensen and Johnson, 1995; Christensen, 2000; Cox and Niou, 1994; Cox and Rosenbluth, 1994; 川人，2004，第 6，7 章；李，1992; Lijphart, Pintor, and Sone, 1986; 品田，1998）。制御変数を定数配分 M，得票配分 **v**，市民配分 c，総定数 T，投票結果 **V** とした場合，変換方式を基準値 $\mathbf{a}^0$ から設定値 **a** に変えることの効果は

$$\Delta Y(\mathbf{a}|\mathbf{a}^0; M, \underline{v}, c, T, \underline{V})=Y(\mathbf{a}|M, \underline{v}, c, T, \underline{V}) - Y(\mathbf{a}^0|M, \underline{v}, c, T, \underline{V})$$

と算定される。この計算方法は，実質的には多くの先行研究でも使われてきたものである。変換方式が他の比例代表法や多数代表法である場合も同様である（例えば品田，1991，1995）。

　具体的な印象を得られるように，日本の1986年衆院選を例に説明する

表1　日本の1986年衆院選の議席配分

変換方式 定数 得票	議席数（議席率（%）） 非委譲 不均衡 不均一	委譲 不均衡 不均一	委譲 均衡 不均一	委譲 不均衡 均一	委譲 均衡 均一	委譲 全国1区 全国1区	得票率
自由民主党	300 (58.6)	326 (63.7)	317 (61.9)	387 (75.6)	391 (76.4)	255 (49.8)	(49.4)
日本社会党	85 (16.6)	64 (12.5)	67 (13.1)	125 (24.4)	99 (19.3)	88 (17.2)	(17.2)
公明党	56 (10.9)	52 (10.2)	48 (9.4)	0 (0.0)	15 (2.9)	48 (9.4)	(9.4)
日本共産党	26 (5.1)	23 (4.5)	26 (5.1)	0 (0.0)	7 (1.4)	45 (8.8)	(8.8)
民主社会党	26 (5.1)	17 (3.3)	18 (3.5)	0 (0.0)	0 (0.0)	33 (6.4)	(6.4)
新自由クラブ	6 (1.2)	7 (1.4)	10 (2.0)	0 (0.0)	0 (0.0)	9 (1.8)	(1.8)
社会民主連合	4 (0.8)	4 (0.8)	5 (1.0)	0 (0.0)	0 (0.0)	4 (0.8)	(0.8)
サラリーマン新党	0 (0.0)	0 (0.0)	0 (0.0)	0 (0.0)	0 (0.0)	0 (0.0)	(0.1)
日本労働党	0 (0.0)	0 (0.0)	0 (0.0)	0 (0.0)	0 (0.0)	0 (0.0)	(0.1)
MPD・平和と民主運動	0 (0.0)	0 (0.0)	0 (0.0)	0 (0.0)	0 (0.0)	0 (0.0)	(0.0)
日本国民権利擁護連盟	0 (0.0)	0 (0.0)	0 (0.0)	0 (0.0)	0 (0.0)	0 (0.0)	(0.0)
諸派	0 (0.0)	0 (0.0)	0 (0.0)	0 (0.0)	0 (0.0)	0 (0.0)	(0.0)
無所属	9 (1.8)	19 (3.7)	21 (4.1)	0 (0.0)	0 (0.0)	30 (5.9)	(5.8)
非比例性（MN指標）	44.1	56.7	43.3	416.0	302.0	2.1	0.0
非比例性（LH指標，%）	10.7	15.0	12.7	33.4	29.1	0.4	0.0

（表1）[5]。便宜的に無所属候補は1つの政党として扱っている[6]。1列目が現実の議席数配分である（括弧内は議席率）。最右列に全国得票率vを掲げた。一番下の行にYにあたる2つの非比例性指標を示した（詳しくは次節）。2列目は，変換方式だけドント式に変えた場合である。1列目のMN指標から2列目のMN指標を引いた値−12.6が，変換方式の効果ΔYである。

なお1890−98年と1946年の日本の衆院選は連記である。有権者が持つ票数をBとし，各党が少なくともB人の候補を擁立することを合理性の仮定に付け加えれば，連記委譲式における議席配分は，最高平均法でk番目の除数をk=<BならBとし，k>Bならkとする場合（例えばB=3なら，除数は3, 3, 3, 4, 5...）と同じであり，これを基準値a^0とした[7]。

定数配分と得票配分　定数配分の基準値M^0は，総定数Tをcに応じてドント式で各選挙区に配分した「定数均衡」とする[8]。定数配分Mが市民配分cから乖離すると，いわゆる定数不均衡となる。従って，定数配分の効果とは，定数不均衡の効果を意味する。

得票配分の基準値$\underline{v}^0$は，全ての選挙区得票率v_dが金太郎飴の如く同じ，つまり全国得票率vに等しい行列とする（第p政党の全国得票率を$v_p=(\sum_i\sum_j V_{ij\ s.t.\ p=p(j)})/(\sum_i\sum_j V_{ij})$で表せば，$v=(v_1, v_2, ..., v_P)$となる）。これを「得

票均一」と呼ぼう。各選挙区得票率 v_d が，全国得票率 v から乖離している状態を「得票不均一」と呼ぼう。ゲリマンダリングや地域政党はその極端な例である。つまり得票配分の効果とは，党派別得票の地理的集散の効果を表している。投票結果保持の原則があるから，選挙区間で市民を交換することによって（すなわち区割 **g** を変えることによって），得票均一の状態を想定する。得票配分は厳密には純粋に制度的ではない。政治家や有権者の行動によって決まる部分が大きいからである。しかし，政党支持などからある程度の投票傾向が予想される場合，それを勘案した区割を行う（あるいは敢えて行わない不作為の）ゲリマンダリングによっても，得票配分は変わり得る。この側面では，得票配分は制度的である。

　制御変数を変換方式 $\mathbf{a}^0$，市民配分 c，総定数 T，投票結果 $\underline{V}$ とした場合，定数配分を基準値 M^0 から設定値 M に変え，かつ得票配分を基準値 $\underline{v}^0$ から設定値 $\underline{v}$ に変えることの総合効果は

$$\Delta Y(\underline{v}, M | M^0, \underline{v}^0; \mathbf{a}^0, c, T, \underline{V}) = Y(\underline{v}, M | \mathbf{a}^0, c, T, \underline{V}) - Y(\underline{v}^0, M^0 | \mathbf{a}^0, c, T, \underline{V})$$

と表せる。なお右辺の第1項が，変換方式の効果の右辺の第2項に等しいことに注意されたい。また変換方式は基準値 $\mathbf{a}^0$ に制御されているから，候補者擁立の戦略的失敗の影響はきれいに拭い去られている。

　ここで定数配分 M だけの純粋な効果を見るためには，得票配分を制度変数から制御変数に移して基準値 $\underline{v}^0$ にすればよい。従って，制御変数を，変換方式 $\mathbf{a}^0$，得票配分 $\underline{v}^0$，市民配分 c，総定数 T，投票結果 $\underline{V}$ とした場合，定数配分を基準値 M^0 から設定値 M に変えることの効果は

$$\Delta Y(M | M^0; \mathbf{a}^0, \underline{v}^0, c, T, \underline{V}) = Y(M | \mathbf{a}^0, \underline{v}^0, c, T, \underline{V}) - Y(M^0 | \mathbf{a}^0, \underline{v}^0, c, T, \underline{V})$$

となる。ここで，右辺の第2項は，先の総合効果のそれと同じである。

　同様に，得票配分 $\underline{v}$ だけの純粋な効果を調べるには，先ほどとは違って定数配分を制度変数から制御変数に移して基準値 M^0 にすればよい。従って，制御変数を，変換方式 $\mathbf{a}^0$，定数配分 M^0，市民配分 c，総定数 T，投票結果 $\underline{V}$ とした場合，得票配分を基準値 $\underline{v}^0$ から設定値 $\underline{v}$ に変えることの効果は

$$\Delta Y(\underline{v} | \underline{v}^0; \mathbf{a}^0, M^0, c, T, \underline{V}) = Y(\underline{v} | \mathbf{a}^0, M^0, c, T, \underline{V}) - Y(\underline{v}^0 | \mathbf{a}^0, M^0, c, T, \underline{V})$$

となる。やはり，右辺の第2項は，総合効果のそれと同じである。

定数配分と効果と得票配分の効果を足し合わせても，定数配分と得票配分の総合効果になお満たない分は，二者間の交差項の効果と考えられ，

$\Delta Y(\underline{v} \times M | M^0, \underline{v}^0; \mathbf{a}^0, c, T, \underline{V})$
$= \Delta Y(\underline{v}, M | M^0, \underline{v}^0; \mathbf{a}^0, c, T, \underline{V})$
$- [\Delta Y(M | M^0; \mathbf{a}^0, \underline{v}^0, c, T, \underline{V}) + \Delta Y(\underline{v} | \underline{v}^0; \mathbf{a}^0, M^0, c, T, \underline{V})]$

と表される。市民c_dに比して定数M_dが多い選挙区ほど，選挙区得票率v_dが全国得票率vから乖離しているという関係があれば，交差項は正である。

再び表1に戻ってみよう。3列目は定数均衡で得票不均一の場合，4列目は定数不均衡で得票均一の場合，5列目は定数均衡で得票均一の場合である。4列目で自社で全議席を独占しているのは，中小政党の全国得票率では5人区でも議席に手が届かないからである。5列目は，定数が7以上の選挙区で中小政党が議席を得ることがある。3列目は，中小政党の選挙区得票率が大きい選挙区が多数出てくる。3列目のMN指標から5列目のMN指標を引いた値−258.7が，得票配分の効果である。4列目から5列目を引いた値114.0が，定数配分の効果である。2列目から5列目を引いた値−245.3から先の2つの効果を引いた値−100.5が，交差項の効果である。

なお先行研究の中には，各選挙区の議席数S_dあるいは得票率v_dを定数不均衡の程度で重み付けして，定数不均衡の効果を求めるものがある（クリスチャンセン，2006; Christensen and Johnson, 1995; Grofman, Koetzle and Brunell, 1997; Hickman and Kim, 1992; 李，1992; Lijphart, Pintor and Sone, 1986）。本稿の図式で表せば，m=M/T と置いて，式(4)の代わりに

$\mathbf{f}(S=X(\underline{V}), \underline{V}) - \mathbf{f}(S=X(\underline{V}), \sum_d m_d v_d)$

あるいは

$\mathbf{f}(S=X(\underline{V}), \underline{V}) - \mathbf{f}(\sum_d (c_d/m_d) S_d, \underline{V})$

を機械的効果とする (Borisyuk, Johnston, Thrasher and Rallings, 2008; 菅原，2004も参照）。しかし前者は投票結果が変わっており，投票結果保持の原則を満たしていない。また後者は，単に議席の整数性を無視しているばかりでなく，定数が増えるほど議席が増えるという単線的な前提を置いてい

るが，これは後述するようにナイーヴである。

市民配分 市民配分の基準値 c^0 は，区割をしないこと，すなわち全国 1 区 $c^0 = (c_1) = (1)$ とする。制御変数を変換方式 $\mathbf{a}^0$, 定数配分 M^0, 得票配分 $\underline{v}^0$, 総定数 T, 投票結果 $\underline{V}$ とした場合，市民配分を基準値 c^0 から設定値 c に変えることの効果は

$$\Delta Y(c|c^0; \mathbf{a}^0, M^0, \underline{v}^0, T, \underline{V}) = Y(c|\mathbf{a}^0, M^0, \underline{v}^0, T, \underline{V}) - Y(c^0|\mathbf{a}^0, M^0, \underline{v}^0, T, \underline{V})$$

となる[9]。右辺の第 1 項は，定数配分や得票配分の効果の右辺の第 2 項に一致している。なお定数配分は定数均衡 M^0 に，また得票配分は得票均一 $\underline{v}^0$ に，それぞれ統制されているから，定数不均衡や地理的集散の効果は除外されている。

これは実質的には，選挙区の数 D というよりも，（市民配分 c に見合った定数均衡 M^0 における各選挙区の）定数 M_d^0 の大きさの効果を見ていることに等しい。たとえ定数不均衡がなくても，各選挙区の定数が小さくなれば，より粗くしか議席という整数で得票率を代表できなくなっていく。なお有権者数ではなく投票者数に着目する分析もあるが（クリスチャンセン，2006; Grofman, Koetzle and Brunell, 1997），機械的効果は投票結果（ひいては投票率）を所与とするので，投票率の影響を考えることはできない。

1986 年総選挙の例を確かめよう。表 1 の 6 列目が，全国 1 区の場合の議席である。7 列目の全国得票率にかなり比例しているので，MN 指標の値も低い。5 列目との差は 300.0 と大きく，これが市民配分の効果である。

総定数 総定数の基準値 T^0 は市民数 N とする。制御変数を変換方式 $\mathbf{a}^0$, 定数配分 M^0, 得票配分 $\underline{v}^0$, 市民配分 c^0, 投票結果 $\underline{V}$ とした場合，総定数を基準値 T^0 から設定値 T に変えることの効果は

$$\Delta Y(T|T^0; \mathbf{a}^0, M^0, \underline{v}^0, c^0, \underline{V}) = Y(T|\mathbf{a}^0, M^0, \underline{v}^0, c^0, \underline{V}) - Y(T^0|\mathbf{a}^0, M^0, \underline{v}^0, c^0, \underline{V})$$

となる。右辺の第 1 項は，市民配分の右辺の第 2 項に一致している。市民配分 c^0 が全国 1 区に制御されているから，区割を前提に生じる定数不均衡，得票の地理的集散などの問題は一切生じない。$\mathbf{a}^0$ が全国の（得票率でなく）得票数ベクトル V をそのまま議席配分 S とする変換方式（つまり直接民主制）で，Y が非比例性指標ならば，右辺第 2 項は 0 であり，従って効果は常に正である。選挙制度の根本的問題は，何千万という大きさの市民の意

向（例えば全国得票率 v といった連続数）を，せいぜい数百という小ささの整数 T の議員で粗雑に表さなければならないという議席の整数性にある。従って総定数の効果とは，間接民主制の効果と捉えられる。表 1 では，6 列目の MN 指標から 7 列目の MN 指標を引いた差は2.1と小さく，これが総定数の効果である。

選挙制度全体　制御変数を投票結果 $\underline{V}$ とした場合，変換方式，定数配分，得票配分，市民配分，総定数を基準値から設定値に変えることの効果は，$Z^0 = \{\mathbf{a}^0, M^0, \underline{v}^0, c^0, T^0, \underline{V}\}$ と置けば

$$\Delta Y(\mathbf{a}, M, \underline{v}, c, T | Z^0)$$
$$= Y(\mathbf{a}, M, \underline{v}, c, T, Z^0) - Y(Z^0)$$
$$= \Delta Y(\mathbf{a} | M, \underline{v}, c, T, Z^0) + \Delta Y(M | c, T, Z^0) + \Delta Y(\underline{v} | c, T, Z^0)$$
$$+ \Delta Y(\underline{v} \times M | c, T, Z^0) + \Delta Y(c | T, Z^0) + \Delta Y(T | Z^0)$$

すなわち，上で検討した，変換方式，定数配分，得票配分，交差項，市民配分，総定数それぞれの効果を足し合わせたものになる。この表記は，条件付き確率の表記と同じように解釈できる（和を乗に読み替えるか，確率が対数化されていると考えればよい）。つまり選挙制度を分解するように，選挙制度の効果も分解できる。

非比例性指標：多項分布（MN）指標

非比例性指標は，議席率が得票率から乖離している程度を測る。議席率が得票率に一致すれば非比例性が最低である点では，特に異論はないだろう[10]。しかしこれを超えて具体的に非比例性を測るとなると，様々な指標が提案されている。では各指標の優劣はどのように比べればよいだろうか。1つの方法として，具体的な数値例から各指標の値を計算し，どれがより「直感的」かを検討するやり方もあるが（例えば Taagepera and Shugart (1989, 260-63)），客観的な判断は下せない。より優れているのは，理論的ないし実用上の公理・基準を各指標が満たすかを調べることである（Monroe, 1994）。12の基準で19の指標を比較検討した Taagepera and Grofman (2003) が推奨するのは，Gallagher (1991) 指標（$\sum_p (s_p - v_p)^2 / 2)\wedge 0.5$ 以下 G 指標）と Loosemore and Hanby (1971) 指標 $\sum_p |s_p - v_p| / 2$（以下 LH 指標）である（ここで小文字 s_p は第 p 党の議席率，^ は累乗を表す）。しかしこれら2

つを含み，従来の指標には2つの問題がある。

1つは指標を導出する理論的根拠が不明確である。Monroe (1994, 135) は評価基準の1つとして，明確で直感的な理論的正当性があることを挙げている。しかし議席率と得票率の差の，絶対値や二乗値を用いる理由は何か，三乗では何故いけないのか，明らかでない。それ故，これらの指標の統計的性質も知られていない。例えば，どれほどの大きさがあれば比例的でないと言えるのか，その基準も与えられていない。

もう1つは，上記とも関連するが，これらの指標は議席の整数性を考慮していない。例えば左党と右党の得票率が25％と75％である時，議席数がそれぞれ1であっても2であっても，LH指標はともに0.25である（G指標も同じ）。つまり総議席数が2から4に変わっても，議席率が左党も右党も50％のままならば，指標の数値は変わらない。これは規模不変と呼ばれる性質で，非比例性指標が満たすべき理論的公理の1つとして挙げられている（Monroe, 1994）。しかし，総議席数が4の場合は，左党に1議席，右党に3議席を与えることで，完全比例を実現できる。総議席数が2の場合は，そうはいかない。従って，同じ議席率50％ずつであっても，それを改善できるのにしない総議席数4の場合の方が，それ以上改善のしようがない総議席数2の場合よりも，非比例的であると本稿は主張する。Taagepera and Grofman (2003) は，議席率と得票率を数式上同等に扱うという対称性も評価基準にしているが，同じ理由でふさわしくない。議席数の目の粗さが根本的な問題なのであるから，得票率と同じ扱いをするべきでない。従って富の平等分配など，他の比率比較の問題とはやや異なる様相がある。

本稿は，第1の問題に対応するため，確率論による裏付けを非比例性指標に対して与える。多くの統計入門書で説かれていることだが（例えば，東京大学教養学部統計学教室編，1992，第5章），一般に2つのベクトルが比例しているか否かを検定する際に用いられるのは，適合度検定であり，統計量としてはカイ二乗値 $\sum_p |s_p - v_p|^2 / v_p$ や尤度比 $2\sum_p s_p \log(s_p/v_p)$ が用いられる。得票率と議席率の関係に適用すれば，これらの統計量は，議席率が得票率から乖離している程度を表しているから，非比例性指標として利用できる。これらの優れたところは，比例しているという帰無仮説の下で漸近的に（つまり総議席数Tが大きくなるにつれて）カイ二乗分布に従うので，

有意水準と自由度 P－1 に応じた臨界値より大きいと帰無仮説を棄却できることである。このように有意確率を求めることで，指標が 0 と 1 の間に来るように基準化することもできる。しかし第 2 の問題を考えると，カイ二乗値は議席の整数性に特段考慮を払っていない[11]。そこで，以下本稿は尤度比（多項（Multi-Nomial）分布に基づいているので MN 指標と呼ぶ）を扱う。

　MN 指標は，得票率に比例して議席数を決めるというのは，理論的には次のようなことだと考える。歪んだパチンコ台があって，1 つの玉（議席）を打つと，得票率に応じた確率で各党の受け皿に入る，としよう。ここで総定数が 1 であれば，議席 1 を得る確率（つまりは得票率）が大きい政党に 1 議席を与えるほど比例的な議席配分だとするのは妥当だろう。今度は総定数 T 個の玉（議席）を順に打つとしよう。この時，いくつかあり得る議席配分 S のうち，それが起きる（多項分布）確率が大きいほど，比例的な議席配分だと考えるのである。例えば左党と右党の得票率がそれぞれ 25％と 75％，総定数が 2 議席とする。すると左党の議席（パチンコ玉）の数が 0，1，2 になる確率は，順に 56％，38％，6％となる[12]。従って，左党に 0 議席，右党に 2 議席というのが最も比例的な議席配分となる。もし LH 指標や G 指標を使うと，左党の議席が 0，1，2 議席の場合の値は，それぞれ 0.25，0.25，0.75 となり，0 議席でも 1 議席でも同じになってしまい，決められない。

　より一般的には次のように計算する。ある 1 議席が政党 p に来る確率が v_p だとすると，ある特定の S_p 個の議席が来る確率は $v_p{\hat{}}S_p$ である。これを全政党について掛け合わせると，ある特定の議席が各党に来る，同時確率 $\prod_p v_p{\hat{}}S_p$ が出る。T 個の議席を各党に割り振って議席配分が S となる組み合わせは $C(T, S) = T! / \prod_p S_p!$ 通りある。従って，議席率配分 $s = S/T$ の平均値が得票率 v に等しくなるように全 T 議席を割り振った時に議席配分が S になる多項分布確率は，$C(T, S)\prod_p v_p{\hat{}}S_p$ となる。これを尤度関数と見なして $L(v|S)$ と置く。

　では議席配分 S だけを観察した人が，目標となった得票率 x を推定することを考えよう。実現した議席率が目標とした得票率でもあれば（$x=s$），議席配分 S を最も正当化できる。これは最尤法による x の点推定（$L(x|S)$ を最大化する x）が s だからである。しかし x の真の値は v である。この場

合，対数尤度比に−2を乗じた

$$MN = -2 \log L(v|S)/L(s|S)$$
$$= 2\sum S_p \log(s_p/v_p)$$

は，s が v から乖離している程度を表し，T が大きくなるにつれて自由度 P−1 のカイ二乗値に近づく。従って，分布もカイ二乗分布に近づく（Stuart, Ord and Arnold, 1999, 388-9）。そこでこの対数尤度比を MN 指標という非比例性指標として使うのである。なお Monroe (1994, 133-4) が挙げている準公理を MN 指標は全て満たす。

管見の限りでは，MN 指標を提唱した先行研究は見あたらない。似た指標として，対数に議席数 S_p でなく議席率 s_p を乗じたエントロピー指標 $2\sum s_p \log(s_p/v_p)$ がある（Theil, 1969）。実際，Taagepera and Grofman (2003) と同じ評価基準を用いれば，MN 指標とエントロピー指標の評価は同じになる。しかしエントロピー指標は，議席の整数性を考慮していないし，確率的性質も明らかでない。

但し MN 指標に問題がない訳ではない。前述したように，MN 指標の分布は自由度 P−1 のカイ二乗分布で近似でき，有意確率を用いれば基準化できる。しかし，そのためには期待議席数が5以上になるように泡沫政党を1つの政党とみなす必要がある。しかも政党の数が変わると有意確率も不連続的に大きく変わってしまう（但し MN 指標の値は安定している）。また，非比例性が一定以上大きい議席配分同士を比べる場合，どちらも有意確率は1に極めて近くなるので，その中での差を区別しにくい。そのため本稿では基準化しない MN 指標の値を用いる。この他 Monroe (1994, 133-4) が挙げる評価基準のうち，移転原則も MN 指標が満たすとは限らない[13]。

本稿ではこうした欠陥に留意しつつも，MN 指標を用いる。

機械的効果の算定

本節では，選挙制度を構成する各制度が非比例性指標に対して持つ機械的効果が，正負いずれか，また制度の設定値が基準値から乖離するほど効果は大きくなるか，を検討する。

先行研究は現実のデータを材料にすることが多いが，その解釈にはかなり注意が必要である。選挙制度の機械的効果 ΔY は，式(4)からも明らかな

ように投票結果Vに依存する。そして，実現しなかったものも含めた様々な投票結果のもとにおける機械的効果の潜在値を予見した結果として，ある特定の投票結果が選ばれ，機械的効果の実現値が測定される。従って「選挙制度のいかなる観察された機械的効果も，心理的効果の影響を受け」，内生性バイアスを被る（Benoit, 2002, 39）。

別の方法として，（Xと関係なくVから一意的に定まる）全国得票率vが，一様分布あるいは正規分布など何らかの確率分布に従うと想定し，（乱数を用いて全国得票率を擬似的に作り出して）機械的効果の確率分布を計算することもある（Kendall and Stuart, 1950; Pennisi, 1998）。しかしこれも誤解を招きやすい。全国得票率に確率分布を想定するということは，ある特定の投票行動を想定するということである。そのため，そうした想定のバイアスを受けた，機械的効果の潜在値の一部しか分析できない。

本節第1項では，ある条件のもとで，全国得票率を人為的に広い範囲でゆっくり動かした場合に，機械的効果の潜在値がどのように変わるかを調べる（乱数を用いない）シミュレーションを行う。全国得票率が決まれば機械的効果が一意に定まるという，あくまで確定的な関係（関数）を明らかにする。もっとも，現実には全国得票率vは広い範囲を隈無く動く訳ではない。そこで上記限界を踏まえた上で，第2項で1890年から2007年までの日本の衆参両院の選挙データを用いて，機械的効果の実現値をも明らかにする。なお以下の分析で，MN指標に代えて，カイ二乗値，LH指標，G指標，あるいは非比例性以外にも最大党ボーナス，有効政党数減少幅[14]を用いても，特に断らない限り，議論の趣旨は変わらない。つまりこれらの指標は実態としては同様のものを測定している。

潜在値：シミュレーション

左党と右党という2つの政党が戦っており，変換方式はドント式比例配分とする[15]。結論を先に言えば，各制度の機械的効果は，潜在的には，全国得票率によって正負いずれになることも可能である。また，制度の設定値が基準値から乖離するほど効果が大きくなるとも限らない。その根本的原因は，整数である議席という粗い目で得票率を代表させようと無理をしている点にある。パラメータの値を変えても，得られる含意は変わらない。

総定数　まず単一の選挙区から取り上げる。図1-1で，横軸は左党の得

票率を示し，縦軸は左党の議席率を示す。図1－2も，横軸は左党の得票率を示すが，縦軸はMN指標を示す。いずれも，細線が定数3の場合，太線が定数5の場合である。図1－1で，議席率と得票率の一致を意味する45度線と交わる時（v＝S/M）は，完全比例であるから，図1－2の非比例性指標は極小値（谷，ゼロ）になる。また図1－1で非連続的に議席率が変わる場合（v=S/(M+1)）は，得票率に定数をかけた数値を切り上げるか切り下げるかの境目なので，図1－2の非比例性指標は極大値（山）になる。つまり，非比例性指標を増減させるのは，得票率が高いか低いかではなく，得票率がこれらの閾値に近いか遠いかなのである。これは議席の整数性による。このことは以下の分析で常につきまとう重要な点である。また（総）定数を大きくしても，その上げ幅が小さいと，非比例性を下げる効果が大きくなるとは限らない[16]。例えば左党の得票率が65％の場合，定数が3だと議席数は2で議席率は67％に上がるが，定数を5に増やすと議席数は3で議席率は60％に下がり，非比例性は0.004から0.054に上がる（これは「議席率版アラバマのパラドックス」とでも言えよう）。

市民配分 次に全国1区をいくつか

図1－1　得票率・議席数・定数

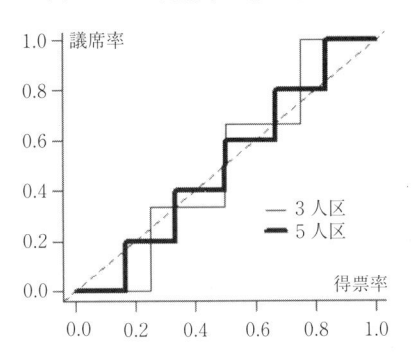

図1－2　定数の大きさの効果

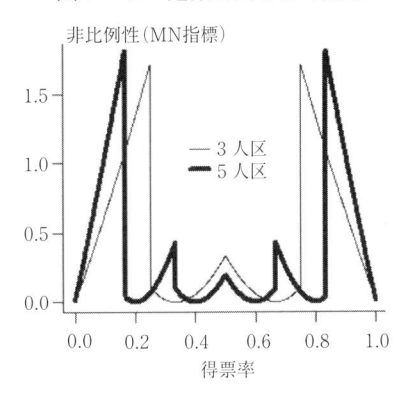

図2　定数不均衡の効果

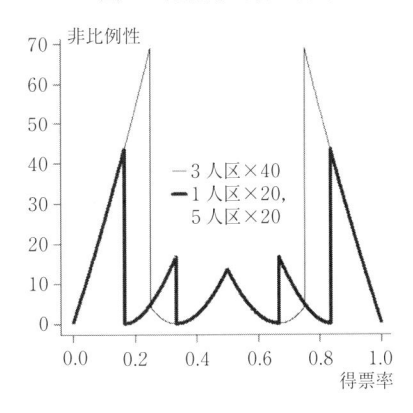

の選挙区に分割する。例えば，総定数120の議会で，3人区を40個作る場合と，5人区を24個作る場合を比べる。どちらの場合も市民の割合は同じで（定数均衡），得票均一とする。すると MN 指標は図1－2の数値にそれぞれ選挙区の数を乗じたものになるので，図1－2と似たような結果が出る（図は省略）。つまり，得票率によっては，全国をたくさんの選挙区に割って各選挙区の定数を小さくした方が，非比例性が下がることがある（すなわち市民配分の効果が減る。総定数が120もあるとその効果は極めて小さいので，非比例性指標の値がほぼ市民配分の効果に等しいからである）。

定数配分 40個の3人区を，総定数・市民配分は変えずに得票均一のまま，定数不均衡にしてみる。ここでは20選挙区の定数を1，残りの20選挙区の定数を5にする。両者を比べたのが図2である。すると定数不均衡の線の極大値の閾値は，1人区と5人区の閾値の双方を合わせたものとなる（但し極小値の閾値は異なる。これは例えば，ある得票率が，M_1 人区でそれと同じ議席率を生むからといって（$v=S_1/M_1$），M_2 人区でもそうなる（$v=S_2/M_2$）とは限らないからである）。定数均衡から定数不均衡に変わることで，非比例性は増えることも減ることもある。定数配分の効果は0だとする先行研究もあるが（Grofman, Koetzle and Brunell, 1997, 458; Lijphart and Aitkin, 1994, 130），ここでの分析からは正負どちらもあり得る。

得票配分 得票不均一の状況を作り出してみよう。全国得票率が，左党は49％，右党は51％とする。市民の割合が同じ3人区が40個ある（定数均衡）。そのうち20選挙区では，以下を通じて得票均一とする。残りの20選挙区で次のようにゲリマンダリングして得票不均一を作り出す。すなわち，左党の選挙区得票率が100％である安全区を N 個作り（$0=<N=<9$），残りの（20－N）個の選挙区は余った左党の票を均等に分割すれば，その選挙区得票率は $((0.49*20)-N)/(20-N)$ となる。つまり N 個の安全区と（20－N）個の非安全区との間で，全国の $(1-0.49)N/40$ の割合の左党票と右党票を交換する（従って全国得票率は変わらず，投票結果保持の原則は守られる）。横軸に安全区の数，縦軸に MN 指標を取ったのが図3である（太い実線）。安全区数が0の場合，左党は全選挙区で1議席しか得られないから，非比例性が大きい。安全区では3議席全部を獲得できる。そのため安全区を増やすと非比例性は減っていく。しかし安全区を7つ以上作ると，

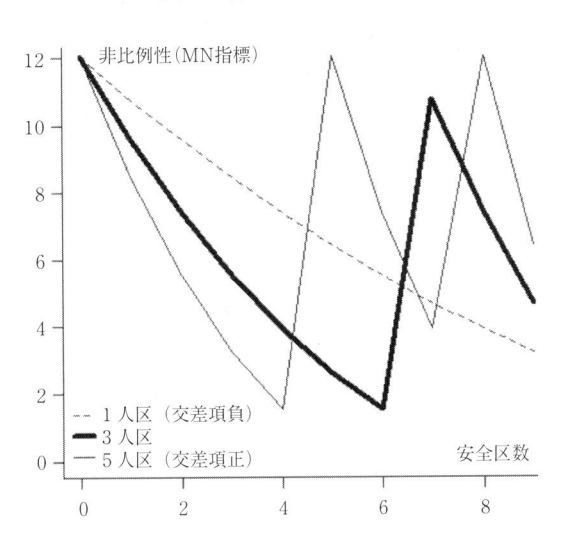

非安全区で選挙区得票率が低すぎて1議席も獲得できなくなるため，かえって非比例性は跳ね上がる。従って（いずれも総議席数，市民配分，定数配分は同じだから），得票不均一の程度（安全区数）が大きいほど，得票不均一の効果（非比例性指標が安全区0の時からどれほど変わるか）が負の方向で大きくなるわけではないと言える（定数を4にすれば正になる）。

図3　得票不均一の効果

交差項　定数不均衡が重なっても事情は似ている。全国得票率はそのままにして，得票不均一区が定数5，得票均一区が定数1である場合と（細い実線，定数配分と得票配分の交差項は正），その逆の場合（点線，交差項は負）も図3に示した（総議席数は不変）。交差項正の場合，安全区数が0ならば，20個の5人区で左党は2議席ずつ得る。安全区数が5つを超えると，非安全区の5人区で左党の議席数は1になり，8つを超えると0になる（安全区の5人区では5議席，得票均一な20個の1人区では0議席）。そのためグラフの山も2つある。交差項負の場合，安全区数が0ならば，20個の1人区で左党は議席がない。そのため安全区を増やしても非安全区で失う議席はないので，非比例性は一貫して低下する（安全区の1人区では1議席，得票均一な20個の5人区では2議席）。前段落で見た定数均衡の場合（全て3人区）と両者を比べてみると，得票不均一に定数不均衡が加わることで，比例性指標が増える場合もあれば減る場合もある。従って，交差項の効果は正負いずれもあり得る[17]。「定数不均衡が農村部を代表する政党に有利に働く」という議論がよくあるが（例えばHickman and Kim, 1992），それは必ずしも成り立たない。

以上のように，得票率が極大値や極小値の閾値周辺であるか否かが重要なのであって，ある制度の設定値が基準値から乖離するほど効果が増大ないし減少するという単調な関係にはない。ここからも，線形モデルなどの回帰式や重み付けによる調整といった，既存研究で用いられている手法には問題があることがわかる。

図4　衆議院議員総選挙（比例区以外）

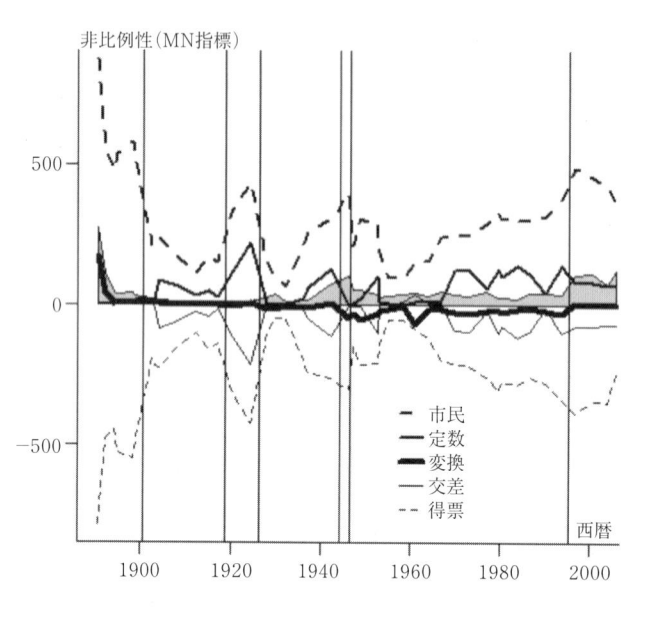

図5　衆議院議員総選挙（比例区）

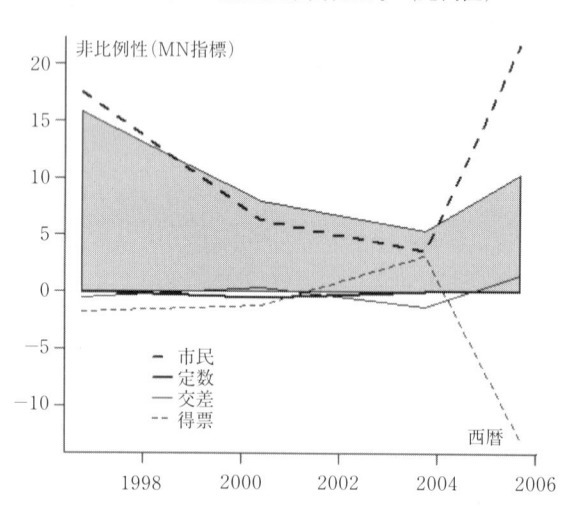

実現値：日本，1890－2007年

1890年から2007年までに日本で行われた国政選挙のデータを用いて，機械的効果の実現値を算定したものが図4　衆議院議員総選挙（比例区以外），図5　衆議院議員総選挙（比例

区)，図6　参議院議員通常選挙(地方区)である[18]。横軸が西暦，縦軸がMN指標で，制度ごとに折線を分けた。全ての効果を足し合わせた選挙制度全体の効果は灰色に塗りつぶした面グラフとした。衆院は，7つの選挙制度を時期区分する縦線を引いた。

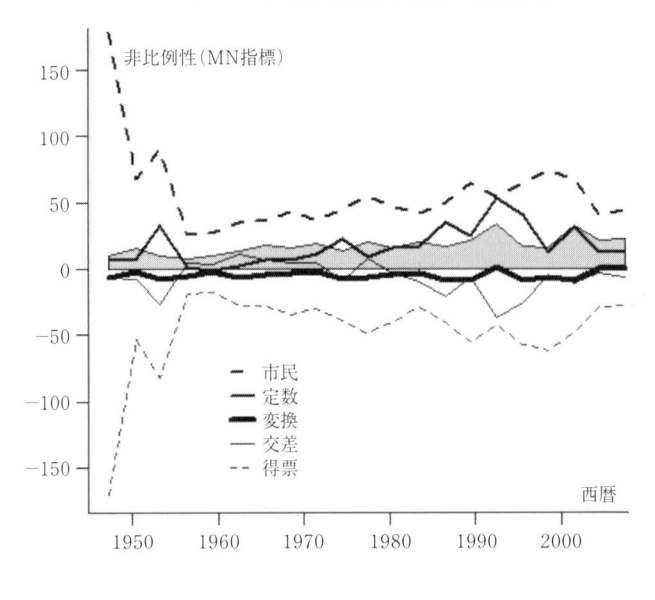

図6　参議院議員通常選挙（地方区）

先にシミュレーションで，各制度の機械的効果が正にも負にもなり得ることを見たが，実際の日本の選挙Zではどの潜在値（をもたらす投票結果V）が政治家と有権者によって選び取られ実現値となったのかを検討するのがここでの主たる課題である。従って，本項で得られた知見が，他の地域や時代Z'でも成り立つかはわからない。

総定数　効果は正であるが，微々たるものなので表示していない[19]。

市民配分　効果は正で極めて大きい。このように定数の大きさが重大な要因であることはこれまでも指摘されてきたとおりである（Christensen and Johnson, 1995, 590; Rae, 1967; Lijphart and Aitkin, 1994）。

得票配分　市民配分の効果を打ち消すような形で，負の大きな効果をもたらしている。こうした現象を本稿は「区割と地理的集中の鏡像命題」と呼んでおきたい。諸政党は(得票配分を漫然と不均一にしているのではなく)，選挙区得票率が（次の）議席を獲得する閾値まで遠く議席が獲得しにくい選挙区から，そうでない選挙区へと，（政治資金，運動員，応援演説等の）資源を振り向けるといった選挙区間調整を行うことで，持てる票を効率的に

議席に変換していると考えられる。但し、この鏡像命題は衆院比例区では成り立っていない。

定数配分 定数不均衡の効果は正であるが、あまり大きくない（同様の指摘はこれまでもなされている。Baker and Scheiner, 2007; Christensen and Johnson, 1995; Lijphart, Pintor and Sone, 1986）。

交差項 衆院では負の効果があり、かつ定数配分の効果を減殺する規模である。これを「定数不均衡と地理的集中の鏡像命題」と呼んでおこう。この面でも諸政党が効率的な選挙区間調整を図っていたと推測される。自民党が強い農村部に定数を過剰に配分することで同党が不当に高い議席率を得てきたという議論があるが（Hickman and Kim, 1992）、この分析からは支持できない[20]。但し、こちらの鏡像命題は参院では一部しか成り立っていない。

変換方式 非委譲式の効果は、負であることが多いが（超ドント比例的（川人、2004））、定数配分や交差項の効果に比べてもさらに小さい。衆院比例区は当然にこの効果はゼロなので図示していない。

選挙制度全体 戦前の総選挙は概して比例的な結果をもたらしていたこと、戦後の55年体制期は衆参ともほぼ一定の大きさの効果であったことに驚かされる。

選挙制度の変化：日本、1890－2007年

先にシミュレーションで、制度の設定値が基準値から乖離するほど、一律に非比例性を大きくあるいは小さくしたりする訳ではないことを見たが、そのことを日本の事例について検討する。なお衆院比例区は、図は載せるが、観測数が4と少ないので分析は控える。

総定数 総定数の大きさと総定数の効果とのスピアマン順位相関係数（以下単に「相関係数」と略す）は、衆院で－0.05となり有意ではない（参院は総定数の大きさがあまり変わっていない）。

市民配分 おおむね定数の大きさの違いに表れ、衆院で言えば図4の縦線で示した7つの選挙制度の違いに対応する。1890－98、1920－24、1996－2007年の小選挙区制の時期に市民配分の効果が特に高くなっている。

定数配分 1議席あたり有権者数の最小値に対する最大値の比率（いわゆる定数格差）を見ることが多いが、これでは全体的な傾向は分からない。

定数不均衡とは定数配分 m と市民配分 c の比率の不一致であるから，全国得票率 v と議席配分 s の乖離を測る非比例性指標がそのまま使える (Samuels and Snyder, 2001; Taagepera and Grofman, 2003)[21]。MN 指標を測った図 7 を見ると，衆院は昔ほど，参院は今ほど，定数不均衡が大きい（図 4 と同じ縦線を引いた）。参院は確かに図 5 の定数不均衡の大きさと連動しているが，衆院はそうではない（図 4）。相関係数を調べても衆院が －0.08，参院が0.51で，後者のみ有意である(但し LH 指標やカイ二乗値を使うと衆院も正で有意になる）。なお参院の MN 指標が低い一因は総定数が衆院の約 6 分の 1 であることで，LH 指標は衆院よりも高い。

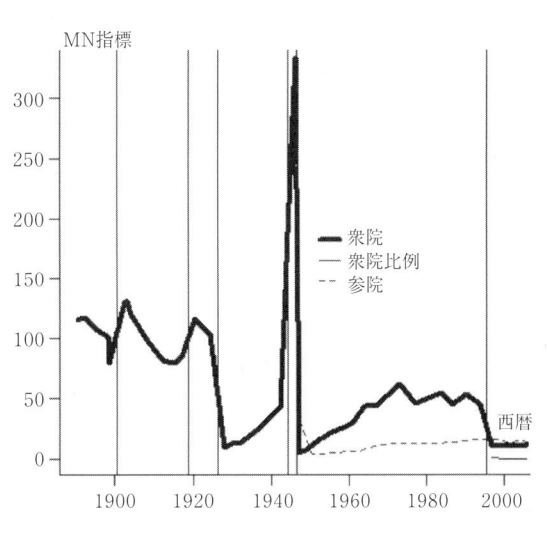

図7　定数不均衡

図8　得票不均一

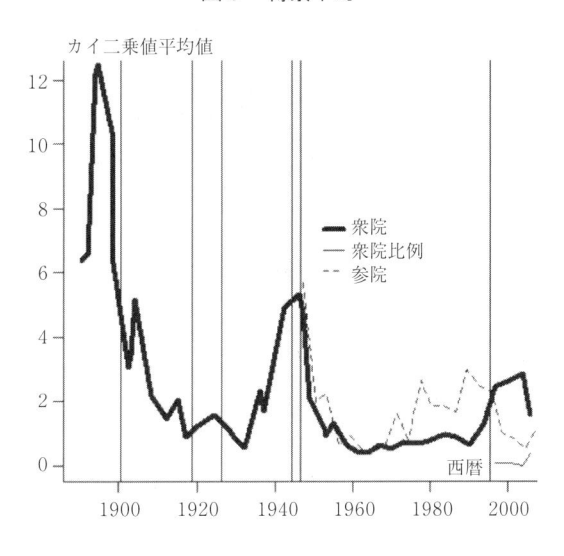

得票配分　選挙区得票率の標準偏差を全政党について平均するなどの測定法がある (Caramani, 2004)。しかし本稿の立場からは先ほどと同様，得票

図9 定数不均衡と得票不均一の交差項

スピアマン順位相関係数

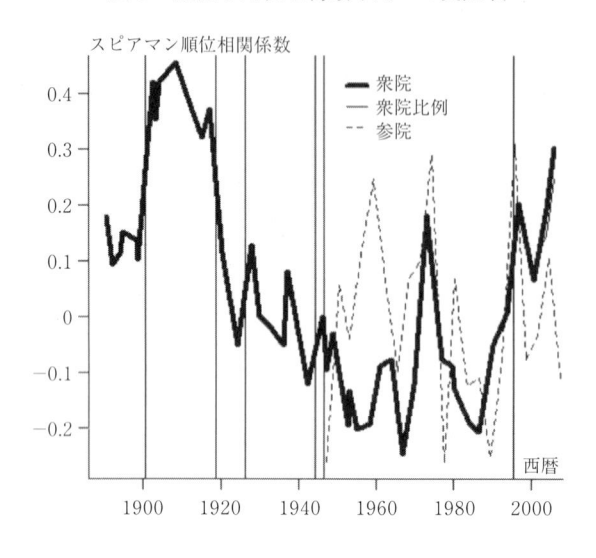

― 衆院
― 衆院比例
-- 参院

不均一とは選挙区得票率 v_d と全国得票率 v の不一致であると考えられる。但し選挙区得票率 v_d は整数ではないので，MN指標ではなくカイ二乗値を各選挙区について求め，平均値を図8に載せた[22]。衆参とも1960年頃までは低下し（つまり全国化（Caramani, 2004）が進み），その後反転して増加しており，これは得票配分の効果の動きと連動する。相関係数は衆院が－0.57，参院が－0.73で有意である。従って，得票不均一の程度が大きいほど，その負の効果の規模も大きくなっている。

交差項 定数配分の MN 指標を計算する際の各選挙区の数値 $M_d\log(m_d/c_d)$ と，各選挙区の得票配分のカイ二乗値との，相関係数を用いる[23]。過剰代表となっている選挙区ほど得票不均一であれば，交差項は大きくなる。図9によると，おおむね小選挙区制と大選挙区制では正，中選挙区制では負であるが，これは交差項の効果の動きとは連関していない（図4，5）。相関係数も，衆院が－0.17，参院が0.31で，いずれも有意でない。但し交差項のこの指標は，得票配分の指標を変えると戦後の傾向が大きく変わるので，この分析結果には留保をつけておく。

変換方式 ずっと非委譲式なので，変換方式の効果が変わるのは，何か別の要因による。

おわりに

本稿の内容を簡潔に要約するとともに，本研究を今後どのように発展させることができるかを論じておく。

まず選挙制度の機械的効果を，より一般的な因果的推論の枠組に位置づけ，投票結果保持の原則が必要なことと，正確な算定が可能であることとを強調した。そして選挙制度を6つに分解し，それぞれの機械的効果を説明した。

　次いで非比例性指標について，多項分布確率を用いて新たにMN指標を提案した。

　最後に，選挙制度の非比例性指標に対する機械的効果を算定した。シミュレーションが明らかにしたのは，議席の整数性のため，機械的効果の潜在値は，正負いずれになることもあり，選挙制度が基準値から外れるほど効果が大きくなるわけでもない，ということである。近代日本の国政選挙における機械的効果の実現値からは，2つの鏡像命題が導かれた。第1に，市民配分（定数の大きさ）が正に，得票配分（地理的集散）が負に，同程度の大きな効果を持った(区割と地理的集中の鏡像命題)。さらに定数が小さいほど，あるいは得票不均一であるほど，それぞれの効果は大きくなる。第2に衆院では，定数配分（不均衡）が正に，交差項が負に，同程度の小さな効果を持った（定数不均衡と地理的集中の鏡像命題）。この他，総定数の効果は小さく，変換方式の効果は戦後の中選挙区制において負であった。

　今後の課題としては，本稿の枠組で心理的効果を探求するためにも，ここで扱っていない選挙のデータ（地方自治体や諸外国）に適用することが考えられる。それにより近代日本の国政選挙で見られた2つの鏡像命題が，どれほど一般化可能なのか，成立条件は何かがわかる。選挙以外にも，応用例は数多くある。政治分野に限っても，例えば，国際機関における各国の人口や拠出金の比率と理事の比率との関係，地方自治体における各学区の児童数と学校数の関係，議会における各党の議員数と委員長数，などである。比例するべき代表が比例していない時，その要因はどの制度にあるのかを探ることを通じて，比例性を高めるにはどうしたらよいかについても示唆を与えることもできよう。

〈謝辞〉
　　本研究は，2008年度公共選択学会全国大会で報告された。本年報委員各位，鈴木基史，西川雅史，堀内勇作，和田淳一郎の諸氏からは有益な批評をいただいた。また使用したデータの一部は斉藤淳氏に提供して頂いたり，

ご協力を仰いだりした。川人貞史氏には川人・川人（1997）を使用するに際して助言を賜った。なお本研究は，日本学術振興会科学研究費補助金（課題番号20330023），安倍能成記念教育基金学術研究助成金による支援を受けている。謝意を表したい。

（1）　これは単層制を前提にしているが，複層制でも同様に定義できる。
（2）　Iは等式が成り立てば1，そうでないと0となる関数。
（3）　得票最大政党の議席率と得票率の差（Rae, 1967, ch. 7; Cox and Niou, 1994）。
（4）　得票比を底とした議席比の対数（Taagepera and Shugart, 1989, ch. 14）。
（5）　1986年総選挙を取り上げたのは，戦後の中選挙区制でなされた総選挙の中で，最も政党数が少なく表が小さくなるからで，他意はない。「諸派」となっているのはデータの原典である川人・川人（1997）のコーディングで，福元が集約したわけではない。なお本稿の分析では統計ソフトRを用いたが，そのコードは福元のウェブサイト http://www-cc.gakushuin.ac.jp/~e982440/research/election/ で公開する予定である。
（6）　但し，後述する得票均一の場合，各選挙区で個別の無所属候補が議席を得るほど全国得票率が高いことはまずないと考えられるので，無所属には議席を割り当てなかった。第3節も同じ。
（7）　証明はCox (1991) とほとんど同じである（Fukumoto, 2009）。
（8）　定数均衡では0人区も生じ得る。代わりに，まず各選挙区に1議席ずつ配分してから，残った議席をドント式で配分することも考えられるが，そうすると小選挙区は全て定数均衡になる。また有権者が持つ票数はいじらないので，定数がそれを下回ることもあり得る。
（9）　c^0の場合，v_i^0, M^0はYの値には影響しない。連記の場合に有権者が持つ票数は，各選挙区の票数B_dを投票者数の割合で重み付けした平均値として除数を定める。蓋し最初の除数は，合理性を前提とした場合に，各党の得票数から各党に投票した有権者の数を推定するためのものだからである。
（10）　なお比例的な選挙制度の特徴の1つとして，少数派に有利なことが指摘されることがある（Lijphart and Aitkin, 1994, 24）。例えば単記非委譲式が超比例的か否かといった議論はそうである（Taagepera and Shugart, 1989, 170; Cox, 1996）。確かに経験的には，比例的な制度ほど少数派の乖離は小さいことが多い。しかし論理的には，もし少数派の議席率が得票率より多ければ，規範的にはともかく，比例的とは言えない。
（11）　Mudambi (1997) はカイ二乗値の有意確率を非比例性指標として用いている。なおカイ二乗値はサンラグ指標と同じ式であるが（Gallagher, 1991, 41; Monroe, 1994, 140-1），サンラグ方式とカイ二乗検定との実質的な連関

は明らかでない。
(12) 計算式はそれぞれ，$(2!/0!2!) \times (1-0.25) \times (1-0.25)$，$(2!/1!1!) \times 0.25 \times (1-0.25)$，$(2!/2!0!) \times 0.25 \times 0.25$ である。
(13) 移転原則とは「議席が恵まれた政党からそうでない政党への議席移転は，指標を低下させる」という公理である。但し「議席が恵まれた政党」の意味は論争的である。詳しくかつ優れた分析として Puyenbroeck (2008) を参照。
(14) 議席有効政党数から得票有効政党数を引いた差。
(15) （現実の）同じ選挙に異なるシミュレーションを施した品田（1991，1998）によると，定数に比べれば，変換方式の非比例性に対する効果はそれほど大きくない。そこで本稿ではドント式だけを扱い，変換方式の効果には深く立ち入らない
(16) ここで，非比例性が減っている得票率の数値の割合を出すことには慎重でなければならない。それは暗黙に，得票率が一様分布すると想定することに等しいからである。
(17) 3つの場合とも，総議席数，市民配分，得票配分は同じである。図2の得票率0.49のところを見ればわかる通り，定数不均衡の効果は0なので，図3の各線の違いは交差項だけの効果である。
(18) 候補者の所属政党は立候補時のものである。無投票の選挙区は分析から除外した。散票は1つの政党として扱った。定数は，法律上は国勢調査の結果による人口を基準としているが，本稿では選挙当日有権者数を用いて定数均衡を計算している。投票者数をもとにした分析もあるが（クリスチャンセン，2006），投票率の高い農村部を過剰代表するので，定数配分だけの効果を見る上では適切ではない。データの出典は，朝日新聞社（2003，2005，2007），自治省，各年，自治省，1990，川人・川人（1997），水崎（1993，1996，2000），読売新聞社（2004）である。1954年に奄美群島特別区で実施された衆院特別選挙はデータから除外した。1971年に参院選と同時に行われた沖縄選出議員選挙は含めた。1950年から1998年までの参院選については，斉藤淳氏からデータをいただいた。また，1993年以降の衆院選及び2001年以降の参院選についても，同氏に多大なご協力をいただいた。川人貞史氏には川人・川人（1997）を使用するに際して助言を賜った。
(19) 1946年総選挙だけは65と大きいのが目立つ。これは269もの政党が候補者を立て，全国1区でも議席を得られない泡沫政党の得票率が合わせて6.6％と異例に高いためである。
(20) 指標を最大党ボーナスに変えても，定数配分効果と交差項効果の合計値は，1947年以降の平均で2％にすぎない。クリスチャンセン（2006）も

(21) なお Horiuchi and Saito (2003) は，LH 指標を用いて戦後日本の衆議院の定数不均衡を測定しており，本稿の結果と同様の結果を得ている。
(22) 標準化した各党の得票率の分散の合計に等しいので，不偏推定するため自由度を勘案して選挙区数から1を引いた値で除して平均値を出した。
(23) Jackman (1994, 341) は人口割合と得票率の共分散を検討している。

引用文献

朝日新聞社．2003．『Asahi.com で見る2003総選挙の全て CD-ROM』朝日新聞社．
朝日新聞社．2005．『Asahi.com で見る2005総選挙の全て CD-ROM』朝日新聞社．
朝日新聞社．2007．『Asahi.com で見る2007参院選の全て』朝日新聞社．
Baker, Andy, and Ethan Scheiner. 2007. "Electoral System Effects and Ruling Party Dominance in Japan: A Counterfactual Simulation Based on Adaptive Parties." *Electoral Studies* 26 (2):477-91.
Benoit, Kenneth. 2002. "The Endogeneity Problem in Electoral Studies: A Critical Re-examination of Duverger's Mechanical Effect." *Electoral Studies* 21 (1):35-46.
Blais, Andre, and R. K. Carty. 1991. "The Psychological Impact of Electoral Laws: Measuring Duverger's Elusive Factor." *British Journal of Political Science* 21 (1):79-93.
Borisyuk, Galina, Ron Johnston, Michael Thrasher, and Colin Rallings. 2008. "Measuring Bias: Moving from Two-party to Three-party Elections." *Electoral Studies* 27 (2):245-56.
Caramani, Daniele. 2004. *The Nationalization of Politics: The Formation of National Electorates and Party Systems in Western Europe*. Cambridge, UK: Cambridge University Press.
Christensen, Ray. 2000. *Ending the LDP Hegemony: Party Cooperation in Japan*. Honolulu: University of Hawaii Press.
クリスチャンセン，レイ．2006．「不均衡選挙区とゲリマンダー——日本，米国，カナダ，英国を比較する」『日本政治研究』3 (1):6-28.
Christensen, Raymond V. and Paul E. Johnson. 1995. "Toward a Context-Rich Analysis of Electoral Systems: The Japanese Example." *American Journal of Political Science* 39 (3):575-98.
Cox, Gary W. 1991. "SNTV and d'Hondt are 'Equivalent'." *Electoral Studies* 10 (2):118-32.

Cox, Gary W. 1996. "Is the Single Non-transferable Vote Superproportional? Evidence from Japan and Taiwan." *American Journal of Political Science* 40 (3):740-55.

Cox, Gary W. 1997. *Making Votes Count: Strategic Coordination in the World's Electoral Systems*. Cambridge, UK: Cambridge University Press.

Cox, Gary W. and Emerson Niou. 1994. "Seat Bonuses Under the Single Non-transferable Vote System: Evidence from Japan and Taiwan." *Comparative Politics* 26 (2):221-36.

Cox, Gary W., and Frances Rosenbluth. 1994. "Reducing Nomination Errors: Factional Competition and Party Strategy in Japan." *Electoral Studies* 13 (1):4-16.

Duverger, Maurice. 1954=1964. *Political Parties: Their Organization and Activity in the Modern State*. 3rd ed. London: Wiley.

Fukumoto, Kentaro. "Extension of the 'SNTV = d'Hondt' Theory: Multiple, Limited, Cumulative Vote and Disproportionality." mimeo. <http://www-cc.gakushuin.ac.jp/~e982440/>

Gallagher, Michael. 1991. "Proportionality, Disproportionality and Electoral Systems." *Electoral Studies* 10 (1):33-51.

Grofman, Bernard, William Koetzle, and Thomas Brunell. 1997. "An Integrated Perspective on the Three Potential Sources of Partisan Bias: Malapportionment, Turnout Differences, and the Geographic Distribution of Party Vote Shares." *Electoral Studies* 16 (4):457-70.

Hickman, John C., and Chong Lim Kim. 1992. "Electoral Advantage, Malapportionment, and One Party Dominance in Japan." *Asian Perspective* 16 (1):5-25.

Holland, Paul W. 1986. "Statistics and Causal Inference." *Journal of American Statistical Association* 81: 945-60.

Horiuchi, Yusaku, and Jun Saito. 2003. "Reapportionment and Redistribution: Consequences of Electoral Reform in Japan." *American Journal of Political Science* 47 (4):669-82.

今井耕介．2007．「計量政治学における因果的推論」『レヴァイアサン』40: 224-33.

Jackman, Simon. 1994. "Measuring Electoral Bias: Australia, 1949-93." *British Journal of Political Science* 24 (3):319-57.

自治省．各年．『参議院議員通常選挙結果調』自治省．

自治省．1990．『参議院議員通常選挙の実績　第1回〜第15回』自治省．

川人貞史．2004．『選挙制度と政党システム』木鐸社．

川人貞史・川人典子．1997．『衆議院総選挙候補者選挙区統計　1890−1990 改訂版』（フロッピー・ディスク）エル・デー・ビー．

Kendall, M. G., and A. Stuart. 1950. "The Law of the Cubic Proportion in Election Results." *British Journal of Sociology* 1:183-96.

King, Gary. 1990. "Electoral Responsiveness and Partisan Bias in Multiparty Democracies." *Legislative Studies Quarterly* 15 (2):159-81.

李甲充. 1992.「衆議院選挙での政党の得票数と議席数——公認候補者数と票の配分に関する政党の効率性と選挙区間定数不均衡の効果」『レヴァイアサン』10:109-31.

Lijphart, Arend, and Don Aitkin. 1994. *Electoral Systems and Party Systems: A Study of Twenty-Seven Democracies, 1945-1990*. Oxford: Oxford University Press.

Lijphart, Arend, Rafael Lopez Pintor, and Yasunori Sone. 1986. "The Limited Vote and the Single Nontransferable Vote: Lessons from the Japanese and Spanish Examples." In *Electoral Laws and Their Political Consequences*, ed. B. Grofman and A. Lijphart. New York: Agathon Press.

Loosemore, John, and Victor J. Hanby. 1971. "The Theoretical Limits of Maximum Distortion: Some Analytic Expressions for Electoral Systems." *British Journal of Political Science* 1 (4):467-77.

水崎節文. 1993.『総選挙データベース JED-Mデータ (第28回－40回)』LDB.

水崎節文. 1996.『第41回 (1996年) JED-Mデータ』LDB.

水崎節文. 2000.『第42回 (2000年) JED-Mデータ』LDB.

Monroe, Burt L. 1994. "Disproportionality and Malapportionment: Measuring Electoral Inequity." *Electoral Studies* 13 (2):132-49.

Mudambi, Ram. 1997. "A Complete Information Index for Measuring the Proportionality of Electoral Systems." *Applied Economics Letters* 4:101-04.

Norris, Pippa. 2004. *Electoral Engineering: Voting Rules and Political Behavior*. Cambridge, UK: Cambridge University Press.

Pennisi, Aline. 1998. "Disproportionality Indexes and Robustness of Proportional Allocation Methods." *Electoral Studies* 17 (1):3-19.

Puyenbroeck, Tom Van. 2008. "Proportional Representation, Gini Coefficients, and the Principle of Transfers." *Journal of Theoretical Politics* 20 (4):498-526.

Rae, Douglas W. 1967. *The Political Consequences of Electoral Laws*. New Haven: Yale University Press.

Samuels, David and Richard Snyder. 2001. "The Value of a Vote: Malapportionment in Comparative Perspective." *British Journal of Political Science* 31 (4):651-71.

品田裕. 1991.「比例代表制における議席配分法の比較」『選挙研究』7:40-62.

品田裕．1995．「『中』選挙区制の評価（1）（2）——政党間競争から見た民意と議席の関係——」『神戸法学雑誌』44 (4):886-917, 45 (3):671-97.

品田裕．1998．「複数定員区における多数代表法の機械的効果」『神戸法学雑誌』48 (3):730-66.

Stuart, Alan, J. Keith Ord, and Steven Arnold. 1999. *Kendall's Advanced Theory of Statistics Vol. 2A: Classical Inference and Linear Model*. 6 ed. London: Arnold.

菅原琢．2004．「日本政治における農村バイアス」『日本政治研究』1 (1):53-86.

Taagepera, Rein and Bernard Grofman. 2003. "Mapping the Indices of Seats-Votes Disproportionality and Inter-Election Volatility." *Party Politics* 9 (6):659-77.

Taagepera, Rein and Matthew Soberg Shugart. 1989. *Seats and Votes*. New Haven: Yale University Press.

Theil, Henri. 1969. "The Desired Political Entropy." *American Political Science Review* 63 (2):521-25.

東京大学教養学部統計学教室編．1992．『自然科学の統計学』東京大学出版会．

読売新聞社．2004．『参院選2004データ CD-ROM』読売新聞社．

分割政府の比較政治学
―― 事例としてのアメリカ ――

待鳥聡史＊

はじめに

　分割政府（divided government）とは，政権党が議会の少なくとも一院において多数党となっていない状態を指す。この状態は，執政長官である首相が下院多数派からの信任に基づいて在任する議院内閣制よりも，大統領の就任に議会多数派からの支持が必要なく，しかも固定任期を務める大統領制において発生しやすいことは，容易に理解されうる。ここから，従来ほとんどの分割政府研究は大統領制，それもとくにアメリカの大統領制に関して行われてきており，極めて豊富な研究蓄積が存在する。しかし，分割政府研究がアメリカの大統領制に関心を集中させてきたために，いくつかの重要なポイントが見落とされてきたことも確かであろう。

　一つには，大統領制が持つ多様性から，分割政府にもまたさまざまなヴァリエーションが存在することである。分割政府の下でどのような政策過程が展開されるか，より具体的には，大統領と議会の間にどのような協調や対立の関係が形成されるかは，アクターの戦術や世論の動向といった要因だけではなく，制度構造に規定される面も大きい。大統領制として括られる場合にも，大統領と議会の権限関係，選挙制度，またそれに随伴する政党制度（政党システムと政党内部組織）との組み合わせに多様性が存在することを，近年の比較政治学は強調するようになっている。そうであるならば，分割政府のあり方にも多様性が見出されるはずである。

　もう一つには，分割政府は大統領制においてのみ生じるわけではないことである。定義上，二院制議会の一院で少数与党の状態になれば，議院内

＊　京都大学法学部教員　アメリカ政治論・比較政治論

閣制の下でも分割政府は出現する。北欧諸国のように，議院内閣制の下で議会多数派が与党になっていない事例は，カール・ストロームらによって包括的な検討が進められてきた（Strøm 1990）。これに加えて，日本のように上院（参議院）が首相指名には事実上関与しないが政策過程では大きな影響力を有する事例も，分割政府の分析枠組みを援用しながら論じうる（竹中 2005）。半大統領制についても，ヴァイマル・ドイツのように首相の任免権を大統領が持つのであれば，首相と信任関係にない議会と内閣が対峙する状態となり，分割政府としての特徴を示すことになる（Shugart 2005；建林／曽我／待鳥 2008）。

本稿においては，これらのうち第一の点，すなわち大統領制の下での制度的多様性が分割政府下の政策過程にもたらす意義について検討を加えたい。より具体的には，アメリカを事例として取りあげ，大統領と議会の権限関係が基本的に近似していても，政党システムや政党内部組織に違いがある場合の帰結に注目しながら議論を進める。分割政府のヴァリエーションとしてはどのようなものがあり，その中でアメリカの分割政府はどのように位置づけられるか，さらにはそのことが実際の政策過程で確かめられるか，というのが本稿の問いとなる。

1　分割政府の諸類型

(1) 大統領制の現代化

アメリカを含む大統領制における分割政府の多様性を理解するためには，大統領と議会の関係（部門間関係）にはどのようなものがありうるかに，まず注目する必要がある。もともと大統領制は，合衆国憲法制定時のアメリカにおいて，宗主国であったイギリスのような君主を戴かず，かつ独立後の各邦に見られた議会権力の過剰を抑制する制度として導入された。それは，君主政でも民主政でもない共和政の理念を具現化するものとして考えられており，より具体的には，公選議会に政治権力を集中させることなく，それを抑制する存在として大統領を置いたのである。

フィラデルフィア憲法会議に参加して合衆国憲法の作成に関与し，各邦によるその批准を強力に推進したジェイムズ・マディソンは，この点を明確に認識していた。彼は『ザ・フェデラリスト』第48篇において「アメリ

カ各邦の建設者たちは，立法部の中の世襲制に基づく一院［貴族院］によって支持され強化された世襲制の行政首長［国王］の肥大化した貪欲な大権による自由への危険性については，片時もその注意の目をそらさなかったようである。だが，彼らは，立法部自体の権力侵害の危険性については，深く考えなかったようである」と指摘し，共和政にとっての権力分立の意義を強調する（ハミルトン／ジェイ／マディソン 1999）。

しかし，その後に各国で採用された大統領制は，アメリカのように大統領を議会を抑制する存在として捉えるのではなく，むしろ大統領が政策過程を主導する部門間関係が想定されるようになった。その背景にはいくつかの要因が考えられる。すなわち，一つには20世紀の行政国家化や福祉国家化といわれる変化が，政府に対して活動量の増大と同時に高度の専門知識の獲得や活用を要請し，それに応えられる存在は議会ではなく行政部門を統括する大統領であったことである。もう一つには，公選の独任制ポストとしての大統領が有する高い国民統合機能が，とりわけ新興民主主義国においては強く期待され，それに見合った権限を大統領に与えた可能性も指摘できよう。

このような傾向は，「大統領制の現代化」と総称することができる。具体的には，議会に対する法案提出権や排他的な予算提出権，議会を通過した法案に対する項目別拒否権，さらには議会が必要な立法を行わない場合に大統領令（デクレ）によって一時的に代替する権限などが，現代化に特徴的な変化である。アジアやラテンアメリカで新たに採用された大統領制は，多くがこれらの権限の一部ないしは全部を大統領に与えている。そこに出現することが想定されているのは，強大な官僚機構を用いて，ときに議会の関与をできるだけ排除しつつ，政策過程のイニシアティヴを握る大統領である（Mainwaring and Shugart 1997; Shugart and Haggard 2001）[1]。

ただし，いかに現代化したといっても，それは大統領の独裁化とは全く異なっており，議会の権限が残されていることは無視できない（Morgenstern and Nacif 2002）。大統領が法案や予算案の提出権を駆使してアジェンダ設定を行う，あるいは項目別拒否権によって法案内容の「つまみ食い」が可能であるとしても，法案を審議し決定する権限は議会にある。端的に言って，大統領令が即座に恒久法になるといった，民主主義体制からは明らかに離脱した規定を置かない限り，議会の立法過程における遅延や不作

為への大統領による対抗措置には限界がある。今日なお，議会は政策決定を止めることはできる。言い換えるならば，大統領を議会に対する拒否権プレイヤーとして置くことにより始まった大統領制は，現代化によって議会が大統領に対する拒否権プレイヤーとしての地位を持つ執政制度になったのである。

(2) 政党間関係の意味

　議会による拒否権行使をいかに抑止するかという点に，現代化した大統領制が直面する課題がある。そのための有効な手段として考えられているのが，議会における政権党ないしは大統領支持派の存在である。議会内の政権党が多数の議席を占め，かつ十分な一体性を確保しているのであれば，大統領は提出した法案が議会によって否決や修正を受けるという事態を回避することができる。しかし，政権党が議会多数派ではないか，あるいは多数派であったとしても一体性がない場合には，大統領が提出する法案への支持は不安定なものとなり，否決や修正の可能性は強まることになる。分割政府が大統領制において持つ意味は，基本的にこの点に求められる。

　大統領制の下で，政権党が議会多数派となりうるかどうか，また政党としての一体性をどの程度まで保ちうるかどうかは，選挙制度の影響を強く受けた政党システムと政党内部組織によって主に規定される。

　政党システムとは，すなわち政党の数と勢力バランスによって形成される政党間関係の構造であると考えることができ，有効政党数によって測定するのがもっとも簡便である。有効政党数は，議院内閣制か大統領制かという執政制度の選択とは相関が乏しく，基本的に比例性の高い選挙制度（比例代表制，混合比例制，大選挙区制など）であるほど大きくなることは，よく知られている（Lijphart 1999）。そして，有効政党数の大きい政党システムにおいては，一人の大統領候補を多数の政党が共同で支持しない限り，政権党は議会多数派たりえない。ただし，これを言い換えれば，大統領の所属政党の勢力に直接関係なく，議会選挙の結果とは別に複数の政党からなる大統領支持派を形成することができると，多数派が確保できる可能性がある。有効政党数が小さい政党システムの場合には，政権政党が議会多数派になるかどうかはほぼ完全に議会選挙の結果に依存する。いずれにしても，分割政府の下での議会からの拒否権行使について考える場合には，

二大政党制など有効政党数の小さい政党システムか，あるいは有効政党数が大きい政党システムなのかを，概念的に区別しておくべきであろうと考えられる。

政党内部組織とは，ある一つの政党がその内部において，どの程度まで執行部主導の運営がなされているか，またどの程度まで一体となって行動するかを規定する構造的要因を指す。政党を構成する政治家（議員）がまとまって行動するとき，執行部がそれを一般議員に強制して生まれる規律による場合と，一般議員の選好が一致するために生じる凝集性による場合がありうる。これらのうち，凝集性はその政党の支持集団や有権者の動向に依存しているが，規律は執行部が一般議員の政治家としての生き残りにどれだけ影響しうるかによって変化する。すなわち，選挙の際の公認の重要性，公認権の所在，さらには政治資金に占める政党ルートの重要性などにより，執行部の影響力は異なってくる。小選挙区制のように大政党の公認候補が有利であり，かつ各選挙区の候補者選出権限が党執行部に残されている場合には，一般議員への規律は最も強まる。逆に，大選挙区制の下で無所属当選や小政党からの当選が相対的に容易であるときや，予備選挙制度の導入などによって公認権が地方組織に与えられている場合には，一般議員は党執行部の要求を受け入れる必要が乏しくなり，規律は弱まる。

(3) 分割政府の多様性

ここまでの議論から，今日では「大統領制の現代化」によって議会による拒否権行使を大統領がどのように抑止するかが部門間関係の鍵となること，そのために重要な意味を持つ議会での政権党のあり方には，政党システムと政党内部組織の双方が影響することが明らかになった。政党システムの影響とは，有効政党数の大小によって大統領支持派が議会選挙以外の方法で形成される可能性が変わることを意味している。政党内部組織の影響とは，公認権の意味や所在，政治資金の流れなどにより，その政党に所属する議員が一体性を保ちうるかどうかが変化することを指す。これらをまとめ，政策過程における部門間対立の深刻さと組み合わせたのが表1である。

表1を構成する要素のうち，政党システムが多党制に近づく，すなわち有効政党数が多い方が分割政府下での対立が相対的に生じにくく，かつ短

表1 「大統領制の現代化」の下での分割政府の多様性

		政党システム	
		有効政党数小さい (二大政党制など)	有効政党数大きい (多党制)
政党内部組織	規律による一体性	極めて対立しやすく, 長引きやすい	対立しやすく, 長引きやすい
	凝集による一体性	対立しやすいが, 長引きにくい [1980年代以降のアメリカ]	対立しにくく, 長引きにくい
	一体性が弱い	対立しにくく, 長引きにくい [1970年代以前のアメリカ]	極めて対立しにくく, 長引きにくい

(出典) 筆者作成。

期で収束する可能性が高いことは，容易に理解されうるであろう。非政権党の中に政権に対して是々非々で臨む中間的な政党が存在する場合，こうした政党の一時的な協力を取り付けられる可能性が高くなるために，対立は事前に抑止されることが多くなり，生じたとしても深刻化しにくい。逆に，有効政党数が少ない場合にはこのようなアドホックな協力は期待できないため，対立が生じやすくなる。

いったん生じた対立がどの程度まで持続するかに大きな影響を与える要素が，政党内部組織のあり方である。党執行部からの規律によって一体性が確保されている場合，有効政党数が少なく，非政権党の執行部が政権との対決姿勢を強めやすいのであれば，対立は先鋭化して長引くであろう。非政権党執行部は所属議員に党としての評判という集合財を供給せねばならない分だけ，一度取った対決姿勢を解消しにくい。これに対して，凝集による一体性のみが存在する場合やそもそも一体性が弱い場合には，政権側が個々の議員を説得することによって支持を調達できる。そのため，二大政党制などの政党システムが存在していたとしても，議会と政権の間の対立という点では，有効政党数が大きい多党制の場合と似通った，長くは続かないものに終わる可能性が高まる。

したがって，分割政府の多様性を政党システムおよび政党内部組織から予測するならば，次のように考えることができる。有効政党数が小さい政党システムであり，かつ内部組織の一体性が規律によって調達されている場合に，非政権党は最も強くかつ長期にわたって政権側との対決姿勢を取る。有効政党数が大きい政党システムであり，かつ内部組織の一体性が弱

い場合には，議会と政権の対決は最も生じにくく，仮に生じても長続きしにくい。その他は中間形態となるが，有効政党数が増加するほど，また政党内部組織の一体性が弱まるほど，対立は先鋭化しなくなる。

　なお，この表に基づいて議論を進めるときには，二つの点に注意が必要である。一つは，表1において政党システムと政党内部組織から分割政府下での部門間対立の程度を分類する場合に，大統領と議会，および議会二院間の権限関係の多様性については考慮に入れていない点である。既に述べたように，20世紀以降には大統領の権限を強めて議会には事実上の拒否権のみを与える「大統領制の現代化」が進んだ。このため，個別具体的な政策内容を含めて大統領がさまざまな提案を行い，それに対して議会がどのように反応するかという観点から分類することは，一定の意義を有すると考えられる。とはいえ，実際には大統領の権限や上院の権限は各国ごとに異なっており，広範なヴァリエーションが存在する。部門間や両院間の権限関係の異同を捨象しているために，この表のみから分割政府が政策過程に与える影響を完全に予測できるわけではない。

　もう一つ注意すべき点としては，分割政府の下での部門間対立の生じやすさが異なることは，統一政府の場合における政策過程の円滑さにも差があることを意味している。すなわち，分割政府の場合に部門間対立が生じやすいほど，統一政府になると円滑で迅速な政策決定がなされる可能性は高まる。規律による一体性が保たれた二大政党制において統一政府が実現すれば，大統領と議会の権限関係から生じる対立の可能性は残るものの，恐らくはウェストミンスター型議院内閣制に近似した政策過程が展開されることになるであろう。このように考えれば，分割政府になったときに部門間対立がどの程度生じやすいかという観点のみからは，その大統領制が総体として政策過程をどのように運営できるかまでは判断することができない。

　これらには留意せねばならないが，表1からさしあたり，現代化した大統領制の下で議会からの拒絶的な応答が生じる可能性が，どのような政党システムと政党内部組織の場合にとくに高いと考えられるのか，大まかな見取り図は得ることができた。そのなかに，現代アメリカの大統領制はどのように位置づけることができるのだろうか。節を改めて，この点を論じていくことにしよう。

2 アメリカの位置づけ

(1) 現代大統領制の成立

　アメリカは大統領制の母国であり，その憲法は18世紀末に制定された後，部門間の権限関係についての規定を変更していない。大統領は予算案を含めた法案の提出権を一切有しておらず，項目別拒否権も持っていない[2]。連邦議会に対して大統領が行使しうる影響力の制度的源泉は，教書送付などを行うことによる立法勧告権と，連邦議会を通過した法案の全体に対する拒否権のみに過ぎない。その意味で，20世紀以降の「大統領制の現代化」とは異なり，アメリカの執政制度は今日なお，連邦議会が政策過程の主導権を握ることを前提としている。この点は，アメリカの分割政府を比較政治学的に検討する際には，常に考慮が必要なところである。

　しかし，20世紀以降のアメリカの大統領制は，大規模な制度変革を経験しなかったものの，独特の現代化を遂げた。一つは，大統領府（ホワイトハウス・スタッフ）の拡大と発展である。もう一つは，大統領のメディア露出による世論の動員である。これらはいずれも，大統領の立法勧告権をより有効に行使できるものにする機能を持ち，立法勧告権をアジェンダ設定の実質的な権限へと変化させることによって，予算案や法案の提出権を持たないことはそれほど大きな制約ではなくなった。また，重要法案の審議途中などでメディアを介した発言を行うことは，大統領が法案の一部分についてとくに好ましくないという判断を表明することにつながり，連邦議会による法案修正を促す。これは項目別拒否権行使の威嚇と近似した効果を持ちうる[3]。それぞれについて，以下では少し具体的に論じておこう。

　大統領府の創設は，1939年にフランクリン・ローズヴェルト政権下で行われた。しかし，議会と対峙する執政部門の強化は既に革新主義期から始まっており，1921年予算・会計法による財務省予算局の設置と大統領予算制度の開始はその代表である。大統領予算を策定することにより，歳入法と政策領域ごとの歳出予算法を別個に制定していた連邦議会に対して情報面で大きな優位を確立し，執政部門は予算編成の主導権を掌握するようになっていった（待鳥 2003）。予算局はのちに大統領府に移管され，予算局長は閣僚並みの地位を与えられるようになった。現在も行政管理予算局

(OMB) は，対外政策の立案における国家安全保障会議（NSC）や通商政策の立案における通商代表部（USTR）などと並んで，大統領の政策立案を支える代表的な補佐機構であるとされる。OMB が中心となって策定された大統領予算は，予算教書として連邦議会に送付され，議会による予算編成の出発点としての役割を果たしている[4]。

メディアを介した大統領の影響力行使も，ニューディール期のローズヴェルトによる全米ラジオ演説，いわゆる炉辺談話が初期の例として著名である。とはいえ，大統領が自らの政治的人格と特定の政策課題を結びつけることによって，世論を喚起して連邦議会を動かそうとする傾向は，それ以前から見られた。たとえば，国際連盟への加盟批准を求めたウッドロー・ウィルソンは，なお専用列車で全米を遊説する必要があったが，手法や発想としては既に同じであった。今日では，重要法案の成立を期する場合に最もよく用いられるのは，一般教書演説を含む全米にテレビ中継される演説だが，ラジオ演説も依然として行われている。また，大統領選挙のキャンペインにおいては，若者向けトークショー番組への出演なども戦略的に活用されるようになっている（渡辺 2008）。世論に訴えかけること（going public）は，今日の大統領にとっては最も有効な影響力行使の手段だともいわれる（Kernell 2006）。

これらの方法はいずれも，アメリカの制度構造が持つ，大統領権限の乏しさから生じる特徴を完全に打ち消すものではない。大統領の影響力資源は説得しかないというリチャード・ニュースタッドの古典的見解（Neustadt 1990）や，大統領と連邦議会はタンデム自転車をともに漕ぐ存在であり，アメリカの政治制度は権力分立制と呼ばれるべきであるというチャールズ・ジョーンズの見解（Jones 2005）は今日なお妥当する。制度的権限の乏しさは，依然としてアメリカの大統領が抱える最大のウィーク・ポイントなのである。しかし，政策過程への関与という点で今日の大統領が建国期と全く同じであると考えるのは行き過ぎで，独自の方法で大統領制の現代化をある程度まで実現したというべきであろう[5]。少なくとも，憲法上の権限関係が変化していないことを理由に，前節で提示した分割政府の比較分析枠組みからアメリカを除外してしまうほどには，現代アメリカの部門間関係は他の大統領制諸国と異なってはいない。

(2) 政党システムと政党内部組織

　アメリカの政党システムが二大政党制であることは、よく知られている。新しい政党の挑戦が既存の二大政党の一角を切り崩すという現象も、1850年代の共和党以来起こっていない。政党システムとしての安定性は高いといえよう。その背景には、連邦議会選挙での小選挙区制採用をはじめとする、二大政党に有利な選挙制度が存在する。デュヴェルジェの法則やM+1ルールとして定式化されているように、小選挙区制は第三政党以下の小政党を排除してしまう効果を強く持つ。加えてアメリカの場合、第三政党は、特定の地域や都市で一時的に勢力を獲得することができても、全米規模で議会選挙に有力候補者を立てて戦うだけの資金を確保できず、また大統領選挙の候補者討論会などからも排除されてしまうため、主要政党となるのは困難である。19世紀後半以降、ポピュリスト党や革新党など一時的に注目された政治勢力は存在したが、すべて最終的には二大政党のいずれかに合流するか、あるいは消滅してしまっている。

　政党内部組織に目を向けると、アメリカの二大政党はその規律が弱いところに大きな特徴がある。政党規律とは、党執行部が所属議員や党員に対して、どの程度まで政策上の方針を強制できるかによって決まるものである。しばしば指摘される、党大会が大統領候補者の指名に際してしか行われないことや、綱領が存在しないこと自体は、規律に対して決定的な影響があるわけではない。党大会において綱領に従って毎年の活動方針を決定し、それを議員から末端の党員まで遵守するというのは、20世紀の左派政党に多く見られた、いわゆる大衆政党の組織形態である。しかし、政党規律はそのような方法のみによって調達されるわけではない。綱領や党大会の決定は、執行部に影響力行使のための資源を与える一つの方法に過ぎず、むしろ重要な役割を果たしていないことの方が多い[6]。既に述べたように、とりわけ所属議員への強制のためには、公認権や人事権、あるいは政治資金の供給権をいかに行使できるかが、党執行部主導の規律確保にとっては大きな意味を持つ。

　その観点からは、アメリカの政党内部組織の特徴としては、連邦議会選挙での公認権が党執行部になく地方組織にあること、委員長ポストの配分などの人事は議員総会の意向に従わざるを得ない場面が多いこと、そして政治資金に関しては議員（候補者）個人が政治活動委員会（PAC）などを

介して確保する部分が大きいことに、注目せねばならない。これらの要因はいずれも、議員が所属政党執行部の意向に従う必要性を著しく低下させ、むしろ選挙区の党活動家の意向を重視した行動を取る強い誘因となる。独立革命期以来形成され、大統領制を採用することによってさらに強められた、議員は国民代表であるというよりも地域代表や個別利益代表であるという議会観も、執行部による方針の強制を困難にする方向で作用する（待鳥 2008a）。

(3) 近年の政党の変化

　近年のアメリカの二大政党に見られる顕著な変化は、連邦議会の立法過程において政党を単位とした行動が目立つようになっていることである。これは、ときに「条件付き政党政府」の成立と呼ばれる（Rohde 1991）。政党システムとして二大政党制であるという点では変化がないが、1970年代までは二大政党の所属議員の間に頻繁に見られた交差投票は減少し、80年代から所属政党の方針に同調する議員が増大しているのである。そのことは、連邦議会の本会議点呼投票における政党投票比率と、政党投票における党内一致度を示した図1と図2にも明確に表れている。

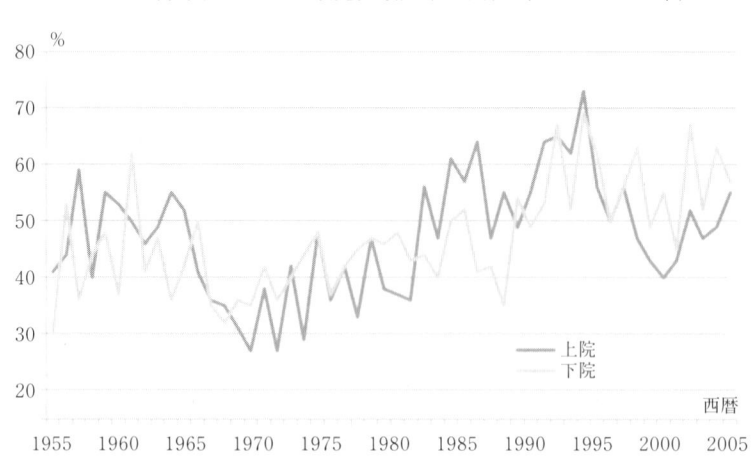

図1　連邦議会における政党投票比率の変化（1955-2006年）

（出典）Stanley and Niemi (2008: table 5-8) より筆者作成。

図２　連邦議会における党内一致度の変化（1955－2006年）

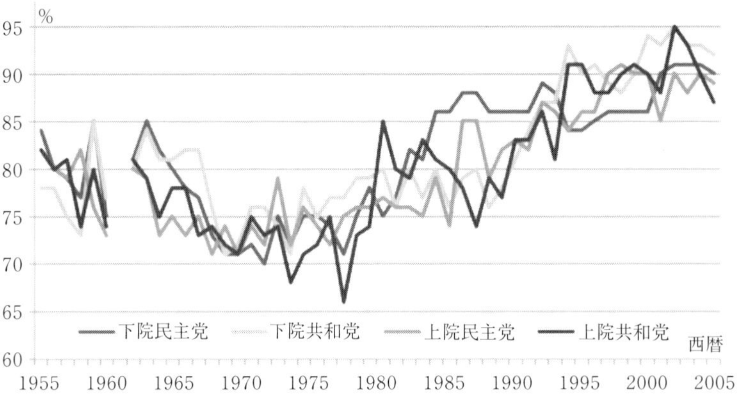

（註）1961年のデータは典拠資料において欠損値となっている。
（出典） Stanley and Niemi (2008: table 5-9) より筆者作成。

ただし，この変化は政党規律の強まりではないことにも，注意が必要である。「条件付き政党政府」の成立の背景には，二大政党の支持者層，とりわけ議員が最も頼りとする選挙区の活動家や利益集団レヴェルでの分極化傾向がある。1970年代以降，民主党はヴェトナム反戦運動や公民権運動など60年代に高揚した社会運動を支えた人材が流入することによって，共和党はこれに対抗して形成された保守系シンクタンクの影響が強まることなどによって，それぞれイデオロギー的な純化傾向を強めた。それとは逆に，かつてはそれに歯止めをかける存在であった，民主党の南部保守派や共和党の東部穏健派は勢力を弱めた。議員たちは，党執行部の方針に従ったというよりも，活動家や支持集団の変容への応答として，80年頃から党内での凝集性を強めていった。

そして，近年になってしばしば二大政党やアメリカ政治の分極化現象として注目される，1994年中間選挙において共和党が執行部主導により『アメリカとの契約』を綱領的文書として掲げたことや，政治資金の流れにおいて政党執行部の意向を反映させやすいソフトマネーの意味が大きくなっていることは，80年代には既に存在していた凝集性の強まりを規律へと変化させようとする動きであると捉えられよう。確かに，これらの方法によって，最終的には凝集性が規律に転じる可能性がないとまでは言い切れな

い。しかし,『アメリカとの契約』のような文書がそれ以後は作成されていないことから分かるように, 現時点においてはなお, 執行部主導の党運営はなお例外的であると見なすべきであろう。アメリカの政党が高い規律を有するわけではないことには, それだけの制度的, 歴史的な根拠がある以上, 変化させるのは容易ではないと考えられる。

3 仮説と検証

(1) 作業仮説

前節での議論により, アメリカの分割政府を比較政治制度論の枠組みで扱うことに関して, 次の二点が明らかになった。一つは, 20世紀以降に多くの国々で生じた「大統領制の現代化」とは異なるが, アメリカの大統領制もまた現代化に通じる変化を経験しており, 他の大統領制との比較が不可能ではないことである。大統領制の現代化とは, 主として提案権を中心としたアジェンダ設定に関する諸権限の付与によって大統領の制度的権限を強化することで, 政策過程の主導権を大統領に握らせ, 議会は事実上の拒否権のみを持つようにするものであった。アメリカの場合には, 憲法上の権限関係に変化がなく, 大統領は依然として法案や予算案の提案権を持たないが, 予算教書制度の創設に代表されるように, アジェンダ設定につながる影響力行使の資源は与えられた。もう一つは, 政党システムと政党内部組織という観点から考えた場合に, アメリカでは1980年代以降に政党内部組織の変化が生じ, 凝集性による一体性が確保されるようになったことである。従来, 一体性がない政党の典型とされたアメリカの二大政党は, 今日では比較的高い水準の凝集性を示すようになっている。しかし, それは政党執行部が主導する規律が確保されていることとは異なっている。

このような理解に基づけば, アメリカの分割政府は, 政党の一体性が存在しなかった時期と凝集性を高めた時期によって, 表1の異なった類型に属することが明らかになる。言い換えるならば, この類型移動を無視して長期にわたるアメリカ一国の分析を行ったとしても, 一体性がない時期と凝集性が高まった時期の帰結が相殺されることになり, 適切な知見は得られないであろうことが予測される。また,「条件付き政党政府」が成立しているとしても, それはもっぱら政党内部の凝集性の高まりによるものだか

ら，規律によって一体性が確保されている場合に比べると，分割政府になることに伴う政策過程の行き詰まりは，それほど決定的にはならないとも予測される。

これらの点を仮説として集約すれば，以下のように述べることができるだろう。

<仮説1＞近年，政党内部組織が一体性を強めたことにより，アメリカの分割政府は従来とは異なった影響を政策過程に与えるようになった。具体的には，1980年代から部門間の対立がより強まりやすくなった。

<仮説2＞ただし，一体性の強まりはもっぱら凝集性の高まりによるものであるため，部門間対立はそれほど深刻化しない。具体的には，部門間の対立が生じた場合に，政党間の分極化が進んだとされる現在であっても，比較的早い段階で収束する可能性が高い。

以下では，項を改めて二つの仮説がアメリカにおいて成り立っているかどうかを検討していくことにしよう。

(2) 数量データからの検討

アメリカの分割政府をめぐる初期の研究においては，それが立法過程に行き詰まりをもたらし，立法生産性を低下させるかどうかに，主たる関心が寄せられてきた。行き詰まりや生産性の低下を主張する論者としては，たとえばジェイムズ・サンドクィスト（Sandquist 1992）やジョン・コールマン（Coleman 1999）などがいる。逆に，1955年以降の重要立法の網羅的な検討から，立法生産性の低下が見られないと論じるのが，90年代前半に初版が刊行されたデイヴィッド・メイヒューの研究（Mayhew 2005）などである。その後，立法生産性以外の要因に注目しながら，メイヒューの見解を批判的に再検討する動きが強まっている（たとえば，Binder 2003; Shipan 2006）。分割政府は行き詰まりをもたらすという通説的な理解に対して，メイヒューが包括的な反論を加え，そこからさらに研究が深化すると

154

いうのが，現在までの基本的な流れだといえよう。

既に指摘したように，これらの研究はほぼすべてが，アメリカのみを扱った分析である。このため，政党の凝集性によって分割政府下での部門間対立が変化するかどうかについても，もっぱら1990年代半ば以降の政党間関係の分極化の問題と結びつけて論じられている（たとえば，Quirk 2007）。そこでは，分割政府が部門間対立にとくにつながりやすくなったのは，近年の現象だと捉えられる。しかし，＜仮説1＞は比較政治制度論の考え方から，先鋭的なイデオロギー対立にまで至らなくとも，二大政党内部で凝集性が高まれば，それだけでも部門間対立に影響があると想定する。この考え方からは，アメリカで従来示されてきた見解よりも早い段階で，部門間対立の程度が強まっていたはずだと推測される。具体的にいえば，二大政党の政党内部組織に変化の兆しが見られるようになった1980年代以降には，統一政府の場合と分割政府の場合では部門間対立の程度に大きな差が生じるようになっているはずだと考えるのである。

この点について検討するため，さしあたりごく簡単なデータを提示しておこう[7]。ここで利用するのは，連邦議会の採決において大統領が明確な賛否を示した場合に，それが実際の採決結果と一致している比率を示す「大統領勝率」データである。まず，図3には大統領勝率自体の変化を示した。続いて表2には1961年から2007年までを10年区切りとして，それぞれの期間の統一政府と分割政府の場合における，大統領勝率の平均値と差異を示した。このデータでは上院のみ，あるいは下院のみにおいて非政権党が多数を占める場合がすべて分割政府に含まれている。そこで表3は，同じデータから一院では政権党が過半数を占めている時期を除いた「純粋な分割政府」のみを取り上げて，大統領勝率の変化を示したものである。

これらの図表により，1990年代に議会共和党が多数党化した頃から強まったとされる二大政党間の分極化よりも前から，統一政府と分割政府による部門間対立の程度の違いは強まっていたことが分かる。すなわち，分割政府と統一政府による大統領勝率の違いは，1960年代には7.55ポイントに過ぎなかったものが，70年代には15.50ポイントと倍増し，90年代に至ると38.21ポイントにまで拡大している。これは，同じように分割政府に直面した場合であっても，近年に至るほど勝率が低下することを意味している。連邦議会における二大政党間の議席数差は1980年代以降むしろ縮小傾向

図3 大統領勝率の推移（1961-2006年）

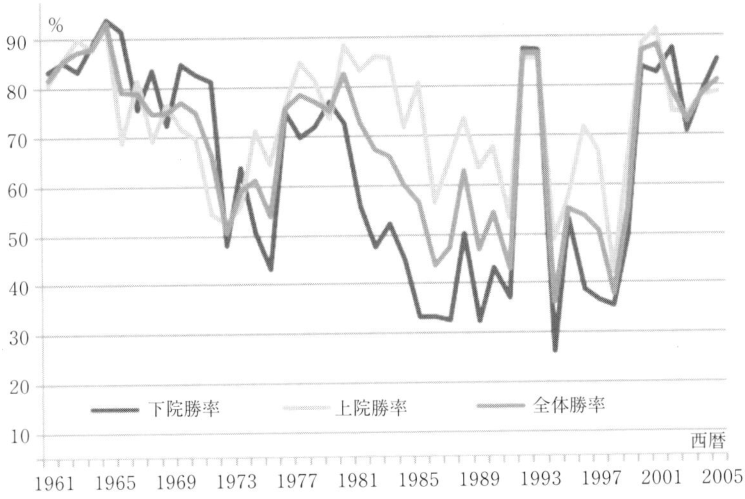

（出典）Stanley and Niemi (2008: table 6-7) より筆者作成。

にあることを考え合わせると，分割政府が大統領にとっての制約となる程度は，60年代や70年代に比べて今日ははるかに大きくなっていること，そしてその傾向は80年代には既に始まっていたことが明らかである。

(3) 議会内過程からの検討

前項における検討から，本稿の＜仮説1＞，すなわち二大政党が凝集性を高めるとともに分割政府下での部門間対立が強まる傾向があることが確認された。これを踏まえて，以下では＜仮説2＞として提示した，二大政党の

表2 統一政府と分割政府の場合の大統領勝率とその差

	統一政府	分割政府	差異
1960年代	83.40	75.85	7.55
1970年代	76.40	60.90	15.50
1980年代		60.44	
1990年代	86.40	48.19	38.21
2000年代	77.55	71.10	6.45

（註1）1980年代には統一政府の事例は存在しない。
（註2）2000年代には，9/11テロ直後に超党派的結束が極端に強まった2001年と02年が含まれている。これらを特異な時期として除くと，差異は39.25になる。
（出典）Ornstein, Mann and Malbin (2008: table 8-1) より筆者が算出し作成。

表3 「純粋な」分割政府における大統領勝率の変動

年代	1960年代	1970年代	1980年代	1990年代	2000年代
勝率	75.85	60.90	50.08	48.19	38.30

（註）「純粋な」分割政府とは，分割政府のうち一院は政権党が多数党である場合を除いたもの。
（出典）表2と同じ。

一体性が凝集性によって生じている場合には、激しい部門間対立は長く続くわけではない、という仮説について、事例の叙述から検討しよう。具体的に取り上げるのは、1994年中間選挙によって共和党が議会多数党となり、民主党クリントン政権と対峙した時期についてである[8]。

共和党が連邦議会の上下両院で多数党の座を回復したのは、1994年中間選挙においてであった。この選挙に際しては、ニュート・ギングリッチ院内幹事が中心となって公約集『アメリカとの契約』を取りまとめ、候補者のほとんどがそれに賛同する形で運動が進められた。『アメリカとの契約』は、1980年代に始まっていた共和党内における保守派の勢力伸長の集大成ともいえるもので、財政均衡の義務づけや大規模な福祉改革の提唱など、ニューディール期以来の連邦政府の運営への根本的な修正を図ろうとするものであった。議会共和党と民主党政権の対立は深刻なものになると考えられた。

実際、1995年に新しい会期が始まると、下院議長に就任したギングリッチは、「首相的下院議長」と言われるほど積極的にアジェンダ設定を進めていった。委員会の再編など議会内過程に大きな意味を持つ手続き改革を行い、『アメリカとの契約』に基づく法案を次々に通過させていった[9]。95年の下院における大統領勝率は26%、下院共和党の一致度は93ポイントを記録し、民主党クリントン政権と徹底した対決姿勢を取ったことが明白である。また、下院の政党投票比率も73%に達しており、議会内部でも少数党になった民主党と妥協しない運営が図られたことを示唆している。

このような対決が頂点に達したのが、歳出予算法不成立による1995年秋の連邦政府一部閉鎖であった。議会共和党は、高齢者向け医療保険であるメディケアや福祉給付の歳出額を大幅に削減した歳出予算調整法を制定しようとしたが、クリントンはこれに強く反発して拒否権を行使し、暫定予算に当たる継続決議についても成立させなかった。継続決議が存在しないと、当該歳出予算法の対象領域について連邦政府が無予算状態となり、行政サーヴィスの提供が不可能になる。国立公園などの一部政府機関が閉鎖になったのは、このためであった。

連邦政府の一部閉鎖に対しては、世論の厳しい批判が浴びせられた。予算問題をめぐるクリントン政権と議会共和党の対立について、政府閉鎖前には政権に責任があるという意見が多かったが、閉鎖が現実化すると一気

に共和党への非難が強まった。多数党になったばかりの共和党には，当選回数の少ない，選挙地盤の弱い議員が多かったから，世論やマスメディアの論調が逆風となることは大きな痛手であった。96年に入ると議会共和党は方針転換を余儀なくされ，政権および議会民主党との妥協に舵を取る。下院における大統領勝率は53％まで回復し，政党投票比率も56％へと低下した。共和党の党内一致度は90ポイントで，わずかに低下したものの依然としてアメリカの政党としては高いが，対決姿勢からの方針転換を前提とした一致であることに注意せねばならない。

　簡単なものながら，ここまで述べてきた過程が示すように，凝集性に依存した一体性によって生じている部門間対立は，一見したところ深刻であるように思われる場合でも，世論の動きなどの外部要因に対して脆弱であり，長続きしないということができよう。そして大統領は，主としてこの点を利用して政策過程の主導権を確保しうるのである。なお体系的な検討を要するとはいえ，＜仮説２＞はおおむね妥当する可能性が高いことが示唆される。

おわりに

　本稿では，分割政府を比較政治制度論の観点から捉え，一般的に適用可能な仮説を引き出すと同時に，それに基づき現代アメリカ政治における分割政府の特徴について検討を行った。議会の独走を大統領が抑制する執政制度として登場した大統領制は，20世紀以降の「大統領制の現代化」によって，大統領が政策過程の主導権を握り，それに対して議会が事実上の拒否権を行使するというあり方に変容した。アメリカは執政制度の基本構造に変化がないという点で，なお古典的な大統領制としての特徴を残している。この点はアメリカ大統領制の基本的な特徴として重要だが，それでも独自の方法で一定程度の現代化を達成しており，他の大統領制と比較しながら検討することは可能である。

　「大統領制の現代化」が生じると，拒否権を有するアクターとしての議会内政党が，どの程度まで一体的に行動するか，またその一体性の源泉が何かによって，大統領との部門間対立の強さが異なってくると考えられる。具体的には，議会内政党が規律によって一体性を確保している場合に部門間対立は最も強まりやすく，凝集性による一体性が存在する場合がそれに

次ぐ。同時に，政党システムが二大政党制である場合よりも多党制である場合には，部門間対立が緩和されるとも考えられる。

このような枠組みから見たとき，アメリカの分割政府は，1980年代以降の政党内部の凝集性向上によって，それ以前とは質的に異なったものになったことが示唆される。すなわち，同じ二大政党制の下で生じる分割政府ではあるが，70年代までは政党内部組織が一体性を欠いていたため，部門間対立の程度は相対的に弱かった。それが80年代以降になると，政党内部の凝集性が高まって一体性が確保されるとともに，分割政府と統一政府のコントラストも強まったのである。大統領勝率などのデータはこの見解を支持している。また，議会内過程の叙述による分析が明らかにしたように，一体性が凝集性によって得られていることは，部門間対立が長続きしないことにもつながっている10。アメリカの分割政府研究は，これまでほとんどが比較政治学的な枠組みを欠いた研究としてなされてきたが，実際には比較政治制度論による分析が十分に可能な事例の一つなのである。

本稿ではアメリカのみを事例として検討を加えたが，提示した分析枠組みを用いて他国の分割政府を論じることも可能であり，それによって分割政府についての比較政治学的知見はさらに蓄積されよう。たとえば，日本の地方政治において今後さらに二大政党化が進む場合には，従来の多党制の下である程度の政党規律が存在する場合とは異なった類型に移動することになり，政策過程も変容すると考えられる11。また，ドイツの内閣と連邦参議院，あるいは日本の内閣と参議院の関係のように，議院内閣制諸国の一部にも分割政府ないしはそれに近似した部門間対立が生じることはありうるため，それらについて分析を試みることも，今後の実証分析の課題として提示しておきたい。

〔付記〕
　本稿の原型は，2008年度日本政治学会研究会・分科会「分割政府の比較政治」で発表したペーパーである。その際にコメントをくださった鈴木基史さん，司会を務められた竹中治堅さん，ならびに他の報告者に御礼申し上げたい。また，学会報告後に修正した草稿に基づいて行った口頭発表に対して，本年報編集委員会の各氏より懇切なコメントを賜ったことにも，感謝申し上げたい。なお，本稿は日本学術振興会科学研究費（基盤研究B）による成果の一部である。

（1） 国政レヴェルではないが，日本で第二次大戦後に採用された地方政府の二元代表制もまた，排他的な予算提出権が首長に与えられているなど，明らかに大統領制の現代化に棹さす存在である。
（2） 項目別拒否権は1996年に一度立法化されたが，連邦最高裁によって違憲無効とされた。
（3） 近年では，法律への署名に際して特定部分を拒否する主旨の声明を付記することも多くなっている。
（4） ただし，大統領予算が連邦政府予算の原案であり，それへの修正は稀であるという理解は正しくない。連邦議会は他にも，議会予算局や予算委員会が策定する予算決議など，ほかの情報源も有しており，大統領予算とは大幅に異なった予算配分を行うことも少なくない。
（5） しかし，それはアメリカの国際的地位や連邦政府の国内的役割の拡大から大統領に対して生じる期待に比べてなお不十分であり，大統領は権限と期待のギャップに常に直面することになる。
（6） かつて日本の主要政党はすべて憲法改正を綱領に掲げながら，憲法論議を封印し続けていると揶揄されたが，綱領が規律確保の弱い一手段に過ぎない以上，理解困難なことではない。
（7） 本来であれば包括的なデータセットに基づく分析が必要だが，それについては他日を期したい。
（8） この時期の議会内過程，とくに予算編成過程については，別稿（待鳥2008a）においてやや詳細に論じている。また，議会共和党の長期的な変容については，待鳥（2008b）も参照されたい。紙幅等の関係から，以下の叙述はこれらの実質的な縮約であることをお断りしておきたい。
（9） ただし，政権側の反対もあり，最終的に成立しなかった法案も多い。
（10） このような特徴を持つことは，アメリカ連邦政府の政策選択に対しても影響を与えている可能性がある。たとえば，最近の金融危機やその後の自動車産業救済をめぐる議会内過程を事例としながら，ニューディール期や1990年代の日本との比較を，政治制度分析として行うことも可能であろう。
（11） なお，日本の地方政治における二大政党化の現状については，曽我／待鳥（2008）で検討を加えている。

引用文献

曽我謙悟／待鳥聡史（2008）「政党再編期以降における地方政治の変動」『選挙研究』第24巻1号．
竹中治堅（2005）「『日本型分割政府』と参議院の役割」日本政治学会編『年

報政治学2004　オーラル・ヒストリー』岩波書店。
建林正彦／曽我謙悟／待鳥聡史（2008）『比較政治制度論』有斐閣。
ハミルトン，アレグザンダー／ジョン・ジェイ／ジェイムズ・マディソン（1999）『ザ・フェデラリスト』[斎藤眞・中野勝郎抄訳]岩波書店。
待鳥聡史（2003）『財政再建と民主主義』有斐閣。
――（2008a）「コンセンサスなき協調」紀平英作編『アメリカ民主主義の過去と現在』ミネルヴァ書房。
――（2008b）「イデオロギーと統治の間で」『アステイオン』第69号。
渡辺将人（2008）『現代アメリカ選挙の集票過程』日本評論社。
Binder, Sala A. 2003. *Stalemate*. Washington, D.C.: Brookings Institution.
Coleman, John. 1999. "Unified Government, Divided Government, and Party Responsiveness." *American Political Science Review* 93: 821-835.
Jones, Charles O. 2005. *President in the Separated System* (second edition). Washington, D.C.: Brookings Institution.
Kernell, Samuel. 2006. *Going Public* (fourth edition). Washington, D.C.: CQ Press.
Lijphart, Arend. 1999. *Patterns of Democracy*. New Haven: Yale University Press. [粕谷祐子訳『民主主義対民主主義』勁草書房]
Mainwaring, Scott, and Mathew Soberg Shugart, eds. 1997. *Presidentialism and Democracy in Latin America*. New York: Cambridge University Press.
Mayhew, David R. 2005. *Divided We Govern* (second edition). New Haven: Yale University Press.
Morgenstern, Scott and Benito Nacif, eds. 2002. *Legislative Politics in Latin America*. New York: Cambridge University Press.
Neustadt, Richard E. 1990. *Presidential Power and the Modern Presidents*. New York: Free Press.
Ornstein, Norman J., Thomas E. Mann, and Michael J. Malbin. 2008. *Vital Statistics on Congress 2008*. Washington, D.C.: Brookings Institution.
Quirk, Paul J. 2007. "The Legislative Branch: Assessing the Partisan Congress." In The Annenberg Democracy Project, *A Republic Divided*. Oxford: Oxford University Press.
Rohde, David. W. 1991. *Parties and Leaders in the Postreform House*. Chicago: University of Chicago Press.
Sundquist, James. 1992. *Constitutional Reform and Effective Government*. Washington, D.C.: Brookings Institution.
Shipan, Charles R. 2006. "Does Divided Government Increse the Size of the Legislative Agenda?" In Scott Adler and John Lipinski, eds., *The Macro-Poli-*

tics of Congress. Princeton: Princeton University Press.
Shugart, Mathew Soberg. 2005. "Semi-Presidential Systems." *French Politics* 3: 323-351.
Shugart, Mathew Soberg and Stephen Haggard. 2001. "Institutions and Public Policy in Presidential Systems." In Stephan Haggard and Mathew D. McCubbins eds., *Presidents, Parliaments, and Policy*. New York: Cambridge University Press.
Stanley, Harold W. and Richard G. Niemi. 2008. *Vital Statistics on American Politics, 2007-2008*. Washington, D.C.: CQ Press.
Strøm, Kaare. 1990. *Minority Government and Majority Rule*. New York: Cambridge University Press.

清水澄の憲法学と昭和戦前期の宮中

菅谷幸浩＊

はじめに

　清水澄は明治後期から昭和前期の憲法・行政法学者である。1868（明治元）年に金沢で生まれ、1894年に帝国大学法科大学法律学科（仏法）首席卒業後、東京府・内務省勤務、学習院教授を経て1898年から1901年まで独仏留学後、1906年に行政裁判所評定官、同年から1922（大正11）年まで枢密院書記官を務めている（1916年まで学習院教授兼任）。そして、昭和期に入ると1932（昭和7）年に行政裁判所長官、1934年に枢密顧問官、1944年に枢密院副議長を経て敗戦後の1946年に最後の枢密院議長となるも1947年の枢密院廃止により退官、同年、大日本帝国憲法（以下、明治憲法）に殉じて熱海で入水自殺している[1]。

　この間、1915年には宮内省御用掛として大正天皇へ御進講し、1920年には東宮御学問所御用掛として裕仁親王に「法制・経済」を御進講している。そして、昭和天皇即位後は宮内省御用掛として通算20年以上、国務法・宮務法全般に及ぶ週2回の御進講を続けている[2]。この清水の存在は昭和期宮中側近の史料に散見するが、長く枢密院に在職したことから、自ら遺書に「恩人大抵没シ現存スル方ハ平沼騏一郎、鈴木貫太郎、牧野伸顕」[3]と記している。中でも1929年に内大臣府御用掛となった履歴から[4]、宮中では内大臣・牧野伸顕と近い関係にあったようである。加えて木戸幸一の学習院高等科在学中に憲法の指導を担当し、1915年の文官高等試験受験時、その試験委員であった。また、1930年の内大臣府秘書官長就任時には内大臣府御用掛であった[5]。このため、牧野と木戸は憲法・法律問題を清水に諮

＊　学習院大学大学院政治学研究科博士後期課程　日本政治外交史専攻

問する機会が多かったようである。

本稿では清水の憲法学説とその政治的位置を憲法学説史・政治史の視角から再検討し，それを通じて明治立憲制が動揺を迎える昭和戦前期の政治を宮中との関連から明らかにする。従来，清水については大学在学中，穂積八束に師事したことで穂積憲法学の系譜に連なるもの，との評価が日本史学・憲法学の双方で一般的であり，その彼が戦前の宮中で占めた役割について十分議論されることもなかった。

たとえば，鈴木安蔵氏の研究では，清水は「基本的には，穂積八束博士らと同じ思想的立場の憲法学者」[6]と位置付けられ，東宮御学問所時代の昭和天皇への教育内容を検討したハーバート・ビックス氏も清水憲法学は「折衷的で矛盾した思想」に貫かれ，その「行文からは美濃部よりはるかに穂積に近いことは明らか」であったと評している[7]。また，1935年の天皇機関説事件を検討した増田知子氏も美濃部憲法学との相違を強調する見地から，「清水が二・二六後においても体制学説論者として生き残っていけるのは，排撃運動が求めていた国体憲法論による天皇の政府独裁を，体制学説の側から受容しうる視角をもっていたから」[8]と分析している。

これに対して本稿では清水憲法学の立憲主義的・自由主義的側面に着目して美濃部憲法学との学説比較を試み，その存在が昭和戦前期の宮中でどのように位置付けられていたのかを検討する。方法として東宮御学問所での御進講史料，大正・昭和戦前期の論著や宮中関係の史料を使用し，両学説に多くの類似点があったことを論証する。その上で清水の学説が排撃運動側の憲法学者，陸軍中堅層から如何なる形で認識されていたのかも含め，多角的分析をなすものである。

Ⅰ　昭和新政への道

ここでは東宮御学問所での定例御進講教材『帝国憲法』の内容を検討し，次に天皇と統治権の位置付けを分析する。これは1919年に病気療養中の大正天皇への御進講が終了し，宮中では裕仁親王の教育に関心が注がれ，清水も御進講教材執筆に専念するためである[9]。ゆえに昭和天皇の立憲認識形成を知る上でも東宮御学問所での教育内容は重要な意味を持つと考えられる。

まず清水は，主権は自己固有の能力として君主が有し[10]，日本は「天皇

ヲ以テ統治権ノ主体トスル君主国体」[11]とする。その上で「天皇ノ親裁ヲ以テ本義ト為スコト，憲法ノ精神」[12]であり，天皇こそ「国家主権ノ一切ノ作用ノ根源」「国法ノ源泉」[13]と説く。このように清水憲法学の基本は君主国体観にあり，この点で穂積の影響が認められる。それは明治憲法の基本原理である第1条「大日本帝国ハ万世一系ノ天皇之ヲ統治ス」の改正を絶対不可としていることからもうかがえる[14]。だが，ここで注目すべきは実際の憲政で天皇専制を許さず，立憲主義の尊重を説いていたことにある。

そこでは「天皇ト雖，議会ノ否決シタルモノヲ以テ法律トセラルヽコトヲ得ズ」[15]として不裁可権行使を戒め，「若シ天皇ガ，国務大臣ノ輔弼ナクシテ，大権ヲ行使セラルルコトアラバ，帝国憲法ノ正條ニ照ラシテ，畏レナガラ違法ノ御所為ト申上グルノ外ナシ」[16]と述べている。同じく東宮御学問所での御進講に使用された稿本と推定される『行政法』では，「法規ガ人民ヲ拘束スルノ効力ヲ有スルハ勿論ナルガ，天皇モ亦其ノ制定ノ法規ヲ重視セラルベク，行政機関ハ固ヨリ法規ノ拘束ヲ受ク」[17]とある。このように清水は天皇の存在を憲法秩序の中に位置付ける自己拘束説に立っていたのである。

また，清水は委任命令の必要は認めつつも，広範囲なものには否定的であった。戦前，日本は植民地に内地法を適用せずに現地総督の単独立法権を認めていたが，清水はこうした明治期以来の委任立法制についても明治憲法の明文規定や立法趣旨に照らして疑念を呈していた[18]。そこには行政権の拡大が議会権限を侵害することへの危惧が読み取れる。

そして，当時の清水は立法府と行政府の関係をめぐって美濃部達吉と論戦を交えていた。これは美濃部が財政面で内閣の執行権を広く捉え，剰余金支出に議会の事後承認は不要と考えていたことに起因するが，対する清水は臨時議会召集が必要との見解を示していた[19]。もっとも当時の慣例では剰余金支出に議会の承認は必要なく，その前例もなかった。政策執行過程における政府の自由裁量をどこまで認めるかという点では，美濃部より清水の側が議会の承認を重視していたことになる。

そして，清水自身は比較的早い段階から日本での政党内閣成立を肯定していたようである。1914年の著書では政党の存在を無視した政治運営はありえず，「政党自身が組織する政党内閣か，政党と提携して行く内閣か何方かでなければ成り立たぬ」（傍点原文。以下同）と述べている。すでに英国

でウイリアム三世の時代に政党内閣が成立し，19世紀に政党内閣制の慣行を確立出来たのは「二大政党が対立して居つて，交互に内閣を組織するやうになつて居るから，この好結果を得た」のである。一方，仏伊両国で「英のやうな好結果を得られないのは，国内に小さな政党が分立して，互に政権を争つて居るばかりで，大きな後援のある内閣を組織することが出来ないから」であり，この点でも「政党を無視して内閣を組織することは全然不可能」である。ゆえに「桂［太郎］公爵が，その晩年に際して，従来の主義を棄てて自から政党を組織しようとしたのもその為であるし，山本［権兵衛］伯爵が内閣を組織する為に，議会の絶対多数党たる政友会と提携したのもこの理由に外ならぬ」という[20]。

このように清水は大正初期には政党内閣成立を容認し，それを「好結果」と表現していた。この前年，日本では第一次護憲運動から大正政変が生じ，政党の存在は無視できなくなっていた。清水はこうした時代の現実を直視し，明治憲法下で最も理想的な政治形態を模索していたのである。清水に先立つ2年前，美濃部もその著書で日本の「議院内閣政治」移行を世界史的必然とし，二大政党制こそ最適の政治形態と説いていた[21]。このように清水の主張は同じく穂積憲法学から派生した上杉憲法学とは全く異なるものではなく，むしろ美濃部憲法学に近いことは明らかであった。

元来，清水は明治期には穂積同様に議会を「天皇の機関」と位置付け，美濃部のように国民の権利・自由を擁護する代表機関と解釈することには否定的であった。だが，大正期には議会が政治的に国民代表機関であることを容認し，輔弼責任の所在重視から責任内閣制論へ傾斜する。そこには「最も忠実な穂積学説の継承者であった清水も，大正デモクラシーの影響下に，議会の政治上の国民代表性を認め，穂積流の天皇親政論を捨てて勅令主義的内閣政治論に転換していった」という現実があったのである[22]。この君主主権主義と議会政治の両立は19世紀ドイツ公法学には見られなかった発想であり，その点でも国体政体二元論に基づく清水憲法学の独自性は明らかであった。

のちに清水は昭和初期，文部省主催の青年訓練指導者講習会で，権力行使が一カ所に偏在し，国民がその弊害を受けることを矯正するのが立憲政治の目的であり，「法を作る者と法を行ふ者とは，之を分たなければならない」と述べている[23]。その上で立憲政治の要件として「国民の権利を確保

すること参政権を認むること」を挙げ、「国民の権利を保障することがなければ完全な憲法と云はれない」と断言する[24]。

　立法権と行政権の区分は権力分立制の基礎であり、東宮御学問所の御進講でも強調されていたものである。佐々木隆氏によれば、伊藤博文ら明治政府首脳の制憲目的は人々の主体的政治参加を促して国家形成に協力させることにあり、「憲法発布ノ勅語」「憲法発布ノ上諭」に表明された「君民同治」的国家観は天皇と臣民の関係を親和的に位置付ける意図があったという[25]。だとすれば天皇主権説から出発した清水の立憲政治論は明治立憲制本来の統治理念に適っていたことになる。権力分立制に基づく政治責任の明確化と広範囲な国民の権利保障は近代立憲制の前提である。美濃部憲法学が大正期に通説的地位を占めたのは、この二つの要求を通じて議院内閣制導入の可能性を提示し得たからである。そして、その傾向は同時代の清水にも共通していたものである。

　そこで問題となるのは清水が如何なる論理で統治権の所在を理論付けたかである。これこそ天皇の存在を憲法秩序の中に位置付ける際、清水と美濃部の重要課題であったはずである。清水は普通選挙制成立に伴う公民教育の便を図るため1925年に著した著書では、「我国ニ於テハ天皇ハ国家存立ノ要件ニシテ国家ト共ニ終始シ、国家ノ存立ニ欠クベカラザルモノナルガ故ニ、天皇ヲ以テ国家ノ機関ナリトスルハ全ク我ガ国体ニ背戻シ国民ノ確信ニ反スル」[26]（傍線筆者。以下同）と述べている。ここでもその論旨は君主国体観で一貫し、美濃部よりも国体観念と憲法理論の距離が近いことが分かる。

　だが、同時に清水は次のように補足する。仮に機関説論者が「最高機関トハ国家活動ノ中心力ノ存スル所ニシテ国家ノ存立ニ欠クベカラザルモノ」として天皇を国家の最高機関とする場合、「天皇ハ国家権力即チ統治権ノ中心力ニシテ他ノ機関ト全ク異ナリ、活動ノ根源ヲ為シ活動力其ノモノトナルガ故ニ、結局、予輩ノ天皇主体説ト同一ニ帰著シ、語ヲ異ニスルニ過ギズ」との解釈を示すのである[27]。美濃部などの論理が概ね上記のものであったとすれば、清水の主張は決して無理なものではない。その上で清水は天皇機関説について、「敢テ誤リナキガ如キモ、機関ナル語ヲ特ニ普通ノ用例ニ反シ、特別ノ意味ヲ附セシムルハ往々人ヲ誤ラシムル」として、天皇に「機関」の表現を用いることには疑念を呈している[28]。

ここで整理すると清水の主張は，①天皇機関説と天皇主権説は結果的に同一であり，②「機関」の語句が不穏当，の二点である。東宮御学問所での御進講内容が基本的に美濃部学説と大差なかったとすれば，清水は逆説的に明治憲法下で天皇機関説が学説として生き残る方策を提示していたことになる。鈴木安蔵氏は清水が機関説と主権説の論理的帰結を同一と捉えていたことについて，「日本国家の統治は，帰するところ天皇，しかも自然人としての天皇の全一的絶対支配にほかならぬという信念，また政治的原理あるいは要求を表現するもの」として，その根本的発想が後者に基づいていたとする[29]。

では，なぜ清水は天皇機関説を憲法学的に体系付ける際，過度な表現を多用しなければならなかったのか。それは単に穂積憲法学の影響や宮内省御用掛の立場を挙げても説明しきれない。そこで再び前書を繙くと，その真意が明らかとなる。清水によれば，「我国ニ於テハ国家ノ意思ハ天皇ノ自然意思ニ出ヅ」ることから，「国家ガ統治権ノ主体ナリト謂フハ即チ天皇ガ統治権ノ主体ナリト謂フニ同ジ」である。また，国家を「具体ノ団体」とすれば「天皇ハ恰モ人体ニ於ケル首脳ノ如ク団体ノ中心力ヲ存スル所」であり，国家を「意思ノ主体」とすれば「天皇ハ即チ国家」となる。ゆえに国家と天皇の双方を統治権の主体とすることに矛盾はなく，そうでなければ日本の国体は説明できない，とする[30]。

つまり，清水は国家有機体説に準拠することで統治権の主体を天皇と国家に求め，天皇機関説を正当化し得たのである。清水が美濃部のように統治権の主体を国家にのみ求めなかったのは，君主国体・民主国体の区別がつかなくなって「君主ノ地位ノ異動モ機関ノ変更ニ止マリ国家ノ存亡ニ影響セザルノ結果ヲ生ズ」[31]る事態を望まなかったためである。

だが，こうしたロジックは戦後，政治思想史的考察の欠如も相俟って十分に評価されてこなかった。確かに国家有機体説と国家法人説の両立はゲルバー，ラーバント，イエリネックら19世紀ドイツ公法学にはなかった日本独自の傾向である。とはいえ，この二つの併用は明治前期の穂積学説に加え[32]，美濃部ら機関説論者の多くも同様であった[33]。このように清水憲法学はその基本的性格において美濃部憲法学と多くの共通性を有し，すでに大正前期には「憲政の常道」という新時代に対応する柔軟性を持っていたのである。

II　二大政党時代

　1926年，大正天皇崩御により時代は昭和へ移り，翌1927年には衆議院に基礎を置く立憲政友会と立憲民政党が交互に政権を担当する二大政党時代が開幕する。本章では1932年の五・一五事件により政党内閣制が終焉するまでの期間，清水が現実の政治問題との関連から宮中でどのような役割を果たすのか，その主張の独自性も含めて分析する。

　1928年5月26日，首相・田中義一からの進退伺いについて昭和天皇から御下問を受けた内大臣の牧野は本件を清水に諮問する。そして，翌27日の宮相・一木喜徳郎，侍従長・鈴木貫太郎との会合では「却下か握りつぶしの外なし」，「首相は自分にて責任上何れにか決すべきものにして，夫れを陛下に伺ふべきものにあらず」という清水の見解が参考に供される[34]。田中政友会内閣総辞職の背景に宮中全体の田中への不信感があったことを考えると，この時期に田中の進退問題が清水に諮問されたことの意味は小さくない。田中内閣総辞職はそれから1年2ヶ月後である。

　この田中内閣期の1929年5月18日，天皇は不戦条約批准に関連して牧野に対し，枢密院における国務大臣の表決権について御下問している。これを受けた牧野は直ちに清水へ書翰を発し[35]，同月21日には牧野，一木，鈴木，侍従次長・河井弥八の四者が清水に見解を求めている[36]。また，1931年6月から9月には皇太子出産問題に関しても牧野から度々諮問がなされている[37]。これは1924年の御成婚以来，皇室では内親王誕生が続き，親王誕生が待望されていたことによる。以上のことから当該期，牧野が内政や外交に加えて皇統に関わる問題でも清水に頼る面の多かったことが分かる。

　そして，この二大政党時代にあって清水は国民参政権や貴族院改革をめぐっても美濃部に比して自由主義的発想に富む斬新な主張を展開する。まず，濱口民政党内閣期の1930年12月になされた選挙革正審議会の答申案議決を論じた論文では日本の有権者率が諸外国に比して圧倒的に低い現状を批判し，5年後を目途に衆議院議員選挙権・市町村公民権資格を現行25歳以上から20歳以上に引き下げることや，世界的趨勢から婦人参政権導入の急務を主張する[38]。この選挙革正審議会には美濃部も委員として参加していたが，年齢資格引き下げや婦人参政権までは言及していなかった。

　そもそも明治憲法には選挙権規定がなく，大正期には普選獲得運動の中

で婦人参政権が要求されていた。だが,当時の憲法学界では否定説が多数を占め,1925年の改正衆議院議員選挙法でも導入は見送られていた。しかるに1916年,清水は大正天皇への御進講で欧米諸国における婦人参政権導入の政治日程化に触れ,「我国ノ今日ノ制度ニ於テハ婦人ニ選挙権ヲ與ヘルトカ被選挙権資格ヲ與ヘルトカ云フコトヲ論ズル必要ハ無イト思ヒマスガ,将来ハサウ云フ問題ガ起ルカモ知レナイ」として,「普通ノ行政官トナル資格ヲ與フベキ否ヤト云フコトト併セテ考フベキ」との見解を示していた[39]。戦前,美濃部ら立憲学派がこの問題に消極的であったことを鑑みれば,清水の主張は決して看過されるべきではないだろう。

　また,昭和初期になると美濃部は政治の比重を衆議院に求める立場から貴族院権限縮小を主張するが[40],こうした意識は清水も共有していたようである。第二次若槻民政党内閣期の1931年9月の論文では1925年の貴族院令改正について,その不十分さを冒頭で指摘する。その上で多額納税者議員の存在に疑義を呈し,新たに「各地方の民衆的利益」の代表者として全国市町村長などの地方団体代表者,各種産業に関連する公共組合代表者を貴族院に迎えることを提案しているのである[41]。清水は,「各地方の民衆的利益を代表することは衆議院構成の本旨であること言ふ迄もないが,其の代表者の選任方法に特殊の用意を加へて之を貴族院の一分子と為すことは,貴族院の本質に考へて,敢て不当ではなく寧ろ妥当」[42]とする。

　戦前,貴衆両院は衆議院の予算先議権を除き法的に対等であったが,衆議院通過の減税案や普通選挙法案が貴族院で否決されることは珍しくなく,貴族院の廃止または改革を求める声は大正後期から噴出していた。清水は貴族院内部で政党会派が結成されることには否定的だったが,その議員資格を広げることで貴族院の非立憲的性格を解消しようとしていたのである。この年4月21日,清水は内大臣府秘書官長の木戸と貴族院改革問題を協議しており[43],そこでも同様の見解が示されたと考えられる。このように清水には美濃部に通底する政治姿勢があったのである。

　そもそも美濃部が昭和期の政治で最初に重要な役割を果たすのは1930年のロンドン海軍軍縮条約批准問題である。同年4月22日,美濃部は元老秘書・原田熊雄,内大臣府秘書官長・岡部長景,外務省欧米局長・堀田正昭,同亜細亜局長・有田八郎に対し,「軍令部は帷幄の中にあつて陛下の大権に参画するもので,軍令部の意見は政府はただ参考として重要視すれば

い」[44]との見解を示していた。そして，これが濱口内閣の条約批准を根拠付けたことは周知の通りである。

だが，当時の宮中で同じく条約批准を肯定していた憲法学者がいた。それが他ならぬ清水であった。この日，岡部は美濃部との会談前に清水にも明治憲法第11条の統帥大権と第12条の編制大権について意見を求め，「編制大権は国務大臣輔弼の責任事項なり」との見解を得ていた[45]。この時期，両者が国際協調外交を掲げる民政党内閣の軍縮条約批准を支持していたことは，歴史的に見て重要な意味を持つものであろう。

当時，濱口雄幸以下の民政党は前年の濱口内閣成立を契機に憲政会時代からの宿願である枢密院改革に向けて動き出し，元老・西園寺公望もこれに理解を示していた。そして，詳細は不明ながら1930年8月から9月にかけて清水は牧野の意向により度々西園寺へ意見書を提出していたことが伊藤隆氏の研究で指摘されている[46]。この問題については美濃部も昭和初期，「少数官僚の府」たる枢密院が内閣の政策や進退を左右する現状を批判し，将来的には廃止されるべきと主張していた[47]。

だが，この政党内閣制・国際協調外交は1930年代に入り急速に動揺を迎えることになる。同年11月には条約批准の反動から濱口遭難事件が発生し，第二次若槻内閣期の1931年9月には満洲事変が勃発するからである。特に同月21日の朝鮮軍独断越境は内閣の不拡大方針を揺るがすものとして宮中にも衝撃が走る。10月2日，清水は侍従武官長・奈良武次大将に対し，「出兵は国務大臣輔弼の範囲に属す」，「今回の朝鮮軍出兵は内閣にては承認したるものにあらずと言ひ居る由なるも，外部に向ては仮令承認せるにあらずとも出兵の責任は内閣が負ふべきものなり」と述べる[48]。大正期以来，天皇を主権者とする明治立憲制の下で責任内閣制に基づく政治を理想としてきた清水にとって，こうした事態は予想外のものであった。

これ以後，日本では政府・陸軍中央の力で現地軍の行動を抑制することが出来ず，やがて明治立憲制が目指した統治理念とその下で位置付けられてきた国家機構の在り方が改編されていく時代に入る。翌1932年5月には五・一五事件により戦前日本の政治は政党内閣時代から挙国一致内閣時代へ移っていくのである。

Ⅲ　挙国一致内閣時代

五・一五事件後，元老西園寺は海軍出身穏健派の斎藤実，岡田啓介を相次いで首班に奏薦し，この両内閣の下で「非常時」鎮静化が模索されることになる。このうち，現在の史料状況から清水の関与を具体的に特定できるのが岡田内閣期の政治である。1934年7月3日，斎藤内閣が帝人事件の影響で総辞職すると，その翌日，西園寺は重臣会議の決定に基づき岡田を後継首班に奏薦する。

　西園寺と牧野は1932年8月から後継首班奏薦の在り方を協議し始め，その方法として重臣会議方式の具体化を進めていた。これは西園寺の高齢化に鑑み，新たに御下問にあずかるべき範囲を確定する必要があったからである。こうして両者は当面の措置として西園寺主催の重臣会議方式で合意し，岡田奏薦が実現されることになったのである[49]。

　すでに木戸は犬養内閣期の1932年2月12日，内閣更迭時における内大臣の輔弼責任について清水の見解を求め，「内大臣は憲法上輔弼の責任はなし」[50]との答えを得ていた。そこで木戸は同年9月2日，重臣会議の初原案を作成し[51]，5日後には清水から賛同を得る[52]。本来，内大臣は首班奏薦も含めて職制上政治への発言権はなく，重臣会議も憲法に明文化された議決機関ではない。ゆえに重臣の意向を内大臣から元老に供することで，元老による首班奏薦という形が維持されることになったのである。このように岡田内閣成立時に採用された重臣会議方式に深く関わった一人が清水だったのである。

　なお，1934年末，清水は同年春に美濃部が東京帝国大学退官を迎えたことを記念する論文集に「内閣制度に就いて」と題する論文を寄せる。本論文は清水が昭和戦前期の国内政治と対外事情に様々な知見を示した重要資料でありながら，これまで取り上げられてこなかったものである。

　まず，清水は近年衆議院議員選挙への比例代表制導入が提唱されていることに触れ，「此の新制の採用の結果，仏国に於けるが如く多数小党の分立」となり，「内閣の更迭頻繁にして政界の安定を見るの日なきこととなる」として警鐘を鳴らす[53]。当時，日本では大選挙区単記投票制を採用していたが，資金力・組織力のない無産政党に不利な上，選挙費用の膨張や買票行為の横行などの弊害があった。このため，比例代表制導入論議は各方面で登場し，昭和期になると学界では美濃部が選挙費用の軽減と無産政党の進出を目的に拘束名簿式比例代表制の導入を提唱していた[54]。そして，

斎藤内閣期には法制審議会の審議を経て立法化が目指されたものの，議会や枢密院の反対で挫折していた。

実際，比例代表制は候補者名簿作成が党幹部の判断に左右される点で運用上の弊害が多く，独など諸外国では多くの失敗例が報告されていた。清水は候補者の資質よりも党派性を優先する比例代表制の導入が政党の乱立と政変の続発を招き，かえって政治の安定性を損なうことを恐れていたのである。

そもそも挙国一致内閣期の美濃部が行政権力の安定と強化に主眼を置くあまり，時として議会の予算議定権・立法協賛権を形骸視していたのに比べると[55]，清水の主張はあくまでも既存の制度や組織を重視するものだったと言える。では，かつて二大政党時代を理想とした清水が政党内閣制崩壊後にこうした認識を抱くに至ったのはなぜか。それは同時期欧州情勢への明白な危機感があったからである。

清水は伊のムッソリーニ政権が「議会を無視して政府を格段に優越なる地位に置き，且君主の権力を殺ぎて内閣の専権を事とする」ことを批判し，「表面上議会の多数党に依つて支持せらるる立憲内閣の如く見ゆるけれども，其の実は完全に議会を圧迫したる専制政府」にして，「現時の伊太利国は立憲国たるの旗幟を自ら撤去したるもの」と指弾する[56]。その上で，「ムッソリーニ政治の形式又は精神の幾分を我国に導入するの可なるを説く者がある」が，これは「我が立憲政治の本領を没却する」もので，「我と彼と国情の相距ること甚だ遠きは今更云ふまでもない」と訴える[57]。このように，その論法に違いはあれ，ファシズムを拒絶する点で清水は美濃部と共通していたのである。議会政治尊重や反ファッショ的姿勢といい，これらはまさに西園寺や牧野，昭和天皇が好む政治感覚と符合する。特に君主国体観に立つ清水には共和主義であるファシズムが日本の国体に相容れないとの信念があったと思われる。

また，ここで清水の関心は軍部にも向けられる。清水は軍事行動の迅速性から統帥権独立を容認し，軍機軍令など職務上扱う事項の緊急性から陸海両相は現役武官に限るべきと考えていた[58]。一方，美濃部は大正末年の時点で，統帥権独立は国務大臣輔弼責任制に対する重要な例外であり，その範囲が不当に拡張されれば軍国主義につながると警告していた[59]。そして，濱口内閣の条約批准を支持した際には，責任内閣制を貫くために統帥

権独立の廃止と軍部大臣文官制の導入を提言していた60。では，美濃部とは対極的に統帥権独立と軍部大臣現役武官制を容認した清水の意図はどこにあったのか。少なくとも彼の考えは二・二六事件後の軍部大臣現役武官制復活とは異なっていたはずである。

そもそも清水が軍部大臣現役武官制を支持したのは，内閣更迭時に陸海両相も同時に更迭されるのを避け，政争圏外に隔離するのが目的であった。これは内閣更迭が陸海両相の進退に連動すれば「陸海軍の巨頭は幾分か政治系統の色彩を帯ぶるに至ること必至」であり，「近頃陸軍部内に宇垣派とか荒木派とかの系譜あるが如き噂を聞くは，畢竟右等の情勢に胚胎する」と考えていたからである61。

この見解は統帥が国務を支配する軍部内閣出現の排除に主眼を置いたものであり，陸海両相の職掌を可能な限り他の国務大臣と区分する点で美濃部と重複する。その上で陸軍内派閥対立にも注視して大臣職制を議論していることは美濃部よりも現実性に富む。本論文最終節で清水は西園寺亡き後の内閣更迭方式の在り方に触れ，「たとひ陸海軍大臣が留任するも，之を以て組閣の大命降下に付ての輔弼者と為す」ことは不可と断言する62。ある意味で本論文は戦前日本の立憲主義と自由主義を擁護した美濃部の退官を祝する論文集に所収されるものとして，最も相応しい内容であったと言えよう。

1935年1月，貴族院議員・細川護立は本論文の感想として，「明治十八年乃至二十二年の頃を思ひ如何にも名君賢宰相の好き対照に興奮を禁じ得ざるもの有之候。第三第四第五何れも得る處多かりしを感謝仕候。最后の一節は将来最も緊要なる事と御同感に候」63と綴っている。これは五・一五事件後，陸海軍のみならず中央政界にも革新的風潮が蔓延し始めていた中，明治立憲制本来の統治理念を問い続けた清水の姿勢こそ，内閣制度創設から明治憲法公布までの時期を想起させるものであったことによろう。

この1935年1月，国内では右翼団体が「非常時」対処のため皇族内閣を求める請願運動を開始し，宮中はその動向を警戒していた64。2月13日，牧野は清水に対し，「請願運動万一実現の場合，其の取扱方は十分研究を遂げ置く必要あり」65として，その対策を諮問していた。この運動は右翼陣営内部の不統一から挫折するが，以上の経緯から見ても当該期宮中で牧野が清水の学説に極めて高い評価と信頼を与えていたことは間違いないだろ

う。こうした中で同年2月，斎藤内閣期以降の「非常時」鎮静化傾向に反発する陸軍や右翼などの革新勢力により，岡田内閣倒閣・「重臣ブロック」排撃を目的とした天皇機関説事件が発生するのである[66]。

これまで述べてきたように清水は天皇と国家の関係についての説明を除き，全体的に美濃部と同様，立憲主義的・自由主義的立場をとっていた。だからこそ，清水は機関説問題直後から美濃部など立憲学派の代表的識者と同列に批判されることになる。ここでは排撃運動側憲法学者の一人である里見岸雄の論著を通じて，両学説の類似性が如何なる観点から把握されていたかを検討する。

まず里見は美濃部が明治憲法第1条を同第4条「天皇ハ国ノ元首ニシテ統治権ヲ総攬シ此憲法ノ條規ニ依リ之ヲ行フ」と関連付けて統治権を概念規定していることを批判し，清水の理解もこれと同様とする[67]。また，美濃部や佐々木惣一が同第3条「天皇ハ神聖ニシテ侵スヘカラス」について，「神聖ニシテ」と「侵スヘカラス」の二文節を一まとめにして天皇無答責規定と捉えていることを批判し，両者の理解に同調して「天皇主権説を主張する学者」として清水を挙げる。本書ではこの三者の解釈が日本古来の信念を無視した西洋憲法学の直訳と断定されているが[68]，すでに清水が美濃部とほぼ同一視されていたことは興味深い。

その上で天皇大権範囲を無限と考える里見は，清水の「統治とは国家の公事にして権力を以て国民の安寧と幸福とを保全するの義」という解釈を捉え，それが美濃部，佐々木らと同様，権力観念を出ないと批判する。小括として里見は上杉慎吉の学説を引用し，「統治」を法概念ではなく「国体信仰」として理解すべきと訴えるが[69]，まさに冷徹な社会科学の体系からなる清水の憲法解釈は美濃部と同類に帰納されるべきものだったのである。

そして，こうした視座からの立憲学派批判は帝国議会権限をめぐって顕著になる。里見は詔勅批判も含む美濃部の国務大臣輔弼責任論・帝国議会論を「自由主義的意見の誤謬」として痛罵するが，そこでは清水学説も批判の対象となる。すなわち，美濃部は帝国議会の「協賛」（第5条・第37条）を憲法上諭の「翼賛」と同義とし，天皇への「同意」と解釈していたが，これでは議会が天皇の大権行使に直接関与することになる。里見は清水が「協賛」を「審議，認定，議定」と定義しているのを「議会に於ける技術的現象的職能を浅薄に理解したもの」と評した上で，日本の憲法学界

にドイツ国家学の発想に基づく憲法解釈の傾向や，天皇大権範囲の制限と並んで国民の権利を重視すべきとの主張があることを牽制し，「批判すべきもの豈に唯美濃部氏のみに限らんやだ。佐々木惣一博士然り，清水博士然り，野村［淳治］博士然り，森口［繁治］博士然り，金森徳次郎氏然り，野村信孝氏然り，佐藤丑次郎博士然り」と訴えている[70]。

　前述のように清水の学説は議会権限や国務大臣の輔弼責任を重視する点では美濃部と変わらなかった。ゆえに議会権限の拡大や国民の権利保障に力点を置く立憲学派を里見が「反国体的」と攻撃した際，そこに清水を定置させたことは必ずしも偏見や類推によるものではなかった。皮肉にも清水憲法学と美濃部憲法学の類似性は1935年の段階で俎上に載せられることになったのである。

　なお，この年9月25・26日，清水は満洲国新京で溥儀皇帝に対し，事実上の憲法に相当する満洲国組織法について御進講している。これは清水が政府・陸軍の双方と連絡の上，関東軍司令官・南次郎大将の内閣を経て実現されたもので，そこでは元首の在るべき姿と並んで輔弼という概念の中に国務大臣の能動的役割を盛り込んでいる。

　清水によれば，輔弼とは「皇帝ノ聖明ヲ啓沃シ其ノ進止ヲ輔導シ，以テ苟クモ皇帝ノ所為ニ過誤ナカランコトヲ期スル」ものであり，これは「皇帝ノ為スベキ事ヲ進言スル場合」と「皇帝ノ為スベカラザル事ヲ諫止スル場合」に分けられる。特に国務総理大臣は「丹心以テ信ズル所ハ顔ヲ犯シテ直言シ，偏ニ其ノ採納ヲ希フベキモノニシテ，徒ラニ自己ノ所信ヲ曲ゲテ皇帝ノ欲スル所ヲ奉ズルガ如キハ，輔弼ノ任ヲ辱シムルモノ」である。ゆえに皇帝にとってその輔弼は必須であり，謁見や上言の拒否は「明ニ満洲帝国組織法ノ大則ニ違反スルモノ」になる[71]。

　すなわち，ここにある皇帝を天皇に置き換えれば，この御進講内容こそ，かつて東宮御学問所で皇太子時代の昭和天皇に御進講したそれと重複していることが分かる。清水は輔弼の役割を二つに大別するが，全体の文脈から後者に比重を置いていることは明らかである。これこそ大正期以来，天皇大権を国務大臣輔弼責任制の枠内に収斂することを目指した清水憲法学が必然的に帰結する論理であった。清水は明治憲法と同様の観点で満洲国組織法を解釈し，元首の大権行使に立憲主義的制約が課せられるべきことを強調していたのである。

このように国内で機関説問題処理が難航していた当時，清水が政府・陸軍双方の了解を得て満洲国皇帝への御進講を実現したことは，その学説が相応の評価を以て公認されていたことの証明であろう。1934年3月，満洲国では帝制が施行され，同年，立法院長・趙欣伯が憲法制度調査特使として来日するが，その指導を担当したのが清水であった[72]。ゆえに彼が御進講役として招聘されたのは当然であった。当時，溥儀の通訳であった宮内府行走・林出賢次郎の日記によると，この御進講には宮内府大臣・熙洽，参議府議長・臧式毅，尚書府議長・袁金鎧，宮内府次長・入江貫一，帝室御用掛である関東軍参謀・吉岡安直中佐が陪席していたとある[73]。このように満洲国首脳部が一堂に会することは通例の御進講ではあり得ず，如何に清水の来訪が重要視されていたかが分かる。

そして，そこには陸軍中堅層との関係で重要な逸話があった。清水は渡満前，陸軍省軍務局満洲班長・片倉衷少佐を招き，満洲国の成立経緯や基本法制について陸軍側の見解を求めていた。のちに片倉は清水の謙虚な態度に感動したことや，自らの意見で宰相制が採用されたことを証言している[74]。つまり，国務総理大臣の輔弼に関する説明は片倉との調整を経て盛り込まれたのである。

当時，満洲国組織法に国務大臣の副署権規定はなく，関東軍司令官影響下の総務庁長・長岡隆一郎が国務総理大臣・張景恵を補佐する形態をとっていた。立憲君主国における首相権限強化は内閣制度創設の過程でも伊藤博文が大宰相主義の形で試みていたが[75]，昭和の満洲国でも同様の試みがなされていたのである[76]。こうして清水の学説は満洲国経営を補完する材料として利用されることになったのである。

そもそもこの1935年当時，国内では機関説問題が陸軍内派閥対立に並行して拡大し，対外関係では華北分離工作やロンドン海軍軍縮会議対策が重なり，「一九三五，六年の危機」が喧伝されていた。このように岡田内閣・宮中が内政・外交両面で大きな試練に直面していた中，政府・陸軍中央・関東軍了解の下，満洲国皇帝への御進講が実現されたことの政治的意味は小さくなかったはずである。そして，この挙国一致内閣期の政治史は翌1936年の二・二六事件により一つの区切りを迎えることになる。

おわりに

以上のように本稿では清水と美濃部の学説を比較し，その類似点と相違点を明らかにした。従来，清水に関しては一次史料が限定され，その活動にも未解明な部分があった。本稿では清水が国家法人説と並んで天皇機関説を受容する過程や，新規公開史料を通じて昭和期に至る清水憲法学の立憲主義的・自由主義的側面を解明した。特に昭和期の論説や満洲国皇帝への御進講は政治史的にも重要な意味を持つものと考える。

　しかし，天皇機関説事件の影響で1935年12月に牧野が内大臣を辞任し，清水自身も二度にわたって刑事告発され[77]，翌年の二・二六事件で宮中側近の陣容が一変すると，宮中での清水の役割は極端に低下する。二・二六事件を契機に自由主義的考えを持つ人々が権力中枢から排除されると同時に，清水のようなキーパーソンも政治の裏側から後退していくのである。事件直後，清水は「粛軍ノ徹底的。軍人ノ政治干興ヲ絶対ニ禁ズルニアリ。然ルニ中立公平ナル軍ノ首脳ナシ」[78]と綴っているが，翌年には日中戦争が勃発し，国家総動員体制の形成過程で明治立憲制の統治理念は形骸化していくことになる。

　そして，日本の政治は革新系貴族・近衛文麿とそれに連なる矢部貞治，蝋山政道ら昭和研究会系知識人により主導され，以後，明治国家の基本構造に改編を加える形で近衛新体制への道が模索される。第一次近衛内閣期の1938年2月24日，元老秘書・原田熊雄，内大臣府秘書官長・松平康昌から国家総動員法案についての意見を乞われた清水は，「委任命令の範囲が非常に広汎過ぎる点が，事実上憲法を無視したことになる嫌ひがある」[79]と述べ，違憲立法の危険性を警告していた。

　そして，敗戦後の1945年10月，清水は美濃部とともに幣原内閣憲法問題調査委員会顧問に迎えられるが，この二人の憲法学者は新しい時代の幕開けを前に対蹠的態度を示す。君主国体観に立つ清水にとって明治憲法における天皇の存在は絶対不変であり，それが国家の在り方と無関係なはずはなかった。美濃部が明治憲法との連続性で象徴天皇制を捉えたのに対し[80]，清水が明治憲法に殉じる形で自決を選択した理由がここにあったのではないか[81]。本稿で取り上げた清水憲法学の軌跡は一部に過ぎないが，昭和期において明治立憲制本来の理念を追究した憲法学者の姿に迫ることは日本近現代史研究の中で魅力的な位置を占めるはずである。

[付記]
　本稿執筆にあたり，廣岡守穂中央大学教授，島善高早稲田大学教授より多大なご指導をいただいた。記して謝意を表する次第である。

（1）　清水の業績と履歴を整理したものに，浅野一郎「清水澄博士の学説の特色」（清水澄博士論文・資料集刊行会編『清水澄博士論文・資料集』原書房，1983年），所功「清水澄博士と御進講教科書」（清水澄謹撰・所功解説『法制・帝国憲法』原書房，1997年）がある。
（2）　所功「清水澄博士の法制・憲法御進講」（『憲法研究』30，1981年）5頁。
（3）　「遺言書」（国立国会図書館憲政資料室所蔵「清水澄関係文書」R4－1091）。
（4）　『枢密院高等官履歴』8（東京大学出版会，1997年）14頁。
（5）　『木戸幸一政治談話録音速記録』1（国立国会図書館憲政資料室所蔵）。
（6）　鈴木安蔵『日本憲法学史研究』（勁草書房，1975年）267頁。同様に穂積と清水の学説的類似性を強調するものに，石村修「明治憲法における憲法改正限界論」，『専修法学論集』34，1981年）がある。
（7）　ハーバート・ビックス（岡部牧夫ほか訳）『昭和天皇』上（講談社，2002年）74頁。なお，東宮御学問所での清水の御進講が昭和天皇に及ぼした影響を重視するものに，森茂樹「戦時天皇制国家における『親政』イデオロギーと政策決定過程の再編」，『日本史研究』454，2000年）があるが，引用史料が限定され，学説の変遷も十分に分析されていない。なお，大正期の清水学説を取り上げた研究に，小山常実『天皇機関説と国民教育』（アカデミア出版会，1989年），内藤一成「山県有朋と立憲政治」（『史友』34，2002年），須賀博志「大正天皇への『帝国憲法』御進講（一）」（『産大法学』38－3・4，2005年）がある。小山，内藤両氏は穂積・美濃部に対する清水の中間的性格を指摘する点で通説と同じであるが，帝国議会権限の理解など，立憲政治への適応可能性に着眼する点で本稿と分析視角を共有する。また，須賀氏は新規公開史料を中心に大正天皇への御進講内容を整理し，国民の権利・義務規定の解説に比重が置かれていたことを指摘している。
（8）　増田知子『天皇制と国家』（青木書店，1999年）292頁。
（9）　前掲「大正天皇への『帝国憲法』御進講（一）」103頁。
（10）　「法制」（前掲『法制・帝国憲法』）16頁。
（11）　「帝国憲法・巻四」（前掲『法制・帝国憲法』）91～92頁。
（12）　「帝国憲法・巻一」（前掲『法制・帝国憲法』）21頁。
（13）　同前，17頁。

(14) 同前，10頁。なお，清水が改正不可に区分する条項は別表（末尾）を参照。
(15) 前掲，28頁。
(16) 「帝国憲法・巻四」（前掲『法制・帝国憲法』）126〜127頁。
(17) 『行政法』（「清水澄関係文書」R 6 − 1185）543〜544頁。
(18) 同前，579頁。
(19) 美濃部達吉『時事憲法問題批判』（法律時報社，1921年）277〜280頁。
(20) 清水澄『帝国憲法の話』（実業之日本社，1914年）205〜207頁。
(21) 美濃部達吉『憲法講話』（有斐閣書房，1912年）150〜155頁。
(22) 前掲『天皇機関説と国民教育』183〜184頁。
(23) 清水澄『我が国体と憲法』（社会教育協会，1928年）2頁。
(24) 同前，19〜20頁。
(25) 佐々木隆『日本の歴史21・明治人の力量』（講談社，2002年）17〜18，27頁。
(26) 清水澄『帝国公法大意』（清水書店，1925年）100頁。
(27) 同前。
(28) 同前，101頁。
(29) 前掲『日本憲法学史研究』265〜266頁。
(30) 前掲『帝国公法大意』19頁。
(31) 清水澄『帝国憲法大意』（清水書店，1912年）52頁。なお，本書刊行直後，穂積は，「方今或ハ国体に関し異説行るゝの際，此の御著作あら［ば］必ず大に世上を益する事ニ被存，欣喜之至に奉存候」，「御高作，特に時機に適し候」との謝辞を送っている（1912年9月13日付・清水澄宛穂積八束書翰，「清水澄関係文書」R 12−1970）。これは同年の機関説論争を背景にして穂積が清水に寄せていた期待感を示すものであるが，前述のように，この後の清水は美濃部に近い見解をとるようになる。
(32) 長谷川正安『日本憲法学の系譜』（勁草書房，1993年）67頁，國分典子「美濃部達吉の『国家法人説』」（『法学研究』66−10，1993年）39〜40頁。
(33) これについては，石田雄「国家有機体説」（鵜飼信成ほか責任編集『講座・日本近代法発達史』2（勁草書房，1958年）21〜28頁，上山安敏『憲法社会史』（日本評論社，1976年）184〜185頁，前掲「美濃部達吉の『国家法人説』」40〜41頁を参照。
(34) 伊藤隆ほか編『牧野伸顕日記』（中央公論社，1990年）318頁。
(35) 同前，363頁。
(36) 同前，365頁。高橋紘ほか編『昭和初期の天皇と宮中』3（岩波書店，1993年）84頁。
(37) 前掲『牧野伸顕日記』451〜452頁，467頁，474頁。

(38) 清水澄「選挙革正審議会の答申に就いて」(『自治研究』7－2, 1931年) 2～6頁。
(39) 「選挙法講話第四回」(「清水澄関係文書」905)。
(40) 松尾尊兊『大正デモクラシーの研究』(青木書店, 1966年) 258～259頁。
(41) 清水澄「貴族院組織改正小見」(『自治研究』7－9, 1931年) 13～16頁。
(42) 同前, 14頁。
(43) 木戸日記研究会校訂『木戸幸一日記』上 (東京大学出版会, 1966年) 73頁。
(44) 原田熊雄述『西園寺公と政局』1 (岩波書店, 1950年) 42頁。
(45) 尚友倶楽部編『岡部長景日記』(柏書房, 1993年) 343頁。
(46) 伊藤隆『昭和初期政治史研究』(東京大学出版会, 1969年) 334～336頁。
(47) 美濃部達吉「枢密院論」(『国家学会雑誌』41－9, 1927年) 32～34頁。
(48) 波多野澄雄ほか編『侍従武官長奈良武次日記・回顧録』3 (柏書房, 2000年) 364頁。
(49) 永井和『青年君主昭和天皇と元老西園寺』(京都大学学術出版会, 2003年) 220～225頁。
(50) 前掲『木戸幸一日記』上, 137頁。なお, 清水は戦後に東京裁判法廷提出の宣誓供述書でも内大臣職制について詳細な見解を残している。そこでは国務大臣のような政治上の輔弼や助言の権利はないが, 内閣更迭時には慣習として元老や長老政治家, 首相経験者とともに後継首班奏薦に関与できると述べている ("AFFIDAVITS FOR THE INTERNATIONAL MILITARY FAR EAST, ORIGINAL COPY" 国立国会図書館憲政資料室所蔵「木戸家文書 (歴史民俗博物館蔵)」R47－10)。
(51) 木戸日記研究会編『木戸幸一関係文書』(東京大学出版会, 1966年) 143頁。
(52) 前掲『木戸幸一日記』上, 193頁。
(53) 清水澄「内閣制度に就いて」(宮沢俊義編『公法学の諸問題』2, 有斐閣, 1934年) 298～299頁。
(54) これについては, 空井護「美濃部達吉と議会の正統性危機」(『法学』62－4, 1998年) 60～64頁, 72～73頁を参照。
(55) これについては, 菅谷幸浩「美濃部達吉の統治機構論と昭和期の政治」(学習院大学『政治学論集』20, 2007年) を参照。
(56) 前掲「内閣制度に就いて」303頁。
(57) 同前, 303～304頁。
(58) 同前, 314～315頁。
(59) 美濃部達吉『憲法撮要』訂正3版 (有斐閣, 1926年) 566頁。
(60) 美濃部達吉「我が国法に於ける軍部と政府との関係」(『改造』12－

6，1930年）。
(61) 前掲「内閣制度に就いて」316頁。
(62) 同前，341頁。
(63) 1935年1月3日付・清水澄宛細川護立書翰（「清水澄関係文書」R12－1271）。
(64) 前掲『牧野伸顕日記』609～610頁。
(65) 前掲『牧野伸顕日記』618頁。
(66) これについては，菅谷幸浩「天皇機関説事件展開過程の再検討」（『日本歴史』705，2007年）を参照。
(67) 里見岸雄『天皇機関説の検討』（里見日本文化学研究所，1935年）12～13頁。
(68) 同前，18～19頁。
(69) 同前，24～26頁。
(70) 同前，30～31頁。
(71) 清水澄述「国務大臣ノ輔弼ニ就テ（満洲国関係）」（防衛省防衛研究所図書館所蔵『満洲国の現況に就て（御進講資料）』，中央・戦争指導・重要国策文書293）。
(72) 横溝光暉『戦前の首相官邸』（経済往来社，1984年）146頁。
(73) 『寶船日誌』（国立国会図書館憲政資料室所蔵「林出賢次郎関係文書」R23－185）1935年9月25日条。
(74) 日本近代史料研究会編『片倉衷氏談話速記録』上（日本近代史料研究会，1982年）209～210頁，268頁。
(75) これについては，山中永之佑「内閣制度の形成と展開」（日本行政学会編『年報行政研究21・内閣制度の研究』ぎょうせい，1987年）62～72頁，坂本一登『伊藤博文と明治国家形成』（吉川弘文館，1991年）143～159頁を参照。
(76) 満洲国組織法と明治憲法の比較は，三谷太一郎「満洲国国家体制と日本の国内政治」（大江志乃夫ほか編『岩波講座近代日本と植民地2・帝国統治の構造』岩波書店，1992年）185～188頁，山室信一『キメラ』（中央公論社，1993年）221～235頁を参照。
(77) 警保局保安課「国体明徴運動（其八）」（内務省警保局『特高外事月報・昭和十年十月分』附録）43～44頁，同「国体明徴運動（其九）」（『特高外事月報・昭和十年十一月分』附録）26～28頁。
(78) 「自筆メモ」（「清水澄関係文書」R9－1203）。
(79) 原田熊雄述『西園寺公と政局』6（岩波書店，1951年）245頁。なお，清水は1938年前半執筆と推定される未発表論文「委任立法に就て」（「清水澄関係文書」R8－1191）では政府による必要以上の委任立法拡大と並ん

で，議会側が詳細な審議を避けていることも批判している。
(80) 美濃部達吉『新憲法逐條解説』（日本評論社，1947年）22～23頁。
(81) 清水の子息であり，美濃部門下の一人でもある清水虎雄は「明治憲法に殉じた憲法学者」（『文藝春秋』1964年1月号）で清水と美濃部が約50年に及ぶ親交のあったことや，清水自決直後に美濃部が「君のお父さんが死ななければならなかった理由がどうしても分からない」と述べたことを証言している。なお，戦前，東京帝国大学に留学して美濃部から憲法学を学び，のちにGHQ民政局憲法問題担当政治顧問として来日するノースウエスタン大学教授コールグローブは，赴任直前，憲法改正を含む日本の占領改革のため意見聴取すべき憲法学者として美濃部と清水の二人を米政府に推薦していたという（勝田龍夫『昭和の履歴書』文藝春秋，1991年，113～114頁）。

【清水憲法学における明治憲法改正不可条項の一覧】

第1条	大日本帝国ハ万世一系ノ天皇之ヲ統治ス
第2条	皇位ハ皇室典範ノ定ムル所ニ依リ皇男子孫之ヲ継承ス
第3条	天皇ハ神聖ニシテ侵スヘカラス
第5条	天皇ハ帝国議会ノ協賛ヲ以テ立法権ヲ行フ
第6条	天皇ハ法律ヲ裁可シ其ノ公布及執行ヲ命ス
第11条	天皇ハ陸海軍ヲ統帥ス
第33条	帝国議会ハ貴族院衆議院ノ両院ヲ以テ成立ス
第35条	衆議院ハ選挙法ノ定ムル所ニ依リ公選セラレタル議員ヲ以テ組織ス
第56条	枢密顧問ハ枢密院官制ノ定ムル所ニ依リ天皇ノ諮詢ニ応ヘ重要ノ国務ヲ審議ス
第57条	司法権ハ天皇ノ名ニ於テ法律ニ依リ裁判所之ヲ行フ
第60条	特別裁判所ノ管轄ニ属スヘキモノハ別ニ法律ヲ以テ之ヲ定ム
第73条	将来此ノ憲法ノ条項ヲ改正スルノ必要アルトキハ勅令ヲ以テ議案ヲ帝国議会ノ議ニ付スヘシ。此ノ場合ニ於テ両議院ハ各々其ノ総員三分ノ二以上出席スルニ非サレハ議事ヲ開クコトヲ得。以上ノ多数ヲ得ルニ非サレハ改正ノ議決ヲ為スコトヲ得ス
第74条	皇室典範ノ改正ハ帝国議会ノ議ヲ経ルヲ要セス。皇室典範ヲ以テ此ノ憲法ノ條規ヲ変更スルコトヲ得

出典：清水澄「帝国憲法改正の限界」（『国家学会雑誌』48－5, 1934年）。
補論：この全13条のうち，清水は第11条と第73条に特別な解説を加えている。まず第11条については，国務大臣の輔弼範囲外であることを明らかにするため条文に改正を加える必要性を指摘している（590頁）。また，第73条については，勅令に関する議案未提出のまま一院で憲法改正を発議しても無効であり，「新独逸国に於て斯かる手続きに依る憲法の改正を有効とするより推及して，我国に於ても亦然るが如く解する者あらば，そは断じて許すべからざる謬見である」と述べている（598頁）。これは1933年2月に独でヒトラーがワイマール憲法第48条の大統領緊急令規定を利用して政権を掌握したことに触れたものであり，欧州におけるファシズム国家群の成立が明治憲法の運用に及ぼす影響を危惧していたことを示すものである。

国会法の制定

―GHQ の合理的行動と議院自律権の後退―

梶田　秀*

はじめに

　国会の創設は，第二次大戦後における民主化改革の一環であり，その後の日本の政治だけでなく，社会や経済の各方面に多大な影響を及ぼしている。しかし戦後日本の重要な分岐点でありながら，憲法制定に直接関連する部分を除けば，国会という制度構築への関心は薄く，その発端になった国会法制定過程ともなると先行研究は極端なほど限られる。多くはやはり憲法学の立場にあり，まず問題とされたのは，GHQ 改革に接した日本側官僚の守旧性（黒田 1960；清水 1974）であった。これは，戦後改革に対する1980年代までの通俗的理解に沿うとともに，憲法上の規定と現実の国会運営の乖離への不満を背景にもつ。その際に論点のひとつとして取り上げられたのが，憲法上保障される各議院の自律権を損ないかねない国会法の存在であり，その制定経緯に関心が向けられることとなった（黒田 1960；石田 1990；高見 1993；赤坂 2004）。また，国会法のモデルが米国1946年立法府再編法であることは広く知られ，かつ日本の実情との適合性の悪さも認識されてきたが，かかる制度選択がなぜ行われたのかについて法学的見地以外からの分析は殆ど存在しない（例外は Baerwald 1974, ch.1; ベアワルド 1987；川人 2005）。

　本稿の目的は，議院自律権の観点からは大いに問題視されうるほど詳細な内容をもつ国会法がなぜ実現に至ったのか，事実と分析の両面で新たな視座をもたらすことである。国会法制定の経緯については，膨大な資料が遺されているものの，十分に活用されてきたとは言いがたい[1]。本稿は，

＊　衆議院事務局調査局調査員　比較公共政策専攻

これら一次資料を可能な限り緻密に検証するとともに，従来の研究の特徴であった構造的要因への依存と道徳的規範の重視からは距離を置くことで，国会法起草のプロセスに関し見落とされてきた原理の発見を試みる。そのためアクターは，各々の目標に向かって合理的に行動するものと仮定される。ただしこれはあくまで出発点であり，客観的な合理性からの逸脱がみられる場合には理由を探究する。そこで大きな意味をもつのは，客観的な合理性と主観的なそれの乖離である（Simon 1985）。合理性を構成するアクターの目標，利得，選択肢，実現手段などの諸要素の具体的内容は，当該アクターの認識に大きく左右されるのであり，普遍的なものとはいえない。以下の各節では，豊富な資料の解読を通じてアクターが置かれた状況を明らかにし，それにより構成された主観内における合理的行動の相互作用としての国会法制定過程が描かれる。

1　日本国憲法の制定と国会の創設

　ポツダム宣言受諾による降伏の後，日本は連合国の占領下で社会システムの根本的な変革を迫られ，1890年以来55年の歴史をもつ帝国議会も例外ではなかった。1945年10月9日に成立した幣原内閣では，翌々日にマッカーサーから指示を受け，憲法改正の必要性を認識した[2]。そこで同月27日，松本国務大臣を委員長とする憲法問題調査委員会（松本委員会）を発足させ，12月には憲法改正に関する4つの原則（松本四原則）が明らかにされた[3]。その概要は，①天皇による統治権の総攬を堅持すること[4]，②議会の議決を経るべき事項を拡充すること，③国務大臣の責任は，国政全般に及ぶものとし，かつこれを議会に対して負うこと，④国民の自由・権利に対する保護を強化すること，であった。日本政府の検討はこの四原則にそって進められ，1946年2月9日，憲法改正要綱（甲案）がGHQに提出された。

　対するGHQは，内容不十分として受領を拒絶しただけでなく，条文化の終了した草案（GHQ草案）を日本政府に交付する事態となった。GHQ草案での国の立法に関する部分は，天皇の協賛機関にすぎなかった帝国議会から完全な脱却を図り，新設される国会に「国権の最高機関」かつ「唯一の立法機関」たる地位を付与する（40条）など，多くが日本国憲法となって実現する[5]。その一方で「国会は，選挙された議員による一院で構成さ

れ，議員の定数は300人以上500人以下とする」(41条)ともされていた。日本占領政策の基本方針に関する決定権限はワシントンの国務・陸軍・海軍三省調整委員会(SWNCC)にあり，GHQ草案の内容もその日本の統治体制の改革に関する1946年1月7日付決定(SWNCC 228)に沿うが，SWNCC 228は立法機関に一院制と二院制のいずれを採用すべきか言及せず，GHQの判断に委ねられていた[6]。二院制は一般的に，国内の地域的あるいは社会的な分断への対応のため現実上の意義をもつ(Lijphart 1999)。これらは当時の日本に殆どみられず，一院制の導入も不自然ではない。GHQ草案においては，第二院を特に必要とする理由が見当たらないことに加え，マッカーサーの意向や，二院制では選出方法や権限関係の検討が複雑となること，さらには日本政府との取引材料としての価値も勘案し，一院制が選択されていた。1946年2月5日のGHQ民政局会合の議事要録は，本件に関する経緯を次のように記す。

> いろいろな点を考慮した結果，二院制よりも一院制を提案した方がよいとの結論に達した。日本における政治の発達をみても，そこには特に二院制をよしとすべき点は見当たらない。またマッカーサー元帥も日本には一院制の方がよいのではないかという意見を述べられている。簡明という点からも，一院制の方がよい。二院制をとるとすれば，国民の代表選出について2つの形態を用いるということになり，どちらの院に「不信任決議」をなす権能を与えるかという，難しい問題も生じる。ケイディス大佐は，この点はわれわれにとって取引きの種として役に立つことがあるかもしれぬと述べた。われわれが一院制を提示し日本側がその採用に強く反対したときには，この点について譲歩することによって，もっと重要な点を頑張ることができようというのである(高柳・大友・田中 1972：121)。

要するにGHQ側からみた一院制とは，交渉における切り札としての価値はあっても，譲ることのできない基本原則では全くなかったのである。これに対して日本側では，貴族院を参議院に代えて二院制の維持を求める主張が政治的立場を超えて有力であり，たとえば政府案は「……参議院ハ……選挙又ハ勅任セラレタル議員ヲ以テ組織スルモノトスルコト」，自由党案は「参議院ハ学識経験ノ活用ト政治恒定ノ機関トス」，進歩党案は「参議院ハ……学識経験者及選挙ニ依ル議員ヲ以テ之ヲ組織ス」とし，社会党

案でも「……参議院は各種職業団体よりの公選議員を以て構成し，専門的審議に当る」とされ，さらには高野岩三郎らの憲法研究会案も「第二院は各種職業並其の中の階層より公選せられたる……議員を以て組織さる」と主張していた[7]。政府や保守派が第一院の急進的傾向を予想し，現状維持的な第二院の抑制効果を期待したとすれば，それは理に適っている。帝国議会では，衆議院を通過しながら貴族院の反対で未成立に終わった法案が少なくないのであり，日本側には経験に基づく知識があった。理論的にも，二院制は一院制と比べて政策の実現しうる範囲を格段に狭める（Tsebelis and Money 1997）。日本政府が二院制の維持に並々ならぬ意欲をもっていることは，その後のGHQとの交渉においても明らかであった。

　まず2月13日にGHQ草案が日本側へ提示された際，その場で松本国務大臣は，国会が一院制とされていることを殊更に取り上げてGHQの真意を質すとともに，「もし一院のみだったら，ある党が多数をえたら一方の極に進み，次いで他の党が多数をえたら逆の極に進むということになる。従って，第二院があれば，政府の政策に安定性と継続性がもたらされる」（高柳・大友・田中 1972：331）と二院制の利点を主張した。すでにこの時点でGHQは，「松本博士が二院制の長所について述べたような点について，最高司令官は十分に考慮するであろうし，この憲法草案の基本原則を害するものでない限り，博士の見解について十分討議がなされるであろう」（同上）とホイットニー民政局長が譲歩の可能性を十分に含ませながら回答しており，続く2月22日の折衝でGHQは，両院議員の公選を条件に二院制を許容する方針を日本政府に示すに至った。これはGHQが一院制を選択した理由からすれば当然の対応であったが，二院制を勝ち取った日本側はGHQが付した条件を敢えて無視し，自らの意向の反映を図った。すなわち日本政府の3月2日案では，参議院議員につき地域別・職能別選挙及び内閣任命によることとしたものの，GHQからは "absolutely unacceptable"（佐藤 1994：133）と完全に拒絶されただけであった[8]。直後の「憲法改正草案要綱」（3月6日）において，参議院の組織に関する規定は，現在みるような内容へと改められている。しかし，以上のような日本政府の対応は，これが参議院を保守回帰の橋頭堡となす意図を有しているのではないか，との疑念を惹起するに十分なものであったといわざるをえない。

2　議院法の改正[9]

　帝国議会の議事運営は,議院法により主要部分が規定されていた。議院法は,いわゆる憲法付属法のひとつで,1890年の帝国議会創設に先立ち制定された。憲法及び他の附属法典と同様に政府部内で起草が行われ,枢密院での相当な修正を経た上で1889年2月に確定した（衆議院・参議院 1990）。その制定経緯から議院法は,とりわけ衆議院の組織・議事運営に強い規制的効果をもった（大石1990）。たとえば,議事日程における政府提出議案の優先が定められ（26条②),また,国務大臣や政府委員は,本会議や政府議案の付託委員会へ任意に出席して意見を述べうる（42-43条）一方,議院の委員会が政府に説明を求めるときは,国務大臣ではなく政府委員に対してこれを行うべきものとされた（44条）。政府委員は,政府が官吏から任命し,帝国議会の承認を要しない。あるいは議案や請願の審査に際して各議院は,臣民の意見を直接聴取することができなかった（74条）。こうした政府優越規定を多数もつ議院法の大幅改正は,新憲法における国会の位置付けから不可避であり,かつ当然それは,国会の創設＝憲法施行までになされる必要があった。

　議院法改正案の起草は衆議院を中心に行われ,憲法審議中の第90回議会で衆議院各会派は,起草の場となる議院法規調査委員会（法規委員会）の設置に合意した[10]。しかし,かかる方式は旧憲法や議院法規の想定するところではなく,GHQの後押しによるものであった。それまで日本側は,慣例どおり議院事務局と内閣法制局で行うこととし,1946年6月には当該3者間で覚書[11]が交わされていた。こうしたなか,GHQ民政局の立法連絡課長[12]スウォウプ中佐（Guy J. Swope）が同月初めに樋貝詮三衆議院議長と会談し,議院の特別委員会での起草を勧めた。樋貝は当初,先例や予算的制約,要処理案件の多さを挙げて頑強に抵抗し,GHQの望む国会制度の構築にとって深刻な障害となることが懸念されたが,スウォウプの説得で委員会設置に同意した[13]。各会派推薦の衆議院議員22名をメンバーとする法規委員会は,8月になると審議が本格化し,同月30日に決定した国会法案要綱を「新憲法ニ基キ国会法ニ規定スル事項」として9月初め公表した。一方,内閣も並行的に議院法改正の検討を進めており,8月13日には臨時法制調査会第2部会で「議院法改正の項目」が決定されていた。

衆議院による「新憲法ニ基キ国会法ニ規定スル事項」はもちろん，政府の「議院法改正の項目」も，全体的に帝国憲法下のような政府の優越を求めるものではない[14]。相違点としては，常会の会期や，特別会・臨時会の会期決定権，内閣総理大臣指名手続の規定方法，議員歳費，全院委員会及び継続委員会の存廃などがある。また，政府委員制度や一事不再議原則など一方のみが言及する事項も多いが，これは関心の差異によると思われる。とはいえ，政府側に自らの優越規定を盛り込もうとする意図がみられてもおかしくないのであり，清水（1974）の指摘するように，「議院法改正の項目」で政府の立場がより強められているのは確かである。にもかかわらずそこで政府の優位を明確に予想しうる内容は，特別会及び臨時会の会期決定権を内閣が独占する程度のことであり，むしろ意外の感すらある。他方GHQ側からすれば，国会と各議院の自律性が最大限発揮されるべき議院法規の策定にさえ，内閣が当然のごとく関与を試み，かつ帝国議会側も抵抗感なく受容しかねない状況は看過しえない。その転機は，1946年8月の衆議院議長交代により訪れた。樋貝の後を継いだ山崎猛が「大いに法規調査委員会を鼓舞した」（ウィリアムズ 1948：16）のである[15]。

法規委員会で決定された国会法案要綱は，衆議院事務局が内閣法制局と連携しつつ条文化を進め，10月31日には第一次草案と後に称されるものが完成した[16]。衆議院事務局幹部として起草を取り仕切った西沢哲四郎によれば，その基本方針は「議院法を基礎として先述の要綱で決定されたものを取り入れ，又新憲法の規定にマッチさせる」[17]ことであった。また西沢は，GHQの指示をふまえた「第二次草案で結局新国会法の骨組ができ上った」（1954：14）と指摘するが，すでに第一次草案の時点で，先の臨時法制調査会で提言された特別会・臨時会の会期決定権の内閣への付与が採用された形跡がないなど，自律権を備えた国会の姿は相当に形成されていたといえる。第一次草案は，完成後直ちに衆議院事務局からGHQへ伝達された[18]。そして11月4日，GHQ民政局立法課長のウィリアムズ（Dr. Justin Williams, Sr.）が衆議院を訪れ，GHQの意向が初めて日本側へ具体的に示されることとなった[19]。それまでは，両者の間で議院法改正の突っ込んだ議論はなかったのである。

このGHQ第一次指示[20]は11項目に大別され，政策分野ごとの常任委員会設置やその専門スタッフ整備，常任委員の継続性，公聴会の開催，両院議

員からなる法制協議会の創設，議員の対政府質疑の機会確保等を求めていた。その全体的な方向性は，国会の立法機能と権威の強化や，行政からの独立性の担保，さらには少数意見――小会派の尊重[21]を目指すものであった。

3 帝国議会に関する GHQ の認識と対応：第一次指示以前

日本占領に関する政策の基本方針や目標に関する SWNCC の決定は，優先順位や達成手段，再編後の日本社会の姿，具体的な期限等を定めておらず，詳細の決定は連合国軍最高司令官（SCAP）たるマッカーサーの裁量に委ねられた（Williams 1968）。これは帝国議会改革にも該当したが，1946年10月までの GHQ の動向は，日本側からみても「余り干渉がましい態度ではなかった」[22]。唯一，各院に関する主要な規定を議院規則ではなく法律に設ける意義につき GHQ 側から疑問が示された際には，両院共通の事項や内閣を拘束する事項のために法定が不可欠であると日本側が強く反駁した（西沢 1954）。GHQ 側は固執しなかったが，この一件はその後，「議会制の根底にかかわる問題」が「国会法制定の過程で，未決のまま残された」（石田 1990：84）との認識を生む一因となった[23]。

占領開始後しばらくは帝国議会への GHQ の関心は低く，その背景には，占領目的の達成のため必要な事項が日本政府への指令を通じて具体化され，日本政府はこれを緊急勅令により実施するとされたことがあった[24]。GHQ 内部体制の未確立に加えて，衆議院で1942年翼賛選挙の当選者が議席にあり，GHQ は帝国議会と没交渉に近かった（Williams 1979）。しかし1946年1月の公職追放[25]と同年4月の衆議院総選挙の結果，帝国議会側の問題点は相当に改善され，GHQ は衆議院が「その構成において，戦後初期の議会よりはるかにリベラル」で「幅広い国民の代表者を得」たと認識した（1996：14）。こうしたなか GHQ 民政局内では，帝国議会の改革に関する検討が立法連絡課――後の立法課（Legislative Division）を率いるスウォウプと副官エスマン（Milton J. Esman）を中心に本格化し，1946年5月23日付の民政局長宛覚書で一応の完成をみた[26]。

「帝国議会の組織及び手続の改革」と題するこの覚書によれば，政府への従属を前提に構築された帝国議会の組織や関連法規を維持したままでは，自律的かつ効率的，専門的な立法機関の出現は期待できない。しかるに，

新憲法下で国会の役割と責任は飛躍的に増大することから，それらの遂行のために全く新しい組織と手続が不可欠であると指摘する。ただし同時に，「我々は模範的な議会の構築に努めるべきではない。我々の責務は，議会が完全に機能する上で必要最小限の措置を導入させることのみにとどまる」(p. 1) として，それ以上の発展は国会の自主性に委ねるべきことも強調された。覚書のいう最小限の措置とは，(i) 明確な所管をもつ常任委員会の設置，(ii) 予算審議期間の拡大，(iii) 会計検査院の国会付属機関化，(iv) 少数会派の権利保護，(v) 自由討議の実施，(vi) 議員歳費の増額，(vii) 議員公設秘書の付与及び立法調査部局の創設，(viii) 国会自身による会期決定及び証人召喚権限の付与，の8項目である。とりわけ常任委員会制度については，帝国議会の組織に「根本的改変」を迫るものとの認識を示しつつ，日本の現状をふまえれば利点が多く，かつ宮澤俊義の強い支持を得たとしていた ("...Professor Miyazawa of Tokyo Imperial University ... strongly endorses this proposed reform." p. 2)。そしてこれらの実現は，GHQによる提案と日本側の自発的受入れを通じてなされるべきで，外圧との批判を避けるためにも「本件に関しては，万策尽きない限り，いかなる指令も発されるべきではない」(p. 4) と提言された。覚書は，新憲法に基づく国会の地位向上が改革の誘因となることを予想し，日本側の対応に楽観的であった。また，この覚書に見いだされる受入れ側の自主性の重視は，スウォウプの個性にも大きく影響されているものと思われる。スウォウプは学歴によらない叩き上げであり，その経験主義的な傾向は，すでに衆議院選挙法のありかたをめぐる1946年初頭のエピソードで遺憾なく発揮されていた。すなわち，米国型の強制が民政局内で圧倒的多数の支持を得るなか，全く異なった文化や価値観の下で定着している複雑な制度を部外者が安易に改変することの危険性を説き，これに反対したのがスウォウプだったのである (Williams 1979)。

　1946年7月に立法課長となり，スウォウプから帝国議会改革の任を引き継いだウィリアムズは，5月23日付覚書の方向性を継承しつつより包括的で詳細な計画の策定に着手し，9月上旬には，国会をめぐる4つの主要課題とその克服のための15項目の具体策の実行について最高司令官の承認を求める覚書を完成させた[27]。この9月10日付覚書が指摘する課題とは，㈦国家の立法機関として不可欠な権威を欠いていること，㈷近代国家として

の機能を遂行させるための仕組みに欠けていること，(ウ)新憲法で国会に付与される多くの権限が，今後の法律制定により減殺される懸念のあること，(エ)現在の政治指導者は，官僚を越える位置付けを国会に望まず，ましてそうなるべく行動していないこと，の4点であった。そして，国会強化に向けたGHQの積極的対応がなければ政策決定過程の官僚支配が継続するだけでなく，日本の政治指導者が「保守的な参議院の創設により衆議院を抑制しつつ」将来の占領改革無効化をねらっていると結論づけ（p.11），それを防止すべく国会法で規定すべき項目が提言されていた。

このように9月10日付覚書では，5月の覚書と比べてGHQによる関与の必要性がかなり強調されている。これには，前述の樋貝の頑なな態度に加え，ウィリアムズが重ねた議会有力者との面会で得た強固な裏づけがあった。そこでの大会派幹部の発言は問題の根深さを実感させるに十分であり，たとえば同覚書によればGHQが進歩派と評価する芦田均でさえ，「有能な人物が政府を辞めて国会議員になってしまう」（p.2）などと国会の権限強化や議員の待遇改善に否定的であった。他方，協同民主党ほか小会派幹部との会談では，GHQ改革を積極的に肯定する彼らの姿勢を感じ取っており（Williams 1979），これは後のGHQ指示がみせた小会派擁護の方向性と整合する。さらに，政治的保守派と参議院へのウィリアムズの警戒感は，覚書起草の時点に一層鮮明であった。ウィリアムズ文書に遺された最終段階の草案28をみると，衆議院による民意の反映を阻害するのではないかとの問題意識が，以下のとおり参議院廃止の提言までを盛り込ませていた。

　参議院は廃止されるべきである（8月13日に衆議院で可決された決議はいう，仮に参議院が「衆議院の単なる複製にすぎないと判明したならば，その存在は無意味と考えられることになろう」と。これは全くの真実である。その一方で，もし現在の日本の指導者が強く主張するとおりに「学識経験者」のみで構成されることになれば，参議院は，改正憲法が衆議院に与えた権限を無効化し，内閣のあらゆる施策を妨害しうる位置につくというだけでなく，連合国軍最高司令官も極東委員会や全ての連合国の国民から厳しい批判にさらされることになるであろう。これに対する解決策は，参議院をなくしてしまうことである）（p.25）。

これにはケーディスからと思しき"NO"との一刀両断のコメントが書き込まれているが，ここに吐露された過剰なまでの参議院への警戒感こそ，ウィリアムズの率直な心情である可能性は高い[29]。ウィリアムズが政府と貴族院の影響力や指導者層の守旧性を過大に評価する傾向にあったことは，当時の米国における日本政治研究の権威の一人であったクイグリー（Harold S. Quigley）ミネソタ大教授とのやりとりをみるとき，さらに明確に浮かび上がる[30]。ウィリアムズからコメントを求められたクイグリーは，覚書の内容に概ねの賛意を示しつつも，その事実認識に関して次のような批判を寄せた[31]。

> 覚書…………帝国議会は，かつて一度たりとも，西欧的な意味においての真の国の立法機関たりえなかった。
> クイグリー…基本的には正しいが，留保を付した方がよい。帝国議会は元老に肘鉄を食らわせることが可能であったし，実際にそれをなしたこともあった。
> 覚書…………委員会は，政策決定能力を発揮していない。それは内閣の役割となっている。
> クイグリー…完全にそうとはいえない。
> 覚書…………現在の指導者らは，国会の能率を向上させるよりもそれを弱体化させたままで置くことを望んでいる。
> クイグリー…全ての指導者がそうとはいえないのは確かである。たとえば犬養。
> 覚書…………貴族院は，日本における封建的システムを効果的に守ってきた。
> クイグリー…「守るのを手助けしてきた」とする方がより正確であろう。
> 覚書…………現在の指導者らもまた，過去の指導者と同様の認識を帝国議会に対して抱いている。
> クイグリー…「指導者ら」とは具体的に誰なのかを明確にすべき。
> 覚書…………過去を引きずった（藩閥的な）影の政府が天皇の権威の下に維持され，莫大な皇室財産によって支えられている。
> クイグリー…重要な役割を果たしていたのか疑わしい。

クイグリーはこのほか，各議院の予算審議が形式的承認——"rubber-stamp" にとどまっているとした記述に異を唱えたほか，政策決定に影響力を有するがゆえに衆議院議員は後援者を獲得できること，全ての法案がその審議を要するという事実はそれだけで帝国議会の政策決定への有意な関与の可能性を示すのに十分であることなど，ウィリアムズの衆議院に対する過小評価をも指摘していた。

9月10日付覚書が国会法への導入を求めた項目には，まず，国会の権威向上のため，①議員歳費引上げ，②議員への事務員・事務所の付与，③文書通信費の支給，④議員の権威を貶めるような慣習・儀式の撤廃，があった。また，国会が十分な立法機能を果たすために，⑤議院自律権への最大限の尊重の明文化[32]，⑥独立した各議院予算の確保，⑦国会図書館の創設，⑧法制局及び立法調査部局の創設，⑨国会法規を調査研究するための法制協議会（Legislative Council）創設，⑩本会議及び委員会公聴会の公開，⑪常任委員会による公聴会開催，⑫議員間の自由討議の実施，⑬政府に対する質問（interpellation）の時間制限，⑭常会の会期を最低6ヶ月とし，かつその後を休会（recess）として閉会（adjourn sine die）にしないこと，⑮各省に対応する常任委員会の設置，が挙げられている。なかでも常任委員会関連は詳細で，各委員会への事務所や事務員，専門家の付与，委員長・委員の選任方法，委員の任期，委員会規則の整備についても言及された。これらの項目の大半はその後，GHQ第一次指示として日本側が目の当たりにすることになる。

以上のように，議院法改正をはじめとする帝国議会改革については，議会側の自主性を可能な限り尊重することがGHQ側の原則とされた。とはいえ日本は占領下にあり，GHQ側もそれを利用しない手はない。しかも，GHQの強力な支援なくして新憲法の理念にふさわしい国会の実現はおぼつかない，との強い信念がウィリアムズにあった。内容面に目を転ずれば，両覚書とも同時期の米国議会改革に範が求められていた。

4 国会法案の起草：GHQ指示と日本側の対応[33]

GHQ第一次指示を受け，日本側は早急な対応を迫られた。すでに第90回議会は終了していたが，衆議院事務局が内閣法制局と協議しつつ検討を進めるとともに，法規委員会も閉会中ながら数次の会合を持ち，11月21日にはGHQの承認を待たずに第二次草案を決定した[34]。GHQには内容が概

ね固まった時点で報告されていたが，その指示で法規委員会の正式決定後も条文の公表は差し控えられた[35]。GHQ第一次指示は，日本側からすれば「とり得るものもございますし，またとる必要のないものもあった」（西沢 1954：13）が，両院法規委員会や自由討議など予期せぬ新規事項も含まれていた。他方，衆議院が戦前から熱望し「執念の制度」（清水 1974：85）と化していた常置委員会に関し，米国流の常任委員会と機能面での重複が大きく，役割分担を図る必要に迫られたことは後の摩擦を予兆していた。

第二次草案正式決定の翌日，ウィリアムズが再び山崎を訪れ，新たな指示を伝達した。このGHQ第二次指示の主な内容は，常任委員会に関するもので，名称・所管の法定や調査スタッフのさらなる強化，合同審査会制度の創設が要求された。代わりに常置委員会制度は拒絶され，また，常任委員会と特別委員会は開会中のみ活動しうることが明らかにされた。とくに常置委員会の否定は「事務当局にショックを与えたことは勿論だが，各政党にもショックを与え」，各党が幹事長書記長会談を開くなど衆議院を挙げての対応が図られた[36]。しかしGHQは「頑トシテ反対シ」，衆議院側の「主張ヲ入レテクレズ，止ムヲ得ズコレヲ削除」することとなった[37]。12月4日の法規委員会が決定した第三次草案は，常置委員会の断念を含めて概ねGHQの意向を反映する内容となったが，質問の賛成者要件は指示に反し存続のままGHQへ送付された[38]。

ウィリアムズは12月6日，衆議院でGHQの第三次指示を伝えた。その内容もまた相当多岐にわたるが，対政府関係について国会の地位向上と独立性担保を追求する点に一貫性がある。国会の議事手続等では，常任委員会強化の方向性が維持されつつも，個別には従来の指示と相反する内容がみられた。ひとつは，常任委員会と特別委員会の委員選出を各派比率とするもので，小会派の過大代表に歯止めがかけられた。西沢は，「いよいよ先方が議会の実際にタッチしてみると，いかにも小会派のやり方がひどいというので……」（1954：53）と指摘し，この変化をGHQ側の経験の蓄積に帰する。また第二次指示とは逆に，議院で認めた場合に常任委員会・特別委員会が閉会中も活動しうることが明確に示されたことは，空しく潰えた常置委員会制度の趣旨を一部実現する「先方の大譲歩」（西沢 1954：21）として日本側を安堵させた。他方，本会議での趣旨説明を経ずして提出議案を委員会に付託するよう求められたことは，実質的には帝国議会以来の

議案審議の流れを維持する意向であった日本側に根本的な意識の転換を迫り，ここに国会における委員会中心主義の土台が出現した[39]。同時に，一定の要件の下で委員会付託案件を直接に本会議審議に持ち込める方途──現在の中間報告制度に相当する手続──の整備を指示されたが，これは日本側の理解によれば委員会中心主義と相矛盾する制度構築であり，混乱をもたらした[40]。対政府関係では，国会議員と行政各部の委員・顧問等との兼職禁止が盛り込まれるとともに，第二次指示を無視して日本側が存続を図った質問に関する賛成者要件は，これを削除するよう「先方も負けないでまた言って来た」(西沢 1954：23)。GHQ第三次指示を受けた日本側では，第91回議会での国会法案の審議と両院通過を実現すべく見直し作業が進められ，わずか3日後の12月9日に，第四次草案が法規委員会で承認された。これを受け取ったGHQは同月14日，さらに指示を行う。この第四次指示では，衆議院の任期満了時における会期確保，不逮捕特権の例外の縮小，第四次草案で日本側が限定を図った公聴会対象案件の復活，不承認とされた質問に関する異議申立の容認が求められた。そのうち公聴会対象案件については，日本側が実際の運営における煩雑さを予想して対応を試みたものであったが，双方譲歩しての妥協が成立し，12月16日に第五次草案がGHQの最終的な承認を得た後，翌17日には国会法案として超党派により衆議院へ提出された[41]。

　衆議院は，第91回議会での両院通過を期して審議を進め，早くも12月21日の本会議で全会一致により可決した。これを受けて貴族院側は，会期末の同25日に審議終了の意向を示したが突如不満を爆発させ，「遂に国会法案は陽の目をみずに握りつぶし」[42]と成り果てた。しかし，議院法のまま翌年5月の憲法施行と国会創設を迎えることは選択肢になく，次会期での国会法案の両院通過は不可避であった。貴族院側では，衆議院に対する圧力を期待してGHQに働きかけを行ったが，議会審議という民主的プロセスへの直接介入にGHQは慎重であった[43]。結局第92回議会では，1947年2月21日に衆議院が前議会と同一内容の法案を実質的審議なく全会一致で可決し，貴族院でも3月18日に10条項の修正とともに委員会審査を終了，同日の本会議で全会一致により修正議決された。これに先だち，20本以上の修正案が衆議院側へ非公式に打診されている(Williams 1979)。貴族院の修正に対して衆議院は，翌19日に全会一致で同意を与えた。修正の第一は，

前議会で廃案の元凶となった両院協議会の開催請求権に関するもので，両院の非対称性がある程度緩和された。また，公聴会対象案件を限定する修正は，衆議院が草案段階でGHQに譲歩した内容を一部帳消しにした。かくして本則132条の国会法が成立したが，ウィリアムズ（Williams 1948）の分類によれば，37条は全く新規のもので，旧議院法規に由来する95条のうち41条も大幅な改変を受けていた。

以上みたように，GHQは，国会法案の帝国議会提出までに4次にわたる指示を行った。その内容は広範かつ詳細で，意義不明な内容もあったが日本側は従順であり，指示を反映する草案改定を重ねていった。日本側が占領下にあることを考慮すれば，これは合理的な態度であり，またGHQと相対した西沢ら衆議院関係者にとって，国会の地位向上は喜ぶべきことでもあった。事実，西沢は後年，「ウィリアムズは……国会の権威をいかにして高めるかという点に非常に心を注いでくれたことは，私としては今日でも感謝しております」(1954:62) と述懐している。とはいえ常置委員会の創設や質問に関する賛成者要件の維持，公聴会対象案件の範囲など，日本側がGHQの説得を試み，あるいは指示を無視して新たな草案を提出することもあった。GHQ側にも，経験をふまえた軌道修正がなかったわけではない。しかし結局は，GHQの基本方針が貫徹されることで幕を下ろした。

5　GHQと極東委員会の関係

国会法制定が最終段階に入ると，極東委員会（FEC：Far Eastern Commission）も作業の進捗状況に関心を示すところとなった。FECは，日本の占領管理に関する最高意思決定機関として連合国11カ国[44]で構成され，ワシントンに本部が置かれた。その政策決定は，米国政府を通じて東京のGHQに指令される一方で，緊急を要する問題については米国政府が独自に指令を発する権限を有していた。1947年1月のFEC第3委員会では，国会法案が議論の対象となり，政府委員制度の是非と，議員歳費と官吏俸給のリンクの2点がとくに問題視され，GHQに再考を求めることとなった[45]。

前者に関するFECの主張は，いずれも議院内閣制を採るオーストラリア，カナダ，ニュージーランドの指摘に基づき，国務大臣の代理として国会で発言を許されるのは議員に限られるべきであって，かかる資格で官僚に本会議や委員会への出席・発言を許すことは議院内閣制と矛盾をきたす，と

いうものであった。これに対しGHQは，政府委員制度が帝国議会の長い経験をふまえたものであり，かつ衆議院の全会一致で承認されていること，そのような日本側の自発的意思に基づく結果への干渉は民主主義原理を侵害するおそれがあること，また官僚の発言が技術的・細目的な事項にとどまること，さらには英国議会の議事手続と異なることをもって非民主的とはいえないこと，などを挙げて反論した[46]。一方，後者へのFECの疑問は，かかる条件設定が官吏の給与増額を困難にするのではないか，との懸念に由来していた。こちらにはGHQから，官吏の俸給の制限が目的ではなく，端的にいえば各省次官の俸給額を議員歳費の基準とするものである旨の説明がなされている。その後のFEC第3委員会では，政府委員制度について英豪の委員から，過去の慣習を理由とした正当化に疑問が発せられたものの，結局，当分は特段の措置を求めないことに決した[47]。

　FECとGHQが異なる主張をもった背景には，ウィリアムズ（Williams 1979）が指摘するように両者の位置的・組織的な性格の違いは無視できない。米国政府の一元的なコントロールのもと現地で占領政策を進めてきたGHQにとって，帝国議会改革の第一目標は，議会の理想型の追求よりも官僚制への対抗勢力たりうる議会の構築であり，日本社会を前提として十分に機能しうるという現実性が優先されていた。それは，まさしく時間との戦いである。他方FECは，遠くワシントンにあって複数国の利害の錯綜する協議体であり，対応を誤れば大きなコストをGHQにもたらす存在であった。

6　米国議会改革と国会法

　制定時の国会法は，同時期に実現した米国連邦議会改革——1946年立法府再編制法（Legislative Reorganization Act of 1946）と広く内容を共有する。1946年8月に成立した同法の上院通過案をGHQから提供された日本側も，国会法の起草にあたり「これが非常に役に立った」（西沢 1954：7）と認めていた[48]。1946年立法府再編制法の主な内容は，①常任委員会の整理統合——総数を下院では48から19，上院で33から15に各々縮小，②特別委員会の利用禁止，③常任委員会の所管の明確化，④常任委員会の議事手続の統一化及び公表，⑤委員会スタッフ制度の拡充整備，⑥議会の要処理件数の削減，⑦行政監視機能の強化，⑧議会の有する財政権限の再強化，⑨ロ

ビー活動の規制, ⑩議員の歳費増額及び退職金制度の創設であった (Galloway 1951)。その主眼は常任委員会制度の改編・強化にあり, したがって, 国会法制定過程で日本側が「一番ナヤマサレ」かつ「GHQ カラ一番ヤカマシクイハレタ」のが常任委員会関連であるのもごく自然といえる[49]。

1930年代から40年代の米国では, 連邦議会とその立法プロセスに対する批判が高まっていた。とりわけ当時の学界において, 科学的管理 (scientific management) の有効性を支持し, かつ行政府でこれを実践した人材が発言力を増しており, 連邦議会はかかる原理に基づく厳しい批判にさらされた (Davidson 1990)。1946年立法府再編制法はこうした状況への議会側の対応であったが, その問題意識において米国政治学会 (APSA) の検討結果と軌を一にする。なかでも直接的な影響を与えたのは, 1945年の APSA 報告書 (APSA 1945) であり, そこでは連邦議会が抱える問題として, ①多くの些末な法案の存在に起因する過大な要処理件数, ②議員や委員会に対する十分かつ独立したスタッフの補佐の欠如, ③常任委員会の数的過剰と所管事項の重複, ④議員や委員会の間で過度に分権的な立法政策の調整機能, ⑤意思伝達経路の不十分さによる政権との連携困難, ⑥継続的な行政監視実行能力の欠如, ⑦とりわけ下院における内部権限再配分の必要性, などが指摘された (Davidson 1990)。そしてこれらの課題自体は, 後の1946年立法府再編制法を内容不十分とみる立場も同意するところであった (たとえば Harris 1946)。

同法の APSA 報告書との類似は議会提出時に一層強かったが[50], 重要法案の常として多数の修正を受けた。そこでは, 各議院内の既存の分権的支配構造——まさしく有識者が一致して指摘する連邦議会の問題点——の変革に直結し, 常任委員長の権力弱体化に繋がるとみなされれば抹殺の対象となり, 両院間や議会・政権間の意思疎通の緊密化を図る措置は格好の標的となった。下院審議で削除された法制協議会 (Joint Executive-Legislative Council) が代表例であり, また, 同一法案に両院常任委員会の合同公聴会開催を許す規定も同じ運命を辿った。しかし皮肉なことに両者は, 日本の国会で両院法規委員会及び合同審査会となって復活した。一方, 1946年立法府再編制法により, 米国議会では両院の常任委員会が対称的な構成に近づいたが, これは相互の意思疎通強化を図る改革の趣旨に沿うもので, 全面的でないにせよ法案起草者を満足させた (Galloway 1951)。この, 両院

間の緊密な関係構築の必要性に関して共有された米国政治関係者の問題意識は，常任委員会の数や名称など議院規則で定めることがむしろ自然といえる事項まで，国会法で規定させた一因として指摘しうる[51]。

　1946年立法府再編制法は，以前から有力に指摘されてきた課題への対応策であり，当時の関係者ならば，その内容と意義を容易に理解できる状況にあった。日本側に対するGHQ指示の方向性を決定したスウォウプとウィリアムズによる両覚書もまた，すでに本稿で述べたところと比較すれば明らかなように，同法やAPSA報告書の影響を強く受けている。しかし問題は，日米の統治機構に関する制度配置とその特性が異なることであった。三権の相互抑制と均衡が追求される米国連邦政府では，政府各部門の連携が疎遠になっていた。これは議会と政権の間はもちろん上下両院の関係も例外でなく，その連携強化が1946年立法府再編制法の主目的であった。しかし国会の場合は，議院内閣制の採用に加え，占領改革の一環であったことや急遽二院制が採用されたことを背景に，両院の議員選出方法に大きな差異を設けることが事実上不可能であり，立法と行政および衆参両院の融合化が生来的傾向として与えられている[52]。その結果，法制協議会や両院常任委員会の合同化推進策など，上下両院や議会・政権の間の連絡を密にするための人為的な措置を真に必要とする米国議会では，従前の制度に適応化した内生的な政治アクターにより改革の実現が妨げられる一方，かかる措置を必要とせず屋上屋を重ねることになる日本では，占領軍（GHQ）という決定的な外生アクターによって制度の導入が実現することになった[53]。

　このように国会法制定時にGHQがなした選択の内容は，客観的にみて最善といえない。しかし，本稿におけるこれまでの検討によれば，GHQ担当者が当時直面していた状況とは，次のようなものであった。すなわち，日本国憲法施行までの国会法成立が至上命題とされる一方で，GHQ部内における当該課題への関心は特に高いものではなかった。加えて，最終的にFECの審議と承認が求められることを考慮するならば，そこを通じて他の連合国の介入を招きうるような選択は，なおさら得策でない。以上から，同時期に本国で一段落したばかりの議会改革の踏襲は，GHQと本国（米国）のやり取りのみで必要かつ十分なリソースの獲得を可能とするものであり，GHQ担当者の主観の下ではきわめて合理的な判断であった。

結語

　国会法の制定過程では，国会のあるべき姿に関し，2つの方針が一貫して追求された。ひとつは，対外的な国会の地位向上と独立性担保である。もうひとつは，法案審議や行政監督など国会の主要な活動が，常任委員会を中心に実行されていくような制度の有機体を構築することである。前者は，国会を「国権の最高機関」かつ「国の唯一の立法機関」とする日本国憲法に則ったものであるが，後者は，国会法により初めて明確にされた。これらの方針とその実現をもたらしたのはGHQであり，国会法については同時期における米国連邦議会改革の副産物でもあった。その整理された所管範囲や専門スタッフの配置など，常任委員会制度の外形を見る限り，1946年から翌年にかけて米国議会と国会がほぼ同一地点から出発したとさえ言いうる。むしろ両院で対称的な常任委員会構成のごとく，米国議会改革の趣旨が国会で徹底された面もあった。

　もちろん，国会を構成する制度は，常任委員会や特別委員会のみではない。しかしここでも両院法規委員会のように，かかる仕組みを必要とする米国議会では実現に至らず，あえて不要な日本の国会に導入されたものがあった。こうした事態が発生したのは，大統領制と議院内閣制の特性の違いに加え，意思決定過程で強大な外的権力の介入を受けたか否かによる。結論として，GHQを取り巻く環境的な諸条件──①時間的制約，②部内での優先度，③FECの存在──を勘案すれば，米国議会改革の内容を踏襲したその選択には高い合理性の発揮を見いだすことができる。

　議院自律権の観点からは，国会法が詳細にすぎるとの批判も強い。常任委員会の数や名称など議院規則で定めるべき事項までが，国会法で規定された背景には，議院法が50年以上機能していた日本固有の事情に加え，過度の分権的構造の是正が喫緊の課題と認識されていた米国議会改革の影響が無視できない。さらに，保守的な第二院へのGHQ担当者の強い警戒感も考慮される必要がある。かえって法律ならば衆議院が参議院に拒否権を行使できるのであり，GHQ担当者の観点に立てば，上記で合理性の示された選択の内容的な魅力を増すことこそあれ，これを有意に損ずるものではなかった。

【謝辞】 本稿の執筆に際しては，米原謙先生（大阪大学）ならびに2名の匿名の査読者から貴重な助言をいただいた。記して謝意を表したい。

【付記】 本稿の記述のうち，意見にわたる部分は筆者の個人的見解を記したものであり，筆者の所属機関の公式見解ではない。

（1） 日本側とGHQ側で各々立案作業の実質的責任者であった西沢哲四郎とJ・ウィリアムズが著作や資料を遺している。ほかに山崎（1988）など。
（2） 内閣法制局では，すでに10月の時点で憲法改正の論点がかなり整理されていた（清水1974）。清水は，「高級官僚の変わり身の早さ」に驚きを示しつつ，議会関係を含めて「相当程度に適切な問題提起のされかたがなされている」ことを指摘する（同上：56）。
（3） 衆院予算委での松本の答弁──第89回議会 衆議院予算委員会議録7回, pp. 126-7, 1946.12.8.
（4） 憲法改正の検討が進展すれば，ポツダム宣言受諾の際に日本政府が絶対条件とした「国体護持」の争点化は必至であった。一般的に「国体」は，天皇統治の大原則として理解されるが，その思想的な形成過程を通じて包括的な把握を試みた米原（2002）によれば，イデオロギーとしての「国体」とは，近代化と国家的独立を達成しようとした近代日本が創出した一種の市民宗教であり，その核心は神道と皇統の一系性に置かれる。
（5） GHQ草案の内容は，高柳・大友・田中（1972：266-303）所収による。
（6） "Reform of the Japanese Governmental System." Approved by SWNCC, January 7, 1946.
（7） 本節において政府案は佐藤（1964，1994）所収に，それ以外は同書及び朝日新聞縮刷版（自由党案：1946年1月22日付，進歩党案：2月15日付，社会党案：2月24日付，憲法研究会案：1945年12月28日付）に，各々基づく。
（8） 佐藤達夫は，「2月22日の会談のいきさつも知っていたので，この場合やむを得ないことと思った」（1994：133）と述懐している。
（9） 本節の国会法起草をめぐる時系列は，特記なき限り西沢（1954）による。
（10） 各派交渉会6月18日決定（西沢文書253-3所収資料）。衆議院側としては，まもなく消滅の運命を辿る貴族院の関与に消極的であった（西沢1954）。
（11） 議院法改正に関する要綱覚（西沢文書253-4所収）。
（12） スウォウプが率いた時期におけるGHQの帝国議会改革担当部署は"Legislative (Liaison) Branch"であり，ケーディスを長とする"Public Ad-

ministration Division" に属していた。GHQ で通常「課」と訳される "division" よりも下位の組織とされていることからすれば, "Legislative Liaison Branch" は「立法連絡係」というべきことになる。しかし, スウォウプの階級や与えられた任務の内容, 民政局内におけるケーディスの位置付け等を勘案すれば, 一般的に「係」から受ける印象よりはむしろ「課」に近いと思われる。

(13) JW-97-08; "Speaker of the Japanese House of the Representatives," Memorandum for the Chief, Government Section, SCAP, GHQ, by Comdr. Swope, June 11, 1946.

(14) それぞれ衆議院・参議院 (1990 : 76-77) と西沢文書250所収の資料に基づく。

(15) ウィリアムズ (Williams 1979) は, 山崎の下で日本側が非常に協力的になった主因のひとつを, 議長個人に帰した。前任の樋貝が法制官僚出身で議員経験も乏しいのに対し, 政友会政調会長などを務めた山崎は党人派であった。ただし, GHQ の強い意向が山崎に影響を与えたのは確かであろう。一方, 樋貝の自説を容易に曲げない性格には定評があった (佐藤1964)。

(16) 内閣法制局は, この後の数次にわたる草案策定作業で内々に所見を表明したものの, 殆ど採用されなかった (清水 1974)。

(17) 西沢文書246所収メモ。

(18) GHQ は占領初期から, 帝国議会への提出法案の報告を日本政府に求めていた (AG 601 GS, October 22, 1945)。

(19) ウィリアムズ来訪時の衆議院側対応者は, 山崎議長, 大池書記官長, 西沢, 及び終戦連絡事務局1名 (通訳) が基本であった (西沢 1954)。ウィリアムズは, 1942年に軍務に就くまで米国ウィスコンシン大学で歴史学などの教職にあった学者であり, 来日前の議会実務経験はない (Williams 1979)。

(20) GHQ 第一次指示は, 原文が西沢 (1954 : 71), 日本側の訳文が西沢文書246に各々所収。

(21) ベアワルドは, フィリバスターの余地のなさと議長権限の大きさから, 少数意見への配慮の欠如を指摘し, とりわけ後者をもって (GHQ 民政局に)「少数派の立場を保護するという考え方が毛頭なかった」(1974, 訳書 : 29) とする。しかし米国議会をみても, 日本の衆議院と同規模の下院本会議の発言時間には厳しい制限がある。また下院議長の権限縮小と究極的な少数派保護策というべきシニオリティ・ルールの定着は, 院内多数派がそれらを追求した結果もたらされたものである (Polsby 1968; Mayhew 1974; Fiorina 1977)。

(22) 西沢文書246所収メモ。
(23) 日本側の対応について，黒田（1960）がその後進性を強調する一方，赤坂（2004）は資料の丹念な読解から，実務経験に基づく合理的選択であった可能性を排除しない。しかしいずれも，議院自律権の尊重が普遍的に優先されるべきとの暗黙の前提が，アクターの行動に関する解釈の余地を過度に狭めているように思える。
(24) SCAPIN-44 (1945.9.22).
(25) SCAPIN-548, 550 (1946.1.4).
(26) JW-97-06; "Reform of Structure and Procedures of Japanese Diet," Memorandum for the Chief, Government Section, SCAP, GHQ, by Comdr. Swope and Lt. Esman, May 23, 1946. 西沢（1954）の証言は，GHQ 側の議会知識の不足による悪影響を示唆しており，これが通説化している。しかしスウォウプには，1期（1937−39）だけとはいえ連邦下院議員の経験があった。
(27) JW-111-30, 31; "Major Handicaps of the Diet under the New Constitution," Memorandum for the Chief, Government Section, SCAP, GHQ, by Williams, September 10, 1946.
(28) JW-111-29; "Problem of the Diet under the Revised Constitution," Memorandum for the Chief, Government Section, draft, by Williams, September 3, 1946.
(29) ウィリアムズは，「9月3日に25頁に及ぶ覚書の草案をケーディスに提出した」とし，そこで提案された「15の新機軸のうち，ひとつを除いてケーディスの承認を得た」とする（Williams 1979: 145）。それによればケーディスが反対したのは，議員の収入を公開することであったという。JW-111-29所収の草案は，頁数が同一であり，また第V節のA項（pp. 19−24）の記載とも整合することから，これがウィリアムズのいうケーディスへの提出草案とみてよいであろう。すなわち，GHQ のとるべき15の方策が列記され，それらのなかでは議員の収入公開に関する項目にのみ "NO" との手書きコメントが認められる。一方，同様に拒絶された参議院廃止に関する提言は，同じV節ながらC項に記されており，ウィリアムズの著書でふれられた部分とは異なるから上の記述とも矛盾はしていない。
(30) その主著として，Quigley (1932)。
(31) JW-111-32; "Harold S. Quigley on 'Handicaps of Diet'," September 28, 1946. なおより簡明ながら同趣旨の記述が Williams (1979: 145-148) に見られる。
(32) 前述の覚書草案は，"House Rules" を "Diet Rules" に改めて議院自律権を侵害しようとしている，と日本政府を厳しく批判する (p. 15)。実際には

GHQへ送付された「議院法改正の項目」の英訳（JW-57-01所収）に起因した誤解であろう——邦文は各々「議院法」及び「国会法」とある——が，議院自律権へのウィリアムズの高い関心はみてとれる。ただし本節の示すところからは，同人のそれが衆議院に限定されているようにみえる。
(33) 本節における事実関係は，特記のない限り西沢（1954）に基づく。また第一次から第四次までのGHQ指示の内容は，西沢（1954）及び西沢文書246所収メモによる。
(34) 第二次草案の内容は，西沢文書243所収の条文による。
(35) 西沢文書244所収メモ。また，11月22日付　議院記者会所属各社宛要請（原稿，西沢文書240）。
(36) 西沢文書244所収メモ。
(37) 西沢文書237所収メモ。
(38) 第三次草案は，西沢文書243及び同244所収の条文による。
(39) 日本側は，特段の不都合のなかった読会制を運用で維持するつもりであった（西沢1954）。
(40) 西沢（1954）は，国会法起草当時はこれが米国議会の"discharge"に該当する制度と理解できず，条文化が不十分であったことを認めている。
(41) 第91回議会　衆議院議事速記録12号，p. 129, 1946.12.18.
(42) 12月26日付朝日新聞。それによればきっかけは，植原国務大臣が法案修正の場合の報復をほのめかしたことにあった。
(43) 1947年1月7日，本件に関して貴族院議員4名がホイットニー民政局長を訪問している（Williams 1979）。
(44) 1949年11月からは13カ国。
(45) FEC-107; "Consultation with the Supreme Commander for the Allied Powers Relative to the Draft Diet Law," FEC, January 28, 1947. 第3委員会の審議では，内閣に対する議員の質問の機会が不十分であることも指摘された — JW-01-01; Minutes, 42nd Meeting, Committee No.3, FEC, January 20, 1947. これについてもSCAPに再考を求めるべしとの報告書が運営委員会（Steering Committee）に提出されたが，同委の1月28日付決定（SC-054/1）で差し戻されている。
(46) FEC-107/1; "Reply by the Supreme Commander for the Allied Powers to Consultation Relative to the Draft Diet Law," FEC, February 14, 1947.
(47) JW-01-11; Minutes, 46th Meeting, Committee No.3, FEC, February 17, 1947. FEC-107/4; "Report of Committee No. 3 on Reply by the Supreme Commander to Commission's Consultation Relative to Draft Diet Law," FEC, February 21, 1947.
(48) 同法案は1946年6月上旬の上院通過後，7月下旬に下院で修正議決さ

れ，上院がこれに同意した。日本側が得たのは，6月時点のものと思われる。
(49) 引用部分は西沢文書237所収メモによる。
(50) 同報告書の主執筆者であった政治学者ギャロウェイ（George B. Galloway）は，連邦議会の上下両院合同委員会の首席補佐官に就任し，1946年立法府再編制法の事実上の起草者となった。
(51) 日本側は当初，常任委員会の数・名称を議院規則で定める予定であった（西沢 1954）。
(52) 議院内閣制の融合化傾向を合理的アクターの戦略的行動の結果として示すものに Laver and Shepsle（1996）など。
(53) ベアワルドはむしろ逆に，国会の機能上重要でありながら GHQ が「きりすててしまった」米国議会の主な特徴として，「自主決定力をもった委員会」，「自主決定権をもった委員長」，「議事日程を定める権能の所在を甚だしく分散させてあること」などを挙げる（1974，訳書：26-27）。しかし本稿で示されるように，理想的議会の構築よりも米国議会改革の後追いが優先されるならば，米国で問題視された分権的構造が国会に導入されないのは当然の帰結といえる。

引用文献

赤坂幸一．2004．「戦後議会制度改革の経緯（1）」『金沢法学』47（1）：1-250．
石田光義．1990．「国会法の制定立案作業にみる諸問題」『比較憲法学研究』2：68-87．
ジャスティン・ウィリアムズ．1948．「日本議会法の今昔（下）」『法律タイムズ』2（8）：11-17
ジャスティン・ウィリアムズ．N. d.『ジャスティン・ウィリアムズ（JW）文書』国立国会図書館憲政資料室所蔵．
大石眞．1990．『議院法制定史の研究：日本議会法伝統の形成』成文堂．
川人貞史．2005．『日本の国会制度と政党政治』東京大学出版会．
黒田覚．1960．「国会法の制定過程と問題点」『東京都立大学創立十周年記念論文集』1-34．
佐藤達夫．1994．『日本国憲法成立史　第3巻』佐藤功（補訂）．有斐閣．
佐藤達夫．1964．『日本国憲法成立史　第2巻』有斐閣．
清水睦．1974．「憲法『改正』と議会制度改革」東京大学社会科学研究所（編）『戦後改革3』東京大学出版会，49-90．
衆議院・参議院（編）．1990．『議会制度百年史　議会制度編』大蔵省印刷局．
高見勝利．1993．「戦後の国会における委員会制度の導入とその改革」中村睦

男(編).『議員立法の研究』信山社, 57-89.
高柳賢三・大友一郎・田中英夫(編著). 1972.『日本国憲法制定の過程 I 原文と翻訳』有斐閣.
西沢哲四郎. 1954.『国会法立案過程におけるGHQとの関係』占領体制研究会(西沢文書249所収).
西沢哲四郎. N. d.『西沢哲四郎関係文書』国立国会図書館憲政資料室所蔵.
ハンス・H・ベアワルド. 1987.「初期占領政策と議会の再生」坂本義和・R・E・ウォード(編)『日本占領の研究』東京大学出版会, 179-206.
山崎高. 1988.「新国会の誕生:『国会法』の制定」読売新聞社調査研究本部(編)『日本の国会』読売新聞社, 11-52.
米原謙. 2002.『近代日本のアイデンティティと政治』ミネルヴァ書房.
FEC. N. d.『極東委員会関係文書』国立国会図書館憲政資料室所蔵.
GHQ/SCAP. 1996.『GHQ日本占領史9 国会の民主的改革』前田英昭(解説・訳). 日本図書センター.
GHQ. N. d.『民政局文書』国立国会図書館憲政資料室所蔵.

American Political Science Association (APSA). 1945. *The Reorganization of Congress*. A Report of the Committee on Congress. Washington, D.C.: Public Affairs Press.

Baerwald, Hans H. 1974. *Japan's Parliament: An Introduction*. New York: Cambridge University Press (橋本彰・中邨章 訳.『日本人と政治文化』人間の科学社, 1989).

Davidson, Roger H. 1990. The Legislative Reorganization Act of 1946. *Legislative Studies Quarterly* 15: 357-373.

Fiorina, Morris P. 1977. *Congress: Keystone of the Washington Establishment*. New Haven: Yale University Press.

Galloway, George B. 1951. The Operation of the Legislative Reorganization Act of 1946. *American Political Science Review* 45: 41-68.

Harris, Joseph P. 1946. The Reorganization of Congress. *Public Administration Review* 6 (3): 267-282.

Laver, Michael, and Kenneth A. Shepsle. 1996. *Making and Breaking Governments: Cabinets and Legislatures in Parliamentary Democracies*. New York: Cambridge University Press.

Lijphart, Arend. 1999. *Patterns of Democracy: Government Forms and Performance in Thirty-Six Countries*. New Haven: Yale University Press.

Mayhew, David R. 1974. *Congress: The Electoral Connection*. New Haven: Yale University Press.

Polsby, Nelson W. 1968. The Institutionalization of the U.S. House of

Representatives. *American Political Science Review* 62: 144-68.

Quigley, Harold S. 1932. *Japanese Government and Politic: An Introductory Study*, New York: Century.

Simon, Herbert A. 1985. Human Nature in Politics: The Dialogue of Psychology with Political Science. *American Political Science Review* 79 (2): 293-304.

Tsebelis, George, and Jeannette Money. 1997. *Bicameralism*. Cambridge: Cambridge University Press.

Williams, Justin, Sr. 1979. *Japan's Political Revolution under MacArthur: A Participant's Account*, Athens: University of Georgia Press.

Williams, Justin, Sr. 1968. Completing Japan's Political Reorientation, 1947-52: Crucial Phase of the Allied Occupation. *American Historical Review* 73: 1454-69.

Williams, Justin, Sr. 1948. The Japanese Diet under the New Constitution. *American Political Science Review* 42: 927-39.

1967年11月の佐藤訪米と沖縄返還をめぐる日米交渉

中島琢磨 *

はじめに

　沖縄の施政権返還に至る政治過程において，1967年11月の佐藤訪米は，返還問題が具体的に進展した一つの重要局面であった。このとき発表された日米共同声明では，沖縄返還の時期について「両三年内（within a few years）」に合意すべきとの佐藤榮作首相の見解が盛り込まれた。このように日本側は，佐藤訪米を通じて沖縄返還の時期的目途をつけることに成功したのである[1]。実際に日米は，2年後の1969年11月に沖縄返還の時期について合意している。当時外務省北米局長であった東郷文彦が回想している通り，日米交渉が進展した1967年9月から11月の期間は，沖縄返還への過程の中で一つの重要な時期であった[2]。

　しかし，このときの日米合意の過程，とくに返還問題の進展という点で決定的意味をもつ「両三年内」の語句が日米共同声明に盛り込まれる過程は，従来明らかでなかった。この過程の解明は，沖縄返還に至る政治過程全体の理解に繋がる重要性をもつ。というのは，「両三年内」という沖縄返還の時期的目途を日米共同声明に盛り込むことは，米側にとって従来の政策の変更であったと同時に，以後の沖縄返還問題の展開に影響を与えた重要決定であったからである。

　それまでの米側の立場は，極東情勢が変化しない限り，沖縄の早期返還に向けた問題の前進はないというものであった。米政府内には，スナイダー（Richard L. Sneider）など沖縄返還の必要性を認識していた人物達もいた。しかし，ベトナム戦争中のジョンソン（Lyndon B. Johnson）政権は沖

---

* 日本学術振興会特別研究員　政治外交史

縄を軍事上の重要拠点としており，政策決定に直接影響を及ぼすラスク（Dean Rusk）国務長官や軍部は，当初問題の進展に慎重な立場であった。このような中，なぜ佐藤は，沖縄返還問題を進展させることができたのであろうか。

本稿の目的は，1967年11月の佐藤訪米の際の沖縄返還問題をめぐる日米交渉過程を，新資料に基づき分析し，返還問題の進展要因と佐藤外交の特徴の一斑を導出することにある。

本文に入る前に，本稿が示そうとする重要点について述べておきたい。このときの日米交渉は，外交における首相のリーダーシップと，事実上の「二元外交」（「二重外交」）の展開という二つの点から特徴づけられる。

第一に，外交における首相のリーダーシップの観点からの重要性である。首脳会談にあたり佐藤は，沖縄返還の時期的目途の日米共同声明への挿入という，当初外務省が実現困難と認識していた目標を設定し，各方面へ働きかけた。先に述べると，佐藤の取組みは交渉において一定の成果を収めており，このときの日米交渉は，外交において首相が率先して問題進展を図った事例として位置づけられる。

第二に，事実上の「二元外交」の展開という問題である。訪米にあたり佐藤は，外務省とは別途に個人的特使を派遣して対米交渉にあたらせた。佐藤の特使として対米交渉を行った若泉敬は，1994年に自らの行動を著作の中で明らかにした[3]。これにより1967年11月の日米交渉では，外務省ルートと若泉ルートによる事実上の「二元外交」の展開ともいえる，日本外交史上特殊な状況が発生していたことが明らかとなった。

しかし，このときの「二元外交」の実態は依然として明らかでなく，また佐藤の提案がどのようにして日米共同声明へ盛り込まれるに至ったのか，よく分かっていなかった。当時の外交過程を論じるためには，佐藤の立場を踏まえた上で，外務省と若泉の各行動と影響力を過程的に検証する必要がある。とはいえ，従来外務省の行動を辿ることは日本側の史資料の制約から難しかった。更に，「両三年内」の語句の日米共同声明への挿入経緯に関しては，残っている外務省関係者の証言が食い違っているという小さくない問題があり，より理解を難しくさせていた。それゆえ，1967年11月の佐藤訪米とそのときの日米交渉をめぐっては，定まった解釈が成立していなかったのである。

本稿では，公開された日米の公文書資料から，従来明らかでなかった外務省の行動を踏まえた上で，「二元外交」の展開過程を再構成し，「両三年内」の語句の共同声明への挿入過程を明らかにすることができた。最終的に本稿では，1967年11月の佐藤訪米の際には，外務省と若泉の「結果的な協力関係」という当事者が意図していなかった状況が成立しており，このことが沖縄返還問題の進展の重要な要因となっていたことを示したい。

以下第一節では，佐藤訪米前の日本側の準備と，佐藤と外務省の意見の相違について考察する。第二節では，首脳会談直前の日米交渉を考察する。そして第三節では，日米共同声明作成の最終局面を考察し，佐藤訪米の意義について論じる。

1　佐藤訪米に向けた準備

(1) 日本側の提起

1965年8月に佐藤が沖縄において，沖縄の祖国復帰が実現しない限り戦後が終わっていないと演説したことは，国内世論に大きな影響を与えた。佐藤訪沖後，国内では沖縄返還に対する関心が高まった。しかし，彼の行動が即座に返還問題の進展に結びついたわけではない。ジョンソン政権は，軍事戦略上の拠点であった沖縄を早期に返還する方針はとっておらず，1966年に入っても，返還問題の進展に向けた機運は形成されていなかった。

こうした中，佐藤は1966年12月の自民党総裁選挙で再選され，翌1967年1月の総選挙では自民党が安定多数を維持した。2月，第二次佐藤内閣が発足している。これらにより政権基盤の一定の安定を得た佐藤は，なおも未解決であった領土問題に解決の道筋をつけようと考えた。同年2月24日，下田武三外務次官はジョンソン（U. Alexis Johnson）駐日大使と会い，佐藤が1967年後半の訪米を検討していることを伝えた[4]。5月，ホワイト・ハウスは1967年11月の佐藤のワシントン訪問を正式に承認している[5]。こうして，佐藤にとって二度目となる日米首脳会談が実施される運びとなった。

佐藤や三木武夫外相は，日米首脳会談時に沖縄の話を取り上げ，何らかの形で問題を進展させたい意向であった。三木は，7月15日にジョンソン大使と会談して返還問題を取り上げ，9月には佐藤訪米の調整のため渡米

してラスク国務長官と会談し，返還問題の進展を求めている。

しかし，米側は，当初沖縄返還問題を前進させるつもりはなかった。米側はこれらの会談において，沖縄返還問題に対する厳しい立場を伝えた。米側が重視していた議題は，むしろ国際収支など経済の問題であった。米政府内では，スナイダー国務省日本部長を中心とするグループが，返還問題の進展を視野に入れた選択肢を覚書にまとめていた。しかし，ラスク国務長官は沖縄に対して慎重な立場であり，その結果「スナイダー・グループ」の覚書はジョンソン大統領には届かなかった[6]。

以上の状況の下，日本側関係者は佐藤訪米に向けた準備を進めていくことになった。日本側は，返還問題の進展のためにどのような議論を展開したのだろうか。はじめに，外務省の準備状況についてみておきたい。

実は当初から外務省は，日米首脳会談後に発表する日米共同声明の草案に，沖縄返還問題の具体的進展を意味する文言を盛り込んでいた。すなわち外務省は，10月7日付で作成した共同声明案の第7項に，「米国政府は，日本政府と国民の強い願望に応えてできる限り早い時期に沖縄を日本に返還する用意があることを明らかにした」との文を入れ，続けて「討議の結果，総理大臣と大統領は，沖縄を日本に返還することを目途として安全保障問題を含め返還に伴い調整さるべき諸問題につき，日米両国政府間において具体的協議を行なうことに合意した」という文言を入れたのである[7]。

従来の日米間の共通理解は，沖縄返還問題の進展は「極東情勢の変化待ち」というものであった。しかし，以上の外務省案は，「できる限り早い時期に（at an earliest possible date）」沖縄を返還するという時間的要素を入れ，同時に「沖縄を日本に返還することを目途として」日米間の協議を行うことを定めている。このように外務省案は，従来の「極東情勢の変化待ち」の状態からの問題の一段階前進を意図したものであり，前回1965年1月の首脳会談時の日米共同声明よりも踏み込んだものとして捉えられる。三木外相は，10月11日，ジョンソン大使にこの外務省案を手交した[8]。

しかし，こうした日本側の姿勢に対し，米側は沖縄の論点化を避けようとした。三木は，10月28日にジョンソン大使と協議を行った。三木は，佐藤訪米の最大の焦点が沖縄に関する前進と小笠原の返還にあることを「ワシントンにもよく分らせてもらいたい」と求めた。これに対して，ジョンソンは沖縄の問題を小笠原の問題とすりかえた。ジョンソンは，「大統領

としては，総理と直接お話しした後でなければ最終的決心をしないことのありうることをも考えに入れておいていただきたい」と述べ，その可能性として，沖縄ではなく小笠原返還の問題をあげたのであった[9]。

つまりジョンソン大使は，沖縄ではなく，まずは小笠原返還がジョンソン大統領の最終的決心にかかっているとの立場を示し，むしろ小笠原返還を今回の日米首脳会談の成果として日本側に印象づけようとした。米側はこの日，沖縄に関しては具体的対応の構えをみせなかったのである。

こうした中，首相の諮問機関であった沖縄問題等懇談会が，11月1日に佐藤訪米に向けた中間報告を佐藤へ提出している。同懇談会の提言の重要点は，今回の佐藤訪米において「ここ両三年の内に施政権の返還時期を決定することの合意をみること」にあった[10]。

筆者は，沖縄問題等懇談会の提言は，沖縄返還の時期の決定に関する目途づけを求めた点で，やはり当時の状況からすれば強い姿勢を示したものであったと考えている。たしかに同提言は，返還決定の時期を先に定めて返還時期そのものは後で決めるという「二段構え」をとっており，返還後の基地の態様に関しては「棚上げ」していた[11]。しかし，「極東情勢の変化待ち」が問題進展の条件とされていた当時の状況を踏まえると，まずは沖縄返還を方針化して返還に向けた検討に着手することが，交渉目標として先にくるはずである。この意味で，先に沖縄返還の時期的目途づけを求めた沖縄問題等懇談会の報告は，「一足飛び」の提案であったといえる。

実際に東郷北米局長は，今回は，「極東情勢の変化待ち」の状態から一歩踏み出して施政権返還の基本方針を確認し，返還の方針の下で継続協議を行うというところまで問題を進めたいと考えていた[12]。外務省の声明案が，一段階先への問題進展を意図したものであるとすれば，沖縄問題等懇談会の提言は，それをとばして二段階先への問題進展を図ったものであったといえよう。

他方で三木外相は，11月6日，ジョンソン大使から日米共同声明の米側対案を受け取っている。米側の対案は，10月11日に外務省が手交した案から明らかに後退していた。米側案では，元々外務省案に盛り込まれていた，「できる限り早い時期に」という時間的要素や，「沖縄を日本に返還することを目途として」日米が協議を行うといった文言が削除されていた[13]。既述の通り，これらの文言は外務省にとって返還問題の進展を意味する重要

部分であった。この日の段階では,日米共同声明案は,返還問題の具体的進展を意味する言葉がない状態になってしまっていたのである。

(2) 佐藤と外務省の見解の相違

以上のように,米側の反応は,沖縄返還問題の進展を求める日本側の意向を受け入れたものではなかった。しかし,佐藤は返還問題の明確な進展を求めた。同日中に外務省は,米側案を佐藤へ伝えたが,佐藤は外務省に対して「更に当方の考へ方を進言した」と日記に書いている[14]。佐藤は米側案に対して首肯せず,更なる取組みを外務省へ求めたものとみてよい。

そして,このあと佐藤が試みたのが,外務省以外の対米交渉ルートの開設であった。若泉京都産業大学教授は,同じ日,首相官邸で佐藤と会談した。佐藤は,前述の沖縄問題等懇談会の中間報告にそって首脳会談で成果をあげたいとの立場を述べ,ここ両三年の内に施政権の返還時期を決定することの合意をみることを外交目標とする意向を若泉に伝えた。

このように佐藤が目標としたのは,沖縄返還の「両三年内」の時期の決定という,返還の時期的目途づけであった。これは,返還方針下での検討実施を目標とした外務省の案以上に,問題進展を求めるものであった。

若泉は,それまで個人的にロストウ(Walt W. Rostow)大統領特別補佐官らと接触して米側の厳しい態度を把握していた。若泉は,「両三年内」の返還時期決定に関する合意は困難であると佐藤に伝えた。しかし佐藤は,「ぜひ,この"両三年内"の目途づけという点をコミュニケのなかに入れるように説得してきてもらえんだろうか」と,若泉に対米交渉を依頼した[15]。佐藤は,外務省との方針の違いや,三木外相との協力関係の限界から,自ら個人的特使を派遣して状況打開を図ったのであった。

一方,11月7日,三木外相はジョンソン大使と約3時間にも渡り協議を行った。この日三木は,沖縄の部分を全面的に書き改めた新しい共同声明案を手交した。この外務省案には,佐藤が求めていた「両三年内」といった時期的目途に関する文言は入っていない。しかし,外務省は,別途沖縄返還問題の進展を意味する文言を作成して米側に提案した。外務省が7日付で作成した日本側案の第7項には,「総理大臣と大統領は,日米両国政府は,沖縄の施政権をできる限りすみやかに(at an earliest possible date)日本に返還するとの方針の下に,返還に伴う諸問題につき外交機関を通じて

協議，検討することに合意をみた」との文言が盛り込まれている[16]。

このように外務省は，前日手交された米側案では削除されていた，返還方針の前提化を意味する文言を再度盛り込み，更に時間的要素（「できる限りすみやかに」）も復活させて再要求したのであった。背景には，前述した11月6日の佐藤による外務省関係者への働きかけがあったとみてよい。

しかし，ジョンソン大使の反応はこの日も冷淡であった。ジョンソンは，外務省が書き改めた沖縄の部分に反対し，とくに重要部分である「できる限りすみやかに」の文言を批判した。ジョンソンは，「日本案では，すでに施政権返還そのものは合意され，今後はそれに伴なう問題を討議する等返還のプロセスが始まる趣旨になっている」と批判した。ジョンソンは，このような切迫感を意味する表現には「大統領は到底同意し得ないと思う」と厳しい言い方で外務省案に反対した。

三木は食い下がった。彼は，現在の盛り上がった世論を冷静に指導するため，「ある程度大胆な表現で世論の期待に応え，世論を指導するに足る材料をもってあとの行動は慎重にするというのが賢明な政治の道だと思う」と強調した。その後二人は応酬している。三木は，「簡明直截な表現で，返還の方針を明示する必要がある」と論じた。結局ジョンソンは，代案として，外務省案の第7項の後半にある「返還に伴う諸問題につき外交機関を通じて協議，検討することに合意をみた」の表現を，「外交機関を通じてこれら諸島の地位について，共同して継続的に検討を行なうことに合意をみた」の表現に代えることを提案した。ジョンソンは，「米側にとってなお受諾困難とは思うが」と述べつつ，この代案を添えてワシントンに報告すると伝えた[17]。

こうして11月7日の日米協議は終わった。外務省の日米共同声明案には，たしかに佐藤が望んだ「両三年内」の語は入っていない。しかし外務省案も，沖縄返還に向けた検討への着手を合意事項として返還を前提化し，更に時間的要素を加えようとした点で，米側からみれば強いものであった。ジョンソンは翌11月8日に一時帰国し，米側関係者との協議に入っている。

こうした中佐藤は，11月8日に首相官邸で若泉と再び会った。この日，「両三年内」の返還時期決定の目途づけを日米共同声明に盛り込むことなどを目標として，若泉が佐藤の個人的特使として渡米することが決定した[18]。翌11月9日，外務省は最新の日米共同声明案を佐藤に伝えた。しかし外務

省案は，11月7日のジョンソン大使の批判を受けた結果，後退した内容になっていた。外務省案では，「沖縄の施政権は日本に返還するとの方針の下に」の文言は残しながら，一方で「できる限りすみやかに」の語句は削除されていた[19]。外務省案は，返還に関する時間的要素を諦めた内容になっていた。

2 首脳会談前の日米交渉——日本側が示した二つの声明案——

(1) 若泉の要求

本節では，外務省ルートと若泉ルートにおけるそれぞれの交渉を考察したい。11月9日の夕方，佐藤は若泉と首相官邸で最後の調整を行った[20]。佐藤は，若泉を佐藤の「個人的代理人」として紹介する首相官邸の様式の英文信任状に署名し，若泉に渡した[21]。そして若泉の回想によれば，若泉は「両三年内」の英訳を，外務省から出向していた本野盛幸秘書官に頼んでいた。同日，本野は，「両三年内」の訳として"within a few years"をあてた案文を若泉に示し，佐藤の了解を得ていると付け加えた。二人は細部を詰め，声明の案文を確定したとされる。同日の夜，若泉は自宅からワシントンのロストウ補佐官に電話し，11月11日の会談を打診した[22]。

国務省のリード（Benjamin H. Read）書記官は，ロストウに対して，①前にジョンソン大使に指示した内容と同じ立場をとること，②外務省が求めていた「できる限りすみやかに (at the earliest possible date)」の語句については，ジョンソンと同様強硬な立場をとることを進言した[23]。このように米側は，当初は若泉が外務省と異なる案を携えているとは思っていなかった。

若泉は，11月11日の午前11時からホワイト・ハウスでロストウ補佐官と会談した。若泉は前述の佐藤の信任状をロストウへ渡し，佐藤の見解として，小笠原だけでなく沖縄についても「とくに時期に関して」より大きな進展が必要であると訴えた。しかし，ロストウは，ベトナム戦争，中国の問題，および沖縄に配置していた核兵器の存続について予測ができない点を理由にあげ，共同声明での時期に関する言及は控えたいと述べた。

以上の反論を受けながらも，若泉は新しい共同声明案を提案した。それは，「沖縄の施政権を日本に返還するとの方針の下に」協議を行うという文

言に加え,「これら諸島の返還の時期につきここ両三年内 (within a few years) に両国政府にとって満足しうる合意に達するため」という文言を盛り込んだものであった[24]。返還方針の前提化を意味する前半部分の文言は,従来の外務省案と同じである。従って若泉の要求は,外務省の要求点を改めて提起する効果をもっていた。若泉が示した案の最重要点は,後半部分で "within a few years" の返還時期の決定を求めたところにあった。この返還の時期的目途を求めた部分が,外務省案との大きな相違点であった。

(2) 外務省の要求

一方,外務省はどう対米協議を進めていたのだろうか。実は,若泉がホワイト・ハウスでロストウ補佐官と会っていた11月11日,東郷北米局長もワシントンにいた。東郷は,下田駐米大使と共に日米共同声明の最終調整を米側と行うため,佐藤の訪米に先立ちワシントン入りしていたのであった。

外務省の要求も,米側からみれば強いものであった。東郷は,同日午前に国務省を訪れ,スナイダー国務省日本部長と協議を行った。彼らは,日米共同声明全体を逐条検討している。東郷は,共同声明でとくに沖縄の施政権返還問題について,「端的に前進の姿を示す必要」があると主張した。これに対してスナイダーは,議会との調整の難しさを理由に,「時間的な前進を謳うことは不可能」と強調した。

協議の中でスナイダーは,東郷に日米共同声明の米側代案を提示した。しかし東郷は,この案では「極東情勢の変化待ち」という従来の状況から変化しないと判断し,「到底受諾し得ず」と強硬な態度を示した。結局東郷とスナイダーは,日米双方の立場を併記して案を出し,あとは日米首脳会談の結果を待つ他にないということで会談を終わらざるを得なかった[25]。ちなみにこの日,東郷も日本側案を提示している。日本側案には,「できる限りすみやかに,琉球諸島の施政権を日本に返還するとの方針の下に」という文言が含まれている[26]。すなわち外務省は,11月9日の日本側案では削除していた「できる限りすみやかに」の語句を再び復活させ,提示したのであった。

以上からすれば,外務省ルートでは,「できる限りすみやかに」という時間的要素の挿入が交渉の重要対立点となっていたことが分かる。ただし,

米側は，沖縄返還の時間的前進を意味する文言を共同声明へ盛り込むこと自体に反対であった。従って米側にとってみれば，返還の時期的目途（「両三年内」）にこだわった佐藤の案も，返還の時間的要素を求めた外務省の案も，どちらも当初は受け入れられるものではなかったのである。

同日夜，ワシントンの東郷北米局長達は，日米双方の歩み寄りを図る趣旨から，沖縄に関する声明案を新たに二つ作成した。第一案では，「琉球諸島の施政権を早期に（early）日本に返還するとの方針の下に」協議を行うこととされている。つまり東郷達は，米側が嫌がった「できる限りすみやかに」の語句を削除して代わりに「早期に」を入れ，トーンを落とした案を作った。第二案は，第一案から更に「早期に」の語を外し，他方で「早期返還に対する日本国民の要望を考慮して」の文言を入れたものであった。日本大使館は，これらの案をシアトルに移動していた下田大使へ電報で送った。下田は，ワシントンに来る佐藤一行を経由地のシアトルで出迎える予定であった[27]。

佐藤一行は，11月12日に羽田を出発し，同日シアトルへ到着した。同行していた三木外相は，シアトルで，出迎えたジョンソン大使と会談している。会談には下田大使も同席した。前述の通り，東郷達が11日夜に作成した声明案では，「できる限りすみやかに」の語句は削除されていた。しかし，12日に佐藤と三木外相が協議した結果，日本側はジョンソンに対して，「総理大臣と大統領は，日米両国政府がオキナワの施政権を両国政府の合意するところにしたがい，できる限り，速やかに日本に返かんするとの方針の下に，今や，オキナワの地位について，継続的かつ共同の検討を行なうべきことに合意した」という修正案を提示した[28]。

外務省内で14-Bと名づけられたこの修正案では，沖縄を「できる限り，速やかに」日本に返還するとの方針の下での検討への着手という文言が，米側の同意を条件とする意味へと書き換えられている。これは米側への配慮によるものであった。こうして条件つきとはいえ，日本側は時間的要素（「できる限り，速やかに」）をなおも残したのであった。

加えて，外務省は重要な成果を得ている。同日までの協議で米側は，「返還するとの方針の下に」沖縄の地位について継続的な共同協議を行うという，外務省が所期の実現目標としていた文言を応諾した[29]。既述の通り，この文言は，沖縄返還問題が「極東情勢の変化待ち」の状態から一段階前

進することを意味する。ただし，この日の外務省ルートの交渉でも，佐藤が若泉を通じてロストウ補佐官に求めていた「両三年内」の返還時期の合意という点は，協議の議題にあがっていない。

(3) 若泉の再要求

こうしてホワイト・ハウスには，日本側から二つの共同声明案が届けられることになった。一つは，11月12日までに外務省ルートで作られた案である。外務省案の要点は，施政権返還の方針の下での日米の継続協議の実施を日米の合意事項とし，更に「できる限り，速やかに」という時間的要素を加えたところにあった。いま一つの案は，佐藤が若泉を通じて11月11日にロストウ補佐官へ伝えた案である。若泉ルートで示された案の要点は，以上の外務省案の要点に加え，"within a few years"（「両三年内」）の返還時期の合意という時期的目途が入っていたところにある。

ここで改めて指摘しておきたいのは，佐藤案も外務省案も，それぞれ求めた優先語句は異なるけれども，従来の段階からの明確な問題の進展を意味する文言を日米共同声明に盛り込もうとした点では同じであったということである。

さて，ワシントンにいた若泉は，11月11日に要求事項を伝えたものの，更なる説得の必要性を抱き，翌12日にロストウの自宅を訪れ，事前にまとめていた佐藤の見解に関する手書きのメモを渡した[30]。この若泉がロストウへ渡した直筆のメモが，ジョンソン大統領文書の中に残されている。メモは計6枚からなり，若泉が宿泊していたスタットラー・ヒルトンの用紙を使ってまとめられている。

メモの重要点をみておきたい。若泉が書いた共同声明案では，二箇所に下線が引かれている。それらは，"at the earliest possible date"（「できる限り速やかに」）と"within a few years"（「両三年内」）である[31]。いずれも，若泉が強調したかった点であるとみてよい。既述の通り，このうち "at the earliest possible date" は，外務省が従来別途に米側へ求めてきた，時間的要素を示す語句である。実は若泉は，渡米前の11月9日，外務省の本野秘書官から，この語句を挿入できれば「大変よいのだが」との意見を聞いていた。若泉は，渡米中この点を踏まえて行動していたものと思われる[32]。

従って結果的にみれば，若泉は，佐藤がこだわった返還の時期的目途

(within a few years）と，外務省が求めていた返還の時間的要素の双方をロストウに提案し続けていたことになる。つまり若泉の行動は，彼の認識の範囲外で，外務省案の重要部分を別途援護する格好となっていたのである。

(4) 米側の対応

米側では，若泉案がどこまで佐藤の真意を伝えたものなのか，検討がなされていた。バンディ（William P. Bundy）国務次官補は，日本大使館が沖縄返還の時期に関してあまり明確に主張しないため，佐藤が単に若泉に機会を与えているだけかもしれないと考えていた。他方でロストウ補佐官は，若泉案は佐藤が実際に必要だと思っていることを示しているかもしれないとジョンソン大統領へ伝えている。とりあえず米側は，佐藤と一緒に移動する予定であったジョンソン大使からの情報に期待した[33]。

ラスク国務長官は，「できる限り速やかに」の語句に反対していた。ラスクは，ジョンソン大使に対して，この語句は米側に大きな困難をもたらすことを佐藤に伝えるよう指示していた。その理由は，この語句が，米側が現在着手する用意があること以上により速やかな行動を提起しているからであった[34]。

以下では，日米首脳会談の前日となる11月13日の日米交渉の内容を検討していきたい。佐藤一行は，13日にシアトルを出発してワシントンへ向かった。機中で佐藤は，同行したジョンソン大使と話し合いを行っている[35]。佐藤はやはり時期的目途にこだわっており，"within a few years"の返還時期決定の目途を日米共同声明に入れるよう主張した。ジョンソンは，重要な問題は返還の時期ではなく条件であると述べ，佐藤の提案に首肯しなかった[36]。ただしジョンソンは，佐藤との会談から，外務省案ではなく若泉案が佐藤の本心を伝えたものである点を把握している[37]。

ここで，一つ確認すべき点がある。下田大使は自身の回想録の中で，ワシントンに向かう機内で，自らジョンソン大使に"within a few years"の時期的目途づけを提案し，しかもジョンソンが下田の提案に同意したと述べている。更に下田は，ワシントン到着後，このジョンソンとの打ち合わせの結果を佐藤に報告し，佐藤が大いに喜んだと証言している[38]。

しかし，これまで述べた事実関係から分かるように，この下田の証言は史実ではない。第一に，すでに11月11日に，佐藤の指示を受けた若泉が「両

三年内」の訳である "within a few years" の語句を盛り込んだ声明案をロストウ補佐官へ打診している。第二に，ジョンソン大使本人が，回想録の中で，佐藤が求めた "within a few years" の語句を機中では受け入れていないと証言している。加えて，ジョンソンが機内で時間を費やして会談した相手は佐藤であって，下田ではない[39]。そして，第三に外務省幹部は，本稿でみてきた通り，従来時期的目途づけ（「両三年内」）を共同声明案に盛り込むことに否定的であった。

従って，"within a few years" の語は，米側文書からも裏づけられる通り，下田大使が米側に提案したのではなく，元々佐藤が若泉を通してホワイト・ハウスへ打診したものである。

それでは米側は，日本側が示した二つの声明案にどう反応していたのだろうか。ラスク国務長官も，11月13日には，若泉案が佐藤の意を受けた最終的見解であると判断している[40]。ラスクは，前述の通り時間的要素（「できる限り速やかに」）には批判的であったが，それ以外に関しては，外務省案に満足するようになっていた[41]。

そして，実は13日の午後の段階で，米側は，"within a few years" の語句自体については受け入れる方向でまとまりつつあった。ニッツェ（Paul H. Nitze）国防副長官は同日ロストウ補佐官に対して，マクナマラ（Robert S. McNamara）国防長官と統合参謀本部が，"consistent with the national interests of both countries"（「日米両国の国益と一致する形で」）の文言の追加を条件に，"within a few years" を含んだ佐藤案を受け入れるだろうと伝えた。

米政府内では，時期的目途を共同声明に盛り込んで佐藤の要求を認める代わりに，国際収支や日本のアジア援助など経済問題で日本側の譲歩を得ようとする考えが出ていたのであった[42]。以上の修正は，ホイーラー（Earle G. Wheeler）統合参謀本部議長によるものであった。ラスクも，この修正案なら受け入れ可能との見解をジョンソン大統領に伝えている[43]。他方でラスクは，議会関係者や財務省の意向を踏まえながら，引き続き経済問題を重要議題として重視していた。ラスクが11月10日付でジョンソン大統領へ伝えていた覚書では，首脳会談の重要議題として，日本のベトナム支援，国際収支の改善，日本のインドネシア支援，アジア開銀への支援などがあがっている。

ロストウ補佐官は,以上のラスクによる覚書の内容を踏まえながらも,最も重要な議題は日米共同声明での沖縄に関する文言の扱いであると13日にジョンソン大統領へ伝えた。ロストウは,彼と若泉との協議に関する報告をすでにジョンソンへ渡している点を確認しながら,佐藤がこの問題などについて個人的にジョンソンと話し合いたがっていると伝えている[44]。

このように,ロストウが若泉の求めに応じて米政府内で調整を行ったこともあり,沖縄返還問題は,日米首脳会談の最大の争点として浮上することになった。返還問題の論点化が日本側の期待通りうまく進んだ背景には,日米関係の安定化の観点から日本側の要求を可能な範囲で受け入れようとする,米側関係者の意図があったことも踏まえておく必要がある。

3 日米共同声明作成の最終段階

(1) 外務省の最終調整

本節では,日米共同声明作成の最終段階を考察する。11月13日の夕方,若泉は再びホワイト・ハウスにロストウ補佐官を訪ね,返還問題進展の条件を探ると同時に,"within a few years" の語句の挿入などを改めて説明した[45]。一方首脳会談を翌日に控えた佐藤一行は,同日夜に宿泊先のブレア・ハウスに入っていた。若泉は,本野秘書官の手引きでブレア・ハウスに入り,部屋にいた佐藤にロストウとの協議内容を報告した[46]。

その後佐藤は,深夜まで続いた東郷北米局長ら外務省幹部との検討の場で,「within a few years に返還の時期の目途をつける」との考えを開陳した[47]。この夜の協議では,佐藤が提案した "within a few years" の沖縄返還の時期の決定を,どのような語句で米側に持ち出すのか,またどのような日本語訳をあてるのかといったことが論点になったものとみてよい。

11月14日の午前に行われた最終打合せで,佐藤は,「これら諸島の返還の時期につきここ両三年内に両国政府にとって満足しうる合意に達するため (with a view to reaching agreement, within a few years, on a timing satisfactory to the two governments for the reversion of these Islands)」の文言を米側に要請するとの意見を示した[48]。かくして首脳会談直前の段階で,それまで外務省ルートと若泉ルートで別々に提起されていた文言案が合流し,一つの案としてまとまったのである。

佐藤は，14日の午前11時半頃からジョンソン大統領と会談した。佐藤は，沖縄の基地に対する支持を表明した上で，沖縄返還問題を取り上げた。佐藤は，「沖縄，小笠原についても，target date がないと準備が困難である」「この２，３年のうちにいつ返せるかとの目途をつけられないか」と，沖縄返還の時期決定の目途づけを求めている。米側の記録には，佐藤が提示した語句として "within two or three years" の語が登場する。ジョンソンは，ラスク国務長官やマクナマラ国防長官とよく話してほしいと促し，即答しなかった。会談の最後に佐藤は，"within a few years" の語句が含まれた前述の声明案を英語で書いた紙片を，ジョンソンに手交した49。

佐藤の提案を受けて，日米の事務当局は，14日から15日にかけて日米共同声明作成の最終作業を進めている。同日の午餐会の後，下田大使はバンディ国務次官補に協議を申し入れた。また佐藤は，同日午後５時頃からマクナマラ国防長官と会談し，改めて沖縄返還問題の進展を求めた。他方，同日予定されていた佐藤とラスク国務長官との会談は翌日に延期された。日米の事務当局は，佐藤・ラスク会談までに最終調整を行うことになった。

米側は，佐藤の提案を踏まえた上で，同日中に新しい日米共同声明案を作成した。バンディ次官補は，同日の夕方，下田大使に「検討中の諸案（Proposals Under Consideration）」と題した文書を手交した。この文書は，沖縄に関する文言を，Ａ案からＤ案まで計四つの文案としてまとめたものであった。これらの中で，佐藤の提案を最も反映させていたのはＣ案であった。すなわちＣ案には，佐藤が求めた "within a few years" の語句が含まれていた。Ａ案，Ｂ案，Ｄ案には同語句は盛り込まれていない。ちなみに，既述の通り下田は米側との協議を申し入れていたが，このときバンディは下田にこれらの案を伝えたのみで，本格的協議は行われなかった50。

外務省は，以上の新しい四つの米側案を受け取った後，どう対応したのであろうか。米側案には，Ｃ案のように佐藤の案を前提としたものが含まれていた。にもかかわらず外務省は，従来の交渉経緯から，米側が返還時期の目途（within a few years）を承諾することは予想し難いと考えた。東郷北米局長は，こうした認識に基づき，新たに日本側の日米共同声明案を作成した。

東郷北米局長は，新しく，「総理大臣は，更に両国政府がここ両三年内に双方の満足しうる返還の時期につき合意すべきであることを強調した」と

いう文言と,「日米両国政府が,沖縄の施政権を日本に返還するとの方針の下に,かつ,以上の討議を考慮しつつ,沖縄の地位について共同かつ継続的な検討を行なうことに合意した」との文言を入れた声明案を作成した。

この東郷案の新しい点は二つある。一つは,佐藤が求めた「両三年内」の語句は残すものの,「両三年内」の返還時期の決定を,日米の合意ではなく佐藤の希望とした点である。ただし,あとの文で「以上の討議を考慮しつつ」という言葉を入れ,佐藤の希望が考慮される含みを持たせている。

いま一つは,従来米側が拒否していた,「できる限り速やかに」という時間的要素を表す語句を外した点である。東郷は,「両三年内」の語句を入れながら,同時に米側に一定の譲歩をすることで妥結を図ったのであった。従って東郷案は,佐藤が提示した案からは後退したものであった。

しかし,東郷案でも,すでに11月12日までに日米が合意した,「沖縄の施政権を日本に返還するとの方針の下に」日米が協議検討を行うとの文言は当然入っている。この文言が入るため,沖縄返還問題は,従来の「極東情勢の変化待ち」の状況から,返還に向けた検討への着手という段階へ前進することになる。東郷は,この文言を盛り込むことで,日本側の外交成果として満足すべきと考えていた。東郷が作成した日本側案は,14－Aと名づけられ,三木外相の了承を得た[51]。

同日夜の晩餐会の際,東郷北米局長とバンディ次官補は,双方の新しい声明案を交換した。外務省は,バンディが東郷に手交した米側案をE案と名づけた。E案にも "within a few years" の語句は盛り込まれていたが,全体として再び日米の希望表明を繰り返すだけの内容であった。東郷は,E案は1965年の日米共同声明を想起せしめるとして評価しなかった。外務省は,返還の前提化と問題前進を明確に意味する文言を盛り込むことを重視していた。

そして,このとき東郷北米局長は,前述の日本側案（14－A）をバンディ次官補へ手交した。日本側案を受け取ったバンディは,一読し,「これならば受諾の可能性あるやも知れず」とコメントした[52]。東郷がこの日本側案を手交したとき,時間はすでに午後10時半になっていた。バンディの反応からすれば,日米の間には,時期的目途を盛り込んだ共同声明の妥結の兆しがみえていた。

(2) 日米共同声明の決定

　以上の協議の後佐藤は，日米共同声明の文言を決定すべく，11月15日のラスク国務長官およびジョンソン大統領との会談にのぞんだ。佐藤は15日の朝，外務省幹部と最終打ち合わせを行った。佐藤は東郷案（14－A）をみて，「ラスクとやってどうしても話がつかなければ，自分がもう一度上（大統領）まであげて粘る」と顔を強張らせていったとされる[53]。東郷案では，「両三年内」の返還時期決定はあくまで佐藤が強調しただけの表現になっていたので，彼はその点を不満に思ったのかもしれない。

　ロストウ補佐官は，午前8時前にジョンソン大統領へ文書で報告し，昨晩日本側が伝えてきた共同声明案（14－A）の内容を伝えた。ロストウはこの中で，日本側の文言は沖縄に関して「後退した（fall-back）」ものであると説明した。ロストウは，この案ならば強硬派であった上院議員のラッセル（Richard B. Russell）も受け入れ可能であることから，日米の合意を見いだし得るとの見方をジョンソンに伝えた[54]。

　佐藤は，11月15日の午前9時半からラスク国務長官と会談した。はじめ三木外相は，前述の米側のE案の最後の2文を，「総理と大統領は，両三年内に返還時期に合意しうるよう努力することに合意した」と変えた文言を提案した。同案は，「両三年内」の返還時期の決定が日米首脳の合意事項とされている点では，日本側の立場を強く示したものであった。しかし，実際には外務省は，11月14日に作成した東郷案（14－A）か，11月12日にシアトルで作成した案（14－B）のいずれかを受諾させるしかないと考えていた。

　三木外相の案をみたラスク国務長官は，その文言が沖縄返還に対する期待を強めすぎることになるかもしれない点を指摘したうえで，「日本側見解と米側見解とが別々になっているものを出したい」と述べ，米側の新たな案を提示した。外務省は，ラスクが提案した案をF案と名づけた。しかし，実はこのF案は，前述の東郷案（14－A）と全く同じものであった[55]。東郷本人も，ラスクの案をみてそのことに気づいている[56]。

　厳しい立場を示してきたラスク国務長官にとっても，東郷案は日米の妥協ラインとして満足し得るものであった。日本側も，F案つまり東郷案（14－A）が米側から出てきたので，これに反対する理由はなかった。佐藤は，外務省関係者と話し合った後，米側案を受け入れたのであった[57]。

こうして,「両三年内」の返還時期決定の目途を盛り込んだ日米共同声明の内容が確定した。佐藤・ラスク会談後,バンディ次官補は,ロストウ補佐官に共同声明の沖縄にかかる第7項について報告した。この中でバンディは,第7項の文言が昨晩の日本側つまり東郷案 (14−A) に基づいていることに言及した。バンディは,合意した文言は,日本の希望を十分に理解し,沖縄を返還する方針の下で共同かつ継続的な検討に着手すると述べているだけであり,将来的な時期に関するジョンソン大統領の取組みについては避けた表現になっていると説明した。バンディによれば,強硬派のラッセル上院議員もすでに文言を承諾していた。午後,ロストウ補佐官は以上のバンディの報告をジョンソンへ伝えている[58]。

　最後に佐藤は,同日午後5時15分頃からジョンソン大統領と会談した。日本の「自由世界」における責任分担をめぐる議論が展開される中で,佐藤は「このコミュニケはこのまゝで行きたい」と述べた。ジョンソンは,「もし,このコミュニケ案で総理が満足され,又,これが日本国民の欲するところであれば,自分としても異存はない」と,日米共同声明の文言に同意したのであった[59]。

　こうして同日発表された日米共同声明では,佐藤が「両国政府がここ両三年内に双方の満足しうる返還の時期につき合意すべきである」と強調したことと,佐藤とジョンソン大統領が,「日米両国政府が,沖縄の施政権を日本に返還するとの方針の下に,かつ,以上の討議を考慮しつつ,沖縄の地位について共同かつ継続的な検討を行なうことに合意した」ことが明記されるに至った。

　米側が当初の否定的姿勢を覆して,沖縄返還の時期決定にかかわる文言の挿入を認めたことは,佐藤外交の成果であった。佐藤訪米によって,沖縄返還問題は,従来の「極東情勢の変化待ち」の状態から前進し,「両三年内」の返還時期の決定を目指し,日米が沖縄を日本に返還する方針の下に協議を行う段階へと進展するに至ったのである。

おわりに

　以上本稿では,1967年11月の佐藤訪米の際の沖縄返還問題をめぐる日米交渉を明らかにした。最後に,交渉の内容についてまとめたい。沖縄返還問題の進展という意味で重要な「両三年内」の語の日米共同声明への挿入

は，佐藤が若泉を通じてホワイト・ハウスに直接働きかけたことが重要な契機となっていた。若泉の行動は米側の公文書から裏づけることができ，米側が佐藤案の受諾をめぐり調整していた様子も把握することができた。今回の日米交渉においては，元々佐藤が沖縄返還の時期的目途を若泉を通じて米側へ働きかけたことが，返還の時期的目途（「両三年内」）が日米共同声明へ盛り込まれたことに繋がった。佐藤の働きかけにより，日本側は，当初外務省が目標としていた返還問題の一段階進展以上の成果を収めるに至った。

しかし，他方で今回明らかになったのは，外務省も，沖縄返還の前提化を意味する文言を盛り込むべく米側と交渉を重ね，所期の目的をはたしていた点である。外務省は，当初から返還の方針の確認と返還の方針の下での継続協議を合意目標として米側に求め，最終的に，日米共同声明ではこれらの点が明記されたのである。

米側は，元々沖縄返還問題を具体的に前進させること自体に消極的であった。従って米側は，「両三年内」の返還時期の決定という佐藤の要求にも，沖縄を返還するとの方針の下に検討に着手するという外務省の要求にも当初は批判的であった。しかし，外務省と若泉がそれぞれ米側に対して要求を重ねた結果，米側からすれば，日米関係を重視する以上何らかの対応をせざるを得ない状況が生まれていたのである。

この意味で，1967年11月の佐藤訪米の際の沖縄返還をめぐる日本側の対米交渉においては，外務省幹部と若泉との間の「結果的な協力関係」が成立していたという，関係者が全く意図していなかった状況が形成されていたことが指摘できる。もちろん，外務省幹部と若泉は，互いの行動を把握してはいなかった。しかし，米側は，互いに連関のないこれら二つのルートからの要求におされる形で，米政府内での調整を行い，沖縄返還問題の進展を日米共同声明で認めたのである。

従って，沖縄返還問題の進展という点では，外務省と若泉の双方の役割を認めないと，正確な説明にはならない。若泉の回想録の発表後，沖縄返還交渉における若泉ルートの役割が大きく印象づけられてきた感がある。たしかに若泉の特使としての日米交渉への関与は，史資料による裏づけが可能である以上，事実として認めておく必要がある。しかし，交渉で中心的役割を果たしたのはあくまで外務省であり，重要なのは，外務省と若泉

のそれぞれの行動を冷静に捉えた上で，日本側の交渉内容を捉えていくことであるといえる。

かくして日本側は，1967年11月の佐藤訪米を通じて外交的成果を収めるに至った。しかし，このとき日本側は，沖縄に配置されていた核や基地の自由使用といった基地のあり方をめぐる具体的交渉には入らず，先に返還方針の前提化と返還の時期的目途の明示にこだわった。その結果日本側は，1969年の沖縄返還交渉では，これらの問題をめぐり厳しい対応を求められることになる。また日本側は，返還問題の進展を，沖縄の基地に対する支持などと引き換えに実現させた。従って基地問題に関しては，沖縄住民の不満の根本的解決には繋がらなかった。1967年11月の沖縄返還問題の進展は，以上の点も踏まえながら理解しておく必要があるといえる。

（1） 1967年の佐藤訪米に言及した主要研究として，河野康子『沖縄返還をめぐる政治と外交　日米関係史の文脈』（東京大学出版会，1994年）243～257頁，我部政明『沖縄返還とは何だったのか　日米戦後交渉史の中で』（日本放送出版協会，2000年）60～63頁，宮里政玄『日米関係と沖縄　1945－1972』（岩波書店，2000年）260～273頁，中島琢磨「初期佐藤政権における沖縄返還問題」（『法政研究』第73巻第3号，2006年12月）97～142頁，明田川融『沖縄基地問題の歴史　非武の島，戦の島』（みすず書房，2008年）237～251頁。
（2） 東郷文彦『日米外交三十年』（世界の動き社，1982年）134頁。
（3） 若泉敬『他策ナカリシヲ信ゼムト欲ス』（文藝春秋，1994年）。
（4） Telegram 5991, Tokyo to DOS, untitled, February 24, 1967, Lyndon B. Johnson Papers (hereafter cited as LBJ Papers)（0000073634，沖縄県公文書館所蔵）．
（5） Telegram 193529, DOS to Tokyo, untitled, May 12, 1967, LBJ Papers, ibid.
（6） 若泉，前掲『他策ナカリシヲ信ゼムト欲ス』，57～58頁, Priscilla Clapp, "Okinawa Reversion: Bureaucratic Interaction in Washington 1966-1969"（『国際政治』第52号，1975年5月）25～26頁。
（7） 外務省「日米共同声明案」1967年10月7日（戦後外交記録，A'-437，外務省外交史料館所蔵）。
（8） "Joint Communique (Japanese Government Draft)," October 11, 1967, ibid.
（9） 三木外務大臣より在米国下田大使宛電報，第1910号「大臣・ジョンソン大使会談記録」1967年10月28日（情報公開法による開示文書，2006－605）。

(10) 「沖縄及び小笠原諸島の施政権返還問題について」1967年11月1日（山野幸吉『沖縄返還ひとりごと』ぎょうせい，1982年）308～312頁。
(11) 若泉，前掲『他策ナカリシヲ信ゼムト欲ス』，79頁。
(12) 東郷，前掲『日米外交三十年』，133，135頁。
(13) 外務省「日米共同声明（米国政府案仮訳）」1967年11月6日（戦後外交記録，A'-437，外務省外交史料館所蔵）。
(14) 佐藤榮作／伊藤隆監修『佐藤榮作日記』第3巻（朝日新聞社，1998年）1967年11月6日の項。
(15) 若泉，前掲『他策ナカリシヲ信ゼムト欲ス』，78～80頁，『佐藤榮作日記』第3巻，1967年11月6日の項。
(16) 外務省「日米共同声明（日本側案）」1967年11月7日（情報公開法による開示文書，2006-605）。
(17) 以上，三木外務大臣より在米国下田大使宛電報，第2016号「総理訪米（ジョンソン大使との会談）」1967年11月8日（情報公開法による開示文書，2006-605），Telegram 3142, Tokyo to DOS, untitled, November 7, 1967, RG59, SNF, 1967-1969, POL, RYU IS, Box 2457 (National Archives at College Park[hereafter cited as NA])。
(18) 『佐藤榮作日記』第3巻，1967年11月8日の項，若泉，前掲『他策ナカリシヲ信ゼムト欲ス』，80頁。
(19) 若泉，前掲『他策ナカリシヲ信ゼムト欲ス』，83，87頁。
(20) ちなみに若泉は，11月6日付の米側の共同声明案を，9日に佐藤から入手しており，その内容を著書の中で記載している。外務省は，2007年にこの6日付の米側案を公開したが，その内容は若泉が著書で記した内容と一致している（前掲「日米共同声明（米国政府案仮訳）」，若泉，前掲『他策ナカリシヲ信ゼムト欲ス』，82頁，および85頁，注9）。
(21) この信任状は，その後若泉から米側へ渡されており，ジョンソン大統領文書の中から確認することができる（Letter, Sato to Rostow, untitled, November 9, 1967, LBJ Papers, 0000073633, 沖縄県公文書館所蔵）。
(22) 若泉，前掲『他策ナカリシヲ信ゼムト欲ス』，87～89頁。
(23) Memo, Read to Rostow, "Your Appointment with Professor Kei Wakaizumi," November 10, 1967, LBJ Papers（0000073625，沖縄県公文書館所蔵）.
(24) Memcon, untitled, November 11, 1967, The National Security Archive, *Japan and the United States: Diplomatic, Security, and Economic Relations, 1960-1976* (MI: Bell & Howell Information and Learning, 2000), No. 829 (hereafter cited as *NSA*, No. 829); 若泉，前掲『他策ナカリシヲ信ゼムト欲ス』，90～93頁。
(25) 以上，北米局長「共同声明の沖縄関係部分の最終段階における聖緯」

1967年11月19日（「第20回外交記録公開追加文書」外務省外交史料館所蔵）。
(26) 「別添1」，「別添11」，同上。
(27) 前掲「共同声明の沖縄関係部分の最終段階における圣緯」，「別添3」（「第20回外交記録公開追加文書」外務省外交史料館所蔵）。
(28) 在シアトル鹿取総領事より三木外務大臣宛電報，第151号「総理訪米（共同声明）」1967年11月13日（情報公開法による開示文書，2006-605），在シアトル鹿取総領事より三木外務大臣宛電報，第152号「総理訪米（共同声明）」1967年11月13日，同上。
(29) 前掲「共同声明の沖縄関係部分の最終段階における圣緯」，「別添4」（「第20回外交記録公開追加文書」外務省外交史料館所蔵）。
(30) Memo, untitled, November 13, 1967, *NSA*, No. 838.
(31) Memo, untitled, undated, LBJ Papers（0000073624，沖縄県公文書館所蔵）。
(32) 若泉，前掲『他策ナカリシヲ信ゼムト欲ス』，87～88頁。
(33) Memo, Rostow to Johnson, untitled, November 13, 1967, LBJ Papers（0000073625，沖縄県公文書館所蔵）。
(34) Memo, Rusk to Johnson, "Congressional Consultations and Negotiating Status Concerning the Ryukyus and the Bonins," November 13, 1967, LBJ Papers（0000073661，沖縄県公文書館所蔵）。
(35) 『佐藤榮作日記』第3巻，1967年11月13日の項，楠田實／和田純・五百旗頭真編『楠田實日記——佐藤栄作総理首席秘書官の2000日』（中央公論新社，2001年）1967年11月13日の項。
(36) U. Alexis Johnson with Jef Olivarius McAllister, *The Right Hand of Power* (NJ: Prentice-Hall, 1984), p. 479; U・アレクシス・ジョンソン／増田弘訳『ジョンソン米大使の日本回想』（草思社，1989年）174～175頁。
(37) Memo, Rostow to Johnson, untitled, November 13, 1967, LBJ Papers（0000073622，沖縄県公文書館所蔵）。
(38) 下田武三『日本はこうして再生した 下田武三 戦後日本外交の証言』下巻（行政問題研究所，1985年）168～169頁。
(39) ジョンソンは，楠田實首席秘書官に機内での佐藤との個人会談の手配を頼み，搭乗中殆ど佐藤と話し合っていたと証言している（Johnson, *The Right Hand of Power*, pp. 479; ジョンソン，前掲『ジョンソン米大使の日本回想』，174～175頁）。
(40) Memo, Rusk to Johnson, "Communique Language on the Ryukyus with Sato," November 13, 1967, RG59, SNF, 1967-1969, POL, RYU IS, Box 2457 (NA).
(41) Memo, Rusk to Johnson, "Congressional Consultations and Negotiating

Status Concerning the Ryukyus and the Bonins," November 13, 1967, op. cit.
(42) 以上については，Memo, Rostow to Johnson, untitled, November 13, 1967, LBJ Papers（0000073661，沖縄県公文書館所蔵）．
(43) Memo, Rusk to Johnson, "Communique Language on the Ryukyus with Sato," November 13, 1967, op. cit.
(44) Memo, Rostow to Johnson, "Visit of Prime Minister Sato," November 13, 1967,（0000073661，沖縄県公文書館所蔵）．
(45) 若泉，前掲『他策ナカリシヲ信ゼムト欲ス』，96〜99頁。
(46) 『佐藤榮作日記』第3巻，1967年11月13日の項，若泉，前掲『他策ナカリシヲ信ゼムト欲ス』，100頁。
(47) 東郷，前掲『日米外交三十年』，135頁。
(48) 前掲「共同声明の沖縄関係部分の最終段階における経緯」，「別添5」（「第20回外交記録公開追加文書」外務省外交史料館所蔵）。
(49) 「佐藤総理・ジョンソン大統領会談録（第1回会談）」（「第20回外交記録公開追加文書」外務省外交史料館所蔵），Memcon, "President Johnson-Prime Minister Sato, Private Conversation," November 14, 1967, NSA, No. 840; 前掲「別添5」。
(50) 前掲「共同声明の沖縄関係部分の最終段階における経緯」，「別添6」（「第20回外交記録公開追加文書」外務省外交史料館所蔵）。
(51) 以上，前掲「共同声明の沖縄関係部分の最終段階における経緯」，「別添7」（「第20回外交記録公開追加文書」外務省外交史料館所蔵）。
(52) 前掲「共同声明の沖縄関係部分の最終段階における経緯」，「別添8」（「第20回外交記録公開追加文書」外務省外交史料館所蔵）。
(53) 若泉，前掲『他策ナカリシヲ信ゼムト欲ス』，108頁。
(54) Letter, Rostow to Johnson, untitled, November 15, 1967, LBJ Papers（0000073622，沖縄県公文書館所蔵）．
(55) 「佐藤総理・ラスク国務長官会談録」（「第20回外交記録公開追加文書」外務省外交史料館所蔵），前掲「共同声明の沖縄関係部分の最終段階における経緯」。
(56) 東郷，前掲『日米外交三十年』，136〜137頁。
(57) 前掲「佐藤総理・ラスク国務長官会談録」，Memcon, "Ryukyus and Bonins," Part I of II, November 15, 1967, RG59, SNF, 1967-1969, POL, RYU IS, Box 2457 (NA).
(58) Memo, Bundy to Rostow, untitled, November 15, 1967, LBJ Papers（0000073633，沖縄県公文書館所蔵）; Memo, Rostow to Johnson, untitled, November 15, 1967, LBJ Papers（0000073661，沖縄県公文書館所蔵）．
(59) 「佐藤総理・ジョンソン大統領第2回会談記録」（「第20回外交記録公

開追加文書」外務省外交史料館所蔵）。

日米共同声明における沖縄に関する文言の推移

日本側の主な主張	交渉ルート	最初に米側に提示した場面	その後の経過		日米共同声明の文言（11/15発表）
①沖縄返還の時期的目途（「両三年内」[within a few years]）の挿入	外務省	提案せず（②、③を交渉目標とした）。	11/13に佐藤が意向を示し、米側への提案を決定。	11/14の首脳会談で、佐藤がジョンソン大統領へ提示。文言は11/11に若泉がロストウに伝えた内容とほぼ同じ。	「総理大臣は、さらに、両国政府がここ両三年内に双方の満足しうる返還の時期につき合意すべきであることを強調した」（日米合意ではなく、佐藤の見解として表明）
	若泉	11/11にロストウへ提示（「これら諸島の返還の時期につきここ両三年内に両国政府にとって満足しうる合意に達するため」）。	11/12に声明案を記した手書きのメモをロストウへ手交、11/13に再要求。		
②沖縄返還の方針の確認と、返還の方針の下での継続協議の実施	外務省	10/11にジョンソン大使へ提示（「総理大臣と大統領は、沖縄を日本に返還することを目途として…具体的協議を行なうことに合意した」）	11/6にジョンソンが提示した米側対案では削除。11/7に三木がジョンソンへ要求。	11/12までの段階で米側が容認し、合意成立。	「総理大臣と大統領は、日米両国政府が、沖縄の施政権を日本に返還するとの方針の下に、かつ、以上の討議を考慮しつつ、沖縄の地位について共同かつ継続的な検討を行なうことに合意した」
	若泉	11/11にロストウへ提示（文言の趣旨は上記の外務省案と同じ）	11/12に声明案を記した手書きのメモをロストウへ手交して再要求。		
③沖縄返還に向けた時間的要素（「できる限り速やかに」[at the earliest possible date]）の挿入	外務省	10/11にジョンソン大使へ提示（「できる限り速い時期に沖縄を日本に返還する用意があることを明らかにした」）	米側との協議の結果削除したが、11/12のシアトルでの三木・ジョンソン会談で再要求。	東郷が11/14の首脳会談後に作成した日本側案で削除。	盛り込まれず。
	若泉	11/11にロストウへ一旦提示（文言の趣旨は上記の外務省案と同じ）	11/12にロストウへ手交した手書きのメモで再要求。		

＊表中の下線は筆者による。

小選挙区比例代表並立制の存立基盤
— 3 回の議員調査の結果から—

濱本真輔 *

はじめに

　1994年の小選挙区比例代表並立制（以降，並立制）の選択以後，制度の見直しを求める議論が与野党を問わず行われてきた。例えば，社民党の一部議員，公明党は中選挙区制の復活を提起したことがある。特に，公明党は，150選挙区，定数 3 の中選挙区制を主張し，小泉純一郎首相（当時）が第 9 次選挙制度審議会設置の検討を指示した。自民党内でも官房長官や幹事長を歴任した野中広務は，一貫して現行制度の見直しと中選挙区制の復活を提唱してきた。さらに，自民党が2007年参院選で惨敗して以降，自民党幹部による中選挙区制への言及が再びみられるようになってきている[1]。また，日本と同時期に小選挙区制を含めた選挙制度改革を行ったイタリアでは，選挙制度が比例代表制へと変更された。

　このような事実からは，選挙制度が特定の集団の利益を促進する分配的な制度（Tsebelis, 1990, 104）であり，常に政治的なバランスの上に成立していることがうかがえる。例えば，選挙制度と政党システムに関するデュベルジェの法則（デュベルジェ，1954＝1970）について，当初から政党システムが選挙制度を規定するという，逆の因果関係が指摘されてきた（Grumm, 1958）[2]。このように，選挙制度は様々な事象に対する独立変数であると共に，従属変数としての側面を持ちあわせている。

　果たして，並立制は定着したのだろうか。また，比例区定数を削減しつつも，導入から10年以上存続している並立制を，どのような要因によって説明できるだろうか。

　　＊　日本学術振興会特別研究員　政治過程論・日本現代政治論

この問いに答えるために，本稿では，議員の選挙制度認識を分析対象とする。議員に焦点をあてる理由として，日本にはイタリアやニュージーランドの事例のようなレファレンダムがなく，制度改革の議題設定が国会議員に限定されているからである（Sakamoto, 1999）。さらに，具体的な制度設計も，議員間での議論に依拠している。例えば，細川内閣で首席秘書官を務めた成田憲彦は，政治改革法案について「基本的には政治的性格が非常に強い法案だということでして，役所が技術的補佐に徹したということが，日本の閣法としては大変特徴的なことだったわけです」（成田, 1996, 408）として，法案作成における議員の主導性を指摘している[3]。また，議員側をみると，1994年当時，自民党幹事長であった森喜朗は比例代表制のブロック化について，共産党の抑制が目的であったことを明らかにしている（五百旗頭・伊藤・薬師寺編, 2007, 153－154）。このように，選挙制度の選択における議員の重要性は明らかである。

　また，認識に焦点をあてる理由として，制度の存続は，議員が制度を変更しないという選択の延長上にあるからである。なぜなら，制度はあくまでも行動上の指針であり，制度がアクターの行動に影響を及ぼすには制度上のインセンティブの方向へと，利益や理念を媒介として，アクターを動機づける必要があるからである（グライフ, 2006）。そのため，議員の制度に対する認識を分析することで，制度が存続する背景を明らかにできる。

　本稿で使用する定着とは，2つの観点から構成される。1つ目は，アクターの認識が制度上想定されるインセンティブの方向へと規定されているかどうかである。具体的には，小選挙区制と比例代表制という2つの制度が並存しているために，それぞれの制度から選出される議員が，異なる選挙制度を志向しているかどうかである。2つ目は，現在の制度を支持する議員割合である。選挙制度も民主制における1つの制度であり，日本では議会の過半数の議決によって変更される。そのため，現行制度を支持する議員割合に着目する。

　以上の2つの観点から，制度の定着度合いを示すことができる。最も定着度合いが高いのは，現行制度を支持する議員割合が過半数を超えている上で，その支持が制度のインセンティブによって規定されている状態である。一方，現行制度が最も脆弱な状態は，異なる制度を支持する議員割合が過半数を超えており，制度が議員の認識を規定していない場合である。

このように，制度が持続する様々な状態を想定した上で，分析を進める。

並立制が定着したかどうかを分析することは，比較政治，日本政治研究にとって，3つの意義があると考える。

1つ目は，比較選挙制度研究への貢献である。従来，選挙制度研究は選挙制度を独立変数，従属変数とする両方の側面から研究されてきた（Lijphart, 1985; Shugart, 2005）。ダグラス・レイ（Douglas Rae）は，今後の課題として選挙制度の選択を解明する必要性を指摘していたが（Rae, 1967, 146），従属変数としての選挙制度改革は事例も少なく，あまり研究されてこなかった（Benoit, 2007）[4]。しかし，民主化の流れの中で選挙制度の選択を迫られた国，また各国固有の文脈の上で制度改革を行った事例を中心に，制度変化が研究されてきている[5]。本稿では，制度の持続に焦点を当てるが，制度の持続は変化の条件を探ることに資するであろう。

また，混合型の選挙制度が増えてきている。混合型の選挙制度は，1999年段階で29ヵ国が採用し，民主主義国家の20％に相当する（Massicotte and Blais, 1999）。非民主主義的な国家も含めてみると，2004年段階で199ヵ国中30ヵ国が混合型の選挙制度を採用している（Reynolds, Reilly, and Ellis, 2005, 29-31）。さらに，1993年から2004年の間に選挙制度改革を行った27の事例の内，12例は混合型の選挙制度を選択している（Reynolds, Reilly, and Ellis, 2005, 23-24）。本稿では並立制の存立基盤を分析することで，制度の持続要因と並立制の特徴を明らかにし，比較選挙制度研究に貢献する。

2つ目は，日本の政治を構成する基本的条件の検証である。もし，並立制が定着したとすれば，各アクターはこの制度を前提した行動を取る可能性が高くなる。これは，近年の政策決定や政党の変化が政治改革の効果であるとする議論（竹中，2006；待鳥，2005；2006；伊藤，2006；ノーブル，2006；建林，2004；2006；内山，2007）の前提が成立しているかどうかを検証することになる。

制度の定着に関して，伊藤光利は制度改革を独立変数としながらも，制度改革と制度の定着を区別している（伊藤，2006）。特に，アクター間で「共有された予想」が収斂することで，制度が定着するとしている。この区別は，制度の定着を前提している制度論者の実証的な問題点を明確にしており，分析を前進させている。しかし，制度の定着を支えるメカニズムが解明されていない。この点で，本稿の分析は日本政治理解の理論的，実証

的基礎を明らかにするものである。

3つ目は，選挙制度改革後の選挙制度に関する実証的知見の提供である。政治改革（および自民党分裂），選挙制度改革に関する研究が多くみられる（伊藤，1996；大嶽，1995；河野，1995；川人，1998；2005；大黒，1999；成田，1996；1997；Christensen,1994）一方で，選挙制度改革後は選挙制度自体を対象とする研究がほとんどなされていない。しかし，制度の変化と持続は表裏一体であり，改革後も重要な研究対象であろう。本稿は，このような選挙制度改革後の実証的空白を埋めることに努める。

ただし，本稿の分析は，2つの点で限定されたものである。1つ目は，第1節で具体的に述べるように，データの制約である。本稿は，新聞社が行った調査結果を主に使用している。そのため，調査項目が少なく，政治改革の結果に対する評価，望ましい政党政治や党内運営のあり方などの設問がない。そのため，議員の認識を詳細に分析することはできない。2つ目は，具体的な制度変化の過程を分析するものではなく，不確実な状況におけるアクター間の相互作用が十分に考慮されていない。以上の制約があるものの，本稿は並立制の存立基盤と制度的特徴を明らかにするものであると考える。

以下では，第1節で4つの仮説とデータの説明を行う。第2節では，データの傾向を記述し，選挙制度認識を規定する要因を探求する。第3節では，本稿の結果とその含意を述べる。

第1節　4つの仮説とデータ

本節では，主に合理的選択制度論に基づきながら，4つの仮説とその操作化を示す。次に，使用するデータの概要と問題点を述べる。

選挙制度の持続と変化の説明には，利益に基づく説明と理念（アイディア）に基づく説明がある[6]。はじめに，利益に基づく説明では，選挙制度の持続と変化を，アクターが利益を最大にする選択の結果とみる。この利益に基づく説明では，利益を享受する主体である政党と個人の2つのレベルに分けられ，複数の目標が設定される。

政党レベルの要因として，政党の議席最大化が指摘されている（Bawn, 1993; Remington and Smith, 1996; Benoit, 2004; Remmer, 2008）。この政党議席の最大化仮説からみると，各議員が所属政党の議席を最大化する選挙

制度を志向すると考えられる。例えば，19世紀末から20世紀前半において，大陸ヨーロッパ諸国が比例代表制を選択した。シュタイン・ロッカン（Stein Rokkan）は，この変化を台頭する労働者階級が議会にアクセスするために敷居（threshold）の低下を望んだこと，既成政党が選挙権の拡大で生み出される新しい有権者に対して，自らの地位を守るために比例代表制を望んだことから説明している（Rokkan, 1970, 157）。また，ブルガリアの選挙制度選択においても，各政党が議席を確保するために，比例代表制を選択したと指摘されている（Elster, Offe, and Preuss, 1998, 114）。

以上の事例から，選択される制度は各党の制度変更後の得票の見通しや政党の得票に地域的な偏りがあるかどうかという条件（Brady and Mo, 1992）に左右されるものの，各政党が議席の最大化を目指して選挙制度を選択する。また，議席最大化の計算の基礎には，小選挙区制から比例代表制という非比例性（Gallagher, 1991）の順序がある。

政党議席の最大化仮説から1995年以降の日本をみると，第1党や第2党は得票と議席間の非比例性の高い小選挙区制志向に，中小政党は比例代表制志向になると想定される。

仮説 I　政党議席の最大化仮説
　　　　各議員は所属政党の議席を最大化する選挙制度を好む

その他の政党レベルでの要因として，政権構成のインセンティブ（Dunleavy and Margetts, 1995）がある。この政権構成のインセンティブからみると，政党議席の最大化とは異なる選択の可能性がある。例えば，キャスリーン・ボーン（Kathleen Bawn）は戦後ドイツの選挙制度選択に際して，政権構成への配慮が作用したために，社会民主党が比例代表制を選択したことを論証している（Bawn, 1993）。また，日本の戦前の中選挙区制は，護憲三派（憲政会，政友会，革新倶楽部）内閣の妥協の産物と言われている（阪上，1972, 162）。戦後の選挙制度選択においても，河野勝は片山，芦田内閣が中選挙区制を変更しなかった理由として，連立政権であったことを指摘している（Kohno, 1997）。

この仮説からみると，単独政権志向の場合には小選挙区制志向に，連立政権志向の場合には比例代表制志向になると予想される。特に，自民党，民主党議員が小選挙区制ではなく，並立制や中選挙区制を支持する場合に

政権構成のインセンティブが影響しているかもしれない。

仮説II　政権構成仮説
各議員は政権を獲得，維持するのに適した選挙制度を好む

次に，個人レベルでは各議員の再選可能性の最大化が指摘されている（Bowler, Donovan, and Karp, 2006; McElwain, 2008）。例えば，選挙に弱い議員は，参入の敷居の低い選挙制度を志向することが考えられる。この仮説は，先の政党議席の最大化仮説と同一ではない側面がある。自民党議員を例に考えてみよう。自民党にとって，議席の最大化のためには小選挙区制の方が，議席変換率の点で有利である可能性が高い。しかし，比例区選出の自民党議員からみれば，比例区のなくなる小選挙区制よりも並立制を支持する傾向が強くなると考えられる。この仮説は，政党レベルと個人レベルの利益が必ずしも一致しない可能性を検討することになる。実際，田中角栄内閣時の並立制導入の試みでは，与党内の反対意見が導入阻止の重要な要素として指摘されており（後藤田，1988, 181），党内レベルでの意見の乖離があるかどうかをみることは重要である。

仮説III　再選可能性の最大化仮説
各議員は自らの再選可能性を最大化する選挙制度を好む

次に，理念に基づく説明からみると，選挙制度の選択はアクターの利益計算，戦略的相互作用だけで説明されない（Blais and Massicotte, 1997, 117; Chan, 2001; Bowler, Donovan, and Karp, 2006）。例えば，ポーランドの事例において，比例性の高い包摂的な選挙制度の構築を志向した政党の行動が指摘されている（Benoit and Hayden, 2004, 409）。また，日本の選挙制度改革でも，中選挙区制の廃止を目指した議員グループがある。これらの議員グループは，政党議席や再選可能性の最大化ではなく自らの理念に沿って，選挙制度を選択しているかもしれない。例えば，1996年の新進党，民主党である。特に，民主党は第3党であり，議席の最大化からみれば，小選挙区制は最も不利な選挙制度である。それでも，民主党には小選挙区制の導入に熱心であった旧さきがけ系（自民党若手改革派グループ）が合流しており，自らに不利な選挙制度を志向している可能性がある。また，民主党の旧社会党系の議員は，第2党であっても平等の価値から比例代表制を選

択しているかもしれない。これは，先の利益に基づく3つの仮説と異なった側面に焦点を当てており，興味深いものであろう。

仮説Ⅳ　政策選好仮説
　　　各議員は自ら示した政策選好，イデオロギーに合う選挙制度を好む
　もちろん，これらの4つの仮説は，お互いにまったく背反するわけではない。しかし，それぞれの仮説は，制度とアクターの間を結びつける上で，異なった側面に焦点を当てている。その各側面の違いが大きいか小さいかによって，制度の持続可能性は異なってくるであろう。例えば，政党レベルの要因だけで選挙制度が選択されていれば，政党間の議席の見通しによって，選挙制度が変動する可能性がある。しかし，先に示した様々な仮説が独立に各議員の選挙制度志向に影響を与えていれば，それだけ制度変更を達成するための，意見集約の条件が増加し，制度変更を難しくするかもしれない。

　次に，4つの仮説の具体的な操作化を示す。政党の議席最大化仮説をみるために，政党順位変数を使用する。政党順位とは，政党の議席シェアを基準に順位付けしたものである。例えば，1996年でみると，自民党が1位，新進党が2位となる。ただし，第3党以下は，すべて3をあてはめた。本稿では，小選挙区制を含む並立制の定着を明らかにするという分析目的から，2大政党（候補者）化を促す小選挙区制の効果を考慮して，3点尺度とした。

　政権構成仮説をみるために，連立志向という変数を使用する。後述するように，2003年調査では，望ましい政権の枠組みを質問している。具体的には，9つの選択肢（自公保連立，自民単独，自民党と公明党の閣外協力，民主単独，民主・公明・社民連立，全野党連立，自民・民主の一部連立，その他）が設定されている。本稿では，自民単独，民主単独を選択した場合に単独政権志向として0をあてはめ，その他の選択肢を選択している場合に，連立政権志向として1をあてはめている。

　個人の再選可能性の最大化仮説をみるために，TK指数と選出パターンという変数を使用する。TK指数は選挙に対する強さであり，指数が高いほど選挙に対して強いことを示している（水崎，1996）。選出パターンとは，小選挙区選出か比例区選出かの違いである。小選挙区選出なら0，比例区

選出なら1としている[7]。

政策選好仮説をみるために，政治改革，イデオロギーという変数を使用する。政治改革変数とは，選挙制度改革（1994年）以前に小選挙区制を中心とする選挙制度改革に賛成／反対したかどうかである。具体的には，「待ったなし！政治改革推進フォーラム」（1991年）と「中選挙区制廃止宣言」（1992年），「今国会で政治改革を実現する決議」（1993年）の署名を基にしている。署名の数に応じて0から3としている[8]。数値の高い議員ほど，小選挙区制に強い選好を示していると考えられる。一方で，政治改革慎重派，反対派の集団には「政治改革研究会」（1990年），「政治改革議員連盟」（1990年），「真の政治改革を推進する会」（1993年）がある。3つに名前（前2つは発起人）を連ねていれば−3，なければ0としている。先の小選挙区制の導入への賛成の変数との合計から，政治改革変数は3から−3となる[9]。

イデオロギー変数では，各議員のイデオロギー位置を使用する。これは，各議員が1から10のイデオロギー分布の中で自らを位置づけたものである。1に近いほど革新的であり，10に近いほど保守的となる。また，上記の仮説に伴う変数以外に，当選回数と選挙制度改革後（96年総選挙以降）に選出されたかどうかを示す選出時期変数を加えている。

使用するデータは，朝日新聞社の政治家調査（1995年，1996年），東京大学・朝日新聞社共同政治家調査（2003年，Asahi-Todai Elite Surveys: ATES）[10]の結果である。3回の調査では個人レベルのデータが新聞やWeb上で公開されている。調査の形式や概要は，Appendixの補表を参照して頂きたい。

3回の調査の回収率は，1995年が86.1％，1996年が94.2％，2003年が95.3％である。毎回，回収率が高く，議員の選挙制度認識を捉える有用なデータである。

しかし，質問文と選択肢が3回の調査で一貫していない。例えば，2003年調査では，比例代表制が選択肢から排除されているため，その他の項目で言及していると類推している[11]。また，1996年調査のみ，2段階で選挙制度認識を質問している。このように，質問文と選択肢が一貫したものではないため，通時的な傾向をみる上では留意が必要である。

以上の問題から，本稿では各調査での選択肢を小選挙区制，並立制，中選挙区制，比例代表制（小選挙区比例代表併用制）の4つの選挙制度に改

めてコーディングしている。さらに，4つの制度を非比例性指数の結果（レイプハルト，2005，128）と有効政党数の結果（西川，2003）を基に，小選挙区制(1)，並立制(2)，中選挙区制(3)，比例代表制(4)と順序付けている[12]。

第2節　制度の定着状況

本節では，先のデータに基づいて，制度を支持する議員割合をみる。次に，制度への支持を規定する要因を4つの仮説から検討する。

表1は，3回の調査における議員全体の選挙制度認識の傾向を示している。各年ごとの割合をみていくと，1995年は並立制が約37％であり，過半数には届かないものの，多数派である。一方で，小選挙区制，中選挙区制を志向する議員も約25％ずつ存在する。

選挙制度改革後，初の総選挙を経た1996年調査では，並立制が約63％と増加している。この背景には，質問紙の影響もあると考えられる。1996年調査では，選挙制度を見直す必要があるかどうかを質問し，①このままでよい，②制度を改める，③維持するが手直しが必要の3つの選択肢がある。この質問に②を選択した議員にのみ，具体的な制度選択を質問している。①と③を選択した場合は，並立制を前提しているため，並立制を選択しているとみなしている。そのため，並立制の支持が増加している面がある。

2003年段階になると，小選挙区制，中選挙区制を志向する議員が再び増加している。並立制は約37％で相対的には多数であるが，小選挙区制が約30％，中選挙区制が約20％を占めている。また，2003年の並立制は3つの選択肢から構成されている。その構成を2003年の選挙前と当選者ベースでみると，比例区を削減する（97人→123人），現行制度の維持（36人→40人），

表1　選挙制度認識の傾向（1995，1996，2003年）

	1995	1996	2003選挙前	2003当選者
小選挙区制	76 (24.9)	60 (15.4)	109 (28.2)	139 (30.8)
並立制	114 (37.4)	246 (63.2)	97/36/10/143 (37.0)	123/40/3/166 (36.7)
中選挙区制	74 (24.3)	30 (7.7)	84 (21.7)	101 (22.3)
比例代表制	41 (13.4)	53 (13.6)	51 (13.2)	46 (10.2)
サンプル数	305	389	387	452

註）左は実数，（　）内は各調査年での議員比率を示している。
　　2003年の並立制は，左から比例区を削減する，現行制度を支持，比例区を増加する，合計の数字となっている。

比例区を増加する（10人→3人）となっている。つまり，並立制を志向する議員の中でも比例区を削減し，小選挙区制の比重を高める志向が強まっている。

次に，表2は各党別の選挙制度認識の傾向を示している。網掛け部分は，各調査時点での党内多数派を示している。

表からは，政党の順位に沿って，選挙制度が選択されていることがわかる。第1党（自民党），第2党（新進党・民主党）は並立制を志向する議員が多数派である。一方で，第3党以下は，中選挙区制や比例代表制を志向する議員が多数派である。このように，各議員の選挙制度選択は，各党の置かれたポジションを反映しており，政党の議席最大化仮説が妥当するようである。

しかし，すべての傾向が政党の議席最大化を反映しているとは言えない。例えば，自民党議員の選挙制度志向には小選挙区制，並立制，中選挙区制の間に分散傾向がみられる。特に，1995年の自民党では中選挙区制を志向する議員が多数派である。また，1996年の民主党も第3党であるにもかかわらず，並立制を志向する議員が多数派である。これらの傾向は，どのような要因と関連しているのだろうか。

表3は，選挙制度認識と各変数の関係について，多項ロジットモデルで分析した結果を示している。比較の基準となる変数は，並立制である。例えば，1995年の小選挙区制をみると，−.596となっている。これは，政党

表2 各党別の選挙制度認識の傾向

選挙制度	自民党 1995	自民党 1996	自民党 2003	新進党 1995	新進党 1996	民主党 1996	民主党 2003
小選挙区制	35 (31.0)	33 (19.5)	61 (28.9)	39 (31.0)	20 (14.9)	3 (7.1)	69 (39.2)
並立制	27 (23.9)	115 (68.0)	82 (38.9)	81 (64.3)	103 (76.9)	23 (54.8)	80 (45.5)
中選挙区制	46 (40.7)	17 (10.0)	51 (24.2)	5 (4.0)	1 (0.7)	5 (11.9)	12 (6.8)
比例代表制	5 (4.4)	4 (2.7)	17 (8.1)	1 (0.8)	10 (7.5)	11 (26.2)	15 (8.5)
サンプル数	113	169	211	126	134	42	176

選挙制度	公明党 2003	共産党 1995	共産党 1996	共産党 2003	社会党・社民党 1995	社会党・社民党 1996	社会党・社民党 2003
小選挙区制							
並立制					2 (4.8)	1 (8.3)	2 (33.3)
中選挙区制	30 (90.9)				17 (40.5)	6 (50.0)	4 (66.7)
比例代表制	3 (9.1)	6 (100.0)	22 (100.0)	9 (100.0)	23 (54.8)	5 (41.7)	
サンプル数	33	6	22	9	42	12	6

註）左は実数，（ ）内は各調査年での議員比率を示している。網掛け部分は，各党内で多数派であることを示している。

表3 選挙制度認識と各変数との多項ロジットモデルの結果

	モデルⅠ (1995)			モデルⅡ (1996)		
	小選挙区	中選挙区	比例代表	小選挙区	中選挙区	比例代表
政党順位	−.596**	−.269	2.199***	.047	.716**	2.04***
	.245	.236	.394	.225	.317	.305
連立志向						
TK指数	.221	−.922	−3.447**			
	.695	.820	1.529			
選出パターン				−1.605***	.738	.600
				.434	.447	.395
政治改革	.076	−.525***	.140	.056	−1.106***	−.751**
	.132	.180	.306	.138	.265	.316
イデオロギー						
当選回数	−.031	.029	.218***	.029	.150**	.001
	.056	.053	.077	.062	.068	.077
選出時期				.305	−1.201	−1.017**
				.421	.818	.503
切片	.455	.907	−3.935**	−1.322**	−4.313***	−6.03***
	.805	.929	1.725	.516	.825	.823
−2 LL		697.956			369.914	
カイ2乗		111.794			158.483	
Cox & Snell		.307			.335	
Nagelkerke		.330			.382	
N		305			389	

	モデルⅢ (1996)			モデルⅣ (2003)		
	小選挙区	中選挙区	比例代表	小選挙区	中選挙区	比例代表
政党順位	−.044	−.167	1.706***	.199	.463**	.531**
	.230	.412	.391	.187	.197	.227
連立志向						
TK指数	−1.326	−3.582**	−2.342*			
	.812	1.583	1.328			
選出パターン	−.851	1.285	.552	−.628*	.788**	.998***
	.569	.703	.652	.332	.320	.379
政治改革	.041	−.812***	−.681**	.182	−.514***	−.239
	.143	.271	.327	.139	.196	.205
イデオロギー						
当選回数	.071	.205**	.062	−.023	−.029	−.040
	.066	.088	.098	.071	.081	.094
選出時期	.255	−2.089*	−1.311*	.033	−.666*	−1.128**
	.442	1.163	.676	.386	.401	.464
切片	−.136	.070	−3.512**	−.464	−1.152**	−1.670**
	.926	1.761	1.494	.527	.581	.674
−2 LL		501.230			445.794	
カイ2乗		132.035			67.537	
Cox & Snell		.365			.160	
Nagelkerke		.411			.172	
N		291			388	

	モデルV (2003)			モデルVI (2003)		
	小選挙区	中選挙区	比例代表	小選挙区	中選挙区	比例代表
政党順位	.327	.229	.611	.340	.479*	.396
	.216	.269	.294	.265	.286	.348
連立志向				1.439***	−1.442**	−.366
				.349	.588	.581
TK指数	.088	−.761	.367	.219	−.856	−.268
	.650	.850	.962	.754	.919	1.171
選出パターン	−1.204**	−.187	.741	−1.478***	.004	.436
	.471	.501	.560	.529	.544	.676
政治改革	.170	−.446**	−.293	.356**	−.364	−.293
	.144	.227	.231	.166	.240	.271
イデオロギー				.103	.102	−.265**
				.096	.104	.120
当選回数	−.013	.036	−.034	.001	−.011	−.016
	.075	.091	.102	.080	.104	.113
選出時期	.167	−.139	−1.086	.182	−.218	−1.334**
	.411	.487	.542	.453	.536	.614
切片	−.831	−.632	−2.197	−2.244**	−1.235	.082
	.841	1.047	1.217	1.137	1.348	1.556
−2 LL		748.337			613.371	
カイ2乗		39.378			93.060	
Cox & Snell		.115			.281	
Nagelkerke		.125			.306	
N		321			282	

註) 基準カテゴリーは並立制
*** は1％水準, ** は5％水準 * は10％水準
小選挙区制 (1) 並立制 (2) 中選挙区制 (3) 比例代表制 (4)
連立志向は単独政権志向 (0), 連立政権志向 (1)
選出パターンは小選挙区選出 (0) 比例区選出 (1)
政治改革は3つの改革宣言 (+), 3つの反対派グループ (−) への参加の度合いで (3〜−3)
イデオロギーは革新的であるほど (1), 保守的であるほど (10)
選出時期は1993年以前の当選者に (0), 1996年以後の当選者に (1)

順位が下位の議員ほど,並立制と比べて小選挙区制を志向することを示している。また,1995年の中選挙区制をみると,政治改革が−.525となっている。これは,政治改革に賛成の選好をもつ議員ほど,並立制に比べて中選挙区制を志向しないことを示している。このように,1つのカテゴリーを基準にして,他のカテゴリーの相対的な起こりやすさを評価している。

また,1996年以降は,複数のモデルを示している。これは,TK指数を使用すると,比例区単独議員が分析から除外されるためである。例えば,モデルⅡとⅢのサンプル数を比べると,約100程度の差がある。さらに,2003

年調査にしかない項目がある。そのため，複数のモデルを示し，他の年との比較ができるようにしている。以下では，各変数の経年的な傾向を加えてみてみよう。

政党議席の最大化仮説は，概ね妥当するようである。モデルⅠからⅣまでをみると，政党順位の低い政党の議員ほど，並立制と比べて中選挙区制や比例代表制を志向している。これは，先の政党別の傾向でみられたことであり，制度からの恩恵を受けている政党の議員ほど，小選挙区制を志向している。

政権構成のインセンティブも，議員の選挙制度認識を規定している。データの関係上，2003年に限定されるものの，モデルⅥをみると，単独政権志向の議員ほど，並立制に比べて小選挙区制を選択している。政権構成への考慮が，選挙制度選択と関連している。具体的には，自民党議員の25／215人（11.6％），民主党議員の121／176人（68.8％）が単独政権志向であり，特に，民主党議員には単独政権，小選挙区制志向が強い。

次に，個人の再選可能性の最大化仮説をみると，TK指数が1995年と1996年に有意な変数となっている。例えば，1995年をみると，選挙に強い議員ほど，並立制と比べて比例代表制を選択しない。ただし，TK指数は，小選挙区制と並立制の選択を規定する変数ではなく，2003年段階になると，各議員の選挙に対する強さと選挙制度認識の関連はみられない。

ただし，議員個人の再選可能性の最大化は，考慮されている。選出パターンをみると，1996年直後からほぼ一貫して小選挙区制と並立制の選択を規定している。比例区から選出される議員は，並立制と比べて小選挙区制を選択しない。このように，異なる制度によって選出されている議員が，異なる制度志向を保持しており，制度の規定力が確認された。以上のTK指数と選出パターンの傾向の違いは，TK指数では比例区単独議員がサンプルとして入らないことが影響していると考えられる。

次に，政策選好仮説をみると，政治改革が1995年から2003年まで一貫して有意な変数である。特に，中選挙区制と並立制の選択において，重要な変数である。政治改革に賛成であった議員ほど，中選挙区制を選択しない。政治改革に関わったグループの政策選好が，その後も持続していることがうかがえる。また，データの関係上，2003年に限定されるものの，イデオロギー変数が並立制と比例代表制を比べた際に，有意な変数となっている。

保守的イデオロギーをもつ議員ほど，比例代表制を選択しない傾向がある。

その他の変数をみると，1995年と1996年（モデルⅠからⅢ）に当選回数が有意な変数となっている。1995年には，当選回数の多い議員ほど，並立制に比べて比例代表制を選択している。また，1996年に関しては，当選回数の多い議員ほど，並立制に比べて中選挙区制を選択している。さらに，選出時期も1996年と2003年に有意な変数となっている。モデルⅢやⅣをみると明らかなように，選挙制度改革後に選出されている議員は，並立制に比べて中選挙区制や比例代表制を選択しない傾向がある。以上の2変数の違いからは，選出時期や当選回数によって，小選挙区制に対する志向が異なることがうかがえる。現在の制度に対する評価や望ましい政党政治像などの変数がないため，これ以上の分析は難しいが，選挙制度改革後の議員には中選挙区制などを否定的に評価している可能性がある。

党内での選挙制度志向に分散傾向のみられた自民党，新進党，民主党に絞って，みていこう。この分析によって，先に有意となった変数が政党内でも差異をもたらす変数としてみなせるかどうかがわかる。

表4は，所属政党別の選挙制度認識と各変数との重回帰分析結果を示している。各政党内での傾向をみると，自民党では1996年，2003年に政治改革変数が有意な変数となっている。政治改革に賛成の議員は，小選挙区制などの比例性の低い制度を志向する傾向が続いている。

また，2003年に選出パターンが有意な変数となっている。小選挙区か比例区かという選出パターンの違いによって，選挙制度認識に違いがみられる。自民党の比例区選出議員は，中選挙区制下で地盤を形成してきた議員

表4 政党別の選挙制度認識と各変数の重回帰分析

要因群	自民党			新進党		民主党	
	1995年	1996年	2003年	1995年	1996年	1996年	2003年
連立志向			-0.196**				-0.036
TK指数	-0.055	-0.118		-0.009		0.037	0.244**
選出パターン		0.052	0.186**		0.276***	0.140	0.322***
政治改革	-0.150	-0.154*	-0.194**	-0.247***	-0.040	-0.484***	-0.028
イデオロギー			0.035				-0.398***
当選回数	-0.005	-0.048	0.129	-0.022	-0.053	-0.019	-0.078
選出時期		-0.118	-0.013		-0.048	-0.482**	-0.061
調整済み決定係数	0.000	0.012	0.090	0.038	0.057	0.276	0.209
サンプル数	113	144	165	125	133	32	99

註）*** は1％水準，** は5％水準，* は10％水準

や小選挙区で敗れた議員たちである。これらの比例区選出議員は，比例性の高い制度を志向（具体的には中選挙区制）する傾向がある。政党レベルでの議席最大化よりも個人レベルでの再選可能性を優先していると考えられる。

さらに，2003年には単独政権志向の議員ほど小選挙区制志向である。逆にみれば，公明党との連立に対する配慮が議員の選挙制度選択と連動している。実際，自民党議員の大多数（181／215人）は，自民・公明・保守三党の枠組みを選択しており，連立志向である。

次に，新進党についてみると，1995年に政治改革，1996年に選出パターンが有意な変数となっている。政治改革に関わったグループは党内の他の議員よりも小選挙区制志向である。しかし，1996年の総選挙を経て，選出パターンが党内での選挙制度認識の違いを規定している。新進党内においても，政党レベルの議席最大化より個人レベルの再選可能性の最大化を優先している傾向がでている。ただ，自民党との違いは，比例区選出議員が中選挙区制ではなく比例代表制をより選択している点である。この背景には，比例区候補となった旧公明党系議員の存在がある。

最後に，民主党についてみると，1996年に政治改革，選出時期が有意な変数となっている。1996年に政治改革が有意な変数であることは興味深い。1996年の民主党は第3党であり，議席の最大化からみれば，小選挙区制は最も不利な選挙制度である。それでも，民主党には旧さきがけ系（鳩山由紀夫など）が合流しており，自らに不利な政策選好を堅持していることがうかがえる。社民党とさきがけという民主党に参加した議員の背景を反映した結果であろう。

ただ，2003年段階になると，イデオロギーが党内での選挙制度志向の違いと関連し，政治改革が党内において有意な変数ではなくなっている。政治改革時の選好ではなく，イデオロギーの方が党内の違いと関連している。これは，革新的なイデオロギーを保持する議員が比例代表制などの比例性の高い選挙制度を志向していることを示しており，党内で最も明瞭な違いとなっている。さらに，TK指数と選出パターンも有意な変数となっている。特に，TK指数をみると，選挙に弱い議員ほど小選挙区制を志向している。このような結果は，議員の再選可能性の最大化に反する結果である。先の政党間レベルの分析と同様に，望ましい政党政治像や小選挙区制に対

する肯定的評価などの，何らかの理念的傾向があるのかもしれない。

以上までの自民，新進，民主党議員の分析からは，党内レベルでも違いを生み出す要因が複数あることがわかった。具体的には，連立志向（自民），TK指数と選出パターン（自民，新進，民主），政治改革（自民，新進，民主）やイデオロギー（民主）などである。また，時系列的にみれば，選挙制度改革後も政治改革の影響があるものの，個人の再選可能性が選挙制度認識に影響を与えてきている。

第3節　結論

本稿では，議員の選挙制度認識を通じて，並立制が定着したのかどうかを分析してきた。制度を支持する議員割合という点でみると，次の4点の結果が得られた。1点目は，自民・新進・民主党には並立制を志向する議員が多いことである。2点目は，公明・共産・社民党には中選挙区制や比例代表制を志向する議員が多いことである。3点目は，自民党議員の選挙制度認識が分散していることである。4点目は，小選挙区志向の高まりである。並立制を選択している議員の中でも小選挙区の比重を高めようとする傾向がみられた。

この結果の背景には，上位2政党に制度的恩恵が配分されること，政権構成のインセンティブ，選出パターンの違い，選挙制度改革以前の政治改革の経験，イデオロギー的な影響があった。政党議席の最大化，政権構成への配慮，個人の再選可能性の最大化，政策選好の4つの仮説がそれぞれ妥当した。

以上の結果は，何を含意しているのだろうか。3つの点を指摘しておきたい。1つ目は，比較選挙制度の観点からみた混合型選挙制度の特徴である。その特徴とは，混合型の制度によって，異なったインセンティブが発生し，各議員の再選可能性最大化と政党の議席最大化目標により大きな差異をもたらす点である。

より大きな差異をもたらすとは，各議員の再選可能性最大化と政党の議席最大化目標が常に一致するわけではないことを前提している。この例として，表には示していないが，2003年の落選者をみると，小選挙区制よりも当選の敷居が低い中選挙区制を志向する候補者が多い。特に，民主党では当選者と落選者の間に統計的に有意な差があり，落選者は当選の敷居が

低い選挙制度を志向する傾向がある。このことは，議員と政党の間にある潜在的な目標の不一致を示している。しかし，混合型の選挙制度では当選者レベル，特に小選挙区制の恩恵を受ける上位2政党内にも比例区選出議員を輩出し，比例区の存続を志向させる。つまり，制度的に異なったインセンティブが発生しているために，各議員の再選可能性最大化と政党の議席最大化目標の不一致を制度的に持続させる特徴があると考えられる。この点こそが，比較選挙制度の観点からみた混合型選挙制度の特徴ではないだろうか。

　2つ目は，選挙制度選択を説明する上で，利益だけでなく理念（アイディア）の重要性も明らかになっている点である。特に，政治改革時に示された政策選好は，1995年から2003年まで一貫して有意な変数であった。政治改革が選挙制度改革後も影響を及ぼしていることがうかがえた。また，1996年の民主党にみられたように，利益と理念が乖離した場合においても理念を重視する議員が存在したことは，利益の最大化だけでなく，利益とは別の，理念の重要性も証明しているであろう。さらに，2003年の民主党議員のように，選挙に弱いにもかかわらず，当選の敷居が高い小選挙区制志向であることは，利益の観点だけでは説明できない部分があると考えられる。以上の点からは，選挙制度の変化や持続を説明するにあたって，政党や議員の1つの目標最大化だけでは十分に説明できないことがうかがえる。

　3つ目は，並立制の定着度合いを明らかにしていることである。本稿では，定着の概念を，制度を支持する議員割合と制度がアクターの認識を規定しているかどうかから構成した。まず，議員割合からみると，並立制を支持する議員が相対的に多数であった。また，制度がアクターの認識を規定しているかどうかでは，小選挙区制と比例代表制という制度的に異なるインセンティブが政党間，政党内でも作用していた。以上からは，小選挙区制志向が強まっているものの，並立制が議員の認識の上で定着したと言えるであろう。

　ただし，1995年，1996年，2003年の変動をみると，現行制度の脆弱性もうかがえる。議員割合の点では96年が並立制を支持する議員割合が最も多く，過半数を超えていた。しかし，2003年には相対多数の状態に戻った。もちろん，96年の結果は質問紙の影響が考えられるものの，議員割合の点

では定着度合いを低下させたといえるであろう。

　議員割合では脆弱な面が残るけれども，制度の規定力は政党間，政党内でみられるようになってきている。さらに，並立制を支える要因が複雑であり，制度を変更するにあたっての意見集約の条件が多いことは，今後の持続性を示唆する点である。政党レベルでみれば，公明党と連立政権に対する志向が小選挙区制への移行を阻止している。公明党は中選挙区制でまとまっており，特定の政党との合併（政権戦略に変更）が行われない限り，小選挙区制には反対するであろう。また，連立政権に対する志向は自民党内で違いを生み出しており，並立制は政党システムに起因する状況的要因によっても支えられている面がある。個人レベルでみれば，現行の並立制は重複立候補制度もあるため，候補者は両方の制度に出馬できる。もし，比例区の削減を行おうとすれば，小政党の反発だけでなく，当選の危うい上位2政党内の議員の反発を招くことになる。

　一方で，中選挙区制への移行を阻止する要因もみられる。政党レベルでみれば，小選挙区制によって恩恵を受ける民主党の反発である。民主党内の中選挙区制志向の議員は非常に少ない。個人レベルでみれば，政治改革時に小選挙区制を志向した議員は自民，民主両党に存在する。これらの議員は，分析でもみられたように，議員全体，自民党内レベルで小選挙区制を志向する傾向があるため，中選挙区制への移行を阻止するであろう。また，実際の選挙制度改革の過程には競合する政党の数，有権者の選好，選挙制度自体の効果に関する3つの不確実性が存在する（Andrews and Jackman, 2005, 66-69）。そのため，選挙制度改革の過程はさらに制約を受けるであろう。

　このように，現在の定数の並立制を支持する議員は，2003年段階で1割程度であるにもかかわらず，現行の並立制は方向性の異なるインセンティブと議員集団によって支えられている。そのため，並立制がアクター間の均衡にある制度となっており，日本政治の基本的条件として作用していることがうかがえる。

Appendix　調査の概要

　　調査時期，対象，回収率，質問文，選択肢，リコード，公開先は以下の補表の通りである。選挙制度が有する比例性は定数に依存するものである。

しかし，すべての調査で定数や選挙区数の詳細な設定は行われていない。そのため，非比例性指数の結果（レイプハルト，2005，128）と有効政党数の結果（西川，2003）を基に，小選挙区制(1)，並立制(2)，中選挙区制(3)，比例代表制(4)と順序付けている。

補表　調査の概要

	1995年調査	1996年調査	2003年調査
調査時期	1995年12月8日〜12日	1996年11月上旬	2003年9月24日
調査対象	衆議院議員（497名，欠員14名）	衆議院議員（500名）	衆院選候補者（1159名）
回収率	86.1%（428名）	94.2%（471名）	95.3%（当選者の95.0%）
質問文	「小選挙区比例代表並立制を将来は見直すべきだ，という意見について」	「小選挙区比例代表並立制を見直す必要があるか（A）」Aで2と答えた人に，「どのような制度に改めるべきか（B）」	「望ましい衆院選挙制度はどのようなものですか。1つだけ選んで下さい」
選択肢	並立制を続けるべきだ「並」小選挙区制重視の方向で見直すべきだ「小」比例代表制重視の方向で見直すべきだ「比」中選挙区制に戻すべきだ「中」それ以外の回答や無回答は「他」	1 このままでよい（A）2 制度を改める（A）3 維持するが手直しが必要（A）1 小選挙区一本（B）2 比例代表一本（B）3 中選挙区制に戻す（B）4 小選挙区比例代表併用制（B）5 その他（B）	1 現行制度 2 単純小選挙区 3 比例区定数を現行よりも減らす 4 比例区定数を現行よりも増やす 5 1993年総選挙までの旧制度 6 定数3，選挙区数150程度の中選挙区制 7 その他 9 NA
リコードの方法	小選挙区＝1 並立制＝2 中選挙区＝3 比例＝4	Bの選択肢1＝小選挙区＝1 Aの選択肢1・3＝並立制＝2 Bの選択肢3＝中選挙区＝3 Bの選択肢2・4＝比例・併用制＝4	選択肢2＝小選挙区＝1 選択肢1・3・4＝並立制＝2 選択肢5・6＝中選挙区制＝3 選択肢7＝比例＝4
公開	朝日新聞　1995年12月15日	朝日新聞　1996年11月17日	註10参照

【謝辞】 本稿の作成にあたり，非常に多くの方々からコメントを頂いた。特に，竹中佳彦先生（筑波大学）からは，草稿に対して，詳細なコメントを頂いた。また，辻中豊先生（筑波大学），近藤康史先生（筑波大学），横山麻季子氏（北九州市立大学）ならびに匿名の査読者の方々からも，分析の観点や方法に関する建設的なご意見，示唆を頂いた。さらに，日本選挙学会，神戸大学で報告の機会を得た。その際に，多くの有益なご指摘を下さった会員，先生方に，この場を借りて厚く御礼申し上げたい。本研究は，独立行政法人日本学術振興会，特別研究員奨励費の成果である。

（1） 例えば，選挙対策委員長の古賀誠の中選挙区制への言及については，読売新聞（2008.3.13）。他にも，与謝野馨は田原総一朗との対談において，中選挙区制の復活を提唱している（与謝野・田原，2008）。

（2） この指摘は，内生性の問題である。この点に関して，モデルと各国の選挙制度改革時の過程を参照する中で，不完全情報下では選挙制度改革後の制度効果を内生的なものとする必要がないことが指摘されている（Shvetsova, 2003）。また，従属変数を配分法や定数などのマクロレベルと選挙運動規制などのマイクロレベルに分解し，マイクロレベルに焦点をあてることで，内生性の問題に異なる対処（方向性）が示されている（McElwain, 2008）。

（3） 同様の認識は，内閣官房副長官を務めた石原信雄のオーラルヒストリーからもうかがえる（石原他，2002，152-153）。

（4） ただし，選挙制度改革の事例は56ヵ国で154の事例があり（Colomer, 2004），必ずしも少ないとは言えないかもしれない。

（5） 比較選挙制度研究の文脈では，フロンティアの1つとみられている（Shugart, 2005）。

（6） 従属変数としての選挙制度研究に関して，Benoit（2004; 2007）が理論的に網羅的なレビューとして有用である。また，各国の制度状況についてはReynolds, Reilly, and Ellis（2005），選挙制度改革に焦点をあてた研究としてはColomer（2004）が分析対象と期間の点で，体系的である。本稿では対象としないものの，選挙制度改革の国際比較を行う研究では，本稿で示している要因以外にも社会経済的，文化的要因も含めた分析が行われている（Boix, 1999; Rogowski, 1987）。ただし，ボイッシュの議論はAndrews and Jackman（2005）で計量分析の部分が反証されている。

（7） 重複立候補による比例区での当選は比例区選出としている。

（8） こちらの宣言では自民党議員以外の署名もあるが，自民党議員のみをカウントしている。理由として，自民党議員以外では中選挙区制を廃止し，小選挙区制の導入を目指しているとは必ずしも言えないためである。

（9） 2つの変数は関連性が強いため，1つの変数とした。
（10）「東京大学・朝日新聞社共同政治家調査（Asahi-Todai Elite Surveys: ATES）」は2003年衆院選前に，東京大学法学部蒲島郁夫研究室と朝日新聞社によって，衆議院議員及び衆院選候補者を対象として行われたアンケート調査である。調査データを公開されている関係者の方々に記して感謝したい。データ入手時は，以下のページで公開されていた。http://politics.j.u-tokyo.ac.jp/data/data22.html（入手時2006.10.5）

現在は以下のページで公開されている。東京大学・朝日新聞社共同調査データアーカイブ

http://www.j.u-tokyo.ac.jp/~masaki/ats/atpsdata.html（閲覧日2008.4.26）
（11） 例えば，2003年調査において，共産党候補者はほぼ全員が「その他」を選択している。
（12） 実際の非比例性指数は定数の配分や区割り等によっても異なる。しかし，この調査では具体的な定数や区割りがすべて定まっているわけではないため，比較が可能になるように，4つのカテゴリーとする。ただし，選挙制度に対する異なる選好順序も考えられる。例えば，政党内の集権性に関わる選挙制度順序などが考えられる。この点も，今後の検討すべき課題である。

引用文献

Andrews, Josephine T. and Robert W. Jackman. 2005. "Strategic Fools: Electoral Rule Choice under Extreme Uncertainty." *Electoral Studies*, Vol. 24, No. 1, pp. 65-84.

Bawn, Kathleen. 1993. "The Logic of Institutional Preferences: German Electoral Law as a Social Choice Outcome." *American Journal of Political Science*, Vol. 37, No. 4, pp. 965-989.

Benoit, Kenneth. 2004. "Models of Electoral System Change." *Electoral Studies*, Vol. 23, No. 3, pp. 363-389.

Benoit, Kenneth and Jacqueline Hayden. 2004. "Institutional Change and Persistence: The Evolution of Poland's Electoral System, 1989-2001." *Journal of Politics*, Vol. 66, No. 2, pp. 396-427.

Benoit, Kenneth. 2007. "Electoral Laws as Political Consequences: Explaining the Origins and Change of Electoral Institutions." *Annual Review of Political Science*, Vol. 10, pp. 363-390.

Blais, Andre and Louis Massicotte. 1997. "Electoral Formulas: A Macroscopic Perspective." *European Journal of Political Research*, Vol. 32, No. 1, pp. 107-129.

Boix, Carles. 1999. "Setting the Roles of the Game: The Choice of Electoral Systems in Advanced Democracies." *American Political Science Review*, Vol. 93, No. 3, pp. 609-624.
Bowler, Shaun, Todd Donovan, and Jeffrey A. Karp. 2006. "Why Politicians Like Electoral Institutions: Self-Interest, Values, or Ideology?" *Journal of Politics*, Vol. 68, No. 2, pp. 434-446.
Brady, David, and Jongryn Mo. 1992. "Electoral Systems and Institutional Choice : A Case Study of the 1988 Korean Choice." *Comparative Political Studies*, Vol. 24, No. 4, pp. 405-429.
Chan, Kenneth Ka-Lok. 2001. "Idealism versus Realism in Institutional Choice: Explaining Electoral Reform in Poland." *West European Politics*, Vol. 24, No. 3, pp. 65-88.
Christensen, Raymond V. 1994. "Electoral Reform in Japan." *Asian Survey*, Vol. 34, No. 7, pp. 589-605.
Colomer, Joser M. ed. 2004. *Handbook of Electoral System Choices*. New York: Palgrave Macmillan.
大黒太郎. 1999.「選挙制度の改編はなぜ成功したか?―日本とイタリアにおける『政治改革』比較―」『レヴァイアサン』25号, 123-153頁.
Dunleavy, Patrick and Helen Margetts. 1995. "Understanding the Dynamics of Electoral Reform." *International Political Science Review*, Vol. 16, No. 1, pp. 9-29.
Duverger, Maurice. 1954. *Les Partis Politiques*. Paris: Colin. (=1970. 岡野加穂留訳『政党社会学―現代政党の組織と活動―』潮出版社.)
Elster, Jon, Claus Offe, and Ulrich K. Preuss. eds. 1998. *Institutional Design in Post-communist Societies: Rebuilding the Ship at Sea*, United Kingdom: Cambridge University Press.
福永文夫. 1986.「戦後における中選挙区制の形成過程―GHQと国内諸政治勢力―」『神戸法学雑誌』36巻3号, 403-458頁.
Gallagher, Michael. 1991. "Proportionality, Disproportionality and Electoral Systems." *Electoral Studies*, Vol. 10, No. 1, pp. 33-51.
後藤田正晴. 1988.『政治とは何か』講談社.
Grumm, G. 1958. "Theories of Electoral Systems." *Midwest Journal of Political Science*, Vol. 2, No. 4, pp. 357-376.
グライフ・アヴァナー(河野勝訳). 2006.「歴史比較制度分析のフロンティア」河野勝編『制度からガヴァナンスへ』東京大学出版会, 23-61頁.
五百旗頭真・伊藤元重・薬師寺克行編. 2007.『90年代の証言 森喜朗―自民党と政権交代―』朝日新聞社.

石原信雄・御厨貴・渡邉昭夫. 2002.『首相官邸の決断―内閣官房副長官石原信雄の2600日―』中央公論社.

伊藤光利. 1996.「自民党下野の政治過程―多元的イモビリズムにおける合理的選択―」日本政治学会編『年報政治学 55年体制の崩壊』岩波書店, 109－128頁.

――. 2006.「官邸主導型政策決定と自民党―コア・エグゼクティブの集権化―」『レヴァイアサン』38号, 7－40頁.

川人貞史. 1998.「政治改革をめぐって」『レヴァイアサン』23号, 170－177頁.

――. 2005.「選挙制度の変革と政治への影響」『Research Bureau 論究』1号, 24－33頁.

河野勝. 1995.「九三年の政治変動―もう一つの解釈―」『レヴァイアサン』17号, 30－51頁.

Kohno Masaru. 1997. *Japan's Postwar Party Politics*, Princeton: Princeton University Press.

Lijphart, Arend. 1985. "The Field of Electoral Systems Research: A Critical Survey." *Electoral Studies*, Vol. 4, No. 1, pp. 3-14.

Lijphart, Arend. 1999. *Patterns of Democracy : Government Forms and Performance in Thirty-six Countries*. New Haven: Yale University Press.（＝2005. 粕谷祐子訳『民主主義対民主主義―多数決型とコンセンサス型の36ヶ国比較研究―』勁草書房.）

待鳥聡史. 2005.「小泉長期政権を支える政治改革の成果」『中央公論』（4月号）, 176－184頁.

――. 2006.「指導部の人選と参議院は難儀だが 『強い首相』は日常となる」『中央公論』（10月号）, 174－184頁.

Massicotte, Louis and Andre Blais. 1999. "Mixed Electoral Systems: a Conceptual and Empirical Survey." *Electoral Studies*, Vol. 18, No. 3, pp. 341-366.

McElwain, Kenneth M. 2008. "Manipulating Electoral Rules to Manufacture Single-Party Dominance." *American Journal of Political Science*, Vol. 52, No. 1, pp. 32-47.

水崎節文. 1996.「中選挙区制における集票構造とその変動―自民党候補者の地域票の分析を中心として―」『椙山女学園大学研究論集』27号, 235－246頁.

成田憲彦. 1996.「政治改革法案の成立過程―官邸と与党の動きを中心として―」『北大法学』46巻6号, 405－486頁.

――. 1997.「『政治改革の過程』論の試み―デッサンと証言―」『レヴァイアサン』20号, 7－57頁.

西川美砂.2003.「2001年参院選における政党システムへの選挙制度の影響」『選挙研究』18号, 12－25頁.
ノーブル, グレゴリー・W. (杉之原真子訳). 2006.「政治的リーダーシップと構造改革」東京大学社会科学研究所編『「失われた10年」を超えてⅡ小泉改革への時代』東京大学出版会, 73－105頁.
大嶽秀夫. 1995.「自民党若手改革派と小沢グループ―『政治改革』を目指した二つの政治勢力―」『レヴァイアサン』17号, 7－29頁.
Rae, Douglas. 1967. *The Political Consequences of Electoral Laws*. New Haven: Yale University Press.
Remington, Thomas F. and Steven S. Smith. 1996. "Political Goals, Institutional Context, and the Choice of an Electoral System: The Russian Parliamentary Election Law." *American Journal of Political Science*, Vol. 40, No. 4, pp. 1253-1279.
Remmer, Karen L. 2008. "The Politics of Institutional Change: Electoral Reform in Latin America, 1978-2002." *Party Politics*, Vol. 14, No. 1, pp. 5-30.
Reynolds, Andrew, Ben Reilly, and Andrew Ellis eds. 2005. *Electoral System Design: The New International IDEA Handbook*. Stockholm: Int. Inst. Democr. Elect. Assist.
Rogowski, Ronald. 1987. "Trade and the Variety of Democratic Institutions." *International Organization*, Vol. 41, No. 2, pp. 203-223.
Rokkan, Stein. 1970. *Citizens, Elections, Parties: Approaches to the Comparative Studies of the Processes of Development*, Oslo: Universitetsforlaget.
阪上順夫. 1972.『日本選挙制度論』政治広報センター.
Sakamoto, Takayuki. 1999. "Explaining Electoral Reform Japan versus Italy and New Zealand." *Party Politics*, Vol. 5, No. 4, pp. 419-438.
Shugart, Matthew S. 2005. "Comparative Electoral Systems Research: The Maturation of a Field and New Challenges Ahead." Michael Gallagher and Paul Mitchell eds. *The Politics of Electoral Systems*, New York: Oxford University Press, pp. 25-55.
Shvetsova, Olga. 2003. "Endogenous Selection of Institutions and Their Exogenous Effects." *Constitutional Political Economy*, Vol. 14, pp. 191-212.
竹中治堅. 2006.『首相支配―日本政治の変貌―』中央公論社.
建林正彦. 2004.『議員行動の政治経済学―自民党支配の制度分析―』有斐閣.
――. 2006.「政党内部組織と政党間交渉過程の変容」村松岐夫・久米郁男編著『日本政治変動の30年―政治家・官僚・団体調査に見る構造変容―』東洋経済新報社, 67－94頁.
Tsebelis, George. 1990. *Nested Games: Rational Choice in Comparative Politics*,

California: University of California Press.
内山融. 2007.『小泉政権―「パトスの首相」は何を変えたのか―』中央公論社.
与謝野馨・田原総一朗. 2008.「中選挙区制復活で政界再編を」『中央公論』(4月号), 130-137頁.

自律性と活動量の対立

―コンピュータ・プログラム産業保護政策の所管をめぐる政治過程―

京　俊介＊

1　はじめに

　新規政策分野の管轄をめぐる中央官庁間の対立はどのように発生し，収束するのか。本稿は，コンピュータ・プログラム（以下，プログラム）を保護する規定が著作権法改正によって実現される政治過程の事例分析を行うことにより，この問いに解答を与えることを試みる。

　この事例の概要は以下の通りである。70年代初めにプログラムの法的保護の確立が政策課題となったとき，通産省は新規立法による保護を，文化庁は著作権法による保護をそれぞれ主張し，両者の間にプログラム産業の保護政策をめぐる管轄争いが生じた。対立は一時沈静化したが，82年にプログラムを著作物と認める地裁判決が出たのをきっかけとして，対立は再燃した。両者は84年の通常国会に法案を提出しようとしたものの，調整がまとまらずに見送られた。翌年には通産省が折れる形で，文化庁案である著作権法の一部改正が最終的な政策帰結となった。

　本稿がこの事例を扱うのは，主に以下の二点の理由による。第一に，この事例では中央官庁間の対立を扱った先行研究の事例とは異なり，政治家による関与がほとんどみられない。ただし，それは政治学的に重要でないことを意味するわけではない。一般的に再選可能性の最大化を追求する政治家はポークバレル型の政策分野に関心を惹かれるといわれ，本稿が扱う時期の自民党政権においてもその傾向がみられる（猪口・岩井1987：132-141）。著作権に関する政策分野は選挙区へのポークバレルという性質を有していないため，再選可能性の最大化という観点からみれば優先順位は低

＊　大阪大学大学院法学研究科博士後期課程　日本学術振興会特別研究員DC　政治過程論・行政学

いといえる。加えて,以上のように政策にコミットすることで得られる利益に比して,著作権に代表される知的財産権は国際条約との関係が強いために要求される専門知識の水準は決して低くなく,それゆえ政治家は日常的に関与しないと考えられる。従来の政治学における研究は,政治家が直接関与する政策分野や政策過程を主に扱ってきた。しかし,現実の政策形成においては本稿の扱う事例のように政治家が直接関与しない政策分野が多数であるといえる (Yackee 2006)。ゆえに,このような政策分野における決定の過程を明らかにすることは,政策過程および政官関係の全体像を捉えることにつながるため,政治学的に重要性をもつといえるだろう。

新規政策分野の管轄をめぐる中央官庁間の対立を扱った先行研究としては,通産省と郵政省によるいわゆる「VAN(付加価値通信網)戦争」を扱ったものがあげられる。VAN 戦争において,通産省と郵政省はそれぞれ自省の応援団となる族議員を動員した(金指 1986：50)。また,その対立を解決に向かわせ,最終的な政策帰結を規定したのもまた政治家であった(村松 1988：124；金指 1986：50−53；今村 2006：133−134)。しかし,プログラムの法的保護をめぐる政治過程においては,VAN 戦争のように政治家が積極的に関与したという事実は観察されず,官庁間の継続的な協議の結果として対立を収束させる政策案がまとまっている。このように,政治家による裁定が行われないような場合には,中央官庁間の対立はどのようにして収束に向かうのか。それを明らかにするための素材をこの事例は提供するといえる。

第二に,この事例は,二つの中央官庁が異なる行動原理に基づいて政策案を提示したために対立が生じたものとして捉えられる。官庁の目標が予算や権限等のリソースを最大化することであると捉える立場からみれば,VAN 戦争に代表される新規政策の管轄をめぐる中央官庁間の対立は,互いにリソースをより多く獲得しようとする争いとして理解されるだろう(村松 1988：118−120)。しかし他方で,官庁の行動原理が単にリソースの拡大ではないとする立場からは異なる理解がなされる可能性がある。たとえば高橋(2007：35)は,VAN 戦争を郵政省と通産省による産業分野に対する異なる関与姿勢をめぐる争いであったと捉える。

本稿は,新規政策をめぐる官庁間の対立を,リソースをめぐる所管争いではなく,それぞれ異なる行動原理に基づいて提示した政策案の対立と捉

える点で，高橋と視点を共有している。ただし本稿は，政策案の対立を引き起こすそのような行動原理の違いを，村松（1978）の提示した「自律性」と「活動量」という概念を導入しながら，より一般的な形で示すことによって，先行研究への知見の付加を試みる。

本稿の論述は以下のように進められる。2では，自律性と活動量の概念に基づき，この事例における文化庁と通産省の行動に関する以下のような仮説を導出する。すなわち，文化庁は自律性を重視する立場から，通産省は活動量を重視する立場から，それぞれプログラムの法的保護に関する政策案を提示した。そして，そのような違いは政策案をめぐる対立を生み出した。ただし，対立が生じたといっても，両者は異なる利益を追求していたため，両者の追求する利益がある程度まで両立するような政策帰結は存在し得る。それが見つかれば，政治家などの第三者による裁定が必要なほどのデッドロック状態には陥らず，当事者間で妥協を図ることが可能となる。この事例を扱う先行研究においては，官庁間の対立を収束に向かわせた要因として，著作権法による保護を望むアメリカからの圧力の存在を指摘するものが通説的である。しかし，本稿の分析からは，それとは異なる解釈が示される。3では，文化庁と通産省の対立が発生してから収束するまでの政治過程を追うことにより，仮説を検証する。4では知見を要約し，今後の研究課題を述べる。

2　仮説の導出

本節では，官庁の行動原理を指摘する先行研究を検討したうえで，本稿の仮説を導出することを試みる。

先行研究は大きく二つに分類することができる。第一に，官庁の目標は予算や権限等のリソースの拡大であると指摘する研究である。Niskanen (1971) の予算極大化モデルに始まり，日本の官僚制研究でも同様の理解がなされている。本稿が扱う日本の中央官庁間の対立に関する研究においても，日本型多元主義の視点からVAN戦争を分析した村松（1988）を代表として，リソースをより多く獲得しようとする行動が官庁間の対立を生むと理解されてきた。

しかしながら，リソースの拡大という観点からは，本稿の扱う事例のうち通産省の行動を説明することはできるものの，文化庁の行動を説明でき

ない。文化庁が当初から主張していた通りにプログラムの法的保護の確立を著作権法で行ったとしても，文化庁は大きな予算や業界に対する規制権限等を獲得できるわけではなかった。文化庁が当初から提示していた政策案は，プログラムに従来の著作物と同等の保護を与えることである。この政策案が実現しても，文化庁が政策への管轄権を用いてプログラム業界に対する影響力を行使することは不可能であった。理由は以下の二点である。第一に，著作権法が権利の発生を創作時としていることである。プログラムが著作権法による保護を受けることになれば，文化庁への登録などは必要なく，それゆえ文化庁が新たな予算を獲得したり，業界に影響力を行使したりする機会は得られなかったと考えられる。第二に，著作権法が多様な著作物に対してある程度まで共通した内容の保護を与えていることである。プログラムの保護だけ他の著作物に対する保護と異なるものになっていれば，それを左右する権限を文化庁が握ることにより，業界に対する影響力を行使できる可能性は残る。しかし，プログラムだけに特別の保護を与えることに対し，そもそも文化庁は一貫して反対していた。

　先行研究の第二の分類は，官庁の追求する目標としてリソースの拡大以外の要素を指摘するものである。代表的な研究としては，Dunleavy (1991) の組織形整モデルや戸矢 (2003) の組織存続モデルがこの分類に属するといえる。しかしながら，本稿の扱う事例をうまく説明するためには，以下に示すようにこれらの研究から導き出される説明では不十分な点が残る。まず，Dunleavy のモデルは官庁のタイプと官僚の地位によっては予算の削減からより大きな効用を得る可能性があることを示すにすぎず，予算の縮小・拡大につながらないプログラム保護のための著作権法改正を文化庁がなぜ行おうとしたかは説明できない。他方で，戸矢は官庁の究極的な目標が組織存続であるとしたうえで，それを実現するための要素として名声の最大化をあげる。官庁の究極的な目標が組織存続であることは説得的である。しかし，名声の最大化は戸矢が分析した大蔵省のようにハイ・セイリアンス (salience) の政策分野を所管する官庁の目標としては適切かもしれないが，大蔵省と比べて世間の注目を集めない文化庁のようなロー・セイリアンスの政策分野を扱う官庁にそのまま適用することは難しい。したがって，組織存続につながる別の要素を想定する必要があると思われる。

　また，この分類に属し，本稿と同様に中央官庁間の対立という事例を扱

った研究として高橋（2007）をあげることができる。高橋の研究は，新規政策をめぐる官庁間の対立を，それぞれ異なる行動原理に基づいて提示した政策案の対立と捉える点で，本稿の分析にとって示唆的である。しかし，なぜそのような行動原理をもつに至ったのかを十分に説明しておらず[1]，また，それが官庁の行動原理を一般的に考えるうえでどのように位置付けられるのかも明らかになっていない。

　以上の先行研究の検討から得られたことは以下の二点に集約できる。第一に，官庁の目標をリソースの拡大と捉える観点からは，通産省の行動は説明できるものの，文化庁の行動を説明できない。第二に，リソースの拡大以外の要素を捉える見解は文化庁の行動原理を説明するうえで示唆的であるものの，不十分であるといえる。本稿は，村松（1978）の提示した「自律性」と「活動量」という概念を導入することで，これらの問題点を乗り越えながらこの事例を整合的に説明する仮説を提示することを試みる。

　新規政策分野の管轄をめぐる中央官庁間の対立がどのように発生し収束するのかという問いに対する本稿の仮説の概要は以下の通りである。すなわち，二つの官庁が異なる行動原理に基づいて政策案を提示し，その結果として対立が発生する。そして，二つの官庁が異なる行動原理をもつために追求すべき利益が異なり，それゆえ両者の利益をある程度まで両立させるような政策帰結が存在し得ることにより，対立は収束する。

　では，官庁はどのような行動原理をもつのか。これを理解するための鍵概念として「自律性」と「活動量」を導入し，官庁がそれらを高めることを目標とする行動原理をもつ合理的アクターであるとの仮定に基づくモデルを構築することを試みる。本稿では，自律性と活動量を以下のように定義する。すなわち，自律性とは，政策を政治家から独立して行える程度の大きさである。一方，活動量とは，政策の結果として生まれる出力の大きさであり，具体的にはその政策の所管官庁が何らかの形で関与することのできる範囲の広さとして定義される。

　官庁がある政策についての自律性を高めるには，政治家がその政策に介入するときにかかるコストを高めればよい。一般的にいって，所管する政策の専門性が高いほど政治家が介入するためのコストも高まる（猪口・岩井 1987：104）。しかし，全体として政策に関する専門性を高めたとしても，政治家がその政策の一部分に限って介入を行おうとする場合には，その部

分についてのみ情報を得ればよいためにコストは相対的に低くなり，自律性を保つことは難しくなると考えられる。政治家からのこのような一点突破型の攻撃に備えるためには，所管する政策を相互にリンクさせることによって，一部分のみの修正を事実上不可能にしてしまうという方法があり得る。これによって所管官庁自身が改正を行うためのコストも大きくなるものの，政治家と官庁が従来もっている専門性の差によって政治家が介入するときにかかるコストはさらに大きくなるといえる。

活動量を高めることは，その政策の所管官庁が何らかの形で関わる部分を増やすことを意味する。したがって，活動量を高めるには何らかの根拠を主張して管轄の範囲や関わる程度を大きくするような政策を策定すればよい。ただし，その根拠が弱いほど管轄権を得るための正当性は低下し，増加させることのできる活動量も小さくなるであろう。

ここで，官庁がもつリソースが一定であると仮定すれば，自律性と活動量はトレード・オフの関係にあるといえる。理由は以下の通りである。政治家からの自律性を高めるために，専門性を高めたり政策を相互にリンクさせたりするにはコストがかかる。管轄する範囲が広がるほど管轄する政策全体に対してそれを行うコストは大きくなり，一定のリソースでまかなうことは非常に困難になる。ゆえに，両方を同時に高めることを追求することは事実上不可能になり，官庁はどちらかを重視する選択を行う必要がある。

新規政策分野に対する管轄の確定が課題となったとき，自律性と活動量のそれぞれを重視する官庁はどのように行動するだろうか。自律性を重視する官庁は，積極的に新規政策分野に管轄を拡大しようとはしない傾向をもつだろう。なぜなら，上述したように，拡大した分だけ自律性を高めるためのコストが余分にかかり，そのコストをかけなければ政治家による介入の可能性を高めてしまうからである。しかし，その新規政策分野を所管しなければ既存の所管政策の自律性を保つことが難しくなるような場合には，その自律性の維持によって得られる利益がコストに見合う限り，管轄の拡大を行おうとすると考えられる。他方，活動量を重視する官庁は，その新規政策分野を所管するための何らかの根拠を主張できる限り，管轄を拡大しようとするであろう。

では，プログラムの法的保護という新規政策課題に対し，通産省と文化

庁はそれぞれどのような行動原理をもっていたと仮定できるであろうか。戦後の通産省を通史的に分析した北山（1990）によれば，70～80年代の通産省は，企画力と情報力を武器に活動範囲を広げようとしていた（北山 1990：21-27）。また，今村（2006：136-137）も，通産省が80年代前半までに他省庁の所管領域に「口出し」を多数行っていたことを指摘する。よって，先行研究に依拠する限り，通産省は活動量を重視していたと仮定してよいだろう。

　したがって，この事例における通産省の行動に関する仮説は以下のようになる。すなわち，通産省は活動量を重視するため，プログラムの法的保護に関する政策を所管するための何らかの根拠を主張できれば，その分野へ管轄を拡大しようとする。そして，最大限活動量を増加させることを試みるが，主張する根拠が弱いほど増加させることのできる活動量は低下する。ただし，少なくとも現状より活動量を増加させることができれば，利益は一定程度実現するといえる。

　他方，文化庁の行動原理はどのように仮定できるか。民法などの基本法を所管する法務省においては，法改正の際に留意するポイントの一つとして，法律の整合性があるといわれる。この整合性とは，日本の法体系の全体と当該法律が矛盾や抵触なく存在できるかということだけでなく，一つの法律の内部において矛盾などがないことをも意味している[2]。法務省が所管する基本法は，事業官庁が所管するような業者を適用対象とする業法とは異なり，一般的な自然人や法人を適用対象としている。著作権法の適用対象は主に著作権者と著作物の利用者であるが，一般的な自然人や法人は容易にその適用対象になることができ，その意味において著作権法は法務省が所管する基本法と類似した性質をもっているといえる。官庁が基本法を所管する場合に重視する要素に共通性があると前提すれば，著作権法の整合性を維持することは文化庁が重視する点の一つであると考えられる。

　法律の整合性を重視することは自律性の重視につながる。なぜなら，法律の整合性が高まるほど，規定が相互に矛盾なく存在するよう配置され，専門知識なくして一部分のみの修正を行うことが困難になるためである。これは，上述したような，政治家からの介入を防ぐために専門性を高めることと等しい。したがって，著作権政策に関して，文化庁は自律性を重視していたと仮定できるだろう。

以上から，この事例における文化庁の行動に関する仮説を以下のように導くことができる。すなわち，文化庁は自律性を重視するため，プログラムの法的保護に関する政策を所管しなければ既存の所管政策の自律性を保つことが難しくなるような場合には，その分野へ管轄を拡大しようとする。

　以上に示した仮説を，プログラムの法的保護の確立における官庁間の対立の発生と収束のメカニズムと結び付けてまとめると，以下のようになる。すなわち，活動量を重視する通産省は，プログラムの法的保護に関する新規政策へと管轄を拡大しようとした。自律性を重視する文化庁は，プログラムの法的保護に関する政策を所管しなければ既存の所管政策の自律性を保つことが難しくなるため，管轄を拡大しようとした。ここで，新規政策の管轄をめぐる二つの官庁の対立が発生した。しかし，自律性を重視する文化庁と活動量を重視する通産省では追求する利益が異なるため，文化庁の利益を実現しつつ，現状よりも通産省の活動量が増加するような合意が両者の間でなされることで，対立は収束した。

　政治学以外の文脈でこの事例を扱った先行研究において通説的な見解は，著作権法による保護の確立を望ましいと考えるアメリカが通産省に圧力をかけてきたために通産省が新規立法を断念した，というものである（中山 1988：11-13, 2007：97；高倉 2001：11-12）[3]。しかし，本稿が提示する仮説からは異なる解釈が浮かび上がる。すなわち，通産省はアメリカの圧力に屈したために新規立法を断念したのではなく，活動量を増加させるという利益を一定程度実現させることができる見込みがあったために手を引いた，という解釈である。

3　事例分析による検証

　以下では，2で導出した仮説を検証するために，この事例の過程追跡を行う。

3.1　背景

　コンピュータ技術の飛躍的な発展にともない，プログラムの開発に対して大規模な投資が行われるようになっていた。プログラムは，従来はハードウェアと一体のものとして取り扱われる傾向にあったが，次第にコンピュータ全体に占めるその経済的価値の割合を高め，70年代以降にはハード

ウェアと分離した商品として取引の対象になっていた。

　このような状況は，以下のような政策課題を提起することとなった。プログラムの開発への投資が増大するにつれ，その投下資本を有効に回収する方策が必要となるが，プログラム単独では，既存の法制度によって十分な保護は受けられない。プログラムは開発に多大なコストがかかる一方で模倣が容易であり，何らかの法的保護がない限りフリーライダー問題が生じる。それを防ぐためには，プログラムを秘密にしておくしか方法はないが，そうすると重複投資が行われて経済全体にとって不利益が生じる。したがって，何らかの形で法的保護を与える必要があることが認識されるようになっていた。

3.2 対立の発生

　この点に目をつけた通産省と文化庁は，70年代初めにそれぞれ審議会を設置し，そこでプログラムの法的保護についての検討を開始した。通産省重工業局が設置したソフトウェア法的保護調査委員会は，71年6月にプログラムの法的保護について検討を開始し，翌年5月の報告書で新規立法の必要性を主張した。

　一方，文化庁著作権審議会は，72年3月から第2小委員会においてこの問題の検討を開始し，翌年6月に報告書を公表した。報告書では，プログラムが著作物の定義に当てはまることを確認したうえで，現行著作権法でプログラムがどの程度まで保護されるかについての見解をまとめている。

　両者の出した報告書は，この時点ではまだ制度設計の大きな方向性を示したにすぎないが，その方向性をめぐって，四つの大きな対立点が既に現れていたことを指摘できる。

　第一に，法的保護を受けるための要件である。通産省側は，プログラムの流通を促進するために，一定の手続きを経たプログラムだけを法的に保護するプログラムの登録制度を試案として提示した。これに対し，文化庁案では，著作権法の原則に従い，プログラムは創作された時点で何の方式の履行も必要なく，直ちに法的保護を受けることになる。

　第二に，保護期間の長さである。通産省側は，登録の日から10年間の保護期間を提案した。対して，文化庁側は，他の著作物と区別する根拠がないことや条約に抵触する可能性を理由として，著作権法の規定通り，著作

者の死後50年間（法人等による著作であれば公表後50年間）存続するものであると考えていた。

　第三に，プログラムの実施に係る権利である。通産省側は，著作権法によるプログラムの保護がプログラムの実施に及ばないことを問題視した。文化庁側もこの点を認めており，プログラムの実施権は著作権には含まれないとしている。

　第四に，権利侵害争訟を解決するための制度である。通産省側は，プログラムに関する権利侵害争訟が高度に専門的かつ早期解決が必要であることを理由に，仲裁・調停制度の活用を主張した。一方，文化庁側は，プログラムについてのみ他の著作物と比べて特別な取り扱いをする理由が乏しいため，紛争解決のための特別措置は不要であるとしている。

　このように，通産省と文化庁がそれぞれ主張するプログラムの法的保護のための制度設計には，70年代初めの段階で大きな違いがあった。通産省は，コンピュータ産業の発展のためには既存の法制度を修正するだけでは不十分であると主張し，自己の所管の下，新規立法による保護の確立を提案した。

　一方，文化庁は，プログラムが著作物の定義に合致することを理由として，著作権法による保護を主張した。著作権法の解釈によってプログラムが著作物に当てはまることが導かれるのであれば，著作権法以外の法律によって保護を行うと，著作権法自体の論理を揺るがす大きな影響を生み出すことになる。著作権法以外の法律によってプログラムの保護を行う場合，採り得る考え方は以下の二つである。第一に，プログラムは著作物であるが著作権法では保護しないとする考え方である。この場合，別の法律によって保護する旨の但書きを著作権法に追加する必要があり，直ちに著作権法に大きな例外規定を生じさせる。第二に，プログラムは著作物ではないとする考え方である。しかし，既に著作権審議会第2小委員会の検討において，プログラムが著作物の定義に当てはまることが確認されており，これは著作権法に解釈上の大きな歪みを生じさせることにつながり得る。したがって，プログラムを著作権法の保護対象としなければ，著作権法自体の整合性を損なうことになる。そして，それは著作権政策に関する文化庁の自律性を低下させることを意味した。

3.3　70〜80年代初めにおける海外の動向

70年代には，プログラムの法的保護をどのような形で行うかということが，日本と同様，世界各国および国際レベルで政策課題となっていた。以下ではプログラムの法的保護に関する諸外国の代表例としてのアメリカ・西ドイツと，世界知的所有権機関（以下，WIPO）を中心とする国際機関の動向を追う。

3.3.1　諸外国

アメリカでは，この問題等についての検討を行うために74年に設置された「著作物の新技術による使用に関する国家委員会」が，78年に最終報告書をまとめた。この報告書は，特許権・企業秘密・不正競争防止による保護よりは，著作権による保護のほうがプログラムの保護にとって適切であるという前提に立つものである。この報告書に基づき，80年，連邦議会は著作権法中のプログラムに関する規定の改正を行い，プログラムが言語の著作物に含まれることを明文によって認知した。また，80年代初めまでに，プログラムの著作物性を認める判決も多数出されていた（高石 1984：1210−1212）。

西ドイツの1965年著作権法にはプログラムに関係する規定は存在しないが，プログラムの著作物性を認める判決は80年代初めにいくつか出されていた。加えて，82年，連邦司法省は，国内の権利者団体宛の書簡において，現行著作権法の下でもプログラムは著作物と認められるので，同法を改正する必要はないとの立場を明らかにした（古沢 1983：44）。

以上のように，アメリカと西ドイツは，70年代にはまだ態度を決めていなかったが，80年代初めには著作権法による保護の方針を固めた。

3.3.2　国際機関

1971年3月，WIPOが開催した，「コンピュータ・プログラムの保護に関する政府専門家諮問委員会」の報告書が公表された。この報告書は，最も適切なプログラムの法的保護のあり方を検討したもので，既存の著作権制度や特許制度では十分な保護を図っていくことは困難であるとし，新しい方策の樹立を提唱している（小山 1980：163）。

次いで，WIPOの主催により，「コンピュータ・プログラムの保護に関す

る非政府専門家諮問委員会」が74～77年の間に4回の会合をもち，78年に「コンピュータ・ソフトウェアの保護に関するモデル規定」を公表した（小山 1980：166）。このモデル規定は著作権法型アプローチを基礎とはしているものの，この時点ではまだ著作権法によるプログラムの法的保護が世界的なコンセンサスになったわけではない。なぜなら，保護期間を著作権より遙かに短い20年程度としており，また，著作権法の枠組みでは保護され得ないとされていたプログラムの実施に係る権利を，保護権のなかに明確に規定しているためである。

　79年11月からWIPO国際事務局は，上述したモデル規定の基本的アプローチに従った条約草案の作成に着手し，83年6月，WIPO等の構成国政府の代表者による会議においてそれについての検討が行われた。しかし，既に多くの国が著作権法による保護という方針を固めていたことを背景に，参加国の支配的見解は以下のようになっていた（土井 1984）。すなわち，ベルヌ条約等の著作権に関する条約によって国際的保護は確保されるため，特別の条約を詳細に検討するのは適切でなく，その締結を考えることは当分すべきではない。

　このように，国際機関においても，70年代には著作権の枠組みを基礎としながらも特許制度に近い保護の方策を模索していたが，83年に至って，基本となる国際的保護の枠組みは，著作権に関する条約で足りるとする考え方が大勢を占めるようになっていた。つまり，70年代には通産省の政策案が国際的な正当性を得られる可能性が一定程度存在したが，80年代初めにはその可能性は極めて低いものとなっていたのである。

3.4　通産省と文化庁の対立の再燃

　プログラムの法的保護をめぐる70年代初めの通産省と文化庁の対立は，国際的な情勢をみる意味もあってしばらく沈静化していたが，82年にプログラムの著作物性を認める判決が日本で初めて示されたことをきっかけとして激化していった。

　82年12月，東京地裁は，日本で初めて，ゲームのプログラムを著作物であると判示した（東京地判昭 57・12・6）。原告は当時大流行して社会現象にまでなったゲーム「スペースインベーダー」シリーズを開発していた株式会社タイトーであった。被告の業者は，「スペースインベーダー」専用

ゲーム機とは別のゲーム機の基盤の ROM（読み込み専用メモリー）に「スペースインベーダー」のプログラムを複製していた。原告のタイトーは，この行為が著作権法上の「複製」にあたると主張した。東京地裁の判決は，このプログラムが著作物に当たると認めるものであった。その後，ゲームのプログラムを著作物とする判決が地裁レベルでいくつか出された（横浜地判昭58・3・30など）。

これらの判例はかねてからの文化庁の主張と一致するものであったためか，以後文化庁は，自己の提示する政策案を正当化するためにしばしばこれらの判決を用いた（文化庁文化部著作権課1984）。ただし，ここで注意しなければならないのは，判決は，本来当該事件に関してのみ効力を有するだけで，一般性をもつわけではなく，直ちに文化庁の主張を正当化する性質をもっているわけではないということである。また，複数の判決がプログラムの著作物性を認めていることも，著作権法の解釈から当然にプログラムが著作物の定義に当てはまることを示すわけではない。なぜなら，当該事件において，裁判所はそう判断するしか選択肢がなかった可能性があるためである。

裁判所がプログラムを著作物と認めたのは，すべてデッド・コピーに関する事件である。一方，「スペースインベーダー」と類似するゲームを製造する業者をタイトーが提訴した事件の判決では，不正競争防止法を根拠に判断している。ここで，仮にプログラムが著作物であるという解釈が一般的になされるのであれば，後者の事例においても著作権法を根拠に同様の結論を導き出せる[4]。しかし，裁判所は，この類型の事件については著作権法を根拠として判断しなかった。その一方，前者の類型にあたる事件については，不正競争防止法は根拠にならず，著作権法しか根拠になりそうな法律は存在しなかった。つまり，82年12月の東京地裁の判決を皮切りにいくつか出されたプログラムの著作物性を認める判決は，一般的にプログラムが著作物であるということを示したわけではなく，他人の業績にただ乗りするデッド・コピーという行為が損害賠償の対象になるという結論が先に存在し，それを導き出すために裁判所が著作権法を参照したにすぎない可能性がある。

このように，本来は文化庁の主張を正当化するものではないものの，プログラムを著作物と認めたこれらの判決は，法解釈と結論においては文化

庁の主張と一致する。文化庁は，これを自らの主張を通すための好機とみたのか，ここで再び論争を仕掛けた。

東京地裁判決から1ヶ月後の83年1月，文化庁はプログラムを著作物として保護する著作権法改正を行う方針を固め，著作権審議会に諮問した(『日本経済新聞』，以下，日経，1983年1月3，26日)。続いて，通産省も，産業構造審議会(以下，産構審)情報産業部会に諮問し，同部会に設置されたソフトウェア基盤整備小委員会においてプログラムの法的保護についての検討が開始された。産構審における検討の動向をみながら，通産省は，プログラムの開発者の権利保護のための新規立法である「プログラム権法」を制定する方針を6月に固め，11月にはその原案をまとめた(日経1983年6月5日，11月23日)。

文化庁は，通産省の案を国際的動向に反するものであるとして批判しつつ，84年1月にまとめられた著作権審議会の中間報告を受けて，3月に改正法案を国会に提出することを目標に，著作権法改正試案の作成に着手する方針を固めた(日経1983年12月26日，1984年1月20日)。これに対して，通産省は，著作権審議会の提言は産業界の発展につなげるという視点が欠如しているという反論文書をまとめた(日経1984年1月20日)。

この時点で通産省と文化庁が考えていた政策は，具体的にはどのように異なっていたのであろうか。以下，80年代初めに両省庁の審議会が提出した報告書の内容を，70年代初めの報告書に存在した四つの大きな対立点に注目することで検討する。

第一に，法的保護を受けるための要件である。73年の通産省側の報告書では，ある程度の公開をともなうプログラムの登録を権利発生の要件とする案を提示した。しかし，83年の産構審の中間答申においては，現状を考慮して妥協し，当面はプログラムの作成を権利発生の要件としながら登録・公示の制度を導入し，将来的には登録を権利発生の要件とすることを検討すべきとした。一方，著作権法による保護を主張する文化庁側は，73年の案と同じく，権利発生の要件には特別な手続きが必要でないと主張した。

第二に，保護期間の長さである。73年の時点では，通産省側は10年の保護期間を主張していた。83年の産構審の中間答申においても，基本的な考え方は維持しながらも，当面は諸外国と同様，ある程度長期間の保護期間を設定することもやむを得ないとしている。文化庁側は，審議会内におい

て保護期間を短縮すべきという意見があったとしながらも,保護期間の短縮には慎重な検討を要するとしている。

第三に,プログラムの実施に係る権利である。産構審の中間答申は,プログラムの使用を占有する権利である「使用権」の創設が必要であるとした。なお,使用権については,世界に先駆けて創設する権利であって条約上の制約がないため,保護期間を15年程度とし,登録を権利発生要件とすることを通産省側は提案している。他方,文化庁側は,プログラムの実施に権利を及ぼすことは理論的にも実際的にも多くの問題があるとした。また,プログラムの実施に権利が及ばないときの問題点としてしばしばあげられている,違法複製プログラムの実行に対しては,使用権を創設しなくても対処できることを示している。

第四に,権利侵害争訟を解決するための制度である。通産省側は,73年の報告書と変わらず,新たな調停・仲裁制度の創設を主張した。文化庁側も,専門家による斡旋制度を効果的に活用すべきであるとしたが,原則として著作権法の枠組みに規定された斡旋制度を使うべきだとする点に違いがある。

加えて,この時点で新たな対立点が一つ生じた。それは,裁定(強制許諾)制度である。通産省側は,プログラムの利用効率化を図るために,特許法等で定められているのと同じく,一定の条件を満たすことを前提として,適正な対価の下で既存のプログラムの強制的な利用許諾を認めるべきであるとした。対して文化庁側は,限定的な範囲内であれば条約上可能であるが,一般的な裁定制度は条約の規定をみる限り困難であるとしている。

以上のように,通産省はコンピュータ産業の振興を図るという73年の報告書と同じ基本スタンスを維持しながらも,国際的な動向に反することが難しいことは認識しており,譲歩できる部分では譲歩した案を示した。ただし,この案は,譲歩した点を考慮しても,著作権法の枠組みによる保護という国際的な動向に沿うものになっておらず,譲歩した部分についても将来的には条約を修正することで当初の主張を実現するといった目標を提示していた。70年代には実現可能性が一定程度存在していた通産省の新規立法案であったが,この時点に至って外堀は既に埋められており,同時代的な視点からみても,実現する可能性は極めて低い政策案になっていたといえる。

一方，文化庁の方針は73年の第2小委員会報告書のものと全く変わっていなかった。73年から一貫している著作権法の解釈を基礎として，70年代以降の国内の判例や国際的な動向を追い風に，プログラムが著作物であるという前提から，他の著作物に関する規定やベルヌ条約等との整合性を維持することを主張した。

　このような両省庁の対立のなか，プログラムに関する新たな法律が制定されるまでは従来の判例によって規制する，という方針で関係業界を指導することが確認された（日経1984年2月2日）。その一方で，84年2月14日，通産省はプログラム権法の原案，文化庁は著作権法改正試案と，それぞれ独自の法案の原案をまとめた（日経1984年2月15日）。法案の内容は，審議会等でのそれまでの検討に基づき，以上に述べたような方針を具体化するものであり，いくつかの大きな対立点を残すものであった。

3.5 アメリカとの摩擦

　83年12月，産構審が通産省に中間答申として提出したプログラム権法の草案に対し，アメリカ政府が外交ルートを通して懸念を表明した（日経1983年12月14日）。アメリカ側の懸念事項は主に二点あった。第一に，プログラム権法が設定する保護期間として，15年というのが有力な案であったことである。これはアメリカの著作権法が設定する保護期間である75年よりも，60年も短いものであった。第二に，裁定制度である。これがプログラム開発者の利益を損なう可能性があるとしてアメリカ側は懸念していた（日経1984年2月18日）。この問題について，小此木通産相は，日米先端技術産業部会で話し合うということにブロックUSTR代表と合意した（日経1984年1月31日）。

　84年2月，日米先端技術産業部会が開かれた（日経1984年2月18, 24, 25日）。通産省側は保護期間に関して大幅に譲歩する可能性をみせたが，条約との関係と裁定制度について，両国の意見は対立した。著作権に関する条約でプログラムを保護するという国際的合意があるとするアメリカに対し，日本側は新しい条約を作るのか現行の条約を手直しするのかはこれから議論する問題だと主張した。裁定制度については，不要とするアメリカ側と必要とする通産省側で意見の対立は平行線をたどった。

　さらにアメリカ側は，通産省のプログラム権法が国会に提出された場合

や，著作権法を改正する場合でも裁定制度を導入する場合には，日本製のプログラムをアメリカやヨーロッパの著作権法で保護しないという対抗措置をとることを表明するなど(日経1984年2月25日)，徹底的にプログラム権法に反対する構えをみせた。

3.6 法案提出見送り～決着へ

しかし，小此木通産相はプログラム権法が必要だという姿勢を一貫して崩さなかった。日米先端技術産業部会が開かれる直前も（日経1984年2月22日)，アメリカが対抗措置をとるという「脅し」をみせた後も（日経1984年3月9日)，プログラム権法の制定の必要性を訴え，国会に提出する方針を変えなかった。この背景には，プログラム関係の業界団体と経団連は揃って通産省案を支持していたという事実があった（日経1984年3月3，7，14日；『日経産業新聞』1984年2月24日)。

プログラム権法は国際条約に違反するというアメリカ政府の見解に配慮し，通産省は国際調整を最優先し，プログラム権に関する国際条約を作るという方策も視野に入れる考えをもっていた（日経1984年4月10日)。しかし，84年4月に開かれた日米先端技術産業作業部会でも日米の意見は対立したまま終了した（日経1984年4月15日)。通産省は国会への法案提出を見送ることを決め，一方，文化庁も著作権法改正案の提出見送りを決定した（日経1984年4月21，27日)。

両者は1984年の通常国会への法案提出を見送ったが，それは問題の解決ではなく先送りを意味していた。5月，通産省は文化庁との連絡協議会を設置し，6月から折衝を再開することを決めた（日経1984年5月27日)。

12月，著作権審議会は，データベースについても著作権法による保護を与える方針を打ち出し，再び通産省の反論を招いた(日経1984年12月18日)。データベースの権利を保護することには異論はないが，それを著作権法で行うことに反対したのである。

しかしながら，85年3月，ついに通産省と文部省はプログラムを著作権法で保護することに合意した(日経1985年3月17日)。これを受けて，文化庁は著作権法改正案をまとめ(日経1985年4月2日)，プログラム保護のための著作権法改正が成立した。

このように，大筋では文化庁が主張し続けていたように，著作権法改正

による法的保護の確立という結末に終わった。ただし，プログラムの任意登録制度が新設されたという点では通産省の主張も反映されている。従来の著作権法においても著作物の登録制度に関する規定は存在したが，プログラムの登録手続については別の法律で定めることとした。これを受けて86年に「プログラムの著作物に係る登録の特例に関する法律」が成立し，文化庁長官が指定する機関にプログラムの登録事務を行わせることができるようになった。この指定機関として財団法人ソフトウェア情報センターという外郭団体が設立され，通産省と文部省によって共同所管されることとなった。

4　おわりに

本稿では，新規政策分野の管轄をめぐる中央官庁間の対立がどのように発生・収束するのかという問いに対する解答を，プログラム産業保護政策をめぐる文化庁と通産省の対立についての事例分析に基づいて明らかにすることを試みた。2で提示した仮説が事例分析で検証されたかを以下で確認しておこう。

通産省の行動に関する仮説は以下のようなものであった。すなわち，通産省は活動量を重視するため，プログラムの法的保護に関する政策を所管するための何らかの根拠を主張できれば，その分野へ管轄を拡大しようとする。事例分析からは，通産省はプログラムの法的保護の確立という政策課題に対し，自らが所管する新規立法を行うことで管轄を拡大しようとしたことが明らかになった。

文化庁の行動に関する仮説は以下のようなものであった。すなわち，文化庁は自律性を重視するため，プログラムの法的保護に関する政策を所管しなければ既存の所管政策の自律性を保つことが難しくなるような場合には，その分野へ管轄を拡大しようとする。事例分析からは，プログラムを著作権法の保護対象としなければ従来所管してきた著作権法自体の整合性を損なうことになること，および，プログラムが著作物の定義に当てはまることを根拠に文化庁がプログラムを著作権法で保護する政策案を提示したことが明らかになった。また，以上のように二つの官庁が異なる政策案を提示したことで，プログラムの法的保護の確立に関する対立が発生した。

そして，対立が収束に向かう条件に関する仮説は以下のようなものであ

った。すなわち，活動量を重視する官庁である通産省の主張する根拠が弱いほど，増加させることのできる活動量は低下するが，現状よりも活動量を増加させることができれば，利益は一定程度実現されることになるため，対立は収束に向かう。事例分析からは以下の二点が明らかになった。

　第一に，70年代には実現可能性が一定程度存在した通産省の政策案が，80年代には国際的動向に明らかに反するものになったため，その通産省案を実現する根拠が弱くなっていた。第二に，プログラムの任意登録制度を特別に設けることにより，プログラムを著作権法の保護対象にするという文化庁が決して譲れない政策帰結を維持しながらも，通産省がプログラムの法的保護に外郭団体を通じて関与する余地が生まれた。

　事例分析から得られた以上の知見を，新規政策分野の管轄をめぐる中央官庁間の対立がどのように発生・収束するのかという問いに合わせてより一般的な形で表現すれば，以下のようになる。すなわち，自律性と活動量というそれぞれ異なった利益を重視する二つの官庁が，一つの政策課題に対して互いに異なる政策案を提示し，対立が発生する。ただし，異なる行動原理をもつ二つの官庁が追求する利益は，リソースを奪い合う場合とは異なり，必ずしもゼロサム的になるわけではない。そのため，両者の利益が一定程度まで両立する帰結は存在し，政治家等の第三者による裁定が存在しなくても対立は収束し得る。

　本稿が提示した自律性を重視する官庁と活動量を重視する官庁の対立という図式は，先行研究において通説的であったような，新規政策をめぐる官庁間の争いをリソースの獲得をめぐる縄張り争いとして捉える見解に対して修正を加える。先行研究の議論を本稿の枠組みで捉えるならば，活動量を重視する官庁同士の対立であるといえる。これに対して本稿の分析では，自律性を重視する官庁の存在を認識することによって，官庁間の対立には単なるリソース獲得をめぐる縄張り争いとは異なる性質をもつものが存在し得ることが明らかになった。

　このような性質をもつ官庁間の対立が従来見落とされてきたのは，政治家が積極的に関与する政策分野のみを先行研究が扱ってきたことに由来するであろう。しかし，政治家が関与しないことは政治的に重要でないことを意味するわけではない。1で述べたように，そもそもこのような政策分野が多数である。また，2で述べたように，自律性を重視する官庁は，政

治家からの介入をできるだけ防ごうとするため，自律性を重視する官庁が管轄している，あるいはしようとする政策分野は，さらに政治家が関与しにくい性質をもつことになるであろう。したがって，本稿における議論を敷衍すれば，政治家があまり関与しない政策分野がある場合，それは自律性を重視する官庁の戦略的行動の帰結であるかもしれないといえる。そして，このような政策分野の分析を行うことは，政官関係の全体像を捉える上で，政治学的に重要な意味をもつといえる。

　最後に，残された課題について二点触れておく。第一に，本稿の分析からは，異なる利益を追求する官庁間の対立はリソースの獲得をめぐる対立に比べて一定の妥協点を見出しやすいことが示された。しかし，その妥協点が何によって決まるのかは明らかになっていない。この課題を乗り越えるには，同様の対立事例を比較することが必要になると思われる。第二に，本稿の分析からは，自律性を重視する官庁同士の対立がどのようなものになるかは十分に明らかになっていない。先行研究は活動量型の官庁同士の対立を捉えており，本稿は活動量型と自律性型の対立を捉えている。残る対立図式は自律性型同士によるものである。本稿の仮説が妥当性をもつとすれば，自律性を重視する官庁が新規政策へと管轄を拡大するのは，その政策を管轄しなければ自律性が低下する可能性のある場合，つまり，既に所管している政策と新規政策との距離がかなり近い場合のみである。ゆえに，それぞれの官庁が従来所管している政策がかなりの程度近接していなければ，自律性を重視する官庁同士の対立は生じないだろう。この条件に当てはまる対立事例は存在するか，その対立はどのような経緯をたどるのか，そしてその事例にも政治家が関与しにくい構造が存在しているのかを明らかにし，新規政策の管轄をめぐる官庁間の対立を自律性と活動量という軸で類型化することが，今後の課題である。

【謝辞】　本研究は，関西行政学研究会と日本公共政策学会2008年度研究大会において報告の機会を得た。草稿段階で有益なコメントをくださった匿名の査読者と上川龍之進，北村亘，北山俊哉，曽我謙悟，辻陽，松田憲忠の各先生に記して感謝申し上げる。

【付記】　本稿は科学研究費補助金（特別研究員奨励費・課題番号20・1611）の交付を受けた研究成果の一部である。

（1） 経済環境の変化に対応して通産省が規制権限志向からビジョン行政へと方針転換を行ったことを指摘するものの，なぜ変化に適応するそのような大きな方針転換が可能であったのかについての説明は十分になされていない。
（2） 民法の一部の内容を改正する必要が生じた際に，民法典の改正という形をとらずに新しく消費者契約法のような特別法の制定という形をとる理由の一つは，法律の整合性を重視するためであるという（筆者によるある法務省官僚へのインタビュー，2008年10月4日）。
（3） この事例を直接論じてはいないが，プロパテントの立場をとるアメリカの圧力によって各国の知的財産法改正が実現したことを明らかにする研究として，Sell (1995) など。
（4） 実際，後者の類型にあたる事件は二つ存在し，プログラムを著作物であると認める判決が出る前は不正競争防止法のみを根拠として原告は請求していたが（東京地判 昭57・9・27），その判決が出た後は不正競争防止法に加え著作権法を根拠として請求していた（大阪地判 昭58・3・30）。

参考文献

Dunleavy, P. (1991) *Democracy, Bureaucracy and Public Choice*, Harvester Wheatsheaf.

Niskanen, W. A. (1971) *Bureaucracy and Representative Government*, Aldine, Atherton.

Sell, S. K. (1995) "Intellectual Property Protection and Antitrust in the Developing World," *International Organization*, 49-2：315-349.

Yackee, S. W. (2006) "Assessing Inter-Institutional Attention to and Influence on Government Regulations," *British Journal of Political Science*, 36-4: 723-744.

猪口孝・岩井奉信（1987）『「族議員」の研究』日本経済新聞社。

今村都南雄（2006）『官庁セクショナリズム』東京大学出版会。

金指正雄（1986）「政策決定のケース・スタディ」内田健三編『経済政策決定過程の研究』日本経済研究センター。

北山俊哉（1990）「通商産業省における行政スタイルの変化」総務庁長官官房企画課編『社会経済の変化と行政スタイルの変容に関する調査研究報告書』。

小山忠男（1980）「ソフトウェアと著作権」『ジュリスト』707，163－169頁。

高石義一（1984）「著作権によるコンピュータ・プログラムの保護と国際的動向」『情報処理』25 (11)，1209－1218頁。

高倉成男（2001）『知的財産法制と国際政策』有斐閣。

高橋洋（2007）「郵政省と通産省の省内資源配分の転換」『日本政治研究』4（2），6-48頁。
著作権法百年史編集委員会編（2000）『著作権法百年史』，『著作権法百年史資料編』著作権情報センター。
土井輝生（1984）「コンピュータ・ソフトウェア保護条約草案」『著作権研究』12，19-44頁。
戸矢哲朗〔青木昌彦監訳・戸矢理衣奈訳〕（2003）『金融ビッグバンの政治経済学』東洋経済新報社。
中山信弘（1988）『ソフトウェアの法的保護〔新版〕』有斐閣。
―――（2007）『著作権法』有斐閣。
古沢博（1983）「ソフトウェア保護の各国法制」『法律時報』55（7），42-48頁。
文化庁文化部著作権課（1984）「コンピュータ・ソフトウェアの法的保護について」『文部時報』1282，76-84頁。
村松岐夫（1978）「政治過程における政党と行政官僚集団」『法学論叢』102（5・6），86-120頁。
―――（1988）「民営化・規制緩和と再規制の構造」『レヴァイアサン』2，118-135頁。

［資料］
コンピュータ・プログラムの保護に関する非政府専門家諮問委員会「コンピュータ・ソフトウェアの保護に関するモデル規定」大山幸房仮訳（1983）『コピライト』264，8-9頁。
産業構造審議会情報産業部会「産業構造審議会情報産業部会中間答申（昭和58年12月）」。
ソフトウェア法的保護調査委員会「ソフトウェアの法的保護について　中間報告書（昭和48年5月）」。
著作権審議会第2小委員会「著作権審議会第2小委員会（コンピューター関係）報告書（昭和48年6月）」。
著作権審議会第6小委員会「著作権審議会第2小委員会（コンピュータ・ソフトウェア関係）中間報告（昭和59年1月）」。
『日本経済新聞』。
『日経産業新聞』。

政治的ネットワーク論における理論と実証の間隙
――「2つ」の社会学モデル――

白崎　護*

1. 問題意識

1.1 研究史の概観
　本稿では，社会学モデルおよび同モデルより影響を受けた普及研究の知見に着想を得て1980年代に勃興した政治的ネットワーク論を論じる。個人が家族や知人と結ぶインフォーマルなネットワークの構造を解明すると共に，ネットワークが個人の意識や行動に与える影響を解明する研究がソーシャル・ネットワーク論である。殊に，政治に関する意識と行動についての研究を本稿では政治的ネットワーク論と呼ぶ。70年代末のアメリカに現れ，近年に政治行動論の一潮流を形成したHuckfeldtらの研究を主にとりあげ，その方法論の特質と実証研究への適用の可能性を考察する。
　政治的な意識と行動の規定因として，まず政党帰属意識や争点態度などの心理的変数がある。心理的変数を主な独立変数とするのは，Converseらミシガン学派の創始した政党帰属意識モデルの他，争点投票モデルや業績投票モデルなどである(Campbell, Converse, Miller, and Stokes. 1960)。これらを心理的モデルと呼ぶ。他方，心理的モデルの隆盛に先行して50年代半ばまで政治行動論を主導したのはコロンビア学派である。同学派は心理的変数自体ではなく，心理の形成・展開の過程に関心を抱きパネル調査を考案した。パネル期間内の心理形成を導くのは，マスメディア視聴と対人接触という外的刺激である。だが，習慣性から把握しやすいマスメディア視聴に比し，対人接触の正確な調査は困難であった。同学派は調査地の慎重

---
* 金蘭会高等学校非常勤講師　政治意識論・世論研究

な限定によりこの難点に対処し,「マスメディアの限定効果論」を発見した (Lazarsfeld, Berelson, and Gaudet, 1944; 時野谷, 1997)。政治的態度の形成につき, 主に外的刺激から説明するモデルを社会学モデルと呼ぶ (Flanagan, 1991)。その後, ミシガン大学の全国調査とデータ公開を背景に心理的モデルが投票行動研究の主流となる一方 (田中, 2000), 政治的態度に研究関心を限定せぬコロンビア学派は, 購買活動や娯楽活動など多様な日常活動での外的刺激の影響解明を志向し, 投票行動研究における命脈は一旦途絶する。心理的モデルの隆盛により政治学の系譜から忘却された同学派だが, 殊に政治的態度へ与える対人接触の影響の研究は, *Personal Influence* を最後に (Katz and Lazarsfeld, 1955), その後約20年間の空白が生じた (鹿毛, 2002)。

他方, その間にも政治学外ではマスメディア視聴に加え対人接触に関心を持つ分野があった。技術や習慣の普及過程を追究した普及研究である。普及研究の通説では, マスメディア視聴が技術の周知段階で, 対人接触が採否段階で効力を発揮する。Rogers は多数の受け手への迅速な情報提供による技術への関心の喚起がマスメディアの機能と指摘する一方, 対人接触の機能につき2点を指摘する (児島, 1984; Rogers, 1983)。第1に, 実際に技術を採用した成果や詳細な技術情報の交換により技術受容を促進させる。第2に, マスメディアへの選択的な接触・認知・記憶に基づく技術受容の停滞, または革新技術への抵抗や無関心による受容の停滞を説得が克服する。相手に応じた手段での説得, また賞罰に基づく交渉は対人接触の特徴であり, この点に関しては *The People's Choice* でも同様の知見が示される (Lazarsfeld et al., 1944)。Rogers はマスメディアの情報が対人接触を介して解釈・伝達されるという「コミュニケーションの2段階の流れ」説の過度の単純性を指摘するも, コロンビア学派の普及研究への貢献を認める。

1.2 「2つ」の社会学モデル

コロンビア学派以後の空白を越え, 対人接触が与える政治的態度への影響を追究した Huckfeldt と Sprague は, 現代政治的ネットワーク論の礎を築く (池田・安野, 1997)。その分析枠組の要諦は, 接触態様を2種に大別し, 各々の影響の多寡を比較する方法である。同区分こそ表題に掲げた「2つ」

の社会学モデルである。彼らは社会学モデルに着想を得つつも差別化を図る。接触態様として説得を重視するコロンビア学派のモデルに対し，意図的な説得を伴わぬ接触を重視するモデルを提起したのだ。同時に，この新モデルが前提とする接触態様は，社会学者 Burt の普及研究に着想を得る。だが後述の通り，意図的な説得を伴わぬ接触に関しては既に *The People's Choice* が言及している。従って，コロンビア学派への Huckfeldt らの見解には偏りがあるが，これは同学派への Burt の評価を Huckfeldt らが受容したためである。そこで本稿では，接触態様として説得を重視するモデルと，意図的な説得を伴わぬ接触を重視するモデルの双方が社会学モデルに含まれると考え，「2つ」の社会学モデルと呼ぶ。

本稿の目的は，2つの社会学モデルを比較し，政治的ネットワーク論での両モデルの実証可能性を検討する点にある。ネットワークの内容と影響を計量的に把握するにはネットワークの概念のみならず，その尺度化の方法を要する。Huckfeldt らの提示した2つのモデルに示されたネットワーク理論はいかに尺度化され，その影響はいかに計測されるか。魅力的な理論も，有意義な結論を導出するには実測される指標が理論を体現せねばならない。だが，従来の研究では理論と実測の間隙に関する検証が不十分であった。殊に，意図的な説得の伴わぬ接触が重視されたモデルに関する検討が不足している。

2では，2つの社会学モデルに関する対比の原型として Huckfeldt らが依拠した普及研究を論じる。3では，Burt の論じた2つの普及モデルが2つの社会学モデルへ翻案される際に重要となる，周囲よりの影響の授受形態を概説する。4では，2つの社会学モデルを計測する Huckfeldt らの手法を論じる。5では Huckfeldt らの研究に類似した日本の研究をとりあげ，2つのモデルの実証可能性を検討する。以上をふまえ，6では実証方法の試案を提示する。

2. 凝集モデルと構造一致モデル
────その1　普及研究の場合────

2.1　研究の概説

2では，Huckfeldt らのネットワーク論の原案たる Burt の2つのモデルを論じる。これら両モデルに類似した概念は以前の社会学の事例研究にも

現れるが，両モデルを対立する仮説として定式化した点，またコロンビア学派の投票行動研究を普及研究の視点から捉えて自己のモデルの差別化に利用した点で，Burtが政治的ネットワーク論に与えた影響は大きい。

医師が新薬を採用する際，新薬は医師間でいかに普及していくのか。Colemanが得たデータを再分析したBurtは（Coleman, 1966），2つの仮説から問題を検証した。第1の仮説は凝集モデル（Cohesion Model）と呼ばれ，「不確かな状況にある人は，その問題につき議論を通じて合意を得ることで不確実性を解消する。この説に従うと，他の医師との意思疎通機会が多いほど新薬の採用可能性が向上する」という。第2の仮説は構造一致モデル（Structural Equivalence Model）と呼ばれ，「他者との関係において類似の位置にある2者は競合関係にあり，直接の意思疎通がなくても自身の行為の妥当性に関する判断基準として相手を利用する。この説に従うと，他者との関係で決定する社会構造上の位置が類似するほど競争心は昂進し，相手の新薬採用が自己の地位を脅かすと思えるほど採用可能性は向上する」という。図1は両モデルが，図2は凝集モデルが，図3は構造一致モデルが妥当する場合である（Burt, 1987）。

採用に関する議論を行った医師間で採用時期が一致するとのColemanの研究から凝集モデルが主流化するが，Burtによると70年代の実証手法の発展が構造一致モデルの検証を可能とした。そして凝集モデルから構造一致

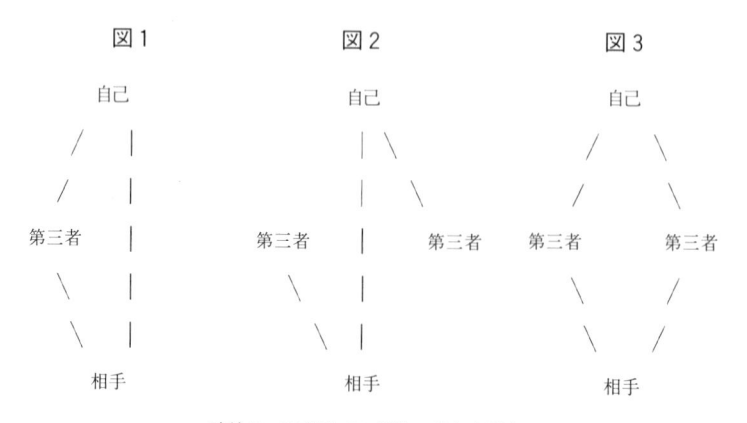

```
        図1              図2                   図3

        自己              自己                   自己
       /  |              |  \                 /    \
      /   |              |   \               /      \
   第三者  |           第三者  |           第三者     第三者
      \   |              |   /               \      /
       \  |              |  /                 \    /
        相手              相手                   相手
```

破線は，両者間での接触の存在を示す。

（出典）　図1，2，3ともBurt, 1987, 1992。

モデルへの展開は，2者間の分析から社会システムの分析への変化，また第1次集団内における意思疎通が社会的影響の生じる過程と見る立場から，同一地位間における相対的剥奪と競争が社会的影響の生じる過程と見る立場への変化を招いたと指摘する。実証において，凝集性は本人と相談相手のネットワーク上の位置により，また構造一致性は本人と競合相手のネットワーク上の位置により計測される[1]。Burtは新薬採用のデータから両モデルの妥当性を比較し，「本人の採用志向（他の医師からの影響なしに採用する確率）が存在してはじめて構造一致モデルに沿う普及が生じる。また，凝集モデルに従う普及の証拠はない」との2つの結論を得，後者の理由に医師の情報過多を疑う。

ここからBurtは，情報過多の時代にあって技術採用の利得に関する不確実性への対処のために誰の意見が受容されるかが現代普及研究の課題だと述べる。この問題意識は従来の普及研究におけるそれと差異はないが，60年代以前の通説と認識される凝集モデルでの，周囲の意見こそ信頼できる情報源だとの前提を意識したと思われる。なぜなら，彼は凝集モデルを支持する研究としてColemanの研究に代表される普及研究以外にも「2段階の流れ」説やグループ・ダイナミクス学派の社会的現実理論を指摘しており，それら60年代以前の通説への構造一致モデルの挑戦が論文の主題となっているからだ[2]。かかる研究戦略上，ネットワーク上の位置が近接し，かつ相互交流の厚い人物から影響を被ると解釈できるLazarsfeldらの投票行動論を凝集モデル的なネットワーク論または普及研究として解釈するのが好都合であった。

2.2 研究の問題点

Burtの両モデルはいかに測定されるか。両モデルは，相手を特定するサーベイデータと共に具体的なネットワークを表現するソシオグラム上の位置で規定される(Burt, 1982; Burt and Knoke, 1983)。また彼の指摘通り，現実のネットワークは予め一方のモデルのみ想定できる関係と共に，いずれのモデルをも想定しうる関係を包含する (Burt, 1987)。従って，前者の場合は実際に当該モデルが成立しているか，後者の場合はいずれかのモデルが実際に成立しているかを実証せねばならない。だが，両モデルの差異は親密な交渉ある2者間で影響の授受があるのか，それとも親密な交渉はな

く単に接触時間が多い2者間で影響授受があるのかという区別に簡約され,しばしば理解される。実は,このように簡約された形での2者関係の区分は,ネットワーク論や普及研究において70年代以前より度々指摘される。ネットワーク内の弱い紐帯を論じたGranovetterは,ある工場での奇病の伝染経路を追跡したところ親しい工員間ではなく作業場や駐車場を共有するために接触機会の多い工員間で伝染が頻発したとの研究を紹介し,技術や態度の伝播が親密な2者間ではなく接触時間が多い2者間で生じやすいと述べた(Granovetter, 1973)。また,East Yorkでのネットワークを研究したWellmanは,調査回答者が重視する自らの人間関係を親密な紐帯,日常的な紐帯,その両方に該当する紐帯に3分し,日常的な紐帯を「直接接触または電話・手紙・無線を介した接触が週に3回以上ある場合」と規定した。その上で,親戚や友人などに区分された関係の各々が各紐帯に占める割合,各関係の平均的な継続期間,各関係が開始・終了する理由,各関係に割く時間などの調査を通じ,第1次集団の崩壊という大衆社会論の仮説に反駁した(Wellman, 1988)。だが,Burtの両モデルのうち,凝集モデルが親密な交渉ある2者間での影響の授受という簡約な理解で誤りがないと考えうる一方,構造一致モデルは影響の授受が生じる2者の条件につき,ネットワーク上で類似した位置を占め,かつ競合関係にあるとの仮定を置くため,単に親密な交渉はなく接触時間が多い2者間で影響授受が生じるとの簡約な理解が通用し難い。

　Burtの新薬普及研究では,普及過程に通常見られるS字型普及曲線を検出せぬ点などから,本人の独立した採用志向が普及の第1条件であり,他者からの伝播は補助的効果に過ぎぬとの結論を得た。この結論は彼のモデルに基づいており,その妥当性は他の研究知見を援用した再検討を要するし,また,本人の採用志向を何が規定するかとの疑問も生じる。だが,予め本人に受容意思が存在してはじめて環境(ここでは競争相手の動向)が効果を持つとの知見は,小集団研究における同調の末の均衡という概念,または社会学モデルや沈黙の螺旋理論が示す環境からの圧力に屈する個人像と明らかに異なり,自らの志向に基づきネットワークの情報を利用する自律的な個人像を示唆する。そして,この示唆は凝集モデルが否定された結果とも符合する。

　但し,コロンビア学派のモデルが凝集モデルに属すとの主張,また政治

的態度の伝播につきネットワークを介した普及研究として捉える視点には問題がある。まず前者に関しては3に見る通り，説得や会話を伴わぬ対人環境の影響についても *The People's Choice* で議論されており，同学派のモデルが凝集モデルのみとの主張には留保を要する。後者に関しては，通常の普及研究は採用者本人の生活に直接的影響を与える技術や習慣を扱い，かつ費用などの点で採用に決断が迫られる場面を扱う。他方，投票など政治的行動は結果としての生活の変化が殆んど実感されず，かつ行動の変更が容易である（池田，2004）。従って，普及研究の知見を直ちに政治的ネットワーク論に導入はできない。

3. 凝集モデルと構造一致モデル
——その2　政治的ネットワーク論の場合——

構造一致モデルの提示は60年代以降の通説と Burt が認識する凝集モデルへの挑戦であると述べたが，結論では本人の自律的な採用傾向という留保が強調されており，構造一致モデルという新機軸を考案しつつもデータと検証結果に忠実な Burt の姿勢が看取される。だが，後の政治的ネットワーク論の一部[3]が構造一致モデルへの Burt の慎重な姿勢ではなく，2.2で指摘したコロンビア学派への彼の不用意な評価，そして結局は留保を付す構造一致モデルの概念を奇貨として受容した結果，政治学において思わぬ形での社会学モデルの復興を招く。3では，同学派と Burt の研究に着想を得て80年代に政治的ネットワーク論を大成した Huckfeldt と Sprague の研究に関し，その中心となる「2つ」のモデルを指摘する。彼らの蓄積を経た90年代，政治的な意識や行動へ与える対人接触の影響につき議論が興り，その多くは *The People's Choice* を問題意識の鼻祖に掲げた（Knoke, 1990; 池田・安野，1997）。方法論上の困難から「2段階の流れ」説を忠実に検証する研究は稀観だが，従来から研究例の多いマスメディアよりも対人接触に力点を置く点で新たな研究潮流と言える。さて，現在ではそれらの研究を2種に大別できる。

i．政党支持に関する明示的な議論や説得の効果を考察する。この場合，Lazarsfeld らの言う「柔軟性・応報性ある説得」，または友人などの依頼の効果に関する考察に該当する（Lazarsfeld et al., 1944）。

ii．特に親しくはないが，明示的な議論や説得工作を伴わず偶然に認知さ

れた周囲の政党支持からの影響を考察する。この場合，Lazarsfeldらの言う「意図的でないパーソナルな接触」(Lazarsfeld et al., 1944) に関する認識と影響の考察に該当する。この影響形態は，Noelle-Neumannの指摘する「対人環境における意見の風土」の影響過程に類似する (Noelle-Neumann, 1984)。

影響過程として説得を重視する説に対し，自身との社会的同質性に伴う接触機会こそが影響を持つとHuckfeldtらは主張した。彼らの対比する影響過程は2.1で見たBurtの2つのモデルに基づくが (Huckfeldt and Sprague, 1991)，コロンビア学派にも同様の対比を認めるため，3でiとiiに整理した。つまりiが凝集モデル，iiが構造一致モデルに該当する。だが，Huckfeldtらに先んじてかかる影響過程を同学派が指摘した点をHuckfeldtらは認めていない。すなわち，説得を重視する同学派に対し，自らは説得以外の過程を重視するとの主張から，Huckfeldtらは自らの研究の理論化と差別化に成功する (山田, 2000)。そしてHuckfeldtらの台頭は，そのモデル分類を政治的ネットワーク論に普及させた。社会学は対人接触の類型に関心を抱く。社会学者Lazarsfeldらにより政治学は接触研究に入門を果たし，続く政治学者のHuckfeldtらもまた，接触の類型に関する社会学的知見を政治学へ応用することで政治学に有意義な視点を与えた。

では，対人接触の調査時にi・iiの差異がいかなる計測上の差異を招くか。iの場合，ネットワーク内で調査回答者と会話を持つ人物が本人に影響すると考える。この場合，同人物を回答者への質問から特定し，それ以外のネットワーク構成員の動向は捨象する。iiの場合，ネットワーク内の全体的な趨勢が回答者に影響すると考える。この場合の趨勢の計測は，回答者の主観的認知の調査，ネットワーク構成員への調査などの方法がある。交際内容からネットワーク構成員を限定するならば，iを念頭に置くこととなる。他方，4で見るHuckfeldtらのように居住地域全体を回答者のネットワークがおよびうる範囲と捉え，当地域の趨勢でネットワークの動向も決まると考えるならば，iiを念頭に置くこととなる。社会心理学と政治学での調査法の差異を論じたHimmelweitらによれば，個人の意思決定と行動の過程に関心を持つ社会心理学の行動モデルは情報幅を重視するため小標本に依存して一般性を失いやすい一方，選挙や政党制に関心を持つ政治学の行動モデルは一般性を重視するため大標本に依存して融通性を失い

やすいという(Himmelweit, Humphreys, and Jaeger, 1985)。この意味でⅰは社会心理学的, ⅱは政治学的な手法と言える。ⅱの立場の政治的ネットワーク論の場合, 自身は無自覚な周囲からの影響や, 主観的認知と実勢との差異の影響も考察できる。結局両者の差異は, 影響授受の意図を伴う説得などの接触と, 影響授受の意図を伴わぬ接触による周囲の選好の認知という, 影響授受態様の差異に帰着する。

4. Huckfeldt と Sprague の政治的ネットワーク論

4.1 コンテクストとネットワーク

4では, 現代の政治的ネットワーク論に関して最も引用頻度が高いと思われる Huckfeldt と Sprague の研究につき, 理論と方法論を概観する。続いて, その方法論がモデルの理論を体現する程度を考察する。

全国調査に基づくミシガン学派以来の投票行動研究は, 個人に焦点を置くことでコロンビア学派以来のコミュニティ基盤の研究を放棄したとHuckfeldt らは批判する[4]。そして, 無作為抽出の全国調査からは時間・空間・コンテクスト・個人の各々の間の相互作用を結合した投票理論を構築できず, 特に環境への個人の認知データだけではコンテクストを加味した研究は不可能だと主張する (Huckfeldt and Sprague, 1995)。84年の大統領選時に South Bend で調査を行う際, Huckfeldt らはコンテクスト(Contexts)とネットワーク(Networks)という概念を措定した (Huckfeldt and Sprague, 1987)[5]。前者は所与の社会構造上の個人の位置(対人関係で本人と関係者の占める位置)であり, 後者はコンテクスト内で個人が選択した対人関係を指す。両者の差異は相対的だが, 以下に見る通り分析概念として利用できる。コンテクストは調査地を社会的同質性(居住者の社会経済的地位が指標)が最大化するように16の隣接地域に区分した各区住民の政治的選好(政党支持・候補者支持・争点態度など)の集計データである。ネットワークは調査回答者および彼が政治的な会話を持つ相手[6]に対するスノーボール調査から得たサーベイデータである[7]。ネットワークとコンテクストは, Huckfeldt らの研究において対を成す枢要な概念である (Lenart, 1994)。なぜなら, 人は接触相手と会話内容を自決できる一方, これらは本人の環境に依存するとの両面性へ着目し, 前者をネットワーク概念と凝集モデルに,

後者をコンテクスト概念と構造一致モデルに関連させた点こそ彼らの理論だからだ (Huckfeldt and Sprague, 1987)。

彼らによると, ネットワーク上で伝達される客観的な情報を相手の正確な党派性とする場合, 本人の党派性と相手の党派性との一致傾向を確認する一方, 本人のコンテクストでの多数派と相手の党派性との一致傾向も確認できる。つまり, 本人は自己の選好に基づき相手を選択する一方, コンテクストでの多数派が相手の選択範囲を規定する。故に, ネットワーク上の情報は本人の友人選択とコンテクストの双方から規定されるのみならず, 友人選択 (すなわち情報選択) もまたコンテクストに規定される。その社会構造上の位置でいかなる影響を被るかは確率的だが, 影響の予想は可能である。例えば, 高級住宅地なら共和党を支持する隣人の多数を予想する (Huckfeldt and Sprague, 1987; Knoke, 1990)。

4.2 Burt との比較

では, 彼らはBurtの2つのモデルをいかに翻案するのか。相互作用が頻繁かつ強固なほど他者の影響が増すという凝集モデルの理解は Huckfeldt らにも踏襲される。また, 家族の影響が説明できる点, および「政治情報に知悉しつつ他者を説得するに熱心な有権者」という民主的で伝統的な市民像に適合する点を理由に, 親密性と信頼関係を重視する凝集モデルは政治学者に広く受容されたと述べ, コロンビア学派を例に挙げる (Huckfeldt and Sprague, 1995)。

構造一致モデルに関しては, 他者の影響が社会構造上の位置の類似性に規定され, 両者間でのインフォーマルかつ非作為的な政治情報の授受で影響が生じると理解する。ただ, この類似性を厳密に測定するにはネットワークに関する包括的情報が必要だが, その情報を得られぬために居住地・職場・教会などの一致をもってこの情報に代えられる。その背景には, 政治が人にとって主な関心事ではないので, 社会構造上の自身の位置 (職場など) は政治以外の考慮から選択されるが, その位置が情報の偏りを招く結果, 本人の政治的選好へ影響するとの考えがある (Huckfeldt and Sprague, 1987)。これら構造一致性を規定する関係は凝集性を規定する関係としばしば重複するが, 凝集性は接触場所を問わぬので両モデルの差異は維持されるという。そして構造一致モデルは, 影響ある情報の授受が必ずし

も友人間で生じると限らぬ点，政治的議論や説得が主な影響過程と考えぬ点で凝集モデルと対照的だと述べる。また血縁者を除く調査では，接触が頻繁でない親友に比べ，親友でなくとも接触が頻繁な相手の影響が大きいことから，社会構造上の位置や役割を共有する相手の影響が大きいとの結論を得る（Huckfeldt and Sprague, 1991）。

　Burtの構造一致モデル成立の根拠は，社会構造上で自身と同様の地位にある他者への競合意識から他者の行動に倣う点にある。他方，Huckfeldtらによる根拠は2点である。第1に，選好が類似する者は社会構造上の位置が類似する者だから，同モデルは「自己と選好が類似すると思われる者からの情報入手は情報入手費用軽減の観点で合理的だ」というDownsの合理的選択論に適合的である（Downs, 1957）[8]。第2に，曖昧な状況で他者の判断を受容しうるのは，その他者が自身と選好や利害が類似すると思われる場合，つまり社会構造上の位置がその他者と類似する場合である。この説によると，人は周囲に争える合理的判断基準を堅持する場合には他者から影響され難いが，世論が一方向に偏向するなど状況が曖昧でない場合，合理的判断基準を失いやすい[9]。通常，他者の政治的発言が自説と異なる場合には単に互いの党派性が違うと考えるか，または他者が複雑な政治状況を誤解していると考えることで，その発言を無視できる。結局，他者の政治的志向は状況の曖昧性を失わせる程ではない。この状況下，第2の根拠が妥当するわけだ。

　居住地などの一致をもって社会構造上の位置の情報に代えるとの断りから見ても，また実際のネットワークとコンテクストに関するデータの構成法から見ても，Huckfeldtらの指すコンテクストは3で論じたネットワーク内での全体的な趨勢に，同じくネットワークは本人に影響するネットワーク内での特定の人物の選好にほぼ相当すると考えられる。完全に相当せぬ理由は，厳密に言えば3の「ネットワーク内での全体的な趨勢」とは本人と直接接触を持つ全人物についての選好の趨勢を指すため，そうでない人物の動向まで含むコンテクストと一致するとは言い難いからだ。それにもかかわらず相当性を指摘したのは，構造一致モデルが3におけるiiの影響授受形態を，凝集モデルが同じくiの影響授受形態を前提とするからだ。つまり，Huckfeldtらにおけるネットワークが凝集モデルを，コンテクストが構造一致モデルを体現する。そして，このような影響授受形態と両モデ

ルの対応関係は，彼らがコロンビア学派との差別化を図る上で重要なため，上に見た通り「構造一致」の意味をなるべく広義に解釈する点がHuckfeldtらの戦略となった。

4.3 研究の長短

だが，Huckfeldtらにおける両モデルの扱いには3点の問題がある。まず，2.2で述べた通りLazarsfeldらは構造一致モデルに類似した影響過程を既に指摘しており，コロンビアモデルが凝集モデルに属すとの指摘には留保を要する。次に，2.2に指摘した通りBurtの言う構造一致モデルの指標を接触頻度と親密性の程度で代えるには難点が伴う。つまり，そもそもBurtの構造一致モデルは社会的影響の発生過程を第1次集団内の意思疎通ではなく同一地位の両者間での競争にあると見る点，また，その競争関係を自己と相手と第三者の相互関係から判断する点が重要だから，第三者との関係を考慮せずに構造一致性を測定できない。例えば，Huckfeldtらは接触の頻度が高いほど構造一致性も向上すると判定するが，Burtによる凝集性の原義に照らせば，むしろ接触頻度が高いほど凝集性が向上すると言える。最後に，政治的議論を主な影響過程と考えぬ点を構造一致モデルの特徴としつつ，回答者への質問では政治的会話を持つ相手の情報が問われており，矛盾する[10]。以上の問題は，政治的ネットワーク論に2点の禍根を残す。第1に，社会学者Burtのコロンビア学派への不用意な評価を政治学者が正す機会を失った。第2に，原義から隔絶した内容で構造一致モデルの概念を政治的ネットワーク論に定着させたため，原義通りのモデルがそもそも政治的ネットワーク論の分析に適当か否か再検討する機会を失った。この第2点は重要であり，改めて6で論じる。

翻って，現代政治的ネットワーク論の先駆者たるHuckfeldtらの功績も大きい。まず，理論につき述べる。彼らの注目した論点は，接触の態様とその影響過程の対応関係に関してLazarsfeldらが十全に展開しなかった論点である。社会学の知見を援用して政治的ネットワーク論での構造一致モデル概念を定立した功績は，コロンビア学派の業績に関するBurtの認識不足を併呑した難点はあるが，社会学モデルや沈黙の螺旋理論などの先行理論を吸収して心理的モデルと一線を画す投票行動モデルを大成する上で決定的であった。次に，方法論につき述べる。Huckfeldtらは，調査地域を一

定基準で細分した区画をコンテクストと定め,サーベイデータから構成する個人のネットワーク情報の集計をコンテクストの政治的傾向と捉えた。個人がネットワークから被る影響を計測する際にコンテクストの影響をコントロール可能にする同手法は,彼らの言う凝集性と構造一致性をネットワークとコンテクストに対応させる点で,問題を抱えつつも理論の実証への簡便な適用を可能とした。そこで5では,彼らの研究に関連する日本の研究をとりあげ,実証方法につき考察する。

5. 日本の事例研究

5.1 コンテクストとネットワーク

予め断れば,日本での研究はコンテクストの概念を Huckfeldt らから継受するが(池田,1997),その影響解明に関して彼らの手法を追試してはいない。なぜなら,彼らやコロンビア学派が調査地域を慎重に限定したのに対し,日本では全国規模のサーベイデータを主に使用するが,ここで方法論上の難点が生じるからだ。コンテクストはネットワークのデータから生成するため,周囲の政党支持環境を問えば Huckfeldt らの手法を追試可能と思えるが,そうではない。なぜなら,ネットワークに関してはサーベイデータを使用するとしても,通常の全国調査は Huckfeldt らの調査のように地域を一定基準でコンテクストに分割してはいないからだ。このため,コンテクストとネットワークの区別を志向すると思われる研究でも,全国データを用いる場合にはデータが3のⅰとⅱのいずれに妥当するかが便宜的に判断される。または,コンテクストの理論に言及するが,実証はネットワークに限定される(池田,1997)。

JES 2全国データを用いた池田の研究では,知人の投票依頼の効果と,政治的話題における偶発的な周囲(同僚・親友など)の党派性認知の効果を比較する(池田,1997)。その結果,後者の効果が確認された。扱われるデータはコンテクストの構成法に沿うわけでなく,未加工のサーベイデータだ。だが,この2つの効果の比較は,3で指摘したⅰ・ⅱの差異に各々関連する。依頼の影響の考察は,説得の存在という点で3のⅰ類型に該当する。他方,偶然に認知された周囲の政党支持傾向の影響の考察は,3のⅱの一側面を捉える。だが,親戚や友人など親しい相手のみを対象とした

点で必ずしもiiの要件を充足せぬため，コンテクストの分析を実施しているわけではない。

翻って，集計された変数の導入により個人データからは観測されぬ集合レベルでの効果を検討した研究もある（池田，2002）。そこでは，サーベイデータから得られる日常接触の効果と共に，サンプリング地点ごとのサーベイデータの集計が与える当該地点の調査回答者への効果を分析する。このデータ構成法はHuckfeldtらのネットワークとコンテクストの計測法に類似するが，単なるサンプリング地点の一致が何らかの一体性あるコミュニティを体現する保証はなく，この点でHuckfeldtらの手法と異なる。だが，西ドイツの選挙期間に回答者の周辺で認識された政党ポスターの趨勢から各政党支持者の地域での孤立度を推測した著名な研究が存在する通り，地域全体での政党支持の趨勢を何らかの方法で計測する試みは貴重である（Noell-Neumann, 1984）。

5.2 情報環境の一元性

他方，コンテクストとネットワークがいずれも個人の情報環境を制約する点に鑑みると，情報環境の一元性が持つ重要性に気づく。質問項目につきBurtの研究から着想を得たCNEP全国データを用いる研究によると[11]，回答者が重要な他者に挙げた親戚・同僚などの総選挙での投票政党を質問した場合，それら他者の間での一致度は著しく高く，回答者本人の投票行動もその環境に沿っていた[12]。また，重要な他者との会話頻度は対人的情報環境の影響へ有意な変化を与えなかった。ここから，情報環境の影響は必ずしも会話によって媒介されず，直接に政治を話題とせずとも政治的情報の制約から影響を被るとの結論を得る（池田，2000a；2000b）。つまり会話頻度は問題でなく，党派性の一致した等質的な他者による囲繞が投票行動を規定する。構造一致モデルと凝集モデルの差異を念頭に置いた研究ではないが，会話頻度の効果を否定する結果は少なくとも凝集モデルに分が悪い。またJES 3全国データを用いた池田の研究も，情報環境の一元性の重要性を指摘する。政治的会話を持つ周囲の他者に占める小泉内閣支持者の率と回答者本人の自民党への投票や支持態度の間に正の相関を認めたのだ（池田，2004）[13]。政治的会話の相手を扱う以上，この場合のデータはネットワークを指す。だが，接触相手と会話内容に関する本人の能動的な選

択からネットワークが構築され14，他方でコンテクストが接触相手と会話内容を制約すると考えた Huckfeldt らと異なり，情報探索における本人の主体性はもはや問題とされない。経緯はさておき，結果的に形成されたネットワークが本人の接しうる情報を制約する存在として，あたかも Huckfeldt らにおけるコンテクストの如く機能する。この点で，情報環境の一元性を重視する立場は Huckfeldt らの立場と大きく異なる。

だが，対人環境の党派性の一貫性に明快な効果を認める事実は，投票など政治的行動に特有な知見かも知れない。つまり，政治的な態度や行動につき個人が敢えて周囲の環境への同化または抵抗という選択に頓着せぬ結果，仮に自己の選好と異なる場合にも周囲の環境がある選好傾向で一貫しておればそれを受容するとも考えうる（Popkin, 1991）。従って，周囲へ同調する心理につき上述の推測を支持する研究が現れたならば，凝集モデルと構造一致モデルという区分が顧みられなくなるかも知れない。

6．実証への展望

6．1　構造一致モデルの可能性

　Burt の構造一致モデルでは，影響を被る相手と本人の間における第三者との関係の一致，および相手との競合関係が重要であった。ネットワーク内の本人は，第三者を介して技術や価値観の採用に関する相手の動向を察知しうると共に，第三者からネットワーク内での評価を受ける立場にある。また，この評価は技術や価値観の採否に左右されると本人が考える点も前提である。だが2.2最終段に見た理由から，有権者一般の政治的な態度を厳密な構造一致モデルで把握する契機は乏しい。敢えて政治学で構造一致モデルを原義通り適用する場面があるとしても，政治的態度が本人の利害を明確に左右する場合に限られる。例えば，当選者が誰であるかにより利益誘導の面で影響を被る選挙区の有力者が，同じ選挙区の敵対する有力者の支持態度に留意しつつ，自身の支持態度を決定する場面を想定しうる。この場合の第三者は，周囲の利害関係者である。

　普及研究の視点から有権者一般の政治的態度を論じる場合，厳密な損得勘定というよりも，むしろ流行の摂取という観点が適当かも知れない。従って，ある政治的態度を抱く動機や理由を普及経路と共に解明せねばなら

ない。加えて Huckfeldt らは，政治的態度を導く手がかりを本人がネットワークより能動的に探索する一方，コンテクストがその手がかりを制限すると指摘し，対人環境における普及経路の限定性を道破した。5.2に見た通り，この限定性は情報環境の一元性に通じる。以上をふまえ，有権者一般のサーベイデータを用いて政治的態度の普及を動機・理由と経路の両面から捉えた実証研究の方法を展望する。

6.2 実証への試案

第1に，マスメディアの影響を考慮する。1.1に見た通り，通常の普及研究は対人環境と共にマスメディアの影響を調査する。*Personal Influence* も，態度選択の際に影響を与えた対人接触とマスメディア視聴の双方を論じる。Huckfeldt らはマスメディアの影響を認めないが (Huckfeldt and Sprague, 1987 ; 1988)，現代において政治的態度へおよぼすその影響は否定し難い。*Personal Influence* も，本人が直接経験できない政治・社会領域の意見に与えるマスメディアの影響は，購買行動や流行摂取の領域よりも大きいと報告する。

第2に，新しい態度を受容する際の動機・理由と経路の追究のためにスノーボール調査を行う。この点に関しては，テレビ番組の視聴に与える対人的な影響につき，Burt の研究を手がかりとした石黒の調査が参考になる (Burt, 1984 ; 石黒, 1999)。彼は，友人の視聴行動に関する回答者本人の推測とスノーボール調査の結果を照合し，同調圧力と情報バイアスという視聴契機を発見した。周囲と話題を共有する目的の場合が同調圧力である。他方，周囲が話題にすることで番組に気づく場合や，周囲が番組を評価することで自身も同様の評価を行いやすくなる場合が情報バイアスである。石黒は，対人環境から直接影響される場合に同調圧力が働く一方，そのような直接の影響がない場合に情報バイアスが働くと推測した。情報バイアスが5.2に見た情報環境の一元性に該当する一方，本人に視聴を迫る点で同調圧力は Burt の構造一致モデルの一面を捉える。従って，普及の契機を解明する上でスノーボール調査は有用である。なお，石黒は調査の反省点として，郵送式スノーボール調査の回収率が低い点，同調圧力の存否確認のために視聴動機を直接質問すべきであった点，視聴行動の改変状況を知る上でパネル調査を行うべきであった点を挙げる。

第3に，普及研究の視点から政治的態度を論じる場合，購買行動や習慣・流行の摂取など普及研究一般の考察対象との比較が望ましい。政治的態度の普及の特徴を知るためだ。だが，従来は普及研究から政治的態度を論じる契機が欠如していたため，1.1に参照した*Personal Influence*以来このような試みは顧慮されなかった（児島，1984）。先述の石黒も，番組ジャンルごとの視聴動機の差異が視聴番組の一致する相手の差異をもたらす事実を指摘しており，調査領域ごとに相手の影響の内容が異なると予想される。

　以上をふまえ，限られた費用でスノーボール調査とパネル調査の回収率を上げるため，比較的小規模なコミュニティを対象に面接での調査を行う（石黒，2003)[15]。調査領域として，政治領域のほか，日用品の購買，教養娯楽財の購買，金融商品の購買，ファッションなどの流行摂取などの内より研究者が選択する。主回答者への調査項目は，①．採用している商品や流行あるいは各種の政治的態度などの現況，②．採用の時期と理由[16]，③．スノーボール対象者との接触ならびにマスメディア視聴の内容，④．スノーボール対象者に関する①の予想[17]に大別される。Katzらは調査領域ごとに準拠集団が異なりうると指摘するので(Katz, and Lazarsfeld. 1955)，各調査領域につき会話頻度の高い相手2名をスノーボール対象者とする[18]。

7. 結論

7.1　本稿の知見

　Huckfeldtらが2つの対人接触態様を提示した事実は政治学において著名だが，彼らが着想を得たBurtの見解を政治学者が論じた例は稀覯である。政治的ネットワーク論を論じる上で，Burtの研究に遡及する意義は2点である。Huckfeldtらが自身に特徴的な視座と主張する構造一致モデルだが，Burtにおける同モデルとは理論・計測の両面で大きく異なる。正確に言えば，政治的ネットワーク論での計測法上の制約が，Burtから乖離した理論を導いた。つまり，投票行動研究で通常採取されるサーベイデータでは，対人関係につきソシオグラム分析が可能なほどに詳細なデータを入手できない。このため，Burtの構造一致モデルでは，影響を被る相手と本人の間での第三者との関係の一致こそ重要であったのだが，この含意がHuckfeldtらの構造一致モデルから完全に脱落した。仮に6.1で例示したような

状況につき詳細なデータを得たならば，政治学でも原義に沿う構造一致モデルの検討が有効となろう。そのためにも，Burt と Huckfeldt らの構造一致モデルの差異を明記する必要がある。これが第1の意義である。第2の意義として，コロンビア学派の指摘した接触態様は凝集モデルに妥当するとの Huckfeldt らの指摘が，Burt による同様の指摘を継受した点を明らかにした。この点を看過するならば，社会学者 Burt の研究を待ってはじめて政治的ネットワーク論の革新を見たとの評価が定まり，コロンビア学派への過小評価のみならず，政治学自体の過小評価を招きかねない。3に見た通り，自身に特徴的なモデルが構造一致モデルに属すと主張する Huckfeldt らは，コロンビア学派のモデルが旧来の凝集モデルに属すとの対比により差別化に成功した。だが，Huckfeldt らが各々のモデルに妥当すると指摘した2つの接触態様は，いずれも既にコロンビア学派が指摘していた。同学派は，実証において両接触形態を判然と論じているわけではない。だが，意思決定に影響する接触態様に関し，他者の党派性を偶然に認知する場合など説得以外の過程を明示する。接触態様による影響の差異は重要な論点なので，この点を詳述した Huckfeldt らの業績は大きいが，Lazarsfeld らの主張は凝集モデル・構造一致モデル双方の内容を包含する。接触態様の点から見ると，社会学モデルは最初から「2つ」存在したのだ。Huckfeldt らの研究に重大な着想を与えた Burt に鑑みて，Huckfeldt らの政治的ネットワーク論の問題を指摘した点が本稿第1の知見である。

　前段では Huckfeldt らを批判したが，翻って彼らの功績も大きい。コロンビア学派に関する Burt の見解を受容した Huckfeldt らは，40年代における Lazarsfeld らの問題関心を現代に甦らせ，政治的ネットワーク論が台頭する契機となる。Huckfeldt らの研究を差別化した凝集モデルと構造一致モデルの概念は，特定の政党への支持の拡大・縮小を普及研究の観点から見る視座を政治学に導入した。また彼らは，自身の計測法へ適合するように Burt の理論を翻案し，サーベイデータから両モデルの妥当性を検証する平易な手法を確立した。スノーボール調査とパネル調査を可能とするためにコミュニティとしての一体性を持つ地域を選択する彼らの調査法は，まさしくコロンビア学派の好む方法であった。この手法は，対人接触の影響を追跡できないミシガン流の全国調査とも，ソシオグラム分析が可能なほどに小規模調査とも異なるが，有意性を確保する統計上の要請と対人接

触の実態・影響を把握する普及研究上の要請を同時に追及する。6.1に見た理由より，有権者一般のサーベイデータを扱う彼らの研究において原義通りの構造一致モデルを論じる余地はないと思われる。だが，Burtのモデルを援用せずとも彼らは自ら措定したコンテクストとネットワークの枠組のみで十分な分析を成しえたはずだ。Huckfeldtらの政治的ネットワーク論につき，理論と実証方法の関連に焦点を設けて要諦を剔抉した点が本稿第2の知見である。

　5では，Huckfeldtらに類似する研究例として日本の政治的ネットワーク論を論じた。90年代後半以降の日本では，Huckfeldtらの両モデルの理論を摂取する動向を観察した。だが，コミュニティ単位での精査というコロンビア学派の方針に沿わぬ全国データの制約は，Huckfeldtらの計測法の追試を阻んだ。この結果，日本ではコンテクストではなくネットワークの影響に焦点を絞る研究が主流となる。凝集モデルと構造一致モデルの対比ではなく，入手可能な情報の一元性から投票行動を説明するモデルもまた，政治的ネットワーク論における1つの視座だ。だが，情報環境の制約という仮説が凝集モデルや構造一致モデルに競合する以上，これら3つの仮説の妥当性を同時に考察できる計測法を工夫せねばならない。日本での研究に関して，計測法から検証可能なモデルが制約される状況を指摘した点が本稿第3の知見である。

　6.1では，原義通りの構造一致モデルが有権者一般のサーベイデータに適せぬ事実を指摘した。6.2において，そのようなデータに適合する形で従来の普及研究の分析枠組を利用する実証手法を提起した点が，本稿第4の知見である。政治的ネットワーク論においてHuckfeldtらの2つのモデルは著名だが，その原型は普及研究の枠組であるとの認識が政治学者に希薄である。この点を追究すれば，政治的態度が購買活動や余暇活動など日常生活の他の行動領域といかに異なるかとの問題に逢着する。政治に関する人々の営為が日常生活に占める位置を認識する上でも，このような問題意識は貴重である。また普及研究の視座を借りる限り，BurtやHuckfeldtらが考察対象外としたマスメディアの影響の考察を要する。そして，普及の成否を左右する上で採用の動機・理由は決定的に重大である。これを探る上でのスノーボール調査の有用性は，石黒の研究からも明白である。

7.2 理論と実証の間隙

　最後に，本稿の主眼たる理論と実証方法の関連につき述べる。Burt が考察対象としたのは，ソシオグラムによる視覚化が可能な少人数の対人関係である。彼のモデルはソシオグラムで特定の形態をとる対人関係に対して凝集性または構造一致性を認定し，どちらの形態が実際の普及経過の説明力に勝るかを判定する。他方で Huckfeldt らの対象は，コミュニティとしての一体性ある一地域であった。そのモデルは，個人のサーベイデータから看取される親しい関係に対して凝集性を，サーベイデータを地区ごとに集計したデータに対して構造一致性を認定し，いずれのデータが実際の政党支持の説明力に勝るかを判定する。4.2に見た通り，Burt と Huckfeldt らとの間で凝集性の計測法は共通する部分を認めるが，構造一致性に関してはデータ構成法が全く異なる。Huckfeldt らは構造一致性という理論を実証方法に沿うように構築したため，構造一致モデルの名称は共通するが，計測法と同様に理論の内容も Burt との間で明確に異なることとなった。同様に，サーベイデータをサンプリング地点ごとに集計したデータを使用する点で Huckfeldt らの構造一致モデルと類似した日本での研究も，重要な意義を持つ調査地域の選択という点から既に Huckfeldt らの手法とは異なる。先行研究との比較を意識する場合，先行研究と後続研究の間に存在する理論と実証方法の両面について異同を説明するならば，研究の蓄積はより意義深くなる。無論，理論や実証方法が同一である必要はない。また，入手可能なデータにより実証可能な理論の範囲は制約される。だが，実証を伴う先行研究の追試を試みる場合，データの制約等の事情から当該先行研究の実証方法を踏襲できないならば，その事情も説明すべきである。さもなくば，当該先行研究が前提とした理論の検証とならぬおそれが生じる (King, Keohane, and Verba, 1994)[19]。

　　(1) 詳細な計測法に関しては以下を参照 (Burt, 1987)。
　　(2) 凝集モデルと構造一致モデルの原理に関しては以下を参照 (Burt, 1983)。
　　(3) ここでは Huckfeldt らの研究と，その研究から影響を受けた政治的ネットワーク論を指す (池田, 1997)。
　　(4) 同様の批判は他の論者にも見られる (Knoke, 1990; Flanagan, 1991)。なお，コミュニティ基盤の投票行動研究の例として，階級に沿う凝集的な

居住地域の解体が階級投票の弛緩を招いたとのスウェーデンの研究例が挙げられる (Stephens, 1981)。
(5) South Bend は階級や生活様式の面で多様性があり,かつコンテクスト分析に適した規模である (Huckfeldt and Sprague, 1995)。
(6) 政治情報に関して意図的に構築されたネットワークに関心を持つため,親しい友人を挙げるよう依頼したのではない点に注意。
(7) 本人のコンテクストとネットワークに関心を持つため,相手が本人のコンテクストに属すか否かは問題としない (Huckfeldt and Sprague, 1987; 1988)。
(8) 情報入手費用の軽減のために政党帰属意識が利用されるとの指摘は従来から存在し,Downs の研究もこの点から言及される場合がある (Popkin, 1991; Flanagan, 1991)。
(9) この指摘は,Asch の実験に関する Noelle-Neumann の見解と一般である (Noelle-Neumann, 1984)。他方,全ての他者の意見が一致する状況は非現実的との指摘もある (Muts, 1998)。
(10) この点は池田も指摘する (池田, 1997)。
(11) CNEP 調査に関しては以下を参照 (飽戸, 2000)。
(12) 92年アメリカ大統領選挙での米国 CNEP データに関しても同様の知見を得る (池田, 2000a)。同国での96年の調査も同様の知見を報告する (Mutz, 2002a)。また,日本での CNEP 地域調査に関して「一般的な話をする相手」・「政治についての話をする相手」各4名につき回答者自身と政治的意見が不一致の率を調査した木村は,どの相手に関しても回答者は自身と「比較的等質な環境」にあると指摘した (木村, 2000)。
(13) 交叉圧力の効果とも解釈しうる (Berelson, Lazarsfeld, and McPhee, 1954; Mutz, 2002b)。
(14) アメリカでの96年の調査より,Mutz らは選択的接触がネットワークにおける一元的党派性を実現すると結論した (Mutz and Martin, 2001)。
(15) スノーボール対象者に対しても面接が望ましいが,拒否あるいは居住地などの点で不可能な場合は郵送とする。面接ではパネルから中途脱落する主回答者も同様である。なお,主回答者をコミュニティから抽出するため,研究者の関心に応じて Huckfeldt らの手法でコンテクストの影響を考察できる。
(16) 同調圧力と情報バイアスを区別しうる選択肢を用意し,加えて自由回答を許す。
(17) 本人がコンテクストの少数派と多数派のいずれに属すかで,接触相手の党派性に対する主回答者の推測確度が異なるためにコンテクスト多数派の優位が強化される事実を,Huckfeldt らはスノーボール調査より発見す

る（Huckfeldt and Sprague, 1987; 1988）。つまり，スノーボール調査は状況に対する本人の主観と実際の差異が招く効果を検証できる（石黒，2003）。
(18) 当然，複数の領域でスノーボール対象者が同一の場合もある。質問項目は概ね主回答者と同様だが，④については主回答者に関する予想を尋ねる。
(19) 時系列で採取するサーベイデータを用いてある投票行動モデルの検証を試みたが，質問方式の変更のために当該モデルの妥当性が維持されているか否かを判定できなくなった例として，ミシガン大学のサーベイデータを使用した争点投票モデルの成否をめぐる論争が著名である（田中，1998）。

参考文献

飽戸弘. 2000.「インターメディアリーの理論」. 飽戸弘（編）『ソーシャル・ネットワークと投票行動』木鐸社。

Asch, Solomon E.1952. "Group Forces in the Modification and Distortion of Judgments." *Social Psychology*. New York: Prentice-Hall.

Berelson, Bernard, Paul F. Lazarsfeld, and William McPhee. 1954. *Voting*, University of Chicago Press.

Burt, Ronald S. 1982. *Toward a Structural Theory of Action*. New York: Academic Press.

Burt, Ronald S. 1983. "Cohesion versus Structual Equivalence as a Basis for Network Subgroups." In Burt, Ronald S. and Minor, Michael (eds.), *Applied Network Analysis: A Methodological Introduction*. Beverly Hills: Sage.

Burt, Ronald S. 1984. "Network items and the general social survey." *Social networks*, 6.

Burt, Ronald S. 1987. "Social Contagion and Innovation: Cohesion versus Structural Equivalence." *American Journal of Sociology*, 92.

Burt, Ronald S. and Knoke David. 1983. "Prominence." In Burt, Ronald S and Minor, Michael (eds.), *Applied Network Analysis: A Methodological Introduction*. Beverly Hills: Sage.

Campbell, Angus, Philip E. Converse, Warren E. Miller, and Donald E. Stokes. 1960. *The American Voter*. New York and London: John Wiley & Sons Inc.

Coleman, J. S. 1966. "Foundations for a Theory of Collective Decisions." *American Journal of Sociology*, 71.

Downs, Anthony. 1957. *An Economic Theory of Democracy*. New York: Harper and Row.

Flanagan, Scott C. 1991. "Mechanisms of Social Network Influence in Japanese Voting Behavior." In Scott C.Flanagan, Bradley M. Richardson, Shinsaku Kohei, Joji Watanuki, and Ichiro Miyake (eds.), *The Japanese Voter*. Yale University Press.

Granovetter, Mark. 1973. "The Strength of Weak Ties." *The American Journal of Sociology*, 78.

Himmelweit, Hilde T., Patrick Humphreys, and Marianne Jaeger. 1985. *How Voters Decide*. Milton Keynes and Philadelphia. Open University Press.

Huckfeldt, Robert and John Sprague. 1987. "Networks in Context: The Social Flow of Political Information." *American Political Science Review*, 81.

Huckfeldt, Robert and John Sprague. 1988. "Choice, Social Structure, and Political Information: The Informational Coercion of Minorities." *American Journal of Political Science*, 32.

Huckfeldt, Robert and John Sprague. 1991. "Discussant Effects on Vote Choice: Intimacy, Structure, and Interdependence." *Journal of Politics*, 53.

Huckfeldt, Robert and John Sprague. 1995. *Citizens, Politics, and Social Communication: Information and Influence in an Election Campaign*. Cambridge University Press.

池田謙一. 1997.『転変する政治のリアリティ』木鐸社。

池田謙一・安野智子. 1997.「投票行動の社会心理学―九〇年代の展開から―」『選挙研究』第12号。

池田謙一. 2000a.「ネットワークの中のリアリティ、そして投票」飽戸弘（編）『ソーシャル・ネットワークと投票行動』木鐸社。

池田謙一. 2000b.『コミュニケーション』東京大学出版会。

池田謙一. 2002.「2000年衆議院選挙における社会関係資本とコミュニケーション」『選挙研究』第17号。

池田謙一. 2004.「2001年参議院選挙と『小泉効果』」『選挙研究』第19号。

石黒格. 1999.「テレビ番組の視聴行動に対人的な要因が与える影響」『社会心理学研究』第14巻3号。

石黒格. 2003.「スノーボール・サンプリング法による大規模調査とその有効性について―02弘前調査データを用いた一般的信頼概念の検討」『人文社会論叢　社会科学篇』第9号。

鹿毛利枝子. 2002.「『ソーシャル・キャピタル』をめぐる研究動向―アメリカ社会科学における三つの『ソーシャル・キャピタル』―（一）」『法学論叢』第151巻3号。

Katz, Elihu and Paul F. Lazarsfeld. 1955. *Personal Influence: The Part Played by People in the Flow of Mass Communications*. Glencoe: The Free Press.

King Gary, Robert O. Keohane, and Sidney Verba. 1994. *Designing Social Inquiry: Scientific Inference in Qualitative Research*. Princeton University Press.

木村純. 2000.「対人ネットワークの『副産物』としての政治」飽戸弘（編）『ソーシャル・ネットワークと投票行動』木鐸社。

Knoke, David. 1990. *Political Network: The Structural Perspective*. Cambridge University Press.

児島和人. 1984.「『パーソナル・インフルエンス』再考」水原泰介・辻村明（編）『コミュニケーションの社会心理学』東京大学出版会。

Lazarsfeld, Paul F, Bernard Berelson, and Hazel Gaudet. 1944. *The People's Choice*. New York: Duell, Sloan and Pearce.

Lenart, Silvo. 1994. *Shaping Political Attitudes*. Thousand Oaks London and New Delhi: Sage.

Mutz, Diana C. 1998. *Impersonal Influence*. Cambridge University Press.

Mutz, Diana C. and Paul S. Martin. 2001. "Facilitating Communication across Lines of Political Difference: The Role of Mass Media." *American Political Science Review*, 95.

Mutz, Diana C. 2002a. "Cross-cutting Social Networks: Testing Democratic Theory in Practice." *American Political Science Review*, 96.

Mutz, Diana C. 2002b. "The Consequences of Cross-Cutting Networks for Political Participation." *American Journal of Political Science*, 46.

Noelle-Neumann, Elisabeth. 1984. *The Spiral of Silence: Public Opinion-Our Social Skin*. The University of Chicago Press.

Popkin, Samuel F. 1991. *The Reasoning Voter*, The University of Chicago Press.

Rogers, Everett M. 1983, *Diffusion of Innovations*. New York: The Free Press.

Stephens, John D. 1981. "The Changing Swedish Electorate Class Voting, Contextual Effects, and Voter Volatility." *Comparative Political Studies*, 14.

田中愛治. 1998.「選挙研究における『争点態度』の現状と課題」『選挙研究』第13号。

田中愛治. 2000.「選挙研究におけるパラダイムの変遷」『選挙研究』第15号。

時野谷浩. 1997.「政治的コミュニケーション理論に見る投票行動」白鳥令（編）『選挙と投票行動の理論』東海大学出版会。

山田一成. 2000.「ネットワーク認知の非対称性」飽戸弘（編）『ソーシャル・ネットワークと投票行動』木鐸社。

Wellman, Barry, Peter J. Carrington, and Alan Hall. 1988. "Networks as Personal Communities." In Wellman, Barry and S. D. Berkowitz (eds.), *Social Structures: A Network Approach*. Cambridge University Press.

ドイツの分割政府と立法過程

安井宏樹＊

1．はじめに

「絶対的権力は絶対的に腐敗する」——そうした事態を回避すべく，古来，様々な工夫が凝らされてきた。例えば，連邦制には，権力を領域的に分割することによって抑制しようとする側面がある。また，複数政党制に基づく政権交代の可能性の制度的保障は，政権担当者の固定化に伴う政治の腐朽を防ごうとする仕組みと言えるだろう（高橋・安井 2008）。権力分立に基づく諸権力部門間の抑制・均衡（checks and balances）もそうした工夫に連なるものであり，権利保障と並んで，近代立憲主義のメルクマールともなった。

だが，権力部門間で意見の相違が生じた場合，抑制・均衡の原理は，国家の統治活動を押しとどめる作用を発揮することになる。そうした事態は，国家活動の謙抑性を求める立場からは是とされようが，国家による公共的問題の解決を重視する立場からすれば，由々しき問題となろう。特に，政治部門である立法府と行政府の間で意見が対立する分割政府（divided government）状況の下で生ずる行き詰まりは，社会的紛争の調整という政治の機能を阻害するものとして懸念されることが多いように見受けられる。

そこで，以下，本稿では，まず分割政府概念の概括的検討を行い，続いて現代のドイツ政治への適用可能性を検討していきたい。

2．分割政府概念をめぐる問題

＊ 神戸大学大学院法学研究科教員　西洋政治史

2－1. 定義

　分割政府の定義については，行政府と立法府の間で紛争が生じている状態を指すとする行動論的定義と，行政府を掌握している与党が立法府での多数派を確保できていない状態を指すとする算術的定義があるとされるが（Elgie 2001: 2-11），前者では与党の内紛といった状況も含まれてしまうため，本稿では後者の算術的定義の立場を採用して，分割政府を「行政府を掌握している与党（連立の場合も含む）が，法案成立への拒否権を有する議院の少なくとも1つにおいて，通常の法案成立に必要な多数を確保できていない状態」[1]と定義したい。

2－2. 議院内閣制下の分割政府

　前節でも触れたように，分割政府の原理的な由来は，行政府と立法府の間の抑制・均衡関係に求めることができる。そのため，行政府の存続が立法府の信任に依存し，両者の間に厳密な意味での抑制・均衡関係が存在しない議院内閣制の下では，基本的に分割政府現象は生じないはずである。したがって，一般に議院内閣制と分類される国において分割政府現象が生ずるのは，その国の統治機構の中に議院内閣制の原則から外れた要素が存在する場合と言えよう。裏を返せば，そうした要素を統治機構に包含している国では，議院内閣制をベースとしていても，分割政府状況は構造的に生じ得るということになる。具体的には，

　(a) 内閣の成立に際して議会多数派による信任表明が必要とされない場合，

　(b) 実質的二院制の下で1院が行政府の不信任権限を有しておらず，行政府もその議院を解散できない場合，

などが想定されよう。前者の例としては，総議員の過半数が反対しない限り首相任命決議は可決されると規定しているスウェーデンや，組閣に際して議会の信任投票を必要としないデンマークなどが挙げられる。これらの国においては，与党が議会少数派であっても，野党が積極的に反対の意思を表明しなければ内閣を発足させることが可能であり，少数与党が政策分野ごとの柔軟な与野党協力を駆使するなどして，実効的な統治を実現させている例も少なくない（Strøm 1990; Fitzmaurice 2001）。

　他方，後者の例としては，日本の参議院が容易に想起されるだろう[2]。

参議院は，立法過程においては衆議院とほぼ同等の権限を有していながら，首班指名においては衆議院の優越が定められており，内閣不信任の権限もない。他方，内閣にも参議院を解散する権限が認められていない。そのため，衆議院多数派である与党が参議院での多数を確保できない場合には，法案成立に必要な参議院の議決を得られない一方で，内閣不信任，もしくは，解散によって両者の拮抗を解消することもできずに，膠着状態に陥ることとなる。

そしてドイツも，この後者のメカニズムを統治機構に内包している例としてしばしば言及されるが（Manow and Burkhart 2007; Sturm 2001），その二院制の特質から，分割政府の下でも膠着状態を突破する余地が少なからず存在している。そこで次節では，このドイツの事例が持っている特徴を検討していきたい。

3．現代ドイツにおける分割政府現象

3-1．構造的要因
3-1-1．実質的二院制と行政府-立法府関係の部分的な分立性

ドイツの実質的な立法機関は連邦議会(Bundestag)と連邦参議院(Bundesrat)であるが，国民代表機関である連邦議会が国民の直接選挙によって任期4年で選出されるのに対して，連邦構成州が連邦の立法に協力する機関とされている連邦参議院は，全部で16ある州政府の閣僚によって構成されており，その州政府は，各州議会が議院内閣制の仕組みに基づいて選出している[3]。州議会の任期は州によって異なっている上，任期途中での解散や連立組み替えなどもあり得るため，連邦参議院の構成メンバーは，不定期に生ずる各州での政権交代に伴って少しずつ入れ代わっている。また，連邦参議院における各州の持ち票は人口に応じて3から6と異なっており，各州はその持ち票を一括して投じなければならない。そのため，州政府が連立政権である場合には，州政府与党間で連邦参議院での投票行動に関する合意を形成することが必要となる。戦後初期には，その合意形成過程についての準則が不分明であったため，連邦参議院での投票行動が政治問題化することもあったが（安井 2005：60f.），今日では，政権発足時に締結する連立協定において，合意形成の協議が不調に終わった場合には連邦参議

院での投票を棄権するという条項（通称「連邦参議院条項（Bundesratsklausel）」）を盛り込むことが一般的となっている。

　この二院の内，連邦レベルでの行政権の実質的な担い手である連邦首相（Bundeskanzler）の選出権限を持つのは連邦議会だけであり，連邦首相も，自らの信任案が連邦議会で過半数の支持を得られなかった場合には解散に訴えることができる。他方，連邦参議院は連邦首相選出に関する権限を有しておらず，連邦首相も連邦参議院の解散権限を持たない。したがって，ドイツで議院内閣制の原則に沿っているのは連邦首相と連邦議会の関係だけであり[4]，連邦首相と連邦参議院の関係はその枠外にある分立的なものと言える。

　他方，立法に際しては，その法案が州の権限・予算・行政活動などに関係するか否かによって，成立に必要とされる議決が異なってくる。州の権限等に影響を及ぼさないとされる法律（異議法律（Einspruchsgesetz））の場合，連邦参議院が否決しても，連邦議会が所定の多数をもって再議決すれば，連邦参議院の異議は覆され，法案は成立するが，それ以外の法律（同意法律（Zustimmungsgesetz））については，連邦参議院が総票数の過半数の賛成で同意を表明しない限り，法案は成立しない。ドイツでは，連邦法の執行に州の行政組織が関与することが多いため，法案の半分以上が同意法律となっており（Schindler 1999: 2430f.），市民生活への影響が大きい重要法案になると，その傾向は一層強くなる。したがって，ドイツの二院制は実質的二院制の性格が強いものであると言えよう。

　以上のように，ドイツの連邦参議院は，立法過程において事実上の拒否権を持っている一方（実質的二院制），連邦首相選出に関与せず，連邦首相によって解散されることもないため（行政府－立法府関係の部分的な分立性），与党である連邦議会多数派が連邦参議院での多数を失った場合，分割政府の状態に陥ることとなる。

3－1－2．中間選挙効果

　連邦参議院の構成員が変化するのは，州で政権交代が生じた場合である。その州政府の構成に影響を与える州議会選挙の実施時期は，先述した通り，かなり分散しており，ほぼ毎年複数の州議会選挙が行われている（表1を参照）。

表1　2004年から2008年に行われた州議会選挙

2004年	ザールラント, ザクセン, テューリンゲン, ブランデンブルク
2005年	シュレスヴィヒ－ホルシュタイン, ノルトライン－ヴェストファーレン
2006年	バーデン－ヴュルテンベルク, ベルリン, メクレンブルク－フォアポンメルン, ラインラント－プファルツ, ザクセン－アンハルト
2007年	ブレーメン
2008年	ヘッセン, ニーダーザクセン, ハンブルク, バイエルン

(出典) http://www.bundeswahlleiter.de/ より筆者作成

　また，連邦議会選挙と実施時期を異にしている州議会選挙では，連邦政府与党が票を減らしやすいという中間選挙効果の存在が従来から指摘されてきたが（網谷 1999；Jeffery and Hough 2001），その効果は，分割政府の時よりも統一政府の時の方が大きく，分割政府下では連邦与党の得票率減少が平均1.3ポイントにとどまるのに対して，統一政府時には4.1ポイントにも上る(Kern and Hainmueller 2006: 138f.)。この点で，統一政府の状態を維持することには不利な力が恒常的に働いていると言えよう。

3－2．ドイツにおける分割政府の態様
3－2－1．頻度

　では，実際にはどの程度の頻度で分割政府が生じているのであろうか。Schindler (1999)，Feldkamp (2005)，Leunig (2006)，Träger (2008) などのデータに基づいて集計してみると，1949年9月20日から2008年9月20日までの21550日の間に，連邦政府与党だけで構成された州政府（「与党州（Regierungsländer)」）の持ち票の合計が連邦参議院の過半数を占めていた期間，すなわち，統一政府（unified government）の状態であった期間は6183日，全体の28.7％でしかない（図1を参照）。

　しかし同時に，連邦レベルでの野党だけで構成された州政府（「野党州（Oppositionsländer)」）が連邦参議院の過半数の票を支配していた期間，すなわち，分割政府となることが明確な状態（以下，「完全な分割政府」と呼ぶ）であった期間は，それよりも少ない4782日（22.2％）にとどまっている。それ以外の10585日，全体の約半分（49.1％）に相当する期間は，連邦レベルでの与党・野党のいずれもが連邦参議院での過半数の票を支配できていない。これは，州レベルで連邦与党と連邦野党が連立しているケースや，連邦議会に議席を有していない政党が州での連立政権に参加している

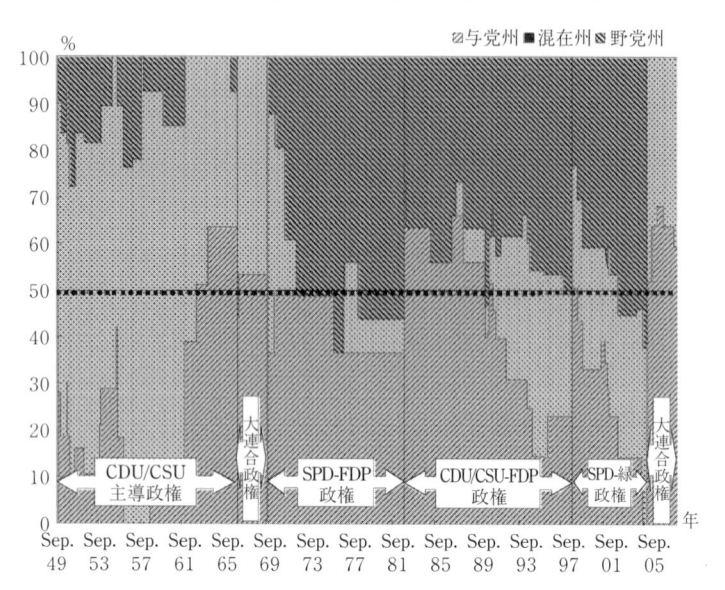

図1 連邦参議院における連邦与野党の勢力関係

（出典）Schindler 1999: 2440-6; Feldkamp 2005: 581f.; Leunig 2006: 413; Träger 2008 156-177; 報道資料より筆者作成。

ケース5が生じているためである（図1の「混在州（Mischländer）」）。この「不完全な分割政府」とも言うべき状態が，ドイツでは最もよく見られる状態なのである。

3－2－2．通時的変化

また，図1からは，ドイツでの分割政府状態の出現には時期によって違いがあることが読み取れる。

戦後のドイツでは，1990年代になるまで，キリスト教民主主義政党であるキリスト教民主同盟・社会同盟（Christlich Demokratische Union / Christlich Soziale Union（以下，CDU/CSU））と自由主義政党である自由民主党（Freie Demokratische Partei（以下，FDP））とを合わせた中道右派勢力が，社会民主主義政党のドイツ社会民主党（Sozialdemokratische Partei Deutschlands（以下，SPD））をはじめとする左派勢力よりも一貫して優位に立っており（図2参照），中道右派による「構造的多数派（strukturelle

Mehrheit)」の存在が指摘されてきた。そのため，1990年代に入るまでは，中間選挙効果の下でも中道右派勢力が州政府を維持できる例が多く，分割政府に陥りやすいのは主として SPD-FDP 連立政権の時期（1969〜82年）であった（図1参照)[6]。

だが，1990年代以降，緑の党（Bündnis 90/ Die Grünen）が政党システムの一員として定着したことに加え，東西ドイツ統一による旧共産党勢力（1990年から2005年までは民主的社会主義党（Partei des Demokratischen Sozialismus（以下，PDS)），2005年に左翼党 PDS（Linkspartei.PDS），2007年に左翼党（Die Linke）と改称）の参入などによって，中道右派の「構造的多数派」は急速に揺らいでいき，1998年選挙を境に，中道右派勢力と左派勢力の力関係は逆転するに至っている。この傾向は西部地域においても同様であり，SPD・緑の党・左翼党の合計得票率は，CDU/CSU・FDP の合計得票率を僅かながらも上回るようになった（図2点線部分）。

しかし，逆転したとは言っても，西部地域での左派勢力の優位は，かつての中道右派の「構造的多数派」には及ばない状況にある。また，左派勢力3党を架橋する連立形成は，左翼党が旧東ドイツ独裁の負の記憶を背負っていることもあって容易ではない。そのため，左派勢力の「新しい構造的多数派」が直ちに安定的な政権枠組みを提供できるまでには至っておらず，連立の態様は多様化している[7]。

このように，1990年代以降，中道右派勢力と左派勢力が相対的に伯仲する傾向を見せたのに加え，多党化と連立枠組みの多様化の傾向が強まったことによって，(1)中間選挙効果による連邦与党の得票減

図2　連邦議会選挙での中道右派勢力と左派勢力の得票率の推移

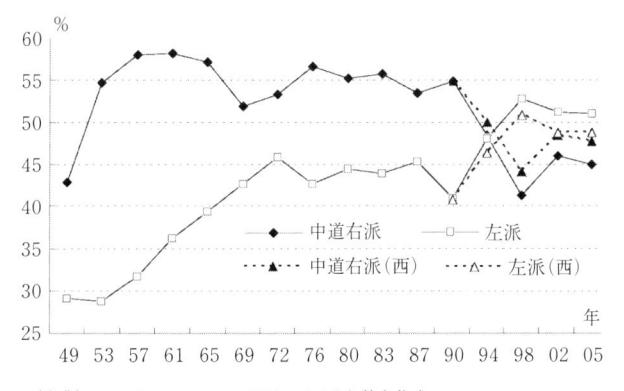

(出典)　http://www.bundeswahlleiter.de/ より筆者作成。

が州レベルでの政権交代に結びつきやすくなったのと共に，(2)連邦与野党のいずれか一方による連邦参議院の多数派確保を阻む「混在州」の増加をもたらしたと言うことができよう。

4．分割政府下の立法過程

4－1．「不完全な分割政府」下での「混在州」の存在

　前節での検討から明らかなように，ドイツでは「完全な分割政府」や統一政府の状態は比較的少なく，与野党のいずれもが決定権や拒否権を独占できない「不完全な分割政府」の状態が基本となっている。そこで鍵を握ることになる「混在州」の投票行動は，連邦レベルでは与野党に分かれている州政府与党間の協議結果に左右される。その協議が不調に終わった場合，先述した「連邦参議院条項」が連立協定に盛り込まれていれば，棄権という投票行動が取られることになるが，同意法律案は過半数の賛成票を必要とするため，棄権は反対票を投ずるのと同じ効果を持つことになる。したがって，「混在州」の増加は，一般に連邦政府与党にとって不利となるが，そのことが直ちに政治的行き詰まり状況の出現を意味するわけではない。州レベルでの連立の態様が多様であれば交渉の幅も広がるため，キャスティングヴォートを握る立場にある「混在州」の票を連邦政府の働きかけによって動かす余地は，「完全な分割政府」の場合よりも大きい[8]。

　その例を，2002年1月14日に連邦議会へ上程され，議事手続き上の不備のために，「不完全な分割政府」の時期と「完全な分割政府」の時期の2度にわたって両院での審議が繰り返された移民法（Zuwanderungsgesetz）の審議過程に見ることができる[9]。

　この移民法は，少子高齢化に伴う将来の労働力不足を補う移民労働者の受け入れを容易にすべく立案されたものであり，経済界やFDPからは支持されていた。しかし，社会文化政策面での保守色が強いCDU/CSUは，これによってドイツ社会とは異質の移民コミュニティが肥大化してしまう恐れが強まるとして抵抗の姿勢を強め，与党側が妥協案を用意したにもかかわらず，3月1日の連邦議会での採決では反対票を投じた。

　こうして，CDU/CSUの反対を押し切って連邦議会を通過した移民法案は，審議の場を連邦参議院へと移した。当時の連邦参議院の党派構成は，

「与党州」が20票,「野党州」が28票,「混在州」が21票であり,同意法律であった移民法案を成立させるためには,与党側があと15票を集めなければならなかった。そこで鍵を握っていたのが「混在州」6州の動向であったが,連邦野党の内,FDPとPDSはそれぞれ独自の立場から移民法案に賛成していたため,それらとの連立政権であった3州の11票は比較的容易に確保することができた。連立パターンの多様性が,「混在州」を抱き込む上で有効に機能したのである。

　残された問題は,法案に反対していた連邦野党CDUと大連合を組んでいた3つの州から残りの4票を得ることができるか否かであった。シュレーダー政権は,中道右派野党に影響力を持つ経済界からの支援を期待しつつ,それらの州の説得に努めたが,CDU/CSU保守派の抵抗は根強く,表立っての譲歩を得ることができなかった。そこでSPDは,残った「混在州」の中でCDUが弱い立場にあったブランデンブルク州で切り崩しを図った。連邦参議院で4票を持つ同州ではSPD（州議会での議席率は41.6%）とCDU（同28.1%）が大連合を組んでいたが,CDUにとって有意な連立相手はSPDしかない一方で,SPDはCDU以外にPDS（同24.7%）との連立の余地があったのである。こうした状況を背景に,SPDの連邦党本部は,同州のシュトルペ州首相や,輪番制の連邦参議院議長を務めていたベルリン市長のヴォーヴェライトら（いずれもSPD所属）と協議して,強行採決のシナリオを描いた。すなわち,ブランデンブルク州CDUの代表であったシェーンボーム州内相に対して,連邦参議院での採決時に一度だけ反対の意思表明をすることは許容するが,州全体の意向を確認するヴォーヴェライト議長の質問にシュトルペが答えた後にも反対の意思表明を繰り返した場合には,州での連立を解消する旨を警告したのである（Geyer, Kurbjuweit and Schnibben 2005: 184-186）。そして3月22日の採決では,そのシナリオ通りに議事が進められた。呼名投票の際にSPDのツィール州労相が「賛成」と発声したのに続いて,CDUのシェーンボーム州内相が「反対」と叫んだのである。先述した通り,連邦参議院での投票は各州が統一的に行わなければならないため,ヴォーヴェライト議長は,ブランデンブルク州がどのように投票するのかとシュトルペ州首相に質問した。その問いに対してシュトルペが「ブランデンブルク州首相として賛成することを表明します」と答えたことをもって,ヴォーヴェライトはブランデンブルク州

が統一的に賛成票を投じたと宣言し，議事を進めたのである。この宣言に対してシェーンボームは異議を唱えなかった。そして最終的な投票結果は賛成35，反対17，棄権17とカウントされ，同意に必要な過半数の賛成票が投ぜられたとして，ヴォーヴェライトは連邦参議院が移民法に同意したと宣言し，連邦大統領に公布を求める手続きをとったのである。議場ではCDU/CSU出身の州首相たちが激しい抗議の声をあげたが，最大の当事者であるはずのシェーンボームは沈黙を守り，議場の混乱が拡大するのを防ぐ結果となった。

　以上が「不完全な分割政府」下での移民法審議過程であるが，この例に見られるように，ドイツでは，統一政府の状態でなくとも，「混在州」に働きかけることによって法案を通過させることができる。移民法案の場合は政治的圧力をかけての切り崩しであったが，その逆に，利益を配分することで支持調達を行うこともある。例えば，2001年の年金改革に際しては，「不完全な分割政府」状況の下，連邦与党が財政難にあえいでいた州に対する財政調整措置の枠組みを発表することによって，その恩恵を受ける「混在州」の票を引き寄せ，連邦参議院での過半数を確保することに成功している（近藤2006：104）。先述した移民法の場合も，2002年3月の連邦参議院での採決前に，SPDとPDSが連立していたベルリン州のバス・鉄道地域交通網整備事業への補助金支出が決定されるなどしており（Geyer, Kurbjuweit and Schnibben 2005: 185），票の「買収」（Helms 2002: 62）と形容される程であった。

4－2.「完全な分割政府」下の妥協

　移民法案採決をめぐるヴォーヴェライト議長の議事運営に対しては，CDU/CSUが非難の声をあげたばかりでなく，多くの憲法学者から違憲の疑いが指摘され，世論調査でも批判的意見が多数を占めた。そして，「野党州」6州が連邦憲法裁判所（Bundesverfassungsgericht）に議事の違憲無効を訴える憲法訴訟を提起し，12月18日に違憲判決を得て，移民法の成立を覆した。「混在州」の切り崩しによる強行突破を図った連邦与党の目論見は，司法という独立したチャネルからの介入によって挫折したのである。

　この違憲無効判決を受けて，シュレーダー政権は，ほぼ同内容の移民法案を再度連邦議会に上程するという強攻策を続けたが，2002年3月以降に

行われた2つの州議会選挙で連邦与党が敗北していたため、連邦参議院では「野党州」が合計38票に増えており、「完全な分割政府」の状態になっていた。そのため、再上程された移民法案は、2003年5月9日に連邦与党の賛成多数によって連邦議会を通過したものの、6月20日に行われた連邦参議院での採決では淡々と否決された。「完全な分割政府」の下では、「不完全な分割政府」の時と異なり、「混在州」の抱き込みや切り崩しによる多数派形成が無意味となるため、内容がほぼ同じ法案であっても、その帰結は大きく異なることとなったのである。

連邦議会で可決された同意法律案に連邦参議院が同意しなかった場合、両院から16名ずつの代表者が出て構成される両院協議会（Vermittlungs-ausschuss）で妥協案を協議・立案することができる。強攻策が行き詰まりを見せたことでシュレーダー政権は方針を転換し、この両院協議会の場での妥協の模索に力を注いだ。そこでは、たたき台となる案を作るために作業部会が設置され、与野党の移民政策担当者20名が同年10月から協議を断続的に行ったが、意見の集約に困難を来たしたため、2004年1月には、連邦与党から3名、CDU/CSUから3名、FDPから1名の計7名で構成される与野党代表者会合を設け、より緊密な形での交渉を目指した。そこでの交渉もやはり難航したものの、まず、法案の基本的考え方について与野党の意見を折衷した合意案を形成し、それを踏まえて具体案を徐々に肉付けしていくという形で作業が進められていった。その過程では、連邦与党側が労働移民に対する規制を政府案よりも強化するという譲歩を行った一方、CDU/CSUは難民保護の問題で連邦与党側に妥協した[10]。このように与野党の案を折衷するような形で少しずつ妥協案を練り上げていった上で、最後まで合意がまとまらなかった部分（移民の国外退去処分に関する規則）については、SPDのシュレーダー首相・メルケルCDU党首・シュトイバーCSU党首の三者トップ会談が5月25日夜に行われ、CDU/CSU側への譲歩が合意された。

こうして与野党間の合意が達成された後、法案文の修正作業が進められ、6月30日の両院協議会で移民法案の修正案が採択された。この修正案は翌7月1日の連邦議会において圧倒的多数で可決され、9日には連邦参議院でも簡単な挙手採決によって同意が表明された。与野党の広範な合意に支えられた修正移民法案は、今度は違憲訴訟で覆されることもなく、2005年

1月1日に無事施行されることとなる。

このように,「完全な分割政府」の下で法案を成立させるためには,与野党間の妥協を成立させることが必要となる。移民法案の場合,与党側が野党側に譲歩することで妥協がもたらされたが,そうした行動の背景には,立法の失敗が政権の無能さを有権者に印象づける効果を持つことから,失敗を避けたいという意向が与党側の方により強く働き,妥協に傾きやすくなるという面があるとされる (Huber 1996;網谷 2004)。そして,この力学を敷衍した Manow and Burkhart (2007) は,分割政府状況の下で連邦参議院の同意を得られずに廃案となることを恐れる連邦与党が,連邦野党の反対を招かないような,抑制的な内容の法案を上程する傾向にあり,その結果として,連邦議会での採決においても連邦野党の賛成が増加すると論じた。そして,1976年から2002年の間に連邦議会を通過した1926本の法案に対する投票行動を分析したところ,連邦野党が連邦議会での採決において反対票を投じた法案の割合は,統一政府状況の場合,異議法律で22%,同意法律では32%であったが,「完全な分割政府」の下では,異議法律31%に対して,同意法律では23%へと低下していた (表2を参照)。この「完全な分割政府」下の与野党協調的投票行動の増加傾向は,連邦参議院での審議を経た後の採決になると一層強まり,連邦野党が連邦参議院で反対票を投ずる法案の割合は,同意法律案の場合には12%にまで低下する。異議法律案への反対投票の割合が29%と比較的高いままであることから,連邦参議院の同意が必要な場合にのみ連邦与党側の譲歩傾向が強くなっていることが見て取れる。こうしたことから,この与党側の譲歩というパターンが一般に観察できる基本形であると言えるだろう。

表2 連邦参議院の状況と連邦野党の投票行動

		連邦参議院の状況		
		連邦与党が過半数	与野党共に未支配	連邦野党が過半数
異議法律	連邦議会採決 (1)	22%	32%	31%
	連邦参議院採決 (2)	24%	30%	29%
同意法律	連邦議会採決 (1)	32%	29%	23%
	連邦参議院採決 (2)	31%	20%	12%

(1) 連邦野党の反対投票を受けながら連邦議会を通過した法案の割合
(2) 連邦参議院の最終票決で連邦野党が反対投票をした法案の割合
(出典) Manow and Burkhart (2007: 180-181) より筆者作成

とは言え,こうした妥協の形成は成功が保証されているものではなく,政治家の技量に依存する面が大きいことは否定できない。そして,機能の発揮が人的要素

に左右されるようなシステムは,構造的に脆弱な面があると言わざるを得ないだろう。またそもそも,妥協に基づく統治は,政治責任の所在(「誰が国を統治するのか」)を曖昧にする恐れを孕んでいるばかりでなく(正統性の問題),抜本的な政策革新を妨げがちであるという傾向も有している(実効性の問題)。そうした問題点を前にして,2003年になると,分割政府状況を生み出しやすい統治機構の改革が本格的な政治課題として取り上げられるようになった。

4-3. 改革の試み

先述した通り,ドイツの分割政府を生む制度的要因は,連邦政府の存立を左右しない連邦参議院が多くの法案に対して拒否権を持っているという点にあった。しかし,連邦法の立法作業に州が関与することを廃止することは憲法上禁止されているため(79条3項),連邦参議院の廃止といった手段は取り得ない。そこで,連邦と州が立法管轄権を競合的に有していると規定されてきた政策分野をどちらかの専管事項へと整理し直すことによって,州が拒否権を持つ同意法律の範囲を縮減しようという改革が目指されることになった。この連邦制改革の動きは,2003年4月にシュレーダー政権の連邦司法省がポジション・ペーパーを作成して議論に火をつけた後,それに対抗して立法府主導で審議を進めようとする気運が高まり,11月に連邦制現代化委員会(Kommission von Bundestag und Bundesrat zur Modernisierung der bundesstaatlichen Ordnung)が発足した[11]。この委員会は,連邦議会と連邦参議院がそれぞれ16名ずつ代表を出す共同審議機関であり,連邦政府閣僚はオブザーバーの地位にとどめられた。そして,審議は7つのプロジェクト・グループと2つの作業部会に分かれて行われ,2004年12月までの1年あまりで答申をまとめることとされた。

こうして審議が開始されたが,各グループ・部会の中で,連邦省庁と州省庁の代表,各政党の代表,東部州と西部州の代表などがバランスを取って含まれるよう配慮されたため,各代表から次元を異にする意見が出されて議論に混乱を招く事態が多発した。さらに,各グループでの審議内容が部外秘とされたため,政策分野を横断しての意見集約や妥協の形成が上手く機能しない状況に陥った。連邦制現代化委員会の共同議長を務めたミュンテフェリングSPD連邦議会議員団長とバイエルン州首相シュトイバー

(CSU) は，そうした混乱を取りまとめるべく尽力したが，2004年7月に出された連邦憲法裁判所の判決がその努力を大きく妨げることになった。というのは，この判決が競合的立法分野における連邦の立法権限をこれまでよりも狭く解釈するものであったことから[12]，連邦省庁が自己の権限を防衛する行動に走ったためである。その結果，11月にまとめられた連邦から州への権限移譲リストは，当初の期待よりも貧弱なものとなってしまった。これに州の代表は強く反発し，最終的には大学管理権をめぐる対立を機に，12月17日，交渉は決裂したのである。

この連邦制現代化委員会での審議は，連邦と州，与党と野党，比較的豊かな西部地域と財政的に苦しい東部地域という三つの対立軸を内包しつつ，それらの間の交渉と妥協によって成案を得ようとするものであった[13]。そうした交渉に立脚した立法作業は，先述した「完全な分割政府」下での立法作業と構造的に類似している。立法の困難さを緩和するために始められた改革は，自らがその困難さに衝突して破綻したとも言えるだろう。

しかし，こうした困難は，統一政府状況の到来によってかなり緩和されることとなった。2005年選挙後に成立したメルケル大連合政権は，連邦議会の議席の74％，連邦参議院の票の52.2％を連邦与党だけで押さえていたのである。そのため，連邦と州の間の権限争いや，連邦からの支援の是非をめぐる地域間対立を調整する必要はなお残っていたものの，それらが政党間対立と共鳴して増幅される契機はかなり弱まった。こうした変化に支えられて再開された連邦制改革の作業は，なお多くの論争を引き起こしながらも，最終局面で二大政党トップが直接交渉を行い，合意を取りまとめた[14]。そして，改革に必要な憲法改正案は2006年6月30日に連邦議会を3分の2以上の賛成（428票）で通過し，7月7日には連邦参議院でも3分の2以上の同意（62票）を得て成立した。

こうして，二大政党の大連合に支えられた統一政府状況の下で連邦制改革は成し遂げられた。しかし，改革後も，連邦参議院の同意を必要とする同意法律の割合は約4割に及ぶと見られており，社会保障問題などを中心に，「完全な分割政府」下で法案審議の停滞が発生する恐れは依然として残されている。結果的には，大連合政権の政治力をもってしても，分割政府の宿痾から完全に脱することはできなかったのである。

5．おわりに

　以上の検討から見て取れるように，ドイツでは統一政府ではない状況が一般的である。そうした結果を生み出した要因をやや抽象的な形で整理し直すならば，(1)内閣の形成に影響力を持たない（しかし，立法過程には有意な影響力を持つ）議院が存在し，(2)その議院の構成員の選出には中間選挙効果が少なからず影響し，(3)その中間選挙効果によって逆転が生ずる程度に与野党の勢力が伯仲している，という条件を見出すことができる。そして，こうした条件の下で醸成された慢性的な「完全な分割政府」・「不完全な分割政府」という状況の下，ドイツでは，与野党が対立しながらも交渉し，妥協点を見出すことを通じて立法活動を展開してきた。その交渉は，対立と協調という相矛盾するモメンタムを同時に内包しながら展開される営みであり，しばしば困難に陥ることとなる。その困難を克服しようとして試みられた改革も，同じく交渉というプロセスを通じて行われたため，やはり困難に直面し，問題点を十分に克服するには至らなかった。

　こうした問題状況は，類似した要因を持つ他の国においても発生し得るものと考えられる。例えば米国では，大統領選出に上下両院の党派構成が影響することは基本的にない一方，立法過程では中心的な役割を果たしている。与野党伯仲という要素も，二大政党のイデオロギー的純化傾向と共に，近年増しつつあるとされる（久保2008）。また，より類似した例としては，日本を挙げることができるだろう。参議院は首相選出の決定権を持たない一方，立法過程においてはかなり強い拒否権を有している。与野党が伯仲し得ることも，2007年夏の参議院選挙で与野党逆転が生じたことによって実証された。それ以降のいわゆる「ねじれ国会」の下で国会審議が停滞したとも言われているが，政府が閣法の上程数を絞り込む傾向を見せる[15]など，ドイツに見られた自己抑制に類似した行動を示しており，今後の研究の進展が期待されるところである。

　　【謝辞】　本稿は2008年10月11日の日本政治学会研究大会（於関西学院大学）における報告を加筆修正したものである。竹中治堅会員（政策研究大学院大学），鈴木基史会員（京都大学），待鳥聡史会員（京都大学），吉田徹会員（北海道大学）をはじめ，報告にコメントをお寄せいただいた方々，並

びに，論文の改善点を御指摘いただいた2名の匿名査読者に深く感謝する。

【付記】 本稿は2008年度科学研究費補助金（若手研究(B)）の交付を受けた研究成果の一部である。

（1） 対象とする立法府の範囲を「拒否権を有する議院」に限定した趣旨は，形式的二院制の下での劣位の議院による否決の政治的重要性は相対的に低いと判断した点にある。また，議院における「多数」の基準を「通常の法案成立に必要な」としたが，状況によっては，硬性憲法の改正などに必要な特別多数を確保できているか否かによって分割政府的な政治状況の出現が左右されることもあろう。

（2） 日本の参議院を分割政府の観点から論じたものとして竹中（2005）を参照。

（3） 詳細については穴場・安井（2000）を参照。

（4） 但し，首相選出選挙が3回目に及んでも総議員の過半数の支持を集める者が現れなかった場合には，連邦大統領の判断次第で最多得票者が首相に任命されることがあるため，ドイツでも少数与党政権が成立する余地はある。2005年の総選挙でシュレーダー中道左派政権与党が過半数を割る一方で，中道右派野党陣営も過半数に届かないという3陣営鼎立の状態が出現した際には，そうした制度に起因する権力ゲームを利用することによって急進左派野党の閣外協力をとりつけ，少数政権での続投を目指すべきだとの意見が与党内の一部に存在した（安井 2006）。

（5） Schindler (1999) や Feldkamp (2005) は，連邦政界に進出していない政党には連邦参議院での投票行動に関する独自の判断がないと前提し，そうした政党をカウントせずに「与党州」・「野党州」の分類を行っているが，Leunig (2006) は，そうした政党が連邦参議院での投票行動について州での連立相手と異なる判断を行った事例を挙げて反論し，連邦議会に議席を有していない政党が加わったケースを「混在州」に分類した。Träger (2008) は Leunig (2006) の指摘に賛同しており，本稿もその分類に従っている。

（6） なお，1950年代の中道右派政権時代に「混在州」が多いのは，この時期に連邦議会から退場しつつあった地域主義政党や難民政党などが，まだ議席を残していた州レベルで CDU/CSU との連立を継続していたパターンが多かったためである。

（7） 2008年9月中旬現在，州レベルでの連立のパターンは，CDU（CSU）単独，CDU-FDP，CDU-緑の党，CDU-SPD，SPD単独，SPD-緑の党，SPD-左翼党の7種類に及んでいる。

（8） そうした州を Manow and Burkhart (2007: 189) は比喩的に "swing

states"と表現している。
(9) 本項と次項での事実関係については,議会議事録,報道資料の他,近藤 (2007) を参照。
(10) 但し,この難民保護問題については,連邦与党案に近い内容のEU指令案が当時固まりつつあり,抵抗を続けても近い将来に「欧州からの入力」によって覆される恐れが強い状況にあった (近藤 2007：138)。
(11) 以下,本項の事実関係については,報道資料の他,Scharpf (2005) を参照。
(12) 憲法上,競合的立法分野で連邦が立法権を行使できるのは「必要である場合」に限定されていたが (72条 2 項),その必要性の有無は政治が決定する問題と解釈されていた。しかし,2004年 7月27日の連邦憲法裁判所判決では,その必要性の判断がかなり狭く解釈されたため,それまで連邦が事実上フリーハンドで立法権を行使していた政策分野においても,見直しを迫られる恐れが高まったのである。
(13) なお,Scharpf (2007) は,これら三つの対立軸の中で最も対立が激しかったのは地域間対立であったと指摘している。
(14) 但し,その交渉は,プラツェックSPD連邦党首を心因性難聴に陥らせ,後に辞任へと追い込むほどストレスのかかるものであった (安井 2007)。
(15) 報道によると,通常国会での閣法提出数は例年100本前後であったが,第169通常会では80本に絞り込まれた。しかし他方で,成立率は従来の 9 割前後から78.8%へと低下しているという (日本経済新聞 2008年 6月21日付朝刊 3 面)。この成立率の低さが,交渉を通じての立法作業に未習熟であることの反映であるのか,それとも,それ以外の要因によるものなのか,今後の研究の進展に期待したい。

参照文献

Deutscher Bundesrat. *Plenarprotokoll: Stenographischer Bericht*,
　774. Sitzung, 22. März 2002, 171(C)-172(D).
　789. Sitzung, 20. Juni 2003, 182(A)-192(A).
　802. Sitzung, 9. Juli 2004, 337(D)-346(A).
　824. Sitzung, 7. Juli 2006, 222(D).

Deutscher Bundestag. *Plenarprotokoll: Stenographischer Bericht*,
　14. Wahlperiode, 222. Sitzung, 1. März 2002, 22061(B)-22063(D).
　15. Wahlperiode, 118. Sitzung, 1. Juli 2004, 10723(A).
　16. Wahlperiode, 44. Sitzung, 30. Juni 2006, 4295(D)-4298(C).

Elgie, Robert. 2001. "What is Divided Government?" In Robert Elgie, ed. *Divided Government in Comparative Perspective*, Oxford: Oxford University

Press, 1-20.

Feldkamp, Michael F. 2005. *Datenhandbuch zur Geschichte des Deutschen Bundestages 1994 bis 2003 : eine Veröffentlichung der Wissenschaftlichen Dienste des Deutschen Bundestages*, Baden-Baden : Nomos.

Fitzmaurice, John. 2001. "Divided Governance: The Case of Denmark." In Robert Elgie, ed. *Divided Government in Comparative Perspective*, Oxford: Oxford University Press, 146-166.

Geyer, Matthias, Dirk Kurbjuweit, and Cordt Schnibben. 2005. *Operation Rot-Grün: Geschichte eines politischen Abenteuers*, München: Deutsche Verlags-Anstalt.

Helms, Ludger. 2002. *Politische Opposition: Theorie und Praxis in westlichen Regierungssystemen*, Wiesbaden: VS Verlag für Sozialwissenschaften.

Huber, John D. 1996. "The Vote of Confidence in Parliamentary Democracies." *American Political Science Review* 90: 269-282.

Jeffery, Charlie and Daniel Hough. 2001. "The Electoral Cycle and Multi-Level Voting in Germany." *German Politics* 10 (2): 73-98.

Kern, Holger Lutz and Jens Hainmueller. 2006. "Electoral Balancing, Divided Government and 'Midterm' Loss in German Elections." *The Journal of Legislative Studies* 12 (2): 127-149.

Leunig, Sven. 2006. ""AB(C)" oder "ROM"? Zur Operationalisierung von Mehrheitsverhältnissen im Bundesrat." *Zeitschrift für Parlamentsfragen* 37 (2): 402-420.

Manow, Philip and Simone Burkhart. 2007. "Legislative Self-Restraints under Divided Government in Germany, 1976-2002." *Legislative Studies Quarterly* 32 (2): 167-191.

Scharpf, Fritz W. 2005. "No Exit from the Joint Decision Trap? Can German Federalism Reform Itself?" *MPIfG Working Paper* 05/8, Max-Planck-Institut für Gesellschaftsforschung, http://www.mpi-fg-koeln.mpg.de/pu/workpap/wp05-8/wp05-8.html (accessed on 20 July 2007).

——— . 2007. "Nicht genutzte Chancen der Föderalismusreform." In Christoph Egle and Reimut Zohlnhöfer eds. *Ende des rot-grünen Projektes: Eine Bilanz der Regierung Schröder 2002-2005*, Wiesbaden: VS Verlag für Sozialwissenschaften.

Schindler, Peter. 1999. *Datenhandbuch zur Geschichte des Deutschen Bundestages, 1949 bis 1999 : eine Veröffentlichung der Wissenschaftlichen Dienste des Deutschen Bundestages*, Baden-Baden : Nomos.

Strøm, Kaare. 1990. *Minority Government and Majority Rule*, Cambridge: Cambridge Unibersity Press.

Strum, Roland. 2001. "Divided Government in Germany: The Case of Bundesrat." In Robert Elgie, ed. *Divided Government in Comparative Perspective*, Oxford: Oxford University Press, 167-181.

Träger, Hendrik. 2008. *Die Oppositionspartei SPD im Bundesrat: Eine Fallstudienanalyse zur parteipolitischen Nutzung des Bundesrates durch die SPD in den 1950er-Jahren und ein Vergleich mit der Situation in den 1990er-Jahren*, Frankfurt am Main: Peter Lang.

穴場歩・安井宏樹．2000．「ドイツ」馬場康雄・平島健司編『ヨーロッパ政治ハンドブック』東京大学出版会，117-142．

網谷龍介．1999．「ドイツの州議会選挙」，日本選挙学会（1999年5月・秋田経済法科大学）報告ペーパー．

――．2004．「ドイツ：『宰相デモクラシー』と『交渉デモクラシー』の間で」小川有美・岩崎正洋編『アクセス地域研究Ⅱ：先進デモクラシーの再構築』日本経済評論社，65-86．

久保文明．2008．「アメリカの政党制：メタ政策システムとして」城山英明・大串和雄編『政治空間の変容と政策革新1：政策革新の理論』東京大学出版会，225-247．

近藤潤三．2007．『移民国としてのドイツ：社会統合と平行社会のゆくえ』，木鐸社．

近藤正基．2006．「『大連立国家』の変容：現代ドイツにおける年金縮減改革の政治過程（2）」『法学論叢』159（3）：89-110．

高橋進・安井宏樹編．2008．『政治空間の変容と政策革新4：政権交代と民主主義』東京大学出版会．

竹中治堅．2005．「『日本型分割政府』と参議院の役割」日本政治学会編『年報政治学2004　オーラル・ヒストリー』岩波書店，99-125．

安井宏樹．2005．「『第三極』の模索と挫折：一九五〇年代西ドイツの自由民主党（FDP）」安井宏樹『混迷のドイツ』東京大学21世紀COEプログラム「先進国における《政策システム》の創出」，41-111．

――．2006．「現代ドイツにおける政権交代の諸相：その力学と意味」，日本比較政治学会（立教大学）報告ペーパー（2006年10月）．

――．2007．「ドイツ・メルケル大連合政権の一年：ドイツ政治は「混迷」から抜け出せたのか」*ICCLP Annual Report*（東京大学大学院法学政治学研究科比較法政国際センター）2006：94-99．

汚職と経済発展のパラドックス

―韓国朴政権下における官僚の合理的行動から見た試論―

堀金由美＊

はじめに——汚職と経済発展

　汚職は，通常，経済発展にとってマイナスの要因として扱われる（例えば Rose-Ackerman 1999）[1]。昨今では，汚職に関し国際比較を可能とする広範なデータが入手可能となり，それらを利用して多くの計量分析が行われているが，その結果は，ほぼ一様に汚職の存在・程度と経済成長の負の相関関係を示している（Weder 1999; Campos & Nugent 1999; Gillespie & Okruhlik 1991）。この他，汚職がいかに経済成長や開発のプロセスを阻害するかというケーススタディや逸話については，従来より枚挙に暇がない。

　しかしこうした背景の下，たとえば世界銀行の『東アジアの奇跡』では，東アジア諸国成功の要因に関する一般論として，「正直で優秀な官僚制の存在」（世界銀行 1994）があげられ，随所において特に一部の北東アジア諸国の官僚がいかに有能であり，「公平なレフリー」の役割を然るべく果したか，ということが強調されている。

　東アジア成功の要因をさらに深く探求し，興味深い考察を示したのがカンポスとルート（Campos & Root 1996）である。彼らは，成功組とその他諸国とを決定的に分けた要因として，有能でアカウンタビリティを有する一部のエリート官僚グループを生み出した制度上の革新こそが重要であると論じた。これら諸国においては，官僚のインセンティブが経済の長期的成長・拡大の実現と一致する，すなわち汚職誘惑を最小限に抑えるべく，確固たる責任感に基づいて正直に働くことが一生涯を通じての十分な報酬・利益となるシステムが作り出されていたというのである（Campos & Root

---

　＊　明治大学政治経済学部教員　　比較政治・比較政治経済論

1996: 138-139)。

確かに，たとえばシンガポールでは，公務員に対する厚遇とその汚職に対する徹底的な取締まりがほとんど汚職のない官僚制を実現したと考えられているが，「東アジアの奇跡」の代表ともいえる韓国の場合はどうであろうか。韓国は，1960年代初頭以来，強力な政府の主導下で上からの経済開発を積極的に推進し，目覚しい成長を遂げてきた[2]。しかし，この成功を汚職のないグッド・ガバナンスに帰すことは困難である。この国における汚職は，1980年代以降，しばしば大統領自身あるいはその親族・側近を巻き込む大スキャンダルに発展[3]するまでに，政治・行政の「常」となっている。

汚職やガバナンスの質・程度が指標化され，多国間の比較を可能とする統計データとして入手可能となったのは比較的最近のことであり，「奇跡」を生んだ国々の高度成長期における汚職の程度を具体的に比較検証することは不可能である。参考までにデータが入手可能となる1990年度半ばのTransparency Internationalによる汚職インデックスを見ると，初年度（1995年）の対象全41ヵ国中，シンガポールが第3位の「清潔さ」を示すのに対し，韓国は27位に記録されている。調査対象国180ヵ国の最新のデータ（2008）では，シンガポール4位，韓国40位である。韓国はいずれの年においてもいわゆるアジアNICS（韓国，台湾，香港，シンガポール）の最低で，2008年においては，OECD加盟30ヵ国中22位で，メキシコやチリ，更には一部のアフリカ諸国よりも低位となっている[4]。

これらの数値も示唆するとおり，戦後の開発の優等生であり，「東アジアの奇跡」の代表例，そして最も典型的な開発主義国家とみなされる韓国の経験は，汚職と経済発展の関係について，広く一般的に受け入れられる命題を支持しない。つまり，韓国では汚職があったにも拘わらず高度経済成長が達成されたのである。

一般に，政府による市場への選択的介入は，様々なレント（すなわち汚職の機会）を創出し，レント・シーキングや汚職・腐敗，すなわち非効率を生む（Weder 1999: 104）と考えられる。しかし韓国では，政府主導の経済開発が様々なレントを生み出しながら強力に推進され（Chang 1994），少なからず汚職を生みながら，それが，なぜ非効率につながり，最終的には経済の成長を大きく損なうことにはならなかったのであろうか。このパラ

ドックスを解くことが，本稿の目的である。

　汚職という対象の性格上，実態へのアクセスはきわめて難しい。当事者へのインタビューや回想録からの情報は，その信憑性には疑問も残ると判断せざるをえない上，すでに30年以上の時間が経過しており，新規のデータ収集は事実上困難である。そこでここでは，実証は目的とせず，官僚の行動に関する理論上のモデルを構築し，そのモデルによってこのパラドックスの説明を試みるとともに，既存の一部の経験的データとそのモデルとの間に矛盾が生じないことを示すことを以って，モデルの可能性を論じたい。

1．韓国の経済政策形成モデル——先行研究における説明

　韓国の「奇跡」を説明する先行研究において，汚職の問題はいかに扱われてきたのであろうか。

　内外の状況に柔軟に対応することで政府主導の経済開発を成功裏に進めてきた韓国の経済政策形成・運営は，特に1980年代，構造調整に対する対応が世界中の途上国における経済のパフォーマンスを明暗二つの方向に分岐させる中，多くの研究者の興味の対象となってきた。その中で，その成功の要因として多くの研究者に受け入れられるようになるのが「遮断 (insulation)」(Haggard & Cheng 1987, Haggard 1990) あるいは「embedded autonomy [5]」(Evans 1992, 1995; Haggard & Kaufman 1992; Kohli 2004) などという概念である。

　「遮断」は，輸入代替から輸出指向工業化への転向など，特に中南米においては強力な既得権益の存在により困難であった経済政策の大転換を，東アジアでは可能にした制度的要因としての説明力を評価され，多くの論者たちに受け入れられた。この説明によると，東アジアでは，社会の諸圧力を「遮断」した空間の中で，支配エリートから経済政策に関わる権限を委譲された有能な官僚（テクノクラート）が，政治的・社会的配慮の必要なく経済理論・合理性に基づく良い政策を自由に立案することができた (Haggard 1990)。もしこの「遮断」が完璧であれば，そこには，汚職・腐敗の存在する余地はほとんどない。ただし，この概念は，政策の大転換（改革）については大きな説明力を発揮するが，その新しい政策が然るべく実施され効果を挙げるという点までは説明できない。社会の有力集団，特に

経済政策の場合，産業界の声を無視して形成された政策は必ずしも然るべく実施され，所期の効果を挙げるとは限らない。

この「遮断」の欠点を補完するものとして提示された概念が embeddedness である。エバンスは，柔軟かつ円滑な経済政策運営のためには，政策形成者たちの社会からの自律性（autonomy）に加え，特に政策の実施段階には，産業界の有力者たちとの一定のつながりが重要であると考えた。出身地や出身校などを通じた官民エリート間の個人的な結びつきがこの役割を果たす。テクノクラートが，社会との一定のつながり・情報の交流を維持しながら，その一方で政治的圧力を排して自律性を維持した状態が embedded autonomy である。これは，実のところ，互いに矛盾する概念の組み合わせであるが，しかし東アジアのいわゆる開発主義国家は，この双方の側面を持ち合わせていたとエバンスは論じ，後にハガードら多くの支持を得るようになる。

ここで彼らが経済成長阻害要因として注目したのは，民の圧力により官の政策決定が歪められ，政策実施が妨げられるという政策過程上の問題であり，汚職が招く非効率ではない。遮断あるいは自律性といった概念により汚職の存在・可能性は事実上否定されることとなり，つまり彼らは汚職と経済の停滞を結びつけるオーソドックスな立場に立脚しているとみなすこともできよう。しかし，官民の接触を強調する embeddedness モデルには，汚職・政経癒着の存在を組み込むことも可能であり，本稿におけるモデル構築において出発点となりうるだろう。つまり，以下のモデルは，政策形成を担当する官僚と産業界のエリートの緊密な結びつきを前提とする。

では，その中で，汚職の存在とそれが経済成長を大きく妨げないシステムはどのように説明されうるか。官民癒着の中の汚職・腐敗の問題を考える際，主要なアクターは「政」「官」「民」の三者である。この三者は，一般に，その利害や行動原理においてかなり異なった集団である。しかし韓国の経済発展においては，まず何よりも，国家・官僚の主導性・自律性が前提とされることから，ここでは，「官」からのアプローチ，すなわち官僚の汚職を考える。そのために，次に官僚の行動様式について考えたい。

2．官僚の行動モデル

官僚の行動を理論的に考えるにあたって，ここでは，1960年代のダウン

ズ（Downs 1967）のモデルの仮説から出発する。

　ダウンズは，官僚の行動を分析し予測するために，政府の官僚による意思決定のありかたを理論化し，16の法則（laws）と183の命題（propositions）として提示した。その出発点となる「中心的仮説」は，官僚の行動が完全にではないまでもかなりの程度まで「自己の利益」によって動機付けられていると考える。官僚は基本的には効用の極大化を図る合理的なアクターである。しかしながら，官僚たちの効用関数は，ニスカネン（Niskanen 1994）の予算極大化官僚の場合のように一様ではなく，さまざまな要因の複雑な組み合わせからなっている（Downs 1967: 1-2）。

　ダウンズは，官僚の効用関数を形作る変数を，①権力，②収入，③威信，④安全（安定），⑤楽をすること・便利さ，⑥(特定の思想・制度・国家に対する)忠誠心，⑦優れた仕事をしていることへの自負心，⑧公益に奉仕したいという希望・念願，⑨特定の施策実現に対する信念・信奉，の9種類であると考えた。これらはいずれも，官僚が行動するときその目的とするものということになる。①から⑤までは，純粋に自己の私的利益追求であるのに対し，⑧はほぼ完全に利他的，そしてそれ以外はその両者の混合である。個々の官僚の効用関数は，これらの変数のサブ・セットから成り，たいていの場合，私益と公益双方を含むとダウンズは考えた（Downs 1967: 1-3, 84-85）。

　この9項目につきそれぞれの重要度（ウェイト）も考えると，その組み合わせは理論上無数に存在する。しかしその中で，ダウンズは以下5つのタイプの官僚を典型的な理念型として提示し，このモデルを使用することで，官僚機構の現実における行動様式に重要な洞察を与えうると考えた（Downs 1967: 88-89）。

　　(1)　自己利益のみを追求するタイプ
　　　　①立身出世的人間（climbers）：権力，収入，威信のみを重要とする。
　　　　②保守的人間（conservers）：安定性こそが重要と考え，現有の権力，収入，威信のさらなる増進より，現状維持を目指す。
　　(2)　自己利益と利他的目標（公益など）の双方を追求するタイプ
　　　　③情熱的人間（zealots）：比較的狭く限定された特定の政策や概念

を重視し，その実現に努力する。その政策・概念実現のため，そして，自分自身のためにより大きな権力を求める。
④提唱的人間（advocates）：特定の政策ではなく，より広範な組織の機能や組織自身を重視し，そのために努力する。組織の行動や機能・政策に対して影響力を行使すべく，より大きな権力を求める。
⑤聖人君子・公僕的人間（statesmen）[6]：高度に利他的であり，公共の福祉を重視する，行政学の教科書的官僚。社会のために努力をし，国の政策や行動に影響力を持つために権力を追求する。

さて，この理念型モデルを実際に一国の官僚機構に当てはめて考えるとどうなるであろうか。ダウンズの指摘を待つまでもなく，どこの国の官僚組織にも，さまざまなタイプ及び能力の官僚が存在する。しかし，職業選択の自由が認められる社会において，職業は個人の自由な選択の結果であるということを前提とすると，個々の組織・企業・団体がどのような人材を集めうるか（あるいは結果として集まっているか）ということは，その待遇や労働条件に加えて，その組織の社会的地位・権力・イメージにかなりの程度まで依存する。つまり，これらの諸条件により，各国の官僚機構が有する人材のタイプ（の分布）には特徴が現れるであろう。たとえば，格別の厚待遇で知られるシンガポールの国家官僚制は，支配層政治エリートの最大の供給源であり，その結果，上昇志向が強く，かつきわめて優秀な人材を多く有する。また，チャーマーズ・ジョンソン（Chalmers Johnson）の『通産省と日本の奇跡』（*MITI and the Japanese Miracle*）によれば，日本の官僚制は，明治以来の歴史と伝統により，民間に比べ必ずしも待遇は良くなくとも，大学を卒業する若者の中の「ベスト・アンド・ブライテスト」を集めることができた（Johnson 1982）。

韓国もこれと同様の傾向を有すと考えて良かろう。韓国では8世紀にはすでに官僚の筆記試験採用制度が導入され，国王の下，試験により採用された文民官僚が国を治める長い歴史と伝統を有する（総務処 1986：196-200）。この歴史が，植民地支配を経た解放後の現代社会，特に官僚の社会的地位にいかなる影響を与えているかを実証することは困難であるが，名

誉と権威を誇る官僚社会の伝統の下，大韓民国成立後，改めて導入された高等考試[7]の難関を経て採用された国家公務員の職は，依然として名誉あるものであったと考えることに異論はあるまい。特に1961年5月16日のクーデター以降，民間部門が未成熟で十分かつ魅力的な雇用機会を提供できない中，政府が最重要課題とする上からの経済開発の担い手として官僚たちに期待し，多くの権限を委譲する状況下において，官僚という職は多くの優秀な若者にとって魅力あるものと映ったことであろう。後述のとおり，1960年代末から70年代初めには業績主義の職業官僚制がほぼ確立され，試験によって採用された者たちが徐々に出世して，行政機構の上部へと昇っていった。

特に大統領制を採る韓国にあって，この「上部」は官僚組織の上層部にとどまらず，各部長官・次官[8]といった政治任命職にまで連続性を有していた。梁性喆（1994）のデータによると，大韓民国成立時から1993年2月の金泳三政権出現時までの間の次官レベル以上のすべての公務員1998名[9]中，前職の確認できた1930名のうちの44.6％が元公務員であり，軍人21.5％，教育・研究職10.9％などに比べ，はるかに大きいシェアを占める（梁性喆 1994：89）。特に次官職を見た場合，この割合はさらに高くなる。61年のクーデター以降，全斗煥政権期末までの期間についてみると，261名の次官中，152名，58.2％が元官僚であり，特に経済関連部処に限ってみると，この割合は76.4％となる[10]。この間，経済企画院，外務部，動力資源部および科学技術処の次官は，例外なく全員が官僚出身であった[11]。つまり，高級官僚への道は，その後，積極的転身を図らずとも，次官，そして長官のポストへとつながりうるものだったのである。

このような中で数十倍に及ぶ競争を征し，実際に上級公務員として採用された若者たちは，その大多数がソウル国立大学の出身者で占められており，概して上昇志向が強い者たちであったと考えられる。そしてここには，一部の聖人君子・公僕型の官僚とともに，多くの優秀な立身出世型，そして情熱的人間や提唱的人間，つまり私益と公益の入り混じった目的のために働く官僚が含まれていたに違いない。彼らは，ダウンズの考えた官僚の効用関数を構成する一連の変数のうち，権力・金銭・名誉欲などの私的欲望のため，あるいは公益への奉仕心や任務遂行に対する誇りなど，公僕としての使命感・満足感のために働くこととなる。そして，彼らが生きた

官僚制の中では，これらすべての目的の実現に資する道が少なくとも建前上明確に制度化されていた。昇進の人事システムである。つまり，彼らは，官僚機構の中で制度に基づき昇進・出世をしてゆくことをめざして働くこととなったと考えられる。最終的に達しうる地位は行政各部の長官である。権力や地位そのものに対する執着はなくとも，自分の力を最大限に活かし，国のために貢献するには，昇進によって一定の権限を与えられるポストにつくことは重要であった。そして，それに付随する名誉は，高級官僚支配の伝統を有する韓国社会の中では決して否定されるべきものではなかったはずである。

したがって，ここでは，権力・金銭欲などの私益からにせよ，あるいは，公僕として自己の能力を最大限に活かして国のために奉仕しようとする気概からにせよ，いずれにせよ，昇進・出世することが，一部の保守・保身的な者を除いたその他多くのエリート官僚たちに共通した重要な行動の目的であり，インセンティブであったと仮定する。しかし，ポストは上へ行けば行くほど限られる。すると，究極の目的はどうであれ，ともかく，より上のポスト，より多くの権限をめざして多くのエリート官僚たちが互いに競争することとなる。

ただし，金銭欲という要因も一部の官僚たちにとって重要なものであり，その追求においては，必ずしも昇進・出世だけではなく，もう一つ，法や規則・公益には反するが，場合によってはかなり効率の良い汚職という道も有力な行動の選択肢として残るであろう。しかし，その汚職によって得られる利益の規模，あるいはそのアクセスへのチャンスさえもが，昇進による権限の拡大にほぼ比例してさらに広がったはずである。つまり，汚職を選ぶ者にとっても，昇進は依然として魅力的な道であったとここでは仮定する。

3．官僚行動のインセンティブを規定する枠組み
——(1)国家公務員人事制度

昇進・出世をめざす官僚の行動を規定し，その競争の枠組みを設定するのは，まず第一に昇進を規定する制度，すなわち公務員の人事制度であり，その運用の実態である。

韓国では，1949年，国家公務員法および公務員採用に関する2種の関連

法令[12]により，名目上は業績主義による近代的国家公務員制度が設立された。しかし実際，1950年代，李承晩時代の官僚機構は，情実主義・猟官制に支配され，腐敗した権威主義政権を支える権力基盤となっていた（Jung Jin-Chul 1993）。政治家へと転身した上層部の穴を埋めたのは殆どが元下級官僚であり，行政機構は年功序列のヒエラルキーと「先例」のみによって支配され，官僚出身の与党政治家たちの思うままに動く無能で腐敗した集団であった（Lee Hahn Been 1968: 102-108）。したがって，経済開発を至上の目標とし，その実現のために国家行政機構を利用しようとしたクーデター（1961年）後の朴軍事政権にとって，行政機構の整備・改革とともに，その機構内に改めて「有能で正直な官僚」（軍事革命史編纂委員会 1963）を確保することは不可欠と考えられた。

朴政権が目指したのは，職業公務員制の確立であった。国家再建最高会議[13]によると，職業公務員制とは，公務員が政治的色彩を有しない行政の主軸となり，政権交代に影響されぬ身分保障を受けること，そしてまた，その能力が職位と昇進の決定的要因となる人事制度を有することを意味する（軍事革命史編纂委員会 1963：656）。その確立を目指し，1963年4月，国家公務員法が全面的に改正された。改正の要点は，①業績主義の原則による登用，②職位分類制の導入と科学的人事管理，③独立の人事機関設立，④勤労意欲を高めるための提案制度設立，⑤定年制導入，⑥職業公務員の確立と公務員の政治的中立化，などであった。これらのうち，職位分類制の導入と独立人事機関の設立はやがて放棄されるが，他については実施のための規則・制度などが順次整備され，1970年代の初めごろまでには，業績主義に基づいた有能な職業公務員制が確立されたというのが通説となっている[14]。

1）公務員の種類と階級

韓国の国家公務員は，国家公務員法によりその身分・待遇などが規定される「一般職」とそれ以外の「別定職」に二分される[15]。別定職公務員は大統領や各部の長官・次官，さらには裁判官，軍人，警察官，教員から，秘書，タイピストなどの補助的業務に就く者までを含むが，これら以外のすべての公務員が一般職であり，国家公務員法の縛りを受ける中央政府の職員である。朴正煕政権の「業績主義に基づいた職業官僚制構築」の対象

となったのは，主としてこの一般職公務員であった。

　一般職公務員は，1級を最上級として，以下，2級甲・乙類，3級甲・乙類，4級甲・乙類，そして5級の甲・乙類の9段階に区分されていた。各部の長官および次官は，大統領任命による別定職であり，それ以下の職員が原則1級以下の一般職公務員であった。1級は室長および次官補相当，2級甲・乙類は局長レベル，3級甲類は課長レベル，3級乙類が課長補佐レベル相当である。この3級乙類，すなわち課長補佐のレベルが高等考試合格者の初任レベルであり，通常，これ以上のレベルが高級官僚あるいは幹部とされる。制度上，下からの昇進も可能であり，実際多くの者が下からの昇進任用者であったが，4級甲類からこのレベルに上がるためには，筆記試験が課されていた。

2）採用・昇進制度

　採用・任用と昇進のシステムは，公務員制度業績主義の中核をなす。1963年の国家公務員法は，「公務員の任用は，試験成績・勤務成績その他能力の実証により行う」（第26条）と規定した。

　新規採用は原則として公開競争試験による。高等考試が3級乙類，普通考試が4級乙類，そして5級公務員任用試験が最下級の5級乙類への入り口であり，中でも，特に競争率が高く難関とされたのが高級官僚への道とされる高等考試であった。前述のとおり，民間部門が未成熟で雇用の吸収力が低かった1960年代から70年代においては，この試験を通して，全国の名門大学トップクラスのエリートたちが採用された。高等考試は大韓民国成立直後から実施されていたが，1950年代末まで試験採用は少数にすぎず，普通考試については法令が定められたものの，実際に試験は実施されていない。それ以下の下級官吏については，試験採用は定められてもいなかった。従って試験採用は実際には例外的な「原則」であり，実態は，情実主義・猟官制による縁故採用が主流であった。この「原則」を実態としたのが朴政権である。60年代から70年代にかけて，高等考試以外の2種の採用試験も開始され，70年代になると，行政の能力向上による業務の質の改善を目的として，高等考試による採用は大幅に拡大された。

　しかし，国家公務員法は「特別な資格または能力を有するものを特定職位に任用するときに，比較的採用手続きの簡便な特別採用試験方法を採択

する」ことを認めており，1級公務員の任用にもこの規定があてられた（総務処 1986：134－137）。原則はあくまでも公開競争試験採用であり，特別採用は追加的措置であるとされる（Ministry of Government Administration 1991: 9）が，総務処内部資料に基づく朴東緒のデータによると，1970年代後半から80年代前半にかけての国家公務員3級乙類への新規採用の概ね3分の一以上が，特別採用試験によるものとなっている（朴東緒 1987：563）。特別採用は，決して例外的追加措置ではなかった。

前述のように1970年代には業績主義による職業官僚制がほぼ確立されたとみなされているが，この時代，政府は依然として公開競争試験による職業公務員制度の確立を繰り返し謳っている[16]。これは，政府自身の認識においてもその確立はまだ不十分であったことを示すものである。ただし他方，1970年代には，公開競争試験によって採用されたエリートたちも相当の数となり，採用後10数年を経て，政策形成・運営の重要な部分に関わるようになっていた事実もまた，見逃してはならない。特に経済企画院，財務部，商工部などの重要な経済関連部には，こうしたエリートが多かった。残念ながら当時の一般職公務員の出身あるいは採用形態別のデータは見当たらないが，少なくとも各部長官・次官の出身別データを見る限り，これら経済部には軍政期を除いて軍出身者は皆無であり，公務員出身者が過半数を占める（梁性喆 1994）。この公務員達は，前述のモデルのとおり国のため，あるいは私益のため，そして多分その双方のために，昇進を目標として日々業務に励み，同僚たちと競っていたに相違あるまい。

1960年代以降の韓国では，昇進任用もまた，能力と業績に基づいたルールにより行われた。まず，階級ごとに昇進のための所要最低年数が設定され，同年限を全うすると昇進資格保有者となる。前述のとおり4級甲類から3級乙類への昇進は筆記試験によって決定され，その他の昇進は，勤務成績，同階級内勤務経歴（経験），年数，研修時の成績その他の総合評価により決定された。特に3級乙類以下については，規則の定めるところにより，毎年1-2回昇進候補者リストが作成され，同リストに基づいて部内の人事委員会が最終的に昇進者を決定するシステムとなっていた。

ここで重要となるのが業績・勤務状況の評価である。勤務評定制度は，業績主義公務員制度の中核として，1961年4月（クーデター前の民主党政権下）の公務員任用令において，1級以下すべての公務員に適用すること

とされた。しかし，その対象は，1963年には3級以下と引き下げられ，さらに1970年には，3級乙類，すなわち課長補佐レベル以下までとされた。つまり，業績主義公務員制度の象徴ともいえるこの制度は，実は，中下級の官吏のみを対象とし，高級官僚には適用されなかった。

　高級公務員の昇進も原則として業績主義によるとされるものの，客観的かつ画一的な方法は規定されておらず，情実等の要素が入り込む余地はより大きかった可能性もある。しかし多くの観察者が，実証的・客観的根拠を示すことは困難であるが実際にかなりの程度まで実績主義の人事行政が行われていたと評価する（例えば鄭正佶 1994：78）。

　これが事実に近いとすると，それはなぜか。各行政機関は課せられた課題・目的を達成するために優れた業績をあげる必要があり，その実現のためには，情実ではなく能力と業績に基づいた人事管理が必要であったからではないか。1960年代末から約10年間大統領秘書室長を務めた金正濂によると，大統領は行政各部内の人事はすべて長官に一任した[17]。つまり，各部内の人事は長官次第であった。しかし長官は，自身が大統領の評価を得てその職にとどまるためには実績を挙げる必要があり，そのためには有能な部下を揃え，重要なポストに配置する必要があった。これこそが，韓国朴政権下の官僚人事が経済発展の促進にプラスに働いた鍵であったと本稿は考える。

3）長官・次官人事

　行政各部の長官・次官は大統領任命職であり，国家公務員法の制約を受けることがない。大統領制の下，彼らは国会議員である必要もない。それどころか，1969年の憲法改正までは，国務委員（長官）は，その政治的中立性を維持する必要性から，国会議員との兼職は憲法上禁じられていた。

　この条件下，大統領によって任命され各部の頂点に立ったのは，前述のとおり，多くの場合，その分野において高い専門性を有するテクノクラートもしくは官僚出身者であった。憲法によると，国務委員は国務総理の推薦に基づき大統領により任命される。しかし，強力な大統領制の下，国務総理の権限は実際には象徴的あるいは儀礼的なものにとどまることが多く，国務委員の任命についても大統領の一存であった（朴永勲 1994）。少なくとも朴政権下においては，国務委員人選に関する国務総理の関与は小さく，

それぞれの長官職について大統領秘書室が候補者リストを作成し，それに基づき，大統領が国務総理とも協議の上，人事を決定した（金正濂 1997：63-65)[18]。経済関連部長官の場合，決定の重要な要素となったのは業績であった。

他方，朴大統領は，その人事権のかなりの部分を長官たちに委譲し，本来大統領権限である次官人事も，通常，各長官に一任したとされる。次官補以下高級公務員の人事については，完全に大統領の干渉外であった（鄭正佶 1994：63)。1960年代半ばには，副総理兼経済企画院長官の政策調整能力強化を目的として，経済関連部長官の人事権を副総理に委譲したことさえあった（大統領秘書室 1965)。

4．官僚の行動のインセンティブを規定する枠組み
——(2)成長第一主義と成果のモニタリングシステム

では，業績はいかにして測られるか。もちろん，公務員あるいは行政機関の業績を一つの共通の物差しで測ることは不可能であろう。国の行政機構は，組織が機能別に分化し，各部署がそれぞれ異なる明確な権限と任務を有する。

しかし，朴政権下韓国の状況は少々異なっていた。多くの研究者が指摘するように，この政権の経済発展実現へのコミットメントは異例なまでに強固なものであった。これが，クーデターによって登場した政権の正統性（欠如）の問題に対する対応であろうと，あるいは，赤貧の中で成長してきた朴正熙ら軍人たちの個人的性向であろうと，いずれにせよ1960年代から70年代の朴政権は，経済発展の実現のためにはあらゆる努力を惜しまなかった。そして，その目的達成のための主たる道具として選定され，改革・強化されてきたのが行政機構とその中で実際に働く官僚たちの能力であった。特に経済関連部の官僚たちにとっては，部処ごとに立場は異なり直近の目的は競合しながらも，究極の目的とするものは共通であった。経済成長の実現とその目的達成への貢献である。何よりもまず，経済成長が第一であった。

当時，国際社会で推奨された処方箋は開発計画に基づく上からの開発であった。韓国も他国と同様に計画に基づいた上からの開発を積極的に推進し，きわめて目標志向の強いマネジメントの下，急速な経済成長を実現し

つつあった。1962年以降，一連の経済開発5ヵ年計画の下，毎年の年次計画が設定され，経済関連各部は所管分野で明確な目標を与えられ，その実現に邁進する。ここで韓国の経済運営の特徴といえるのは，計画・目標に対する進捗状況モニタリングと実績評価のシステムの充実である。行政の執行過程を定期的に把握することを通じて一定の結果・効果を確保しようとする「確認行政」が重視され，そのために種々のメカニズムが設置されていた。

まず，行政全体の効果と効率とを保証するために1960年代の初め，行政機構の整備とともに始められたのが企画調整制度であり，その柱の審査分析制度であった。行政各部は，年次計画に基づき各四半期ごとにその進捗状況および成果を審査・分析し，国務総理に報告することが義務付けられた。計画に対する遅れについては，理由が説明され，その後の対応方針が検討・報告されねばならなかった。その後国務総理企画調整室は，各部からの報告に基づき当該四半期の総合審査分析報告を作成，同報告書は国務会議（閣議）の承認後，四半期ごとの審査分析会議において大統領に報告された。この過程において見出された重大な問題については，国務総理より担当部長官に対して対処すべく指示が出され，当該長官は，問題が解決され次第その結果を総理に報告することが求められた（韓国軍事革命史編纂委員会 1963：628-652，盧化俊 1987：598-602）。

この制度は当初計画に対する表面的な進捗状況チェックのみであり，その実効性には疑問ありとする評価もある。しかし，たとえ表面的であれ，定期的，それも3ヵ月ごとに政府事業の進行状況モニタリングが実施され，その結果が大統領まで報告されていたことの意義は大きい。大統領はこの会議を重視し，毎回欠かさずに出席した（金正濂 1997：130）。計画の遅れや変更点等については説明を求められるため，各部長官をはじめとし官僚たちは常時緊張にさらされ，ここに，当初目標が円滑に達成されるべく常に最大限の努力が払われることとなるシステムが形成された[19]。

5ヵ年計画のモニタリング・評価は，より徹底していた。単なる進捗状況のチェックに止まらず，その意味・影響などをも検討・把握し，最終目標達成のためのより的確な対応を可能とするために，1965年，大学教授等の専門家による第三者評価チームが設置された。この「評価教授団」は，定期的に会合を持ち，各種政策提言を行うとともに，5ヵ年計画年次評価

報告書を作成した。

　月例経済動向分析会議や輸出会議なども同様の機能を果たした。月例経済動向分析会議は，経済の舵取りを任された経済企画院長官（張基榮）が，経済の現状と問題点等につき大統領にブリーフィングすることを目的として1964年に設置したものである（呉源哲 1999：102－103）。大統領はこの会議を重視し，各部長官や中央銀行総裁，大統領補佐官，与党幹部なども出席させるとともに，60年代後半になると，この場において各部長官から主管の主要事業につき報告をさせるようになった（崔東奎 1991：67－70，鄭正佶 1994：98，金正濂 1997：123－124）。

　輸出会議は，商工部の発案・主導の下，1965年10月以降毎月，大統領主宰で行われた[20]。商工部が過去2ヵ月間の輸出実績を品目・輸出先別に報告した後，問題点とその対応が輸出業者たちも交えて討議され，必要に応じてその場で各種指示が出された[21]。

　これらに加え，特に各部長官・次官および官僚たちの意識と行動に大きな影響を与えたと考えられるのが，大統領の年頭巡視である。毎年1月中旬，朴正煕は数日間を割いて行政各部を巡回視察し，前年実績および当年度計画についてブリーフィングを受けた。計画については，達成すべき数値目標とその達成時期の明示が求められ，加えて，大統領の関心事項について説明すべく予め青瓦台から指示を受けていた。前年の視察時に報告した主要計画については，その後の経過・成果について報告が求められ，新たに提示する新規計画については，翌年までには実際の進展が求められると同時に，計画としての新しさや創造性が評価のポイントとなった。事業の詳細に関する大統領の質問に回答できるのは，課長レベルの実務担当職員であることも多く，こうした大統領の現場視察は官僚の士気の向上に大いに役立ったと考えられている（崔東奎 1991：91－92，金正濂へのインタビュー 22）。

　また，青瓦台の大統領秘書室は，経済状況に関し常に最新の情報を大統領に提供する体制をとっていた。大統領執務室隣には最新のデータを常備する経済状況室が設置され，朴正煕は，頻繁にその部屋へ赴いた。

　これら各種システムを通して逐次明らかにされる部門毎の経済状況や事業・計画等の進捗状況は，自ずと各部処・部局ごとの業績・成果をも明らかにする。その結果可能となったのが，まず第一に，韓国の経済政策マネ

ジメントの特徴ともいえる状況に応じた柔軟な経済政策運営である。そしてこれと同様に大きな重要性を有す第二の結果が，本稿で注目する業績主義の人事管理への影響である。定期的に明らかになる部処・部局の業績と連動して明らかになったのは，その担当者および組織の責任者の業績である。つまり，人事評価の基礎となる高級公務員の業績は，かなりの程度まで明確に準備されていたのであった。

5．モデルの構築——韓国における官僚の行動と汚職

さて，以上から，韓国の高度成長期における汚職と経済発展について，どのようなモデルを考えることができるだろうか。

まず，モデルの中心となるのは，ダウンズが考えたように自己の効用関数にしたがって効用の極大化を図る合理的官僚である。金銭や権力あるいは公益など，目的とする価値とその組み合わせ・比重はそれぞれ異なるものの，上昇志向的なエリート官僚にとって，目的に近づくために有効な方策は官僚機構の中での昇進であった。そして，昇進による出世の道は，官僚機構の枠を越えてその頂点の長官まで至っていた。

では，如何にすれば昇進が可能となるか。アクター（官僚）の行動にインセンティブと指針を与えて行動を規定するのは，そのアクターを取り囲む諸制度である。これは，一義的には公務員の人事制度，特に昇進の制度ということになるが，その制度の運用に影響を与える他のさまざまな制度もまた考慮されねばならない。本稿では特に，朴政権下の「業績主義」公務員人事のあり方とそれを実質的に可能とする制度として，行政のモニタリング・評価のシステムに着目した。

公務員は，私益のためであれ公益のためであれ，昇進・出世するためには与えられた業務において然るべく業績をあげる必要があった。もちろん，評価者の評価には，私的配慮も含め他のさまざまな要素も影響しうる。しかし，朴体制下の韓国においては，評価者自身の業績もまた，部下の業績に依存していた。すなわち，部下の業績を評価する評価者自身も，他方，自分が良い評価を得て昇進してゆくには——自己の効用を高めるには——自分の担当部署の優れた業績が必要であり，重要なポストには業績をあげうる部下を配置する必要があった。この被評価者と評価者との関係の鎖は，現場の実務レベルの官僚から上は各部長官まで連なる。そして，頂点にお

いて長官人事を握る大統領は，やはり各部長官に経済成長の実績を求めていた。長官の実績は，その部の実績である。もちろん，モニタリングを通じて明らかになる経済実績がどこまで人事に関する大統領や長官の意思決定に影響を与えたかについては，実証困難である。しかし，公刊資料から人事の動きが見てとれる長官・次官を見る限り，重要プロジェクトやマクロ経済指標が彼らの人事に影響していると想定することは，少なくとも無理とはいえない[23]。

　ここにまさに，カンポスとルートが論じたように官僚のインセンティブが経済の長期的成長・拡大の実現と一致するシステムが形成されていた。では，これと汚職との関係はいかに説明できるか。

　カンポス＝ルート（1996）も含め，多くの研究者たちが韓国の経済発展は少なくとも相対的に汚職が少なかったから，と説明する中で，コン（Kong 1996）は，汚職が存在したにもかかわらず経済発展が順調に進んだ，という前提からスタートし，その理由を韓国政府の徹底した成果主義により説明した。つまり，輸出パフォーマンスを指標とする公正なレフリーによってコンテストが仕切られたため，選択的介入も失敗することがなかったという世銀等の説明（世界銀行 1994）をレントの配分や政治資金への見返り提供にまで適用し，韓国では，見返りとしての利益をうけるためでさえ，賄賂や献金だけでなく，まず，良好なパフォーマンスと成長や輸出への貢献が必要とされたためと論じている（Kong 1996: 49-50）。

　この議論は，政府主導で企業の汚職にも一定の制約を課し，経済成長の実現を担保したというもので，かなりの説得力を有するが，しかし，ここでも依然として「有能で正直なレフリー」としての官僚が前提とされており，官僚の汚職を説明することはできない。では，官僚汚職の存在と，しかし，それが経済発展を大きく阻害することのないシステムは如何に説明ができるのか。

　ここで，今一度，本稿で提示した官僚の行動モデルに立ち戻る。そしてコンと同様に，しかし，コンテストの場ではなく，官僚制内部の人事評価において，成果主義・業績主義が徹底されていたと考える。昇進・出世をめざす官僚は，まず，何よりもよい成果・業績をあげる必要があった。利己的目的を追求する官庁の中には汚職による特別の金銭的利益を追う者もいたに違いない。事実，特に1960年代後半より，政府は繰り返し汚職追放

を叫び，多くの公務員が処分を受けることになる[24]。つまり，多くの汚職が存在したことは否定しえぬ事実である。しかし，汚職に手を染める官僚も，同時に昇進を目指していた。そして昇進のためには業績が必要であった。汚職が業績を大きく妨げることは，出世による将来のより大きなチャンスを逸することとなり，効用の極大化を図る合理的な官僚にとって必ずしも得策ではなかった。つまり，汚職も，極力業績を妨げない形で行われる必要があり，たとえば経済成長や輸出の増大に貢献しえない企業からの賄賂は受け付けられなかったであろう。参加資格のあるプレイヤーは，最善ではなくとも次善の業績を挙げうる者でなければならず，こうして業績面での妥協は最低限に限られ，結果として優れた経済パフォーマンスが確保された。

　こうなると，企業の側からも，官僚の側からも，それぞれの場面においてモニタリングと評価を通じた成果主義の徹底による汚職への一定の制約が課されることとなる。経済成長を大きく阻害する形の汚職はリーダーには許容されなかったのみならず，また，成長への貢献こそが評価される自己の昇進にとっても好ましいものではなかった。したがって，そのような汚職は合理的な行動として官僚に選択されることはなかったのである。

おわりに

　本稿は，汚職は経済発展を阻害するという通説に対し，韓国朴政権下においては，汚職が蔓延しながらも持続的な高度経済成長が達成されたことを改めて主張するとともに，そこで汚職が経済発展を阻害しなかったメカニズムについて，公務員人事制度と行政のモニタリング・評価制度を重要な制度的枠組みとし，その下で行動する合理的な官僚の行動モデルによる説明を試みた。このモデルは，企業家は，汚職に際しても自己の事業における優れた業績を求められていたため，結果としてその汚職が経済発展を大きく阻害することはなかったという企業家側の汚職に対するコンの説明 (Kong 1996) と併せると，韓国朴政権下の汚職とめざましい経済発展両立の謎を説明することができそうである。

　ただし，このモデルの有効性・汎用性を主張するためには，技術的困難はありつつも，可能な範囲における実証の可能性を模索するとともに，他の状況下において，公務員の行動のインセンティブ・スキームとしての人

事制度とその中における利己的官僚の行動をより詳細に検討する必要があろう。

しかしながら，その仕事は，いずれも本稿の範囲とするところではなく，今後の研究に委ねることとしたい。

(1) 例外が，たとえば Fritz & Menocal (2006) で，汚職の存在にも拘わらず良好なパフォーマンスを示す国々に言及し，汚職にも種々の型があり，それらを区別して語らねばならないと述べている (Fritz & Menocal 2006: 7)。
(2) 韓国の経済運営については，特に70年代の重化学工業化政策は価格を大きく歪め，高インフレや格差拡大，ひいては社会の不安定化を招いたものとして否定的な評価も多い。しかし，少なくとも GDP 成長と輸出の増大に限定した場合，朴政権下の経済パフォーマンスは70年代も含めて極めて良好である。
(3) 政権交代のたびに前体制の実力者たちが徹底的に糾弾・粛清されるというこの国の政治のあり方も影響しているといえよう。Clifford (1994) 参照。
(4) http://www.transperency.org/policy_research/surveys_indices/cpi/2008 (2008年10月12日アクセス)
(5) 「埋め込まれた自律性」と訳出される場合もあるが，この概念を的確に表す短い言葉は見当らないため，ここではあえてこのまま英語を用いることとする。
(6) 日本語版（ダウンズ『官僚制の解剖－官僚と官僚機構の行動様式』1975年，サイマル出版会，103−104頁）においては，「政治家的人間」と訳出されているが，誤解を招きうると思われるため，ここではこのように訳しておきたい。
(7) 初の高等考試（1949年）では，約500人の受験者の中から5名が採用された(総務処行政管理局 1987)。なお，植民地時代にも官僚は試験により採用されたが，上層部はほぼ日本人で占められていた。
(8) 日本の「省」にあたる韓国の行政機関は「部」であり，その長は「大臣」ではなく，「長官」である。
(9) 各軍参謀長，ソウル・釜山両特別市長や道知事なども含む。
(10) 同期間，同部処の長官についての数字は44.9%。
(11) 梁性喆（1994）945−1036頁の資料から筆者算出。
(12) 高等考試令および普通考試令。
(13) 国家再建最高会議は，1963年末の民政移管までの間，国家の最高立法・統治機関として機能した（尹景徹 1986：239）。

(14) たとえば，崔東奎（1991：124−131），鄭正佶（1994：63, 76−77），Hahm & Plein (1997: 41) など。なお，朴東緒は，この間の一連の改革は，有能な公務員制度確立への軍人指導者たちの強い意志の象徴であるとして高く評価した（朴東緒 1969：439）。
(15) 1981年の同法改正により，前者は経歴職，後者は特殊経歴職もしくは非経歴職となった。
(16) たとえば『東亜年鑑』『合同年鑑』などの各号，「政府」の項参照。
(17) 筆者インタビュー（1997年10月）。
(18) 治安・安全保障に関連する内務，法務および国防部長官は例外であった。
(19) 筆者による南悳祐へのインタビュー（1997年10月）。南悳祐は，60年代末〜70年代末に財務部長官および経済企画院長官等を歴任した。
(20) 当初は経済部長官と経済界代表総勢20名程度の会議であったが，徐々に拡大され，1970年代後半には200名以上の規模となる。(重化学工業企画団 1979：72, 金正濂 1997：126)。
(21) 四半期毎の審査分析会議をはじめとしたこれら各種会議への大統領の出席および会議における報告内容の一部は，当時，行政府の動向を国会議員に知らしめるべく配布された月刊の「行政府報告」にて確認することができる。
(22) 1997年10月。
(23) たとえば 1960年代〜70年代の経済関連部各長官・次官の名簿を眺めると，輸出増大や浦項総合製鉄建設，重化学工業化計画推進など，重要プロジェクト・計画において大きな功績を挙げた人物は，大統領の信任を得，そのポストに長くとどまるか，あるいはより大きな権限を有するポストへと異動していることがわかる（大韓民国歴代三府要人総鑑，堀金 2004：86−90）。
(24) 1970年代になると，産業政策はより複雑化し，汚職・腐敗の機会も増す一方で，成長のもたらした格差に対する国民の不満も高まった。政府は汚職追放の大キャンペーンを展開し，70年代後半には，毎年万単位の公務員が「不正公務員」として処分を受けた（『合同年鑑 1980』）。

引用文献
＜日本語＞

太田辰幸 2003.『アジア経済発展の軌跡─政治制度と産業政策の役割』 文眞堂

大西裕 1992.「韓国官僚制と経済成長（一）（二・完）『法学論叢』130巻1, 4号

世界銀行　1994.『東アジアの軌跡－経済成長と政府の役割』東洋経済新報社
堀金由美　2004.「韓国「開発年代」の産業政策とそれを支えた制度的枠組み」黒岩郁雄編『国家の制度能力と産業政策』アジア経済研究所
尹景徹　1986.『分断後の韓国政治－1945～1986年』木鐸社

＜韓国語＞
経済企画院　1982.『開発年代의経済政策—経済企画院20年史』経済企画院
——1994.『自立開放時代의経済政策—経済企画院30年史』経済企画院
金正濂　1990.『韓国経済政策30年史—金正濂回顧録』中央日報社
——1997.『김정렴　정치　회고록－아，박정희』중앙M＆B
盧化俊　1987.「評価」趙錫俊，朴東緒他編『韓国行政의歴史的分析，1964－1984』ソウル大学出版会
大統領秘書室　1965.「大統領閣下年頭巡視」政府記録保存所
梁性喆　1994.『韓国政府論—高位職行政엘리트研究(1948－1993)』博英社
無任所第一長官　1976－1979.「行政府報告」(各号)　大韓民国国会図書館所蔵
朴東緒　1969.「人事行政」李漢彬，朴東緒他編『韓国行政의歴史的分析(1948－1967)』韓国行政問題研究所
——1987.「人事行政」趙錫俊，朴東緒他編『韓国行政의歴史的分析，1964－1984』ソウル大学出版会
朴永勲　1994.『大統領中心制下에서의　国務総理（室）의　役割과機能에　관한　研究』韓国行政研究院
呉源哲　1999.『한국형　경제건설7—내가　전쟁을　하자는 것도　아니지　않느냐』韓国型経済建設研究所
鄭正佶　1994.『대통령의　경제리더십－박정희，정두환，노태우　정부경제정책　관리』韓国経済新聞社
重化学工業企画団（編）1979.「韓国工業化発展에　관한　調査研究Ⅲ——政策決定　過程의裏面史」アジア経済研究所資料室所蔵　未出版資料
総務處　1986.『公務員人事制度』総務處
——1987.『政府組織変遷史』総務處
崔東奎　1991.『成長시대의政府－漢江의奇跡이끈官僚組織의역할』韓国経済日報社
韓国開発研究院　1995.『韓国経済半世紀－政策資料集』韓国開発研究院
韓国軍事革命史編纂委員会　1963.『韓国軍事革命史　第1編　上・下』韓国軍事革命史編纂委員会

<英語>
Campos, J. E. & H. Root. 1996. *The Key to the Asian Miracle: Making Shared Growth Credible*. Washington, D. C.: Brookings Institute.
Campos, N. F. & J. B. Nugent. 1999. "Development Performance and the Institutions of Governance: Evidence from East Asia and Latin America." *World Development* 27(3): 439-452.
Chang, H.-J. 1994. *The Political Economy of Industrial Policy*. London: Macmillan.
Clifford, M. L. 1994. *Troubled Tiger: Businessmen, Bureaucrats, and Generals in South Korea*. Armonk: M. E. Sharpe.
Downs, A. 1967. *Inside Bureaucracy*. Boston: Little, Brown and Company.
Evans, P. 1992. "The State as Problem and Solution: Predation, Embedded Autonomy, and Structural Change," in Haggard, S. and R. R. Kaufman, eds. *The Politics of Economic Adjustment*. Princeton: Princeton University Press.
――――. 1995. *Embedded Autonomy: States and Industrial Transformation*. Princeton: Princeton University Press.
Fritz, V. & A. R. Menocal. 2006. "(Re)building Developmental States: From theory to Practice." Working Paper 274. Washington, D.C.: Overseas Development Institute.
Gillespie, K. & G. Okruhlik. 1991. "The Political Dimensions of Corruption Cleanups: A Framework for Analysis" *Comparative Politics* 24(1): 77-95.
Haggard, S. & T. Cheng. 1987. "State and Foreign Capital in the East Asian NICs," in Deyo, F. C. (ed.) *The Political Economy of the New Asian Industrialism*. Ithaca, N.Y.: Cornell Univ. Press.
Haggard, S. 1990. *Pathways from the Periphery: The Politics of Growth in the Newly Industrializing Countries*. Ithaca, NY: Cornell University Press.
Haggard, S. & R. R. Kaufman. 1992. "Institutions and Economic Adjustment," in Haggard, S. & R. R. Kaufman, eds. *The Politics of Economic Adjustment*. Princeton: Princeton University Press.
Hahm, S. D. & L. C. Plein. 1997. *After Development: The Transformation of the Korean Presidency and Bureaucracy*. Washington, D.C: Georgetown University Press.
Horikane, Y. 2005. "The Political Economy of Heavy Industrialization: The Heavy and Chemical Industry (HCI) Push in South Korea in the 1970s." *Modern Asian Studies* 39(2): 369-397.
Johnson, C. 1982. *MITI and the Japanese Miracle: The Growth of Industrial Policy, 1925-1975*. Stanford: Stanford University Press.
Jung, J.-C. 1993. "Accountability and the Merit Principle in the Korean Civil

Service." Ph.D. diss., University of Exeter.

Kaufmann, D., A. K. & M. Mastruzzi. 2007. "Governance Matters VI: Aggregate and Individual Governance Indicators 1996-2006." World Bank Policy Research Working Paper 4280. Washington, D.C.: The World Bank.

Kohli, A. 2004. *State-Directed Development: Political Power and Industrialization I the Global Periphery.* Cambridge: Cambridge University Press.

Kong, T. Y. 1995. "From Relative Autonomy to Consensual Development: the Case of South Korea," *Political Studies*. 43(4): 639-644.

―――. 1996. "Corruption and Its Institutional Foundations: The Experience of South Korea." *IDS Bulletin* 27(2): 48-55.

Lee, H.-B. 1968. *Korea: Time, Change, and Administration.* Honolulu: East-West Center Press.

Niskanen, W. A., Jr. 1994. *Bureaucracy and Public Economics*. Aldershot: Edward Elgar.

Republic of Korea. Ministry of Government Administration. 1991. *The Civil Service of the Republic of Korea.*

Rose-Ackerman, R. 1999. *Corruption and Government: Causes, Consequences, and Reforem*. Cambridge: Cambridge University Press.

Weder, B. 1999. *Model, Myth, or Miracle: Reassessing the Role of Governments in the East Asian Experience*. Tokyo: United Nations Univ. Press.

＜年鑑・資料集（韓国語）＞
東亜年鑑
聯合年鑑
合同年鑑
大韓民国歴代三府要人総鑑

利害対立と妥協のかたち
―カナダ連邦結成期における議員定数配分方式の転換過程―

高野麻衣子*

はじめに

本稿では,19世紀半ば,連邦結成期のカナダで展開された,連邦下院(当時は連合)における議員定数の配分方式をめぐる論争を扱う。具体的には,各地域の人口差に拘らず同数の議席を配分する方式(以下,同数配分方式)が,1867年の連邦結成に際し,人口に比例させる方式(以下,人口比例配分方式)に転換された過程である[1]。この問題は当時の党派や地域,さらに民族間の利害関係のもとに浮上し,方式の変更に伴って不利益を被る側として,今日のケベック州にあたる地域で多数派であったフランス系政治家の立場が顕在化した。議論が始まって以来,彼らは方式の変更に抵抗を続け,最終的に人口比例配分方式の採用が合意されるまでに,10年以上もの年月を要したのである。これまでの研究では,議員定数の配分方式をめぐる問題が連邦結成期の主要な争点であったと指摘されながらも,方式の変更がいかなる交渉や妥協を経て,そしてなぜ合意されたのかという問題については解答が示されてこなかった。従って本稿の目的は,方式の転換理由を説明することであり,それによってカナダ政治史の間隙を埋められればと考えている。

1)議員定数の配分方式をめぐる問題の背景

配分方式をめぐる論争の背景には,1840年に本国イギリスで成立したカナダ連合法と,それによって翌年以降,植民地に適用されていた政治制度の問題があった。今日のオンタリオ州とケベック州は,1791年以来イギリ

---

* 東京大学大学院総合文化研究科地域文化研究専攻博士課程　カナダ政治史・地域研究

ス支配のもとで別個の政治単位として存在していた。そこでは特権的な集団がそれぞれ寡頭制を敷いていたため，1830年代後半になると両地域で改革派の反乱が勃発した[2]。本国はそれに対処すべく，1841年に両地域を統合したのである。以後，オンタリオとケベックはそれぞれカナダ・ウエストとカナダ・イーストと呼ばれるようになり，両者の間に連合政府が創設された[3]。改革派の反乱は，後者においては民族間の対立でもあったため，本国は統治の便宜上，カナダ・イーストで多数派のフランス系住民を，カナダ・ウエストのイギリス系住民に同化させようとしていた。両地域が統合された時点では，カナダ・イーストの人口がカナダ・ウエストを上回っていたため[4]，代表の面で後者を有利にすべく，双方に同数の議員定数42が割り当てられたのである。しかし，言語や宗教面で独自性を有するイギリス系とフランス系が両地域に分離していたため，人口が変動すれば定数配分をめぐって論争が生じるのは避けられなかった。実際1851年までに人口比が逆転したことで[5]，人口比例配分方式への転換を求める声がカナダ・ウエストから上がったのである。当然，カナダ・イーストは再び不利になる方式を認めるはずもなく，長期論争の始まりとなったのである。

2）先行研究とその問題

　以上の経緯で定数配分をめぐる論争が勃発し，この時代の主要な政治争点になったのだが，先行研究においてはその勃発から帰結までが重点的に扱われてこなかった。連邦結成史研究としては，連邦化をカナダ植民地内の問題として描いたクレイトン，イギリスやアメリカ合衆国の影響を踏まえたモートン，連邦結成の各局面を詳細に描いたウェイトの研究がある[6]。フランス系カナダ人の連邦結成観では，概してフランス系指導者の役割に注目される傾向があり，ボナンファン，リュミリー，シルヴァーの研究が存在する[7]。彼らの研究はそれぞれ史観に違いがあるものの，人口比例配分方式が1853年以降，カナダ・ウエストの改革派議員ジョージ・ブラウン（George Brown）によって発議された点を指摘し[8]，その後の採用については，連邦化の実現を求めてブラウンが主導した，1864年の大連立内閣の形成とあわせて解釈している点で大差ない。つまり大連立内閣のもとで地域や党派の対立が一時克服されたことにより，配分方式の変更が合意されたとみられているのである[9]。

しかしながら，カナダ・イーストが無条件に変更を受け入れたかどうかは検討の余地があり，上記の因果関係には疑問が残る。というのも，今日の連邦国家では下院で人口比例配分方式を採るのが一般的であろうが，当時であれば人口と併せて地域の税査定額を定数配分の基準に含めていた本国のように，人口を基準にするにしても別の条件を付加する選択肢もなくはなかったと思われるためである。実際，当時のカナダ・イーストの政治家の発言をみると，地域全体の財産といった他の基準を含めるという条件のもと，人口比例配分方式について議論しようとする姿勢も見られるのである。従って本稿では，カナダ・イーストが人口に比例させる配分方式を認めたにしても，それによる利益の縮小を補填するような他の譲歩を取り付けた可能性があることを念頭に置いて検討する必要があろう。

　以上のような人口比例配分方式の採用に関する合意理由の曖昧さには，一次史料の欠如が影響していると考えられる。連邦化の具体案が審議された1865年の連合議会を除き，連邦結成以前は議事録が作成されていない[10]。また，政治家個人の文書についても，カナダ・イーストのフランス系として指導的な立場にあったジョルジュ・エティエンヌ・カルティエ (George-Étienne Cartier) のものが失われているのである。検討の際に先行研究が依拠できたのは，当時の新聞に報じられた議事内容であったが，議事の全てが掲載されたわけではない。となれば，連邦結成の全体像は明らかにできても，個々の制度が採用された理由を検証するのは難しいと思われるからである。

3）本稿における検討の手法

　一次史料の欠如による研究上の困難は避けられないが，議員定数の配分方式における転換を説明する際，本稿では独自の分析手法をとることで史料の制約を克服する。人口比例配分方式の採用に長年を要したのにはそれなりの理由があろうから，採用の合意を阻むと思われる要素を予め特定し，その点を集中的に検討する。その要素とはカルティエに代表されるカナダ・イーストのフランス系議員の立場であり，人口比例配分方式は議会における彼らの影響力を相対的に低下させる。それにも拘らず彼らはなぜその方式を認めえたのかを検討することが，方式の転換理由を明らかにする上で妥当な筋道だと考える。こうした手法に基づき本論では，それぞれブラ

ウンとカルティエの立場を代弁した『グローブ』と『ミネルヴ』紙，また，当時数少ない政府刊行物であり，提出された法案と投票結果が記録された『ジャーナル』，さらに政治家個人の発言録を中心に検討する。

　本稿の構成は以下の通りである。第1節では，議員定数の配分方式をめぐる利害対立の構造を叙述する。第2節では，人口比例配分方式をめぐって1850年代，60年代に繰り広げられた論争をその支持派と反対派の主張に分けて検討する。第3節では，人口比例配分方式の採用が合意された理由を提示する。その背景として，1860年代には連邦化の必要性という政治的環境の変化が生じたことを述べる。人口比例配分方式の採用が合意に至った具体的な理由としては，とりわけ連邦化に伴う州権，すなわち，ケベックのフランス系にとっての「保障」の獲得という要因があったことを指摘する。彼らは「保障」と引き換えに配分方式の変更を認めたと考えられるのである。

1　下院の議員定数配分方式をめぐる利害対立の構造

　ブラウンに代表されるカナダ・ウエストの改革派が人口比例配分方式を求めたのには，当時の党派対立が影響していた。東西カナダにはそれぞれ保守派と改革派が存在し，保守派同士，改革派同士が地域をまたいで同盟していた[11]。議会では常に保守派が優勢であった。というのも，カナダ・イーストではカルティエの率いる保守派が，この地域の住民を管理していたカトリック教会を味方につけ，支持基盤を固めていたためである。一方，アントワーヌ・エメ・ドリオン（Antoine-Aimé Dorion）を中心とする同地域の改革派は，政教分離を唱えたため教会の支持を得られず劣勢に立たざるを得なかった。ブラウンの不満は，ジョン・アレクサンダー・マクドナルド（John Alexander Macdonald）の率いるカナダ・ウエストの保守派が，1854年以来，カナダ・イーストの保守派と同盟していたことであった。19世紀の党派構造を研究したアンダーヒルが指摘するように，彼らの同盟は単に民族的，宗教的寛容に基づくものではなく，経済的利害を共有するものであった。例えば鉄道建設に関して，特定の会社に特許を与えるなどし，その見返りとして選挙戦での経済的援護を受け，議会で多数派の地位を享受していたのである[12]。

　東西改革派も同盟し，とくにカナダ・ウエストの改革派は，カナダ・イ

ーストのモントリオールが鉄道利害を独占していたことに不満を抱く自地域の農民を味方につけ，1858年までに勢力を増していた。しかしカナダ・イーストで保守派が絶対的な優位にある状況では，連合議会で改革派が多数を占めるのは困難であった。ブラウンはカナダ・イーストの保守派に追従して政権に就いているマクドナルドに対し，カナダ・ウエストの利益を自己の利益に転用していると非難した[13]。ブラウンらが不利な状況を打開するには，第一に政治構造を変革する必要があり，それには連合政府においてカナダ・イーストの保守派の影響力を抑える方法，すなわち，人口比例配分方式への転換が必要だったのである。

2，人口比例配分方式をめぐる論争

以下では，ブラウンら人口比例配分方式の支持派と，カルティエに代表される反対派の主張を考察する。本節の枠組みは以下の通りである。まず1850年代の状況として，53年にブラウンが初めて提出した法案と彼の主張を整理した上で，それに対する反対派の主張を検討する。その後，60年代の論争を支持派，反対派の順に検討する。本節では，人口比例配分方式の導入に関して何が合意を阻んでいたのかという点を意識的に検討することで，次節において合意理由を分析する際の材料にする。その問題にどう収拾がつけられたのかを検討することが，本稿の問いに答えを導く上で不可欠だと思われるためである。

1）1850年代における論争

ブラウンは1853年3月2日に，「議席数は人口を基準に定めるべきであり，下院議員の数はカナダ・イーストとカナダ・ウエストの境界にかかわらず，固定された割合のもとで人口の増加に伴って増やすべきだ」とする法案を提出した。しかし投票の結果，15対57で否決された[14]。配分方式の変更には議会で3分の2の支持を得る必要があったが，以後も満たされず否決が続いた。

ブラウンは人口比例配分方式の導入を主張する際，人口統計の結果にその根拠を置いていた。1853年3月2日の下院での発言によると，52年の統計ではカナダ・ウエストが約95万，カナダ・イーストが90万であった。以前の統計と照らし合わせると，前者では10年で2倍になっている一方，後

者では1.8倍なのである。彼はこうした事実を踏まえ，以後も同数配分方式が維持されれば，カナダ・ウエストに対する「不正」が一層拡大するとの危惧を表明した[15]。このように，配分方式の変更は人口差を根拠に主張されていたが，ブラウンを含め当時の政治家は民主化に否定的であった[16]。従ってブラウンらが保護しようとしていたのはカナダ・ウエストという地域であって，個々人の代表性ではない点に留意する必要がある。当時の政治家らは，19世紀初めのアメリカにおいて選挙権が拡大されたことを意識し，同国のように人口を議員定数配分の基準にした場合，カナダでも男子普通選挙制を招くのではないかという懸念を少なからず抱いていた[17]。しかしながら，人口比例配分方式の導入を主張したブラウンでさえも，特定の財産資格に基づく制限選挙制を支持していたのである[18]。

次に人口比例配分方式の反対派の主張をみると，カルティエの立場を代弁していた『ミネルヴ』はブラウンによる最初の法案に対し，「東西カナダの連合はその創設以来，同数配分方式に基づいており，それ以外の原則では存続しえない」と論じている[19]。反対派は既存の配分方式が両地域の連合を維持しているのだと強調し，その方式がブラウンの主張する公正に適っているかどうかは問題にしていない。実際，連合の維持という主張はカナダ・イーストの政治家にとって強みであった。というのも，同地域は本国との貿易の窓口である港湾を握っており，連合が分裂すればカナダ・ウエストの経済は打撃を受けるためである。後にカルティエが「同数配分方式か連合の解体かのいずれかだ」[20]とブラウンらに突きつけていることからも，人口比例配分方式に対する抵抗の強さが窺われよう。

またカトリックに関して，フランス系にとっての重要性は先行研究で指摘されてきた通りだが[21]，当時の『ミネルヴ』を見ても，カルティエらがカトリックの保護をとくに重視していたことがわかる。例えば1858年8月24日付の同紙は，前回の選挙演説（1857年だと思われる）でブラウンがカトリックを批判し，フランス系の政治支配に対して怒りを顕わにしていたことを危険視している[22]。『ミネルヴ』がなぜこれほど敏感に反応したかといえば，カトリック教会はカルティエらにとって最大の支持母体だったのみならず，当時は宗教がフランス系のナショナリティを構成していたため，彼らにとっては上記の政治的事情に加えて，北米での「生き残り（la survivance）」にも関わっていたからである[23]。人口比例配分方式は，カト

リックに敵対するブラウンらの影響力を相対的に強めることになるため，上述のように「同数配分方式か連合の解体かのいずれかだ」という強い主張でもって対抗したのだと考えられる。

2）1860年代における論争

続いて1860年代の議論をみると，61年から64年にかけて複数回人口比例配分方式への変更を求める法案が出されているものの，いずれも成立していない[24]。定数配分に関するブラウンの主張については，1860年2月22日の『グローブ』がよい検討材料になる。1859年に開かれた改革派の大会での議論をもとに，配分方式の問題を特集しているためである。記事の一部に，「議会の代表におけるカナダ・ウエストへの不正」と題したものがあり，カナダ・イーストの議員が，カナダ・ウエストの議員の利益を犠牲にして不当な優位を享受していると非難している。また，「同数配分方式はカナダ・ウエストにおいて40万もの人々の選挙権を剥奪している」とも論じている[25]。この40万という数字には選挙権のない人々も含まれているが，ブラウンは普通選挙制に反対していたため，純粋に個人の平等という立場で主張したとは考えにくい。あくまで社会における富裕層や地域の利害を保護しようとしていた点で，50年代と同様である。別の記事には，政府による1855年の調査に基づき，東西カナダが納めている税金額の不均衡が示されている。それによると，カナダ・ウエストが財政の7割を負担しているのに対し，カナダ・イーストは残りの3割でしかないという。こうした状況から，「カナダ・イーストよりも人口が40万も多く，財政への貢献にも相当の不均衡がある中で，カナダ・ウエストが不正に苦しめられ続ける同数配分方式の継続を認められるだろうか」と『グローブ』は訴えている[26]。

一方，カルティエを中心とする反対派は，依然，配分方式の問題を連合維持の問題と結び付け，ブラウンらの主張する公正・不正の問題から議論を逸らしていた。その際，カルティエはイギリスを引き合いに出し，人口比例配分方式は本国にはない制度だと主張し，イギリスにおける下院議席の不均衡を挙げている。それによると，人口は1851年の時点でイングランドがおよそ1800万，アイルランドが600万，スコットランドが300万であり，下院にはそれぞれ496，105，53の議席が配分されていたという。各地域の人口比は6：2：1であるのに対し，議席数は約9：2：1である。カル

ティエはこうした事実をもとに,「アイルランドとスコットランドの間には平等が成り立っているが,両地域とイングランドとの間には後者を有利にする相当の不均衡がある」と述べ,本国は人口比例配分方式を採っていないと結論付けている[27]。彼が強調したのは,人口を基準に考えると,イギリスの定数配分はイングランドに有利であるにも拘らず,既存の政体が存続しているという点である[28]。ならばカナダでも導入する必要がないというのが彼の言い分であった。

また,連合を維持する条件として,カルティエは財産と階級に言及し,政体が存続しているイギリスでは,個人よりも特定の財産や階級を代表させることに重きが置かれてきたと主張した[29]。1860年代にはアメリカの内部分裂を目の当たりにしたことで,連合の維持が現実的な重要性を帯びるようになった。議員定数の配分方式との関連でカルティエは,人口を定数配分の基準にし,その後選挙権が拡大されれば,財産を持たない者が政治に介入するようになり,アメリカのように国内秩序を揺るがすことになるとの危惧を表明している[30]。当時の議会における政治家の発言をみると,こうした認識は彼らの間で共有されるようになっていたことがわかる。例えばマクドナルドやカナダ・イーストの保守派議員チャールズ・アレン (Charles Alleyn) も,選挙権の拡大が国の弱体化を招くとみなしていたのである[31]。

フランス系にとってカトリックが極めて重要であったことは既に1850年代の論争で確認したが,60年代においても同様の主張がなされている。1861年3月12日付の『ミネルヴ』は,フランス系の宗教やナショナリティに対する人口比例配分方式の弊害について論じている。人口比例配分方式が採られた場合,議会でカナダ・ウエストのイギリス系がカナダ・イーストのフランス系の問題を支配するようになり,フランス系は自殺に追い込まれると述べている[32]。その場合に,「我々には何が保障されるのか」と問い,「ブラウンに率いられる不寛容で狂乱した多数派が,カナダ・イーストの宗教やナショナリティを犠牲にして議会の権力を独占する」と注意を喚起している[33]。また,同年3月16日,10月4日付の『ミネルヴ』は,カナダ・イーストにとっての特別な関心はカトリックとフランス系のナショナリティにあると述べ,人口比例配分方式のもとでプロテスタントの多数派がそれらを支配するようになることに抵抗を示している[34]。よってカルテ

ィエらがとりわけ宗教の保護を重視する姿勢は，1850年代から一貫しているといえよう。

これまでの検討により，カルティエらが人口比例配分方式に反対した理由として，特定の財産や階級に加え，とりわけカトリックの保護という要因があったことを導き出した。「我々には何が保障されるのか」という『ミネルヴ』の主張をもとに考えると，彼らが最終的に人口比例配分方式の採用を認めたのは，その導入後も財産や階級，そして宗教を保護することに関して，「保障」に匹敵するような条件を得られる見通しがついた，あるいは得られたからではないかと推測できる。従って以下ではこの点を念頭に置き検証を進める。

3，人口比例配分方式の採用

前節の検討から，カルティエらは配分方式の変更に伴って生じる不利益を何らかの形で補填する条件と引き換えに，変更を受け入れたのではないかという仮説を導いた。このことは，人口比例配分方式の支持派と反対派の間での取り引きに関わっているため，本節では，両者の交渉における戦略面とその動向を中心に考察する。さらに，交渉におけるカナダ・イーストにとっての「保障」を重点的に検討することで，人口比例配分方式が採用の合意に至った理由の解明につなげたい。

1）連邦化の必要性と議員定数配分方式をめぐる交渉の変化

議員定数の配分方式をめぐる問題は当初単独の争点として議論され，論争自体は法律上の規定を変更するかどうかという問題であった。変更には議会で3分の2の支持を要したため，議会で保守派が多数を占めている限りは，カルティエらにとって，人口比例配分方式への合意を拒否し続ける，つまり現状維持を貫くのが得策だったといえる。ブラウンらの要求に対し，「同数配分方式か連合の解体かのいずれかだ」という主張でそれをはねのけていることからも，現状を維持しようとする姿勢が窺われよう。

当時の議事をみると，下院議席の配分方式をめぐる問題以外に，実際には上院の配分方式についても論争になっていたことがわかる。具体的には，上院も公選制にし，人口比例配分方式を適用するという議論があったのである。1856年3月14日の下院でブラウンは，「下院が内閣を任命し，その内

閣が上院議員を指名しているため，上院は保守派が占める下院に屈しなくてはならない」[35]との不満を述べた。そのため上院を公選制にする，また，カナダ・イーストのイギリス系議員が上院で占める議席数を人口に見合うようにする法案が提出されていたのである[36]。しかし，それ以後の議論を考察すると，ブラウンが同年4月23日に再び人口比例配分方式への変更を要求した際，カルティエは既に否決されたはずだと主張し[37]，それに対してブラウンは，前の法案は人口比例配分方式を両院に適用するものだったが，今回は下院のみの適用だと述べている[38]。

　従って，当初は両院に人口比例配分方式を導入するという議論があったものの，実現の見込みがないために，下院のみの議論に修正されたのだと考えられる。それを裏付けるものとして，既に人口比例配分方式の採用が合意された後，連邦化案が審議された1865年2月8日の議会におけるブラウンの発言がある。上院でも人口比例配分方式を採り，カナダ・ウエストにより多くの議席を配分すべきという議論も当初存在したが，「上院では同数配分方式を採るという確固たる条件のもとで，カナダ・イーストは下院の人口比例配分方式を認めた」[39]のである。よってカルティエらにとって，上院に公選制や人口比例配分方式を適用するという議論があるうちは，ましてや下院の人口比例配分方式についてブラウンらの主張に真正面から議論しようという意識は生まれにくかったであろう。であれば，専ら現状維持を貫くのが尚更合理的であったと考えられる。

　とはいえ，カルティエらがブラウンらの要求に全く聞く耳を持たなかったかといえば，必ずしもそうとはいいきれない。というのも，定数配分の基準として，例えば地域全体の財産を含めるという前提で人口に比例させる方式を議論しようとする姿勢もみられるからである。実際に1862年4月16日付の『ミネルヴ』は，「カナダ・ウエストが人口増加を主張しようが，人口と併せて財産が考慮されなくてはならない」とカルティエが述べ，さらにカナダ・イーストにおけるガスペ湾のタラまでもがそこに含められるべきだと主張したことを報じている[40]。しかし議会でカルティエらが多数を占め，現状維持を貫くことができる状況であれば，ブラウンらに対して必要以上に譲歩する必要はそもそもない。従って，議論において彼らに歩み寄ったというよりは，議論を続けるのであれば，まずは上記のように人口に加えて別の条件を付加した案を提示するようブラウンらに圧力をかけ

たとみるのが妥当であろう。

以上で検討したように，カルティエらが人口比例配分方式の採用を阻むには，現状維持の姿勢を貫いていれば十分であった。その点で，交渉においてはブラウンらに対して専ら有利になっていたといえる。しかし，そうした状況を一転させたのは，アメリカにおける南北戦争の勃発である。戦争の余波がカナダにおよぶのではないかという危機感から，植民地の防衛を主たる目的とする連邦化の必要性が本国と植民地の双方で認識された[41]。その結果，まずはブラウンが東西カナダの保守派に歩み寄り，1864年6月30日には超党派の大連立内閣が形成されたのである。それ以降，今日の東部沿海地域も含めた連邦化計画が急速に推し進められることになったのである。同時にその過程で，当初単一の政治争点であった議員定数の配分方式をめぐる問題は，連邦化というより大きな争点に組み込まれることになった[42]。こうした政治的環境の変化のもとで，議員定数の配分方式をめぐるカルティエらの交渉戦略も変更を余儀なくされたと考えられるのである。「アメリカの内戦を目の当たりにして，連邦化はほぼ不可避なもの」[43]になったとカルティエ自身も認識したように，1860年代半ばには連邦を結成することが最重要課題として浮上し，急を要する連邦化議論の中で議員定数の配分方式の問題にも決着をつけなくてはならなくなったのである。そうなった以上，カルティエらにとって，人口比例配分方式を拒否し続ける，つまり現状維持に固執すれば連邦化を遅らせることになるため，そうした戦略はもはや避けなくてはならなくなった。以後，人口比例配分方式を受け入れるのであれば，連邦結成論議において可能な限りカナダ・イーストへの保障を獲得することで，配分方式の変更に伴う利益の損失を補うことが優先事項になったと考えられる。以下ではこうした推論に基づき，人口比例配分方式がいかにして採用の合意に至ったのかを検討する。

2）連邦化と「保障」の獲得

大連立内閣が形成される10日前の1864年6月20日に，マクドナルド，カルティエ，ブラウンらの間で非公式の会合がもたれ，『グローブ』はこの会合で人口比例配分方式の採用が合意されたと報じている[44]。その2日後の下院議事をみると，確かに合意に至っていることがわかる。議会でマクドナルドは，連邦化計画が進行中であり，新たに創設される国家では「広く

理解されている連邦の原則（well-understood principles of Federal Government)」が採られることを示唆した。そこで議員定数の配分方式についても取り上げられており、以下では1864年6月22日の議事を引用しつつ、その内容を分析する。

　下院の議席配分の問題に関して、次のような質疑応答が交わされた。まずはカナダ・イースト出身のルーサー・ホルトン（Luther Holton）議員が、「広く理解されている連邦の原則」とは人口比例配分方式の採用を意味するのかと問い、さらにドリオンも続けて、採用されるのはアメリカの方式、すなわち上院には同数配分方式が、下院には人口比例配分方式が適用されるのかと確認している。それに対してマクドナルドは、「その通りである」と返答しているため[45]、カルティエやブラウンとの事前会合で人口を下院議席の配分基準にすることが合意されたのだと考えられる。しかしカルティエはこの議論の中で、下院では人口比例配分方式を採るということに加え、領土も基準として考慮されると述べている[46]。領土を基準にすることについては、その後の議論で他の議員からはっきりと否定されているが、無条件に人口比例配分方式を受け入れたのではないというカルティエの姿勢を読み取ることができる。その直後にマクドナルドが、下院で人口比例配分方式が採用されても、「現行の制度が保護している特定の利益は必要な管理を通じて引き続き保護される」と述べていることから[47]、人口比例配分方式の採用を決定した後も、各々の利益の保護に関する交渉の余地は残すということがカルティエやブラウンとの会合で取り決められていたのだと理解できる。従ってこの点は、後にカルティエらが「保障」を獲得しようとする際に意味をなしたと考えられる。

　また、選挙制度との関係についても、人口比例配分方式の採用が普通選挙制の導入を意味しないことが、マクドナルド、カルティエ、ブラウンの間で合意されている[48]。既にみたように、カルティエらが人口比例配分方式に反対する際、財産と階級の保護を訴えていたが、マクドナルドやブラウンとの会合においてそれらを保護することが一先ず保障されたといえる。制限選挙制を維持することについてはブラウンでさえも立場を共有していたため、こうした合意に至ることはさほど難しくはなかったと考えられる。実際に制限選挙制の維持については、最終的な連邦化案が審議された1865年2月6日の議会でも、アメリカの実態を踏まえ、人口比例配分方式を採

用しても普通選挙制は導入しないことが政治家の間で再度確認されている[49]。

　カルティエに代表されるカナダ・イーストのフランス系にとってより死活的な問題であり，ここで重点的に検討すべきは，カトリックと彼らのナショナリティの問題である。これに対しては，幸か不幸か南北戦争によって東部沿海地域も含めた連邦化が現実味を帯びたことで，もう一つの保障を得られる可能性が生じたのである。1864年7月16日付の『ミネルヴ』にあるように，カナダ・イーストにとっての連邦結成とは「独立国家の同盟（une ligue d'Etats indépendants）」[50]であった。『ミネルヴ』によれば，連邦制のもとで人口比例配分方式を採用するのと，カナダ・ウエストとの連合において採用するのとでは全く意味が異なる。「前者はカナダ・イーストの独立を保障する（une garantie d'independance）のに対し，後者はカナダ・ウエストへの従属とカナダ・イーストの低落を招くもの」[51]だからである。ここに表れているように，カナダ・イーストにとっての「保障」とは「独立」，すなわち自治の獲得である。連邦結成が達成された1867年7月1日に，連邦化はフランス系のナショナリティを認めたとし，彼らは「（カナダという）国家の中に，（カナダ・イースト（ケベック州）という）国家を形成するのだ（nous formons un état dans l'état）」と『ミネルヴ』は述べている[52]。

　連邦化による「独立」というのは，あくまでカナダ・イーストのフランス系の解釈だが，特定の分野で州権が得られるという実益があった。そうなれば『ミネルヴ』が論じるように，「もはや（連邦下院における）同数配分方式は重要ではない」[53]のである。カナダ・イーストが特定の分野を管轄できれば，人口比例配分方式が導入されてもその分野にはカナダ・ウエストの影響が及ばない。既述のようにカルティエらにとってとりわけカトリックや独自のナショナリティを守ることが重要であったが，連邦化案を審議した1864年10月のケベック会議においてブラウンは，宗教に関わる教育分野がフランス系にとって特別な関心であることを認識しながらも，州権として譲渡する必要はないと考えていた[54]。それに対してカルティエらは，宗教や教育が州の管轄下に置かれるべきだと断固主張し[55]，結果的にそうした分野の権限は州に与えられたのである。

　イギリス系の政治家らは，東西カナダの中央集権的な連合という伝統に反して，新たに州の自治を認める連邦制を採ることが，カナダ・イースト

のフランス系への譲歩だと考えていた[56]。連邦制のもとで内戦が勃発したアメリカの状況を踏まえ、カナダでは中央集権的な政体を創設しようとする意識が、とくにイギリス系の政治家の間で強かったからである。カルティエは連邦化案が議論された1864年のケベック会議において真っ先に連邦制の採用を要求し[57]、イギリス系の政治家がそれを受け入れた点でフランス系への譲歩だったのである。よって当時連邦結成が急務だったとはいえ、カルティエらが無条件に人口比例配分方式や中央集権的な政体を受け入れはしなかったといえる。

　カルティエらが、連邦制のもとで州の教育権を獲得し、それでもって彼らの宗教やナショナリティを保護できると認識しえたのは、連合政体におけるカナダ・ウエストとの関係を解消し、新たに創設される連邦国家に東部沿海地域も加わることになったからである。1865年2月7日の議会においてカルティエは、「二つの主体において一方が強く他方が弱い場合には、後者は太刀打ちできない。しかし主体が三つの場合には状況が変わる。つまり、一つの主体があまりにも強くなる場合には、それに対抗するために他の二者が同盟できる」と述べている[58]。ここでいう強い主体はカナダ・ウエストを意味し、残りの二つはカナダ・イーストと東部沿海地域を指していると考えられる。つまり東部沿海地域を含めた連邦制が採られれば、彼らと協力しうるため、カナダ・ウエストによる政治独占を阻止できると考えていたのである。

　従って連邦化の議論において、「現行の制度が保護している特定の利益の保護」を保障としてブラウンにも認めさせたことと引き換えに、カルティエらは人口比例配分方式を受け入れたのだと考えられる。実際に『ミネルヴ』は、フランス系の宗教やケベックの将来に関わる教育分野に州権が与えられたことを、新たに創設される連邦の意義として高く評価したのである[59]。

むすび

　以上の経緯により、議員定数の配分方式が転換された。本稿で検討したように、人口比例配分方式の採用は大連立内閣のもとで党派対立が克服されたことによって無条件に合意されたわけではなかった。実際には、1860年代に連邦化の必要性という政治的環境の変化が加わったことで、配分方

式をめぐる議論においてカルティエらが要求すべき内容と妥協すべき内容が具体的に絞り込まれていった。配分方式の問題が連邦化の議論に組み込まれた以上，それまでのように現状維持を貫く戦略は有効ではなくなり，連邦化計画の中でブラウンらの譲歩を引き出すことが優先事項になったのである。カルティエらは「保障」を獲得することを条件に，人口比例配分方式の採用を受け入れ，長年の論争に一つの妥協のかたちが成立したというのが本稿の結論である。

【謝辞】
　本稿を加筆修正する上で，匿名査読者の先生方から貴重なご指摘を頂きました。大変ご丁寧なご指導を頂きましたことに心からお礼申し上げます。また，図書室のリソースを利用させていただいた東京大学大学院総合文化研究科附属アメリカ太平洋地域研究センターの皆様にも感謝申し上げます。

（1）　議員定数の配分方式について一次史料や先行研究では，それぞれ英仏語で "equal representation" "l'égalité de représentation" と "representation by population" "la représentation basée sur la population" と表記されている。しかし「代表」と訳した場合，選挙制度の比例代表制と混同しうるため，本稿では「配分」と表記する。

（2）　当時，ケベックでは少数派であるイギリス系が，そしてオンタリオでは王党派の子孫をはじめとする保守的な集団が，本国から派遣された総督，副総督と手を結んで行政府や任命制の上院職を牛耳っていた。それに対して両地域の改革派は，公選制の下院の地位を高めるべく反乱を起こした。その後，1848年には今日の議院内閣制にあたる責任政府制が導入され，総督の実質的な権限は失われた。

（3）　連合政府では，両地域から一人ずつ首相を送る二重首相制が採られ，今日のような州権はなく権限は中央に集中していた。

（4）　1840年代は東西カナダが同時期に統計をとっていたわけではなく，以下の数値は3年の隔たりがあるが，人口はカナダ・ウエストが約465,000人（1841年），カナダ・イーストが約691,000人（1844年）であった。次を参照。Board of Registration and Statistics, *Census of the Canadas* (Quebec: John Lovel, 1853).

（5）　1851年の時点では，カナダ・ウエストが約952,000人，カナダ・イーストが約890,000人であった。次を参照。Ibid.

（6）　Donald G. Creighton, *The Road to Confederation: The Emergence of Canada 1863-1867* (Toronto: Macmillan of Canada, 1964); William L. Morton, *The*

Critical Years: The Union of British North America 1857-1873 (Toronto: McClelland & Stewart, 1964). 邦訳, 木村和男訳『大陸横断国家の誕生——カナダ連邦結成史 1857〜1873年』(同文館, 1993年); Peter B. Waite, *The Life and Times of Confederation 1864-1867: Politics, newspapers and the Union of British North America*, 3rd ed. (Toronto: Robin Brass Studio, 2001).
(7) Jean C. Bonenfant, *The French Canadians and the Birth of Confederation* (Ottawa: The Canadian Historical Association, 1970); Robert Rumilly, *Histoire de la Province de Québec* (Montréal: FIDES, 1971); A. I. Silver, *The French-Canadian Idea of Confederation 1864-1900* (Toronto: University of Toronto Press, 1982).
(8) 例えば以下を参照。Creighton, *The Road to Confederation*, 43-46; Waite, *The Life and Times*, 37-38.
(9) 例えば以下を参照。Creighton, *The Road to Confederation*, 77-78; Morton, *The Critical Years*, 147; Waite, *The Life and Times*, 132; Bonenfant, *The French Canadians*, 14; Rumilly, *Histoire de la Province de Québec*, 27.
(10) 本国では19世紀初頭まで, 議事を国民に伝えることに否定的であった。そのため, 下院に記者席が設けられたのも1830年代以降である。カナダでも議事は連邦結成まで公式に記録されていなかった。ただし, 法案の内容と票決については, 本稿で用いる *Journal* に記載されている。議会における政治家の発言を記録したものは新聞のみである。新聞における議事の掲載は18世紀後半に始まり, 本稿で用いる *Toronto Globe* と *La Minerve* (Montréal) は, それぞれトロントとモントリオールで発行され, カナダ・ウエストとカナダ・イーストで代表的な新聞であった。尚, 当時は購読料や広告収入の他, 政府からの助成を受けていた。以下を参照。青木康『議員が選挙区を選ぶ——18世紀イギリスの議会政治』(山川出版社, 1997年), 77-80頁; Elizabeth Nish, ed., *Debates of the Legislative Assembly of United Canada 1841-1867*, vol. 1 (Montréal: Presse de L'Ecole des Hautes Études Commerciales, 1970), 28-46; Waite, *The Life and Times*, chap. 1.
(11) これら保守派と改革派は, 今日の二大政党である保守党と自由党の前身である。保守派は, ジョン・アレクサンダー・マクドナルドを中心に英国トーリーの伝統を掲げるカナダ・ウエストの集団と, カルティエを中心にモントリオールの商業発展を目指す集団が, 経済利害を中心に同盟していた。財界との癒着やパトロネジを乱用する保守派に対抗したのが, カナダ・ウエストでブラウンの率いる改革派と, カナダ・イーストでアントワーヌ・エメ・ドリオンを中心とする改革派の同盟である。それぞれアメリカのジャクソニアン・デモクラシーやフランスの二月革命による共和主義の影響を受けていたとされるが, ブラウンは必ずしも民主化を支持してお

らず，例えば選挙権の拡大にも否定的であった。また，彼はプレスビテリアンとしてフランス系とカトリックに敵対していたため，ドリオンとの同盟は必ずしも理念の共有に基づくものではなく，保守派への対抗手段としての性格が強かったといえる。この時代の党派に関する研究は限られているが，例えば以下の文献がある。Frank H. Underhill, "The Development of National Political Parties in Canada," *The Canadian Historical Review* 16, no. 4 (December 1935).
(12) Ibid., 371-73.
(13) *Toronto Globe*, January 30, 1861.
(14) Assembly, *Journal*, March 2, 1853.
(15) *Toronto Globe*, March 15, 1853.
(16) T. W. L. MacDermot, "The Political Ideas of John A. Macdonald," *The Canadian Historical Review* 14, no. 3 (September 1933), 251; Brian Young, *George-Etienne Cartier: Montréal Bourgeois* (Montréal: McGill-Queen's University Press, 1981), 19; J. M. S. Careless, "The Toronto Globe and Agrarian Radicalism," *The Canadian Historical Review* 29, no. 1 (March 1948), 35; J. M. S. Careless, *Brown of the Globe*, vol. 1, *Voice of Upper Canada 1818-1859* (Toronto: Dundurn Press, 1989), 114.
(17) 実際，1856年5月12日の下院でカナダ・ウエストの保守派議員エドウィン・ラーウィル（Edwin Larwill）は，普通選挙制の導入なくして人口比例配分方式は機能しない上，黒人の地位はどうするのかという問題を提起している。Nish, ed., *Debates of the Legislative Assembly*, vol. 13, no. 4, 1958-59, speech at the Legislative Assembly, May 12, 1856.
(18) 選挙権に関しては，土地所有者が特権階級として認識されていた。そこから排除されたのは，主にアイルランド出身の貧農および黒人である。以下を参照。Minister of Public Works and Government Services Canada for the Chief Electoral Officer of Canada, *A History of the Vote in Canada* (Ottawa: Minister of Public Works and Government Services Canada for the Chief Electoral Officer of Canada, 1997). 有権者は，1867年の時点で人口の約11％である。以下を参照。Elections Canada: http://www.elections.ca (accessed March 8, 2009).
(19) *La Minerve* (Montréal), le 8 mars 1853.
(20) *Toronto Globe*, January 3, 1861 and March 15, 1861; *La Minerve* (Montréal), le 12 mars 1861.
(21) Terence J. Fay, *A History of Canadian Catholics* (Montréal: McGill-Queen's University Press, 2002).
(22) *La Minerve* (Montréal), le 24 août 1858.

(23) 1841年の統合の際，本国はフランス系をイギリス系に同化させようとしていたため，以来フランス系の人々は「生き残り」を熱心に唱えるようになったと理解されている。次を参照。Guy Lachapelle et al., *The Quebec Democracy: Structures Process and Politics* (Toronto: McGraw-Hill Ryerson, 1993), 12.
(24) まず1861年3月20日の議会で法案が出されているが，翌日の投票では38対72で否決された。また，4月5日に提出された同様の法案も，数えられるだけでも議論が6回延期され成立していない。翌年の3月27日，翌々年の2月20日にも同様の法案が出されては否決され，1864年3月4日の法案も失敗に終わった。Assembly, *Journals*, March 20 and 21, 1861; Ibid., April 5, 9, 12, 15, 17, 19, and 24, 1861; Ibid., March 27 and April 1, 1862; Ibid., February 20, 1863; *Toronto Globe*, March 5, 1864.
(25) *Toronto Globe*, February 22, 1860.
(26) Ibid.
(27) Joseph Tassé, *Discours de Sir George Cartier* (Montréal: Eusèbe Senécal & Fils, Imprimeures Éditeurs, 1893), 270, speech at the Legislative Assembly, April 5, 1861.
(28) Ibid., 269-70, speech at the Legislative Assembly, April 5, 1861.
(29) Ibid., 269, speech at the Legislative Assembly, April 5, 1861.
(30) Ibid.
(31) *Toronto Globe*, April 13 and May 30, 1861. これを受けて『グローブ』は，ブラウンの立場を代弁し，人口比例配分方式の採用は選挙制度の変更を全く意味しないと主張している。Ibid., July 25, 1861.
(32) *La Minerve* (Montréal), le 12 mars 1861.
(33) Ibid.
(34) Ibid., les 16 mars et 4 octobre 1861.
(35) Nish, ed., *Debates of the Legislative Assembly*, vol. 13, no. 2, 741-42, speech at the Legislative Assembly, March 14, 1856.
(36) いずれも否決されている。Ibid., 750, 908.
(37) Nish, ed., *Debates of the Legislative Assembly*, vol. 13, no. 4, 1576-77, speech at the Legislative Assembly, April 23, 1856.
(38) Ibid.
(39) Legislature, *Parliamentary Debates on the Subject of the Confederation of the British North American Provinces* (Quebec: Hunter and Rose, 1951), 88, speech at the Legislative Assembly, February 8, 1865.
(40) *La Minerve* (Montréal), le 16 avril 1862. 領土はカナダ・イーストの方が大きいためである。

(41) 以下を参照。Waite, *The Life and Times*, Chaps. 2-3.
(42) 以下を参照。Morton, *The Critical Years*, Chaps. 5-8. 邦訳,木村『大陸横断国家の誕生』,第 5 章－第 8 章。
(43) Legislature, *Parliamentary Debates*, 55, speech at the Legislative Assembly, February 6, 1865.
(44) *Toronto Globe*, June 21, 1864.
(45) Ibid.
(46) Ibid.
(47) Ibid.
(48) Ibid.
(49) Legislature, *Parliamentary Debates*, 35, 59, speech at the Legislative Assembly, February 6, 1865.
(50) *La Minerve* (Montréal), le 16 juillet 1864.
(51) Ibid.
(52) Ibid., le 1 juillet 1867.
(53) Ibid., le 16 juillet 1864.
(54) J. M. S. Careless, *Brown of the Globe*, vol. 2, *Statesman of Confederation 1860-1880* (Toronto: Dundurn Press, 1989), 169.
(55) Silver, *The French-Canadian*, 42.
(56) Creighton, *The Road to Confederation*, 145.
(57) Mason Wade, *The French Canadians 1760-1967*, vol. 1, *1760-1911*, rev. ed. (1955; repr., Toronto: Macmillan of Canada, 1968), 320.
(58) Legislature, *Parliamentary Debates*, 54-55, speech at the Legislative Assembly, February 7, 1865.
(59) *La Minerve* (Montréal), le 1 juillet 1867.

2008年度　書評

日本政治学会書評委員会

政治理論　　　　　　　　　　　　　　　　＜評者　伊藤恭彦＞

対象　田村哲樹『熟議の理由―民主主義の政治理論』勁草書房，2008年

　政治理論の分野では近年熟議民主主義が一つの大きなテーマとなり，世界的に論じられている。熟議民主主義はラディカル・デモクラシーといった潮流と並んで1990年代には我が国で盛んに検討されるようになったが，残念ながら本格的な研究書はまだ少ない。本書の第一の意義は熟議民主主義を正面から専門的に論じた点にある。

　さて本書は熟議民主主義の代表的な議論を紹介するだけでなく，熟議民主主義とともに新たな民主主義の潮流と理解されているムフらの闘技民主主義との違いを鮮やかに描いている。そして理性による「選好の変容」に焦点をあて，熟議民主主義による闘技民主主義の批判的包摂を図るという興味深い内容となっている。豊かな内容をもっているだけでなく鋭い論点も提示している点で，本書が熟議民主主義を研究する者のランドマークとなることは間違いないだろう。

　本書の意義を十分に認めた上で，一点だけさらに深めてほしい論点があったので指摘したい。理性による「選好の変容」が熟議の目指すところであり，それを通して民主主義の新しい可能性が拓かれるという主張はよくわかる。しかし，闘技民主主義が提起したのは民主的な抗争を通して参加者のアイデンティティが変容するという主体論でもあった。選好の変容とアイデンティティの変容の関係について一歩踏み込んだ検討がほしかった。この問題は本書で論じられている「熟議の場」の設定にも関わる。本書が単に民主主義を制度的次元に限定せず，非制度的次元にも拡張しようとしている点にも共感した。しかし，今日，民主主義の場として期待しなくてはならないのは，制度―非制度という区分と交錯する国家を越えるグローバルな領域でもある。具体的にはグローバル市民社会，超国家組織，国家間組織などである。そういった領域での民主主義を構想する場合，例えば

「国益」といった選好の変容も大きな問題となるが,それ以上に境界線を越える主体の在り方が民主主義のテーマとならざるをえないと思われる。本書で触れられている「全体論的な個人観」という新たな主体像との関係で解明が期待される論点である。

さて,本書は熟議民主主義についての研究書を越える意義ももっている。その意義は本書が市民にとっての民主主義の意味を説こうとしている点である。「なぜ民主主義なのか」「どのような民主主義か」という本書を貫く理論的な問いは,民主主義を採用した社会に生きる市民一人一人が問うべき問いでもある。「最後は多数決だ」とか「少数派はどうせ無視される」といった通俗的民主主義イメージではなく,熟議を通して自分たちの利益を再考するという本書の民主主義像は,私たちが民主主義を自分たちのものにしていく上で極めて示唆的である。その意味で研究者を越えて本書が広く読まれることを期待したい。

他方で本書は政治学研究者にとって固有の意義も有している。学問の発展はその高度な専門化を意味している。政治学も例外ではない。専門分化が進展した中で,同じ政治学者であっても自らの専門分野とは異なる分野の議論をほとんど理解できないという経験をすることがあるだろう。政治学は高度な専門化と引き替えに,自らのアイデンティティを確証する言語を失ったとするのは考えすぎだろうか。本書は熟議民主主義についての専門書であるが,第6章で正面から論じられているように,規範理論と経験的研究へと政治学が分断されている状況を念頭に,民主主義をテーマにその分断を克服する途を展望しようとしている。政治学の各専門領域で方法論的洗練が進む中で,本書が主張する専門分野間の「対話」が素直に受け容れられるかどうか,あるいは「政治哲学」でも「政治科学」でもない「政治理論」という政治理論についての大胆な性格づけについてのコンセンサスが広がるかどうかは未知数である。とはいえ,今日,政治学を研究する者は方法と対象を異にしていても「民主主義」に関心をもたざるをえないのも事実である。「なぜ民主主義なのか」「どのような民主主義か」という問いに,さらに「民主主義は現実にどのように作用しているのか(いないのか)」という問いを結合した時,政治学のアイデンティティを確証しながら,専門分野を横断する新たな知の次元が拓かれるかもしれない。

本書が契機となって学界の内外で民主主義についての総合的な研究とそ

れを通した政治学の在り方についての議論が深化することを期待したい。

政治過程　　　　　　　　　　　　　　　　　＜評者　井上拓也＞

対象　ロバート・ペッカネン『日本における市民社会の二重構造―政策提言なきメンバー達―』佐々田博教訳，木鐸社，2008年
　　　羅一慶『日本の市民社会におけるNPOと市民参加』慶應義塾大学出版会，2008年

　日本の政治が大きな変革期にあるため，メディアや一般の関心は，国会や内閣などの統治機構，政党や官僚制などの政治エリートといった，表層的なものに向かいがちである。そのような中で，日本の政治の基底にある市民社会を分析した，外国人政治学者による2冊の単著が刊行された。ともに運動論とは一線を画し，マクロな制度とミクロな行為の相互作用に焦点を当てた，優れた理論的・実証的研究となっている。

　ペッカネンの著書は，*Japan's Dual Civil Society: Members without Advocates*（2006年刊行）の翻訳であり，政治制度に注目し，自治会を事例とした市民社会の研究である。彼は，第一に，国家レベルからの「政治制度」論として，国家が法的・規制的・財政的手段を通じて市民社会を形成し，二元的な市民社会を形成したと論じる。第二に，「規制枠組」論として，日本の社会運動は，法人制度という規制枠組ゆえに，1960・70年代の発展の後に停滞したと論じる。第三に，行為者レベルからの「規制論争」論として，政治的論争の産物である規制枠組は歴史的な岐路で変化するので，それに影響を与える政治的行為者に注目すべきであると論じる。そして第四に，「アドボケイトなきメンバー」論として，日本の市民社会が，ソーシャルキャピタルや共同体を生み出す小規模・地域的な組織（自治会）は過多であるが，公共政策に影響力を行使する大規模・専門的な組織は不足する二元構造となっていると論じる。

　ペッカネンの議論の評価すべき点は，往々にして否定的に捉えられがちな自治会のデモクラシーを支える機能に注目していること，そしてその上で，日本の市民社会の二元構造を比較政治制度論的な視点から明らかにしていることである。しかし日本では，1998年以降の法人制度と税制の改革の後でも，公共利益指向の組織の専門化が必ずしも進んでいない。表面的には専門的な組織であっても，実際には未分化の総合的な組織である場合

もある。このことは，大規模・専門的な組織の不足という市民社会の特色が，制度だけでなく，イデオロギーなど他の要因による説明も必要とすることを示していると言えよう。

羅の著書は，草の根レベルの民主的な自治制度に注目し，生活クラブを事例とした日本の市民社会の研究である。彼は，第一に，行為者が，組織の生成・維持・発展の過程において，制度に制約されつつそれを変化させる能力の学習を通じて，集合行為のジレンマを内生的に克服するという，個人レベルから組織レベルへの移行に着目した議論を展開する。また第二に，行為者が，相互信頼や社会規範の制約を，集合行為の様々な状況に適応しつつ意思決定し参加しているという，組織レベルの個人レベルへの影響に着目した議論を展開する。そして市民社会とNPOについて，相互行為の空間を持続し参加型デモクラシーの価値を実感できる条件の重要性，集合行為のジレンマを克服する資源を見出し活用しうる制度の革新の重要性，フリーライダー問題を克服するソーシャルキャピタルだけでなく保証問題を克服する制度を工夫することの重要性を指摘する。

羅の議論の評価すべき点は，関係者が忌避しがちな利己的合理的人間観に基づきつつNPOにおける集合行為のジレンマの克服を検討していること，そしてその克服に必要な制度の設計と運営の指針を提示していることである。ただし彼がこの知見を得た生活クラブという事例は，日本の様々な組織の中でも，活動地域や構成員などの点で，きわめて特殊な事例である。その意味で彼の知見は，日本の市民社会について一般化する上で，またそれを他国の市民社会と比較する上で，ある程度の制約を伴わざるを得ない。彼による，あるいはその知見を応用した研究者による，他の組織の分析が待たれると言えよう。

ペッカネンと羅の研究は，もちろん対峙するものではないし，そもそも両者の間には，市民社会の捉え方に違いがあるかもしれない。また制度についても，前者が政治制度を歴史的制度論的な観点から捉えているのに対して，後者は社会制度を合理的選択制度論的な観点から捉えている。しかし2人とも，草の根レベルの小規模で共益的な組織として出発し，専門的ではなく総合的な組織である自治会と生活クラブに注目することによって，日本の政治の基底にある市民社会を分析し，日本のデモクラシーの在り様を冷静に捉えようとしている。その意味でこの2冊の単著は，政治学者に

よる日本の市民社会の本格的な理論的・実証的研究として，今後のこの分野の発展に大きく貢献する研究であると言える。

行政学・地方自治　　　　　　　　　　　　＜評者　小原隆治＞
　対象　今井照『「平成大合併」の政治学』公人社，2008年

　平成の大合併がもたらした結果の成否に関して，当事者である総務省筋から『「平成の合併」の評価・検証・分析』(2008年6月)，全国町村会から『「平成の合併」をめぐる実態と評価』(2008年10月)が発表された。出どころから推測できるとおり，前者は，合併が市町村の行財政運営面でも住民サービス面でも成果を挙げたとしているのに対して，後者は，合併がその進め方の面でも成果の面でも禍根を残したとしている。本書の著者の評価は全国町村会以上に厳しい。結論として「平成の大合併はどこからどうみても失敗であったと言わざるをえない」と指摘する（267頁）。

　本書から得られるいくつもの意義深い知見のうち，とくに評者の目を引いた4点を取り上げ，コメントしたい。第1に，「総合行政主体」という言葉の用いられ方に関する指摘である(28－30頁)。著者は1990年代前半以降に出された政府審議会答申類を検証したうえで，その言葉が府県－市町村総体としてのあるべき姿を指すものから個別市町村のあるべき姿を指すものへと変化し，合併推進論の論拠にされたと述べる。鋭い考察である。だが時代をさかのぼれば，後者の意味での「総合行政主体」論は自治省筋では決して特異ではなく，むしろ主流の用法とさえ言えるのではないか。この点，著者も引用する塩野宏「地方自治の本旨に関する一考察」『自治研究』2004年11月号が参考になる（258頁）。

　第2に，合併した市町村の財政パフォーマンスに関する指摘である（56－87頁）。著者は市町村を①合併した自治体，②法定協議会に参加したが合併しなかった自治体，③法定協議会に参加せず合併しなかった自治体に区分したうえで，地方債現在高，積立金現在高等の指標値がそれらの自治体でどう経年変化したかを比較する。その結果として，③が②より，②が①より健全な財政パフォーマンスを示し，この数年で見ると合併自治体が財政事情をもっとも悪化させたことをあきらかにする。しかもその主要因は，合併前の旧市町村が起債や積立金取り崩しによって新庁舎建設などの不要な駆け込み事業を進めたことにあり，合併自治体はそうした放漫経営

のツケがたたって，合併推進の最大のアメである特例債のうま味にあずかることも困難になっていると言う．本書の白眉をなす分析である．

　第3に，合併推進にあたって府県が果たした役割に関する指摘である（88-98頁）．府県単位の進捗率で見ると，昭和の大合併がほぼ全国均一に進んだのに対して，平成の大合併は「西高東低」の不均等なかたちで進んだ．しかしだからと言って，合併に対する府県の取り組み姿勢の温度差が「西高東低」に影響を与えたのではないと著者は述べる．府県の温度差を府県ごとに定める合併推進要綱作成時期の先後等によって測るなら，それと各府県内の合併進捗率との間に有意な相関関係が見られないためである．そこから著者は，結局，形式的にも実質的にも市町村の住民・議会・首長が合併するしないの判断を下したのだと論じる．だが，この説明では未決の問題が残る．市町村の判断に府県単位で見て「西高東低」の差がなぜ生じたのかが謎のままだからである．計量可能な指標からは窺えない府県の温度差がやはりあったのではないか．昭和の大合併以前にさかのぼると合併進捗率の様子はどうであったか．なお多面的に検討する必要があるように思える．

　第4に，合併が国政・府県選挙や市町村政党政治に及ぼす影響に関する指摘である（186-217頁）．自民党筋では，合併にともなう市町村議員減が国政・府県選挙の集票マシン減のかたちで自民党により不利に働くとかねてから予想され，また，2007年参議院選挙後には党報告書がそのとおりの結果になったと総括した．著者はそこに疑問を投げかける．なぜ自民党は自己否定につながる合併を推進したのか．そもそも市町村議員減が自民党に不利に働くというのは事実か．著者は2007年とその先回の参議院・福島県議会選挙を素材にして，合併による市町村議員減が自民党の集票に不利に働いた形跡はないと分析する．他方で著者は，合併にともなって市町村議会の政党化が進んだ様子を描き出す．そしてこれらの事実を総合して，自民党が合併推進に込めたねらいは，市町村政治構造の中央政党への系列化と集権化にあったのではないかと推論している．ただし，そのねらいが「自覚的であるかどうかは別として」という断り書きを付けてである（188頁）．

　この第4の指摘に対して，評者は蒙を啓かれると同時にいくらか疑問を呈したい気持ちに駆られる．まず，自民党筋の予想や総括が共同幻想にす

ぎないかどうかである。かりにそうだとしても，ではなぜ共同幻想を抱いたかは十分検討に値する課題になる。つぎに，選挙分析についてである。著者は参議院選挙のうち，処理技術上の理由から比例代表選挙だけを分析対象にしている。だが，自民党の中央－地方関係が通説どおりなお人的結合本位の構造をもっているとすれば，人を選ぶ選挙区選挙の動向を考察の外に置くことはできないように思える。また，合併にともなって職を退いた市町村の元議員がただちに政治活動からも撤退するとは想像しにくい。合併と国政・府県選挙がどう関連するかは，今後数年間の帰趨も見たうえで判断した方がよいのではないか。最後に，自民党のねらいについてである。「自覚的」でないねらいというのはそもそも形容矛盾であるし，著者が理性の狡智の類による説明を好むタイプの研究者とは考えられない。他方，「自覚的」なねらいがあったとしたら，平成の大合併は自民党にとって相応の政治的な成果を収めたのであって「どこからどうみても失敗であった」とは言えなくなる。平成大合併の全体像を描く方法論をどうするか。その根本から考えてみる必要性を評者はあらためて感じている。

政治思想史（欧米） ＜評者　太田義器＞

対象　半澤孝麿『ヨーロッパ思想史における〈政治〉の位相』岩波書店，2003年

　政治思想史研究は，1970年代からの約20年間の方法論争を経て，著しい進展を遂げた。コンテクスト主義とテクスト主義の対立としてしばしば描かれるその論争は，振り返ってみれば，政治思想史が自覚的に，思想家の意図と解釈者の観点とのあいだの，またその思想の同時代的な意味と現代的意義のあいだの峻別を行うことによって，歴史研究としての質を保ちながら，社会科学としての政治学における基礎研究分野として自己を確立する過程であった。

　本書は，この論争の日本における消化に取り組んだ一人である半澤孝麿が，いったんはたどりついた「通時的政治思想史物語は不可能なのではないか」（343頁）という判断を超えて，方法論争後なお可能なかたちでの通史叙述を試みた力作である。論争前に研究を始めた半澤がその論争の成果の上に書いた本書からわれわれは，今日の思想史研究者のあいだの最新の問題関心や歴史認識を，それに先立つ研究者のそれらとの対比において知

ることができる。また半澤はその後，本書の補遺とも言うべき『ヨーロッパ思想史のなかの自由』（創文社，2006年）を上梓し，両著書に対する六本の書評への応答（「書評に応答する」『早稲田政治経済学雑誌』第369号）も公にしている。これらのやり取りは，その出発点にある本書の価値を一層高めており，本書は近年における政治思想史研究の進展を理解するための最良かつ必読の書である。

　政治思想史は，「デモクラシーの制度的完成期」である20世紀前半に，「大学における一専門分科」として，「政治学の一分科」として成立した。それは「近代的・普遍的・デモクラティックな政治理念の連続的発展を跡付けるという，〈ヨーロッパ政治理念成長史〉という性格」，「強い神話創出的性格」をもっていた（7f.頁）。そのような通史においては，解釈者の読み込みによって当人の考えていなかったことがその思想家の思想とされるという事態が生じていた。このような思想史のあり方に対してその〈非歴史性〉と〈神話性〉を批判し，「政治思想史の歴史研究としての任務を強調してきた」（3f.頁）半澤には，政治思想史には個別思想家の思想を可能な限り当人の世界諒解にしたがって叙述する「精密なモノグラムの集積」（343頁）こそが要請されると思われ，通史の不可能性が痛感されたのである。

　だが「一つの歴史叙述の神話性に対する正当な批判は〔略〕別な歴史叙述によってしか示され得ない」（30頁）とすれば，半澤もまた通史を書かないわけにはいかない。半澤は，通史叙述の意義を「外国研究」であるという設定のなかにかろうじて見いだし（343頁），西欧政治思想の「何が，どのような意味で，ヨーロッパに固有」であるのかを明らかにすることによって，西欧出自の政治語彙が普遍化している現代において「政治についての明晰な理論的思考を追求する」ことに資そうとする（3頁）。こうして本書全体の統一的な主題は「〈ヨーロッパ思想史の中の政治〉の位置とその位相の考察」に置かれる（5頁）。

　本書の内容と意図，方法の詳細については，「応答」に譲る他ないが，半澤がテクストの読解からの帰納によって分析枠組みと仮説を設定していること，その結果，自由意志説とトマス主義的自然法論ないしは目的論をもって西欧政治思想史の初期近代を超えた連続を示し，他方でヒュームを画期とする世俗化と保守主義の成立によってその不連続を論じていることには言及しなければならない。

本書の長さ，四つの章の主題と構成，序章とあとがきにおける自らの知的遍歴およびカトリック信仰の開示などは，おそらく索引の欠如や注の形式も含めて，周到に考え抜かれたものであり，本書には半澤の学的誠実さがその隅々にまで表現されている。したがって，本書が通念として成立している政治思想史を前提にしていることからすれば，半澤が語らなかったことの一部が半澤の語ろうとしたことのなかに含まれて読まれることも半澤自身の意図である。そこで半澤の語っていないその政治の像について最後に言及したい。

　半澤が本書で語ろうとする政治の像は，政治を「相互の連帯性を前提とする存在としての個人の側から眺める思想」（131頁）が見ているそれである。それはデモクラシー理念の発展史として社会契約説を中世との断絶において理解する見方とは異なる政治の像である。このような政治を語ろうとする半澤の姿勢は，「〈運動論〉の発想」（「応答」）を忌避するその姿勢と通底している。そして，半澤は学生運動を目撃した世代に属する。そうした半澤が語らないその政治の像とは，だが，その〈運動論〉や学生運動のそれと本質的に同じではないだろうか。であればこそ，思想史研究者の「戦う意志」（26－29頁）が強調され，自身の通史の最重要人物の一人，ヒュームを「武器庫」（91頁）と表現するのではないだろうか。戦わない政治は半澤にとって政治ではない。

政治思想史（日本・アジア）　　　　　　　＜評者　小原　薫＞
　対象　朴　羊信『陸羯南　政治認識と対外論』岩波書店，2008年

　本書は，従来研究が手薄であった陸羯南の対外論を包括的に追い，その対外論の持続と変化に注目することによって，羯南の「国民主義」が日清戦争後，東アジアにおける日本の地位の変化の中で侵略的なものへと変質していく過程を彼の思想内在的に分析した書である。

　本書の分析軸としては，横軸に谷干城と近衛篤麿，縦軸に徳富蘇峰との比較を配置することによって，羯南の思想の重層性を見事に描き出している。横軸の分析からは，谷干城の農民を基本とする共同体的な社会観との近似から近衛篤麿の商工業社会を基礎にした通商国家論，さらには帝国主義論への比重変化と，「アジア主義」に対する近衛と羯南との濃淡の違いが語られる。縦軸からは，視座を異にする徳富蘇峰との帝国主義論におけ

る結果的な共通性が語られることになる。

　まず，本書の内容であるが，第1章では，日清戦争以前の論説を中心に分析がされ，彼の政治像と条約改正反対の論理としての「国民主義」が語られる。まず，政治像としては，谷の共同体論のイメージと近い「一君万民」の共同体論を基礎にした立憲政治観が語られ，その根底に「公益」の概念があったと指摘する。次に，条約改正反対の議論は，西洋文化が「国民」として未確立の状態の中で浸透することによる「心理的蚕食」への警戒と指摘され，「国民」共同体の防衛としてなされたと指摘する。第2章では，日清戦争から日清戦後経営の時期を対象とし，日清戦争は日本を「俎上」から「料理人」へと立場を変えた契機であるとする。この時期の戦後経営論は日露協調（嫌英）と対清防衛を基本とする「北守南進論」であり，「公益」の立場から政府の進める軍拡を批判し，国内の財政整理と清国内での「平和的競争」としての「商権の拡張」を主張する。そして，軍拡を進める伊藤内閣への不満から第二次松方内閣の実現に深く関与していく。第3章では，清国分割から義和団事件勃発までの時期を対象とし，羯南の対外論の転換が指摘される。軍拡中心の戦後経営を批判し，地租増徴論に反対していた羯南であったが，清国分割が進められる中で日露協調嫌英の立場から，英米との協調路線へと転換する。そして，「国民全体」の福祉のために「支那保全」を軸にした清国への積極的な進出を語るようになり，羯南の議論は帝国主義論へと転換する。こうして，羯南は清国改革に積極的に関わっていった近衛篤麿や東亜同文会に深く関与していく。第4章では，義和団事件から日露開戦までが対象とされ，列国協調による清国の「開発」と満州問題を契機とする日露関係の悪化が日露開戦へと導く過程を論じる。羯南はついに開戦論へと踏み込むのであるが，反露意識の違いから近衛や東亜同文会グループの主流から外れていったと指摘する。

　ここでは，著者が分析軸とした横軸と縦軸について若干指摘したい。まず第1に，横軸であるが，谷の農民を基礎とする共同体論との共通性から近衛の商工業社会を基礎にする通商国家論，帝国主義論への比重変化を指摘した点に大きな意味がある。羯南研究では「徳義」論への注目はされても，彼の通商国家論，帝国主義論への注目はほとんどされてこなかった。ただ惜しむらくは，羯南の共同体論に対する記述が少ないために，谷から近衛への比重変化は語られても，「徳義」の源泉であった農民を基礎にした

共同体の議論の行方が，曖昧になっているように思われる。第2に，横軸の徳富蘇峰との比較であるが，本書の大きな魅力は，日清戦争以降，むき出しの膨張主義を唱える蘇峰と政府の軍拡中心の戦後経営を批判し続けた羯南とは対極の立場であったにもかかわらず，羯南がその対外論の転換の過程で，結果として蘇峰の帝国主義論へと収斂する点を見事に描いた点である。同床異夢の中での第二次松方内閣への期待から始まり，清国への積極策の中で，二人は「支那保全」についての立場は異なるものの，類似の帝国主義論を唱えることになる。思想的な対立点に比較の強調がおかれていた従来の蘇峰・羯南研究に新たな面を指摘した点は，蘇峰論としても面白い。ただ，あえて欲を言うならば，第二次松方内閣に対する二人の関与についてもう少し踏み込んで欲しかった。著者自身も第二次松方内閣の評価はここでの課題とはしないとことわっているのではあるが，第二次松方内閣には蘇峰も内閣勅任参事官として関わっており，羯南の影響の指摘だけでなく，第二次松方内閣における蘇峰の役割・影響についての分析があれば2人の比較もさらに厚みを加えたと思われる。

　最後に，近年のアジア主義団体や人物たちの再評価の中で，彼らのアジア連帯への「真情」の強調ではなく，その実態を明らかにした上で，その限界や問題点を探るべきとする「旧植民地国」出身の元留学生が突き付ける刃を我々は忘れてはならないであろう。秀逸の羯南研究書である。

政治史（日本・アジア）　　　　　　　＜評者　平井一臣＞

Ⅰ　対象　堀真清『西田税と日本ファシズム運動』岩波書店，2007年

　周知の通り，西田税は，二・二六事件蹶起へと至った青年将校を中心とする国家改造運動のなかで重要な役割を担った人物である。この時期の国家改造運動を論ずるにあたって必ず言及される西田ではあるが，彼が一体何者であったのか，これまで十分に明らかにされてきたわけではない。北一輝という超大物の国家改造思想家と実際にクーデターを試みた青年将校グループ。西田はそのどちらにとってもバイプレーヤーの立ち位置にあった。

　しかし，バイプレーヤーの視点から眺めることによって，従来とは違う歴史のイメージが描き出される可能性は大いにある。舞台の真ん中で立ち振る舞う主役からはなかなか見えない歴史の襞もまた，私たちの知的好奇

心を大いにくすぐりもする。

　本書は，北一輝研究と青年将校運動研究の間に埋没していた西田を，遺族から提供された史料も利用して描き出そうとした本格的な西田研究である。また，本書のタイトルが示すように，北や青年将校との関係のみならず，国家改造運動全体の流れのなかに西田を位置づけようする試みでもある。

　著者が強調するのは西田派青年将校運動という存在の独自性であり，彼らに対する北思想の影響における農地改革の重要性である。西田派青年将校という著者の括りは，彼らが皇道派と呼ばれる派閥とは異なる原理で動いた集団であるという主張と，また農地改革への着目は，彼らの運動が単に軍人・軍隊の論理で動いていたわけではないという主張と結びついているように思われる。

　しかしながら，果たして西田派青年将校という括りはどこまで可能なのだろうか。たとえば須崎慎一氏の二・二六事件研究が主張するように，そもそも青年将校の思想自体必ずしも一枚岩的ではないのではないか。また，北の農地改革の思想がどの程度西田や青年将校らの行動の起点になったのかも吟味を要するだろう。当時の農村問題に関心を持っていたのは事実だろうが，農地改革というまとまった構想まで有していたのかどうか，そして二・二六事件へと至る彼らの行動原理がどこまで軍人・軍隊の論理から自由であったのかどうか。

　本書はまた，ファシズム論や西田周辺の国家改造運動の諸潮流についても詳細な記述を試みている。だが，却ってそのことが西田自身のイメージを希釈化させているように思える。軍人出身であり民間人という「一身にして二つの側面」を持つ西田を前面に押し出した描き方も可能だったのではないだろうか。

<評者　村井良太>

II　対象　川田稔『浜口雄幸―たとえ身命を失うとも』ミネルヴァ書房，2007年

　本書は政党政治家浜口雄幸の政治外交構想を総合的に論じ，指導者の構想や副題に示された信念が政策選択に影響を与えたことが明らかにされている。焦点は，二大政党政治下で浜口が野党指導者を経て国政指導者とな

る1927年から1930年に合わせられ，東アジアをめぐる国際環境の中で日本政治の動向が語られていく。浜口の構想とは，外交では米英列強および新興中国との協調ならびに国際連盟の重視という「国際的な平和協調路線」であり，内政では議会政治（「議会制的君主制」）とともに日本経済の発展と国民生活の安定をもたらす「産業合理化」であって，それぞれが密接に補い合う関係にあった。

本書の特徴は，第一に職業政治家の「構想」を重視し，真正面から分析していることである。第二にそのような分析を成り立たせる同時代の政治構造理解として，当時の首相の国政統合力への高い評価がある。先の浜口構想は一般に幣原外交，井上財政として知られる。確かに明治憲法は各国務大臣の単独輔弼制を原則としていたが，その歩みは平板ではなく，この時期には「政党政治による国家システムの全体的なコントロールがほぼ可能となる体制」が現出していた。そして第三に著者が浜口に与える位置づけに注目したい。著者はかつて元老山県有朋と政党政治家原敬をとりあげ，藩閥官僚勢力主導から議会政党主導への体制移行を外交内政両面から照射した。浜口は原の系譜上に位置づけられ，さらに軍事指導者永田鉄山を通して「昭和陸軍の時代」への暗転が示唆されている。反対党指導者田中義一も含め複数の人物が効果的に配置対照されることによって一人物の評伝でありながら東アジア史の中での日本政治外交史の大きな見取り図が提起されているといえよう。

その本書の白眉は著者の論争的な戦前日本政党政治評価にある。戦前日本の経験を振り返る時，往々にして軍部は悪かったが政党政治も悪かったという結論に落ち着く。しかし著者はそれを「正確でない」と切って捨て，列強や東アジアとの関係においても国内政治においても均衡しえた可能性こそが実は本筋であったことを論じて説得的である。それは「きわめて意識的に流布され」作られた一つの社会的記憶に対する挑戦である。政権交代が論じられ，百年に一度とも言われる世界経済の危局を前に，認識と行動の破綻が螺旋状に展開するに至った過去の事例は直視すべき貴重な政治的遺産であり，本書の意義は高い。

比較政治・政治史（欧州・北米ほか） ＜評者　松園　伸＞
　対象　近藤和彦編「歴史的ヨーロッパの政治社会」山川出版社，2008年

いつの日から実証的な西洋政治史研究は大方の政治学者にとっていささか縁遠い存在となってしまったのであろうか？　かつて政治学が歴史学と分かち難く結びついていた19世紀において，ヨーロッパ政治史研究は政治学を専攻する者にとって汲めども尽きぬ泉であった。ところが国家についての制度論的なアプローチが後退し，代わってモダンポリティクス全盛の中，西洋政治史研究は政治学とは一見切り離された西洋史学の学堂で行われるのが多数になってしまったのである（もちろん重要な例外として篠原一「ヨーロッパの政治－歴史政治学試論」（東大出版会）1986年などが挙げられるが）。本書はその「西洋史学」の新進，ヴェテラン17名によるヨーロッパ政治史（メキシコ，カナダを含む）にかんする研究論集である。こうした多人数の執筆者を抱える論集にえてしてありがちな不統一は本書ではほとんど見ることができない。その意味でも本書は真に共同研究の所産と言える。時代は中世から現代まで，対象もイギリスについての論考が相対的に多くを占めているものの，ヨーロッパ大に広がりを見せている。しかし執筆者の意図は編者が以下のように述べているところで明らかであろう。すなわち，「19世紀に生まれた近代史学は，国民国家・国民経済・国民文化を準拠枠とし，それらの系譜と天路歴程を明らかにし」たものの，近代国家が次第に「現実世界と学問の両面の展開によって輝きを失」ってしまったことをまず編者は率直に認める。しかし他方，「移動と交流とグローバル化の進む現状にあっても国家や国民性，そしてコミュナルな矜持が（中略）さらに強烈な意味と力を持つ」動かし難い事実である。こうして本書は様々な視点からヨーロッパ近代国家の「歴史の複合性・重層性・ダイナミズムと取り組む」としているが，この狙いは大筋において成功している。

　本書のキーワードは題目通りヨーロッパ政治〈社会〉である。かれらのアプローチは政治社会学のそれと近似していると言えるであろう。本書においては近代国家における主権や自由についての抽象的な議論は殆どなく，英独仏中心主義に固執しないヨーロッパ近代国家形成の種々相が論じられるのである。たとえば，17世紀スウェーデン・バルト帝国の誕生に当たってその一地域である〈スコーネ〉における市民の帰属意識（第3章古谷大輔），さらに19世紀チェコにおける国民祭典への狂熱（第16章篠原琢）などは，議会・政党・行政といった政治史の「定番」を超え出て心理学，社会学などと関連づけて考察されるべき問題であろう。他方逆に民衆生活，宗

教といった本来の政治学の枠から離れた社会現象が近代国家形成のコンテクストの中で考えられる。たとえば，17世紀ロレーヌ地方のフランス王国への併合問題を，中央政府派遣の地方長官によるロレーヌにおける助産婦資格への介入と関連づけた長谷川まゆ帆論文（第6章），聖体崇拝という本来純粋宗教的動機から発足した17世紀フランスの聖体会の，貧民救済（それはパリ総救貧院創設にいたる）に果たした役割を論じた高澤紀恵論文（第5章）など広く社会現象をいま一度政治学のフィールドに戻す試みとして出色である。

だが本書において質量ともに大きな位置を占めているのはブリテン（1801年より連合王国）国家の形成であろう。近藤和彦は18世紀ブリテン国家が小国ハノーファとの同君連合の形をとった事実を興味深く考察している（第9章）し，青木康は往々にして「腐敗」のレッテルを貼られがちな18世紀ブリテンの議会選挙においても選挙民が相対的に自律性を有していた事例を巧みに分析しており興味深い（第10章）。また富田理恵はイングランド議会ほどには顧みられないものの，合同（1707年）以前のスコットランド議会が広く世俗の領域において活発な議論を展開していることを明らかにしている（第4章）。

すべての論文を評することができないのは残念であるが，実証的な西洋史研究者によるこのような豊かな内容を持つ政治社会論を承けて，政治学者の側もかれらが有している様々な分析概念を吟味し直し，いま一度過去の政治過程の叙述に向かうならば相互にきわめて有益な学問的対話が生まれると信じるものである。＊

＊ その好例として古賀敬太編著「政治概念の歴史的展開」（全2巻，晃洋書房，2004，2007）が出版された。

比較政治・政治史（途上国全般ほか） ＜評者　内田みどり＞

対象　恒川惠市『比較政治——中南米』放送大学教育振興会，2008年

待望の1冊。放送大学の半期科目のテキストであるため全15章構成で，各章冒頭で《本章の学習目標＆ポイント》とキーワードが示されている。1〜3章は理論編。1章では中南米が1980年代に陥った累積債務危機が経済の長期低迷とインフレをもたらし，債務問題解決のための新自由主義的政策が高失業をもたらしてきたこと，そして不況と高失業が都市犯罪を増

加させている，という全般的な社会経済状況が示される．だが経済危機にもかかわらず，中南米は権威主義体制から民主化しただけでなく民主主義体制が持続している，これはなぜか，という本書全体を貫く「問い」が示される．この「問い」を考えるために，2章で「政治とは何か」「比較政治学とは何か」を学ぶ．さらに，「政治体制」の3類型（J・リンス）を説明したうえで，著者は中南米でみられた権威主義体制を「主な関与者」「価値配分の範囲」「反対派への寛容度」「正当化の論理」に着目して「個人独裁型」「軍事政権型」「覇権政党型」の3つに分類する．続く3章では比較政治学の分析枠組を，①「制度」重視の「構造主義アプローチ」，②「主体」重視の「合理主義アプローチ」，③「認識」重視の「構成（構築）主義アプローチ」に大別し，1980年代以降の中南米民主化について，①権威主義体制と累積債務危機の下で労働組合が弱体化したうえに冷戦の終焉でマルクス主義が魅力を失ったという構造変化の結果，権威主義体制を支持していた中上流階級が左派を恐れる必要がなくなったので合理的判断として民主主義を受け入れた＝「左派の敗北」仮説（構造主義＋合理主義による説明），②内戦や軍事政権による反対派弾圧と経済破綻がもたらしたトラウマが，右派と左派の双方に民主主義のルールを受け入れさせた＝「紛争による学習」仮説（構築主義による説明），という2つの仮説を紹介する．

　中南米諸国は19世紀に独立したものの，一次産品輸出に頼り寡頭支配の下にあった．
　これに対し一部の国では中間層が成長し，労働者や農民・貧困層を動員して，輸入代替工業化と大衆民主主義の実現を目指した．4章では，この「ポピュリズム」の起源・展開と挫折が語られる．一方，冷戦下で米国軍の薫陶を受けた中南米の軍部は，共産主義の浸透を防ぐために軍部が経済を発展させ社会問題を解決する役割を担う，という新しい安全保障原理を信奉するようになった．5章では軍部がポピュリスト政権の行き詰まりに対し強権を発動し，左翼＝国内の敵とみなした国民を弾圧しつつ経済発展を目指した権威主義体制や，軍部が農地改革・国有化のようなポピュリスト的政策を実行することで下層階級をひきつけ，左翼の浸透を防ごうとした権威主義体制の例が紹介される．経済発展と都市化が遅れた中米諸国ではポピュリズム勢力が弱かったため，中・下層階級が政治に参加して利害を表出するルートができず，かえって左翼が伸張し内戦に発展することもあ

った（6章）。7章では，体制側と民主化勢力の力関係によって民主化には「瓦解」（体制派が弱い），（体制側が強く民主化を）「偽装」，（拮抗する両者の）「交渉」の3パターンがみられたこと，中米では内戦が米国の介入もあって近隣国に拡大してしまったが，中南米域内・域外（EC, 日本）の和平努力もあってなんとか和平合意が成立し選挙が行われたこと，中南米諸国の累積債務危機への対応が語られる。8〜12章は政治変動のタイプ別の例としてアルゼンチン，ブラジル，メキシコ，ペルー，ニカラグアがとりあげられている。

さて，中南米民主主義持続の理由は「左派の敗北」か「紛争による学習」か。著者は世論調査の結果から，人々の民主主義へのコミットメントは左派と右派で違いはなく階級より教育程度に相関することを析出し，かつ，激しい紛争・抑圧経験とコミットメント度に相関を見出す（13章）。また失業・貧困への不安は近年の左派政権誕生につながっているが，激しい紛争・抑圧を経験した国ほど政党政治が制度化されているので経済危機は政治的不安定に直結しない。逆に紛争・抑圧度が低かった国では経済的不満が政治を不安定化させポピュリスト型左派の台頭を招いている（15章）。そのなかにはポピュリスト政権の下で力をつけた先住民運動が政権を担うまでになったボリビアのような国もある（14章）。ばら撒きで人心を掴むポピュリスト型左派は民主主義持続の懸念材料とされる（15章）。

概念の説明は初学者や政治学専攻以外の読者にもわかりやすく，通史や事例も短い文章中に情報が凝縮されている。著者が近年力を注いでこられた研究の成果を広範な読者層に向けて著されたことを，中南米に関心を持つものの一人として喜ばしく思う。

国際関係　　　　　　　　　　　　　　　　　＜評者　遠藤　乾＞

対象　山内進編『「正しい戦争」という思想』勁草書房，2006年

不幸なことに戦乱・テロが21世紀初頭を彩る中，「正しい戦争」という言説が氾濫した。それは，一部の学術的関心を飛び越えて，政治家や言論人の合言葉のようであったが，単なる流行りにとどまらない。戦争という，じっさいに人や物を破壊し，人々の心や様々な社会的関係を傷つける一大事が，「正しい」ものたりうるのかという重いテーマにかかわる。

しかしながら，「正しい戦争」に関する日本語の基本書をわれわれは欠い

ていた。これは一方で驚くべきことだが，他方で戦後日本における平和主義の定着と浸透（ひとによっては，行きすぎ）の反映でもあろう。

山内進編『「正しい戦争」という思想』は，この巨大な知的空白を埋める好著である。序論に加え，7本の論文とまとめからなる本書は，古代ローマからイラク戦争まで，キケロからハーバーマスまでを射程にとらえ，イスラームを含めた宗教，歴史，現代思想，国際法などの多角的観点から「正しい戦争」を体系的にとらえようとする。

その際「正しい戦争」と（西洋的）「正戦」とは区別して語られる（序章，山内進）。「正しい戦争」とは，キリスト教はもちろん，イスラーム教，ヒンドゥー教などにも見られる文明横断的な観念であり，神に媒介された「聖戦＝ Holy War」や，いわゆる「正戦＝ Just War」，「合法的戦争＝ Legal War」を包括する上位概念とされる。そのうえで問われるのは，「正しい戦争」が存在するかではなく，それはどういうものかというものであった。

内容をかいつまんで紹介しよう。中世ヨーロッパでは，イノケンティウス4世やアクィナスのように異教徒との共存を説くものもいたが，他方でカノン法の権威であるホスティエンシスの理論により，異教徒を無権利状態に置く有力な伝統があった。文明と野蛮を対置したアリストテレス的思考法を継受した近世の論者も，どこかでそれを引きずっていた（第1章，山内進）。インディオに対する暴虐を契機に，近世スコラ学者やドミニコ会の修道士ラス・カサスなどが修正を図り，インディオのポマもキリスト教の内在的な論理に基づいて征服戦争を厳しく批判する（第2章，染田秀藤）。

これらの過程で，聖戦から正戦への転換も用意されるのであるが，後世にその正戦の父祖と目されたキリスト教の教父アウグスティヌスは，一方で神との関係で戦争を正当化したものの，そのメッセージを思想史的に読み解くと，行為の動機としての「愛」を要求する内面的なものであった。そこに現代的な含意を見出すならば，利他的な意図の名の下で，じっさいはほとんど無自覚な欲望，復讐心などに動機づけられる暴力の自己欺瞞を犀利に分析した点に求められる（第3章，萩野弘之）。他方，イスラームの「正しい戦争」は本来，限定・防衛的で，高い倫理性に基づくものだという。ジハード，聖戦，テロリズムは安易に同等視されるが，それはイスラーム法の法源クルアーン等の検討から間違いだとされる。むしろパレスチナの

絶望的な状況が，イスラームにかかわらず自爆テロを生む土壌を形成している（第4章，奥田敦）。

現代の欧米における正戦論に目を転じると，ドイツにおけるハーバーマスとその隠れた論敵であるC・シュミットとの対話の再構成から，普遍主義の無謬性を信じるアメリカとは異なる正戦批判の視点が紡ぎ出せる一方，戦争の正・不正を主権国家が決める体制からの脱却が示唆される（第5章，権左武志）。また，当のアメリカにおける議論は，正しい戦争の存在を前提としつつ，エルシュテイン，ウォルツァー，イグナティエフの間で，たとえば予防戦争の位置づけを巡り分化してきている（第6章，阪口正二郎）。最後に，国際法史の検討の中から，合法的正戦論の登場を跡づけ，さらに近年において顕著な，国家の自衛権を幅広く解釈する傾向が明らかにされよう（第7章，佐藤春夫）。

こうして本書は，宗教・歴史・現代法政治思想の観点から包括的に「正しい戦争」を考察し，そのことで読者に多角的な戦争観の涵養を迫る。それぞれの収録論文も総じて水準が高く，読みごたえがある。

他方，個々の論文をクロスさせる試みは序章やまとめの章の存在にもかかわらず，その多くが読者に任されている。たとえば，戦争の合法性と正しさを結びつける章とその直接的なつながりに疑問を投げかける章との間にはギャップがある。そもそも，本書の表紙には「Justifiable War」（正当化可能な戦争）とあり，題名の「正しい戦争」と呼応しているように見えるが，序章では「Righteous War」（正当な戦争）ないし「Good War」（善い戦争）を「正しい戦争」としており，本当にこれらを同等視してよいのか，またこれらのそれぞれと聖戦・正戦・合法的戦争との関係づけは詰められているのか，疑問は残る。

また，個別の論点に関しても，たとえばイスラーム法の解釈において，ジハードの攻撃性を薄めた解釈を打ち出すのは理解できるが，それ自体相当な議論の対象となっており，まだまだ考察を深める必要があろう。さらに言えば，西洋の正戦論を中心にイスラームなどを加味した本書には，日本や中国において「正しい戦争」の観念があるのかないのか，あるとするとそれは思想（史）的にどんなものだったのかといった検討は見当たらない。

ともあれ，明らかにこれらはないものねだりの性格のものであり，「正し

い戦争」という重い主題にリーダブルな基本書を提供した意義は大きいというべきであろう。

書評委員会から

　三年目を迎えた2008年度の書評委員会は，これまでの二年間の取り組みを踏まえ九つの分野について1冊ないし2冊を対象とするという方針を継承した。他方，前年度に出版された作品を中心とするというこれまでの方針を変更し，政治学各分野において近年公にされた重要な貢献をより遡って対象としてもよいこととした。このことによって，単年度における対象作品の数の限定性という難点の克服と，年度単位で選者が交代することによる複数年度における対象選定の観点の多様性という利点の活用という二つが達成されるのを願ってのことである。

　本年度の書評委員会は，委員長の他，伊藤恭彦（政治理論），井上拓也（政治過程），小原隆治（行政学・地方自治），太田義器（政治思想［欧米］），小原薫（政治思想史［日本・アジア］），川田稔（政治史［日本・アジア］），松園伸（比較政治・政治史［欧州・北米ほか］），内田みどり（比較政治・政治史［途上国全般ほか］），遠藤乾（国際関係論）の10名によって構成された。委員ならびに評者を引き受けてくださった会員諸氏のご尽力に厚く感謝申し上げます。

　本年度書評委員会では，本書評欄が会員相互の研究交流を促進するうえでも，また会員の研究成果を広く社会に還元するうえでも，きわめて有益であるとの共通了解のもと，基本方針および対象の選定などについてメールを活用して意見交換を行うとともに，会合も行った。活動を終えるにあたって今後の検討課題として，委員会の構成から原稿提出までが同一年度内で行われるという期間の短さ，各分野に割り当てることのできる分量（約2000字）の少なさの二点を，とくに指摘したい。

　今後も様々な意見交換と試行錯誤を経て，本欄がより充実したものとなることを願い，本年度委員会の活動報告といたします。

（委員長　飯島昇藏）

日本政治学会規約

一，総則
第一条　本会は日本政治学会 (Japanese Political Science Association) と称する。
第二条　（削除）

二，目的及び事業
第三条　本会はひろく政治学（政治学，政治学史，政治史，外交史，国際政治学，行政学及びこれに関連ある諸部門を含む）に関する研究及びその研究者相互の協力を促進し，かねて外国の学会との連絡を図ることを目的とする。

第四条　本会は前条の目的を達成するため左の事業を行う。
　　　　一，研究会及び講演会の開催
　　　　二，機関誌その他図書の刊行
　　　　三，外国の学会との研究成果の交換，その他相互の連絡
　　　　四，前各号のほか理事会において適当と認めた事業

三，会員
第五条　本会の会員となることのできる者はひろく政治学を研究し，且つ会員二名以上から推薦された者で，理事会の承認を得た者に限る。

第六条　入会希望者は所定の入会申込書を理事会に提出しなければならない。

第七条　会員は，理事会の定めた会費を納めなければならない。

第八条　会費を二年以上滞納した者は，退会したものとみなす。但し，前項により退会したとみなされた者は，理事会の議をへて滞納分会費を納入することにより，会員の資格を回復することを得る。

四，機関
第九条　本会に左の役員を置く。
　　　　一，理事　若干名，内一名を理事長とする。
　　　　二，監事　二名
　　　　三，幹事　若干名
　　　　四，顧問　若干名

第十条　理事及び監事の選任方法は，別に定める理事・監事選出規程によるものとする。
　　　　理事長は，別に定める理事長選出規程に基づき，理事会において選出する。
　　　　幹事及び顧問は理事会が委嘱する。

第十一条　理事長，理事及び幹事の任期は二年とする。
　　　　　監事の任期は三年とする。
　　　　　補充として就任した理事長，理事，監事及び幹事の任期は前二項の規定にかかわらず，前任者の残存期間とする。
　　　　　理事長，理事，監事及び幹事は重任することが出来る。

第十二条　理事長は本会を代表し，会務を総括する。
　　　　　理事長が故障ある場合には理事長の指名した他の理事がその職務を代表する。

第十三条　理事は理事会を組織し，会務を執行する。

第十四条　監事は，会計及び会務執行を監査する。

第十五条　幹事は，会務の執行につき，理事に協力する。

第十五条の二　顧問は会務の執行につき理事長の諮問に応える。

第十六条　理事長は毎年少なくとも一回，会員の総会を招集しなければならない。
　　　　　理事長は，必要があると認めるときは，臨時総会を招集することが出来る。
　　　　　総会（臨時総会を含む）を招集する場合は，少なくとも一ヶ月以前に全会員に通知しなければならない。
　　　　　会員の五分の一以上の者が，会議の目的たる事項を示して請求したときは，理事長は臨時総会を招集しなければならない。

第十七条　総会（臨時総会を含む）は，出席会員によって行うものとする。
　　　　　理事会は，役員の選任・会計・各委員会および事務局の活動その他，学会の運営に関する基本的事項について総会に報告し，了承

を受けるものとする。

第十八条　本会の会計年度は，毎年四月一日に始り，翌年三月末日に終る。

五，規約の変更及び解散
第十九条　本規約を変更する場合は，理事会の発議に基づき会員の投票を実施し，有効投票の三分の二以上の賛成を得なければならない。

第二十条　本会は，会員の三分の二以上の同意がなければ，解散することができない。

（二〇〇〇年一〇月八日改正）

日本政治学会理事・監事選出規程

理事の選任
第一条　理事の選任は，会員による選挙および同選挙の当選人によって構成される理事選考委員会の選考によって行う（以下，選挙によって選出される理事を「公選理事」，理事選考委員会の選考によって選出される理事を「選考理事」と称する）。

第二条　公選理事は，会員の投票における上位二〇位以内の得票者とする。

第三条　投票が行われる年の四月一日現在において会員である者は選挙権及び被選挙権を有する。
　　　　ただし，顧問および理事長は被選挙権を有しない。

第四条　会員の選挙権及び被選挙権の公表は会員名簿及びその一部修正によって行なう。

第五条　一，選挙事務をとり行なうため，理事長は選挙管理委員長を任命する。
　　　　二，選挙管理委員長は五名以上一〇名以下の会員により，選挙管理委員会を組織する。

第六条　一，選挙は選挙管理委員会発行の，所定の投票用紙により郵送で行なう。
　　　　二，投票用紙は名簿と共に五月中に会員に郵送するものとする。
　　　　三，投票は六月末日までに選挙管理委員会に到着するように郵送されなければならない。

　　　　　四，投票は無記名とし，被選挙権者のうち三名を記する。

第七条　一，選挙管理委員会は七月末までに開票を完了し，得票順に当選人を決定し，九月初旬までに理事長及び当選人に正式に通知しなければならない。
　　　　二，最下位に同点者がある場合は全員を当選とする。
　　　　三，投票の受理，投票の効力その他投票及び開票に関する疑義は選挙管理委員会が決定するものとする。
　　　　四，当選人の繰上補充は行なわない。

第八条　一，前条第一項の当選人は理事選考委員会を構成する。
　　　　二，理事選考委員会は，十五名以内の理事を，地域，年齢，専攻，学会運営上の必要等に留意して選考する。
　　　　三，理事選考委員会は当選人の欠員補充をすることができる。その場合には，前項の留意条件にとらわれないものとする。
　　　　四，常務理事については，本条第二項にいう十五名の枠外とすることができる。

第九条　理事長は，選出された公選理事および選考理事を，理事として総会に報告する。

監事の選任
第十条　監事の選任は理事会において行い，理事会はその結果を総会に報告し，了承を受けるものとする。

規程の変更
第十一条　本規程の変更は，日本政治学会規約第十九条の手続きによって行う。

（了解事項）　理事選挙における当選者の得票数は，当選者に通知するとともに，理事会に報告する。
　　　　　　　　　　　　　　　　　　　　　　（二〇〇〇年一〇月八日改正）

日本政治学会理事長選出規程

第一条　理事長は，公選理事の中から選出する。
第二条　現理事長は，理事選挙後，理事選考委員会（日本政治学会理事・監

事選出規程第八条）に先だって，公選理事による次期理事長候補者選考委員会を招集する。

二　公選理事は，同選考委員会に欠席する場合，他の公選理事に議決権を委任することができる。

三　次期理事長選考委員会では，理事長に立候補した者，または推薦された者について投票を行い，過半数の得票を得て，第一位となった者を次期理事長候補者とする。

四　投票の結果，過半数の得票者がいない場合，上位二名につき再投票を行い，上位の得票者を次期理事長候補者とする。

五　再投票による得票が同数の場合は，抽選によって決定する。

第三条　選考理事を含めた次期理事会は，次期理事長候補者の理事長への選任について審議し，議決する。

二　理事は，欠席する場合，他の理事に議決権を委任することができる。

（二〇〇二年一〇月五日制定）

日本政治学会次期理事会運営規程

一　〔総則〕　次期理事が選出されてから，その任期が始まるまでの次期理事会は，本規程に従って運営する。

二　〔構成〕　次期理事会は，次期理事および次期監事によって構成する。

三　〔招集〕　次期理事会は，次期理事長が召集する。但し，第一回の次期理事会は現理事長が招集する。

四　〔任務〕　イ　次期理事会に関する事務は，次期常務理事が取り扱う。また，その経費は次期理事会経費に準じて学会事務局が支払う。

　　　　　　　ロ　次期理事会は，任期の間の次期常務理事，次期幹事，各種委員会の長および委員を必要に応じて委嘱できる。

　　　　　　　ハ　次期理事会は，任期の間の日本政治学会行事について，現理事会の委嘱にもとづき，企画，立案できる。

五　〔記録〕　次期理事会の記録は，次期常務理事の下でまとめ，次期理事会および現理事会の構成員に配布する。

（二〇〇二年一〇月五日制定）

『年報政治学』論文投稿規程

※第9条の「投稿申込書」は，日本政治学会のホームページからダウンロードできます（URL: http://wwwsoc.nii.ac.jp/jpsa2/publication/nenpou/index.html）。

1．応募資格
・日本政治学会の会員であり，応募の時点で当該年度の会費を納入済みの方。

2．既発表論文投稿の禁止
・応募できる論文は未発表のものに限ります。

3．使用できる言語
・日本語または英語。

4．二重投稿の禁止
・同一の論文を本『年報政治学』以外に同時に投稿することはできません。
・同一の論文を『年報政治学』の複数の号に同時に投稿することはできません。

5．論文の分量
・日本語論文の場合，原則として20,000字以内（注，参考文献，図表を含む）とします。文字数の計算はワープロソフトの文字カウント機能を使って結構ですが，脚注を数える設定にして下さい（スペースは数えなくても結構です）。半角英数字は2分の1字と換算します。図表は，刷り上がり1ページを占める場合には900字，半ページの場合には450字と換算して下さい。
　論文の内容から20,000字にどうしても収まらない場合には，超過を認めることもあります。ただし査読委員会が論文の縮減を指示した場合には，その指示に従って下さい。
・英語論文の場合，8,000語（words）以内（注，参考文献，図表を含む）とします。図表は，刷り上がり1ページを占める場合には360語（words），半ページの場合には180語（words）と換算して下さい。
　論文の内容から8,000語にどうしても収まらない場合には，超過を認めることもあります。ただし査読委員会が論文の縮減を指示した場合には，その指示に従って下さい。

6．論文の主題

- 政治学に関わる主題であれば，特に限定しません。年報各号の特集の主題に密接に関連すると年報委員会が判断した場合には，特集の一部として掲載する場合があります。ただし，査読を経たものであることは明記します。

7．応募の締切
- 論文の応募は年間を通じて受け付けますので，特に締切はありません。ただし，6月刊行の号に掲載を希望する場合は刊行前年の10月末日，12月刊行の号に掲載を希望する場合は刊行年の3月末日が応募の期限となります。しかし，査読者の修正意見による修正論文の再提出が遅れた場合などは，希望の号に掲載できないこともあります。また，査読委員会が掲載可と決定した場合でも，掲載すべき論文が他に多くある場合には，直近の号に掲載せず，次号以降に回すことがありますので，あらかじめご了承ください。掲載が延期された論文は，次号では最優先で掲載されます。

8．論文の形式
- 図表は本文中に埋め込まず，別の電子ファイルに入れ，本文中には図表が入る位置を示して下さい。図表の大きさ（1ページを占めるのか半ページを占めるのか等）も明記して下さい。また，他から図表を転用する際には，必ず出典を各図表の箇所に明記して下さい。
- 図表はスキャン可能なファイルで提出してください。出版社に作成を依頼する場合には，執筆者に実費を負担していただきます。
- 投稿論文には，審査の公平を期すために執筆者の名前は一切記入せず，「拙著」など著者が識別されうるような表現は控えて下さい。

9．投稿の方法
- 論文の投稿は，ワードまたは一太郎形式で電子ファイルに保存し，『年報政治学』査読委員会が指定する電子メールアドレス宛てに，メールの添付ファイルとして送信して下さい。投稿メールの件名（Subject）には，「年報政治学投稿論文の送付」と記入して下さい。
- なお，別紙の投稿申込書に記入の上，投稿論文と共にメールに添付して送付して下さい。
- また，投稿論文を別に3部プリントアウト（A4用紙に片面印刷）して，査読委員会が指定する宛先に送ってください（学会事務局や年報委員会に送らないようにご注意ください）。
- 送付された投稿論文等は執筆者に返却致しません。

10．投稿論文の受理

・投稿論文としての要件を満たした執筆者に対しては、『年報政治学』査読委員会より、投稿論文を受理した旨の連絡を電子メールで行います。メールでの送受信に伴う事故を避けるため、論文送付後10日以内に連絡が来ない場合には、投稿された方は『年報政治学』査読委員会に問い合わせて下さい。

11. 査読
・投稿論文の掲載の可否は、査読委員会が委嘱する査読委員以外の匿名のレフリーによる査読結果を踏まえて、査読委員会が決定し、執筆者に電子メール等で結果を連絡します。
・なお、「掲載不可」および「条件付で掲載可」と査読委員会が判断した場合には、執筆者にその理由を付して連絡します。
・「条件付で掲載可」となった投稿論文は、査読委員会が定める期間内に、初稿を提出した時と同一の手続で修正稿を提出して下さい。なお、その際、修正した箇所を明示した修正原稿も電子メールの添付ファイルとして送って下さい。

12. 英文タイトルと英文要約
・査読の結果、『年報政治学』に掲載されることが決まった論文については、著者名の英文表記、英文タイトル、英文要約を提出いただくことになります。英文要約150語程度（150 words）になるようにして下さい（200語以内厳守）。査読委員会は原則として手直しをしないので、執筆者が各自で当該分野に詳しいネイティヴ・スピーカーなどによる校閲を済ませて下さい。

13. 著作権
・本『年報政治学』が掲載する論文の著作権は日本政治学会に帰属します。掲載論文の執筆者が当該論文の転載を行う場合には、必ず事前に文書で本学会事務局と出版社にご連絡下さい。また、当該『年報政治学』刊行後1年以内に刊行される出版物への転載はご遠慮下さい。
・また、投稿論文の執筆に際しては他人の著作権の侵害、名誉毀損の問題を生じないように充分に配慮して下さい。他者の著作物を引用するときは、必ず出典を明記して下さい。
・なお、万一、本『年報政治学』に掲載された執筆内容が他者の著作権を侵害したと認められる場合、執筆者がその一切の責任を負うものとします。

14. その他の留意点
・執筆者の校正は初校のみです。初校段階で大幅な修正・加筆をすることは

認められません。また，万が一査読委員会の了承の下に初校段階で大幅な修正・加筆を行った場合，そのことによる製作費用の増加は執筆者に負担していただきます。
・本『年報政治学』への同一の著者による論文の投稿数については何ら制限を設けるものではありませんが，採用された原稿の掲載数が特定の期間に集中する場合には，次号以下に掲載を順次繰り延べることがあります。

査読委員会規程

1. 日本政治学会は，機関誌『年報政治学』の公募論文を審査するために，理事会の下に査読委員会を置く。査読委員会は，委員長及び副委員長を含む7名の委員によって構成する。

    査読委員会委員の任期は2年間とする。任期の始期及び終期は理事会の任期と同時とする。ただし再任を妨げない。

    委員長及び副委員長は，理事長の推薦に基づき，理事会が理事の中から任命する。その他の委員は，査読委員長が副委員長と協議の上で推薦し，それに基づき，会員の中から理事会が任命する。委員の選任に当たっては，所属機関，出身大学，専攻分野等の適切なバランスを考慮する。

2. 査読委員会は，『年報政治学』に掲載する独立論文および特集論文を公募し，応募論文に関する査読者を決定し，査読結果に基づいて論文掲載の可否と掲載する号，及び配列を決定する。特集の公募論文は，年報委員長と査読委員長の連名で論文を公募し，論文送付先を査読委員長に指定する。

3. 査読者は，原則として日本政治学会会員の中から，専門的判断能力に優れた者を選任する。ただし査読委員会委員が査読者を兼ねることはできない。年報委員会委員が査読者になることは妨げない。査読者の選任に当たっては，論文執筆者との個人的関係が深い者を避けるようにしなければならない。

4. 論文応募者の氏名は査読委員会委員のみが知るものとし，委員任期終了後も含め，委員会の外部に氏名を明かしてはならない。査読者，年報委員会にも論文応募者の氏名は明かさないものとする。

5. 査読委員長は，学会事務委託業者に論文応募者の会員資格と会費納入状況を確認する。常務理事は学会事務委託業者に対して，査読委員長の問い合わせに答えるようにあらかじめ指示する。

6. 査読委員会は応募論文の分量，投稿申込書の記載など，形式が規程に則しているかどうか確認する。

7. 査読委員会は，一編の応募論文につき，2名の査読者を選任する。査読委員会は，査読者に論文を送付する際に，論文の分量を査読者に告げるとともに，論文が制限枚数を超過している場合には，超過の必要性についても審査を依頼する。

    査読者は，A，B，C，Dの4段階で論文を評価するとともに，審査概評を報告書に記載する。A〜Dには適宜＋または－の記号を付してもよい。記号の意味は以下の通りとする。

    A：従来の『年報政治学』の水準から考えて非常に水準が高く，ぜひ掲載すべき論文

　　　　　Ｂ：掲載すべき水準に達しているが，一部修正を要する論文
　　　　　Ｃ：相当の修正を施せば掲載水準に達する可能性がある論文
　　　　　Ｄ：掲載水準に達しておらず，掲載すべきではない論文。
　　　査読者は，ＢもしくはＣの場合は，別紙に修正の概略を記載して査読報告書とともに査読委員会に返送する。またＤの場合においては，論文応募者の参考のため，論文の問題点に関する建設的批評を別紙に記載し，査読報告書とともに査読委員会に返送する。査読委員会は査読者による指示ならびに批評を論文応募者に送付する。ただし査読委員会は，査読者による指示ならびに批評を論文応募者に送付するにあたり，不適切な表現を削除もしくは変更するなど，必要な変更を加えることができる。
　　　ＡないしＣの論文において，その分量が20,000字（英語論文の場合には8,000語）を超えている場合には，査読者は論文の内容が制限の超過を正当化できるかどうか判断し，必要な場合には論文の縮減を指示することとする。
 ８．修正を施した論文が査読委員会に提出されたときは，査読委員会は遅滞なく初稿と同一の査読者に修正論文を送付し，再査読を依頼する。ただし，同一の査読者が再査読を行えない事情がある場合には，査読委員会の議を経て査読者を変更することを妨げない。また，所定の期間内に再査読結果が提出されない場合，査読委員会は別の査読者を依頼するか，もしくは自ら査読することができるものとする。
 ９．最初の査読で査読者のうち少なくとも一人がＤ（Ｄ＋およびＤ－を含む。以下，同様）と評価した論文は，他の査読者に査読を依頼することがある。ただし，評価がＤＤの場合は掲載不可とする。修正論文の再査読の結果は，Ｘ（掲載可），Ｙ（掲載不可）の２段階で評価する。ＸＹの場合は，委員会が査読者の評価を尊重して掲載の可否を検討する。
 10．査読委員会は，年報委員長と協議して各号に掲載する公募論文の数を決定し，その数に応じて各号に掲載する公募論文を決定する。各号の掲載決定は，以下の原則によるものとする。
　　　1）　掲載可と判断されながら紙幅の制約によって前号に掲載されなかった論文をまず優先する。
　　　2）　残りの論文の中では，初稿の査読評価が高い論文を優先する。この場合，ＢＢの評価はＡＣの評価と同等とする。
　　　3）　評価が同等の論文の中では，最終稿が提出された日が早い論文を優先する。
　　　上記３つの原則に拘らず，公募論文の内容が特集テーマに密接に関連している場合には，その特集が組まれている号に掲載することを目的として掲載号を変えることは差し支えない。
 11．応募論文が特集のテーマに密接に関連する場合，または応募者が特集の一

部とすることを意図して論文を応募している場合には，査読委員長が特集号の年報委員長に対して論文応募の事実を伝え，その後の査読の状況について適宜情報を与えるものとする。査読の結果当該論文が掲載許可となった場合には，その論文を特集の一部とするか独立論文として扱うかにつき，年報委員長の判断を求め，その判断に従うものとする。
12. 査読委員長，査読委員及び査読者の氏名・所属の公表に関しては，査読委員長の氏名・所属のみを公表し，他は公表しない。

付則1
 1．本規程は，2005年10月より施行する。
 2．本規程の変更は，理事会の議を経なければならない。
 3．本規程に基づく査読委員会は2005年10月の理事会で発足し，2006年度第2号の公募論文から担当する。最初の査読委員会の任期は，2006年10月の理事交代時までとする。

付則2
 1．本規程は，2007年3月10日より施行する。

The Annuals of
Japanese Political Science Association 2009-I

Summary of Articles

A Quest for Normalcy in the Constitutional Government:
Institutions and Norms for Change of Power in Japan, 1918-1936

Ryota MURAI (13)

The Meiji Constitution created a bicameral Imperial Diet, which included a House of Representatives with members chosen by direct election. However, this was not what made the party cabinet system a necessity. The selection of prime minister was on the elder statesmen's consensus directed by protocol.

Nevertheless, under the slogan "The Normal way of the Constitutional Government," the situation changed in the direction of democracy. From 1924 through 1932, party leader possessed political power. And from 1927, there was a two-party system by the *Seiyukai* and the *Minseito*. A certain Japanese journalist said in 1929 that Japanese politics was almost the same as the British politics in respect of this.

The purpose of the paper is to explore the establishment and collapse of norms for change of power by a relation with institutions from 1918 through 1936. Mainly, three actors; people who selected the prime minister, party leaders and observers (scholars and journalists) are observed in the paper. And the majority rule in the pre-war Japan is also considered.

The background of the introduction of the medium-sized constituency system in 1925

Sochi NARAOKA (40)

In 1925 the Law of the election of the Lower House was revised, and the medium-sized constituency system was introduced. This system had been continued for about 70 years and given great influence to Japanese politics. Why and how was the medium-sized constituency system introduced in 1925? The aim of this paper is to answer this question.

It has often been said that the three parties in power introduced it in order to escape from competing each other and to keep their base. This is the case, but the background was much more complicated. This paper focuses on three points.

First, quite a few medium-sized constituencies had already been made when Hara Cabinet revised the Law of the election of the Lower House in 1919. It reflected wishes of Upper House, which was afraid of Seiyukai's mastery over Lower House, and wishes of some Seiyukai or independent MPs, who were afraid of changes of their constituencies.

Second, the small-sized constituency system was greatly criticized among journalism and academic world after World War I. They insisted that corruption in election and higher cost for election was due to the small-sized constituency system, and they were generally welcome to proportional representation and multi party system in Europe. In 1923 Advisory Committee on Law expressed that proportional representation should be adopt. These voices promoted the review of the small-sized constituency system.

Third, it was Kenseikai rather than three parties in power that took the initiative in introducing the medium-sized constituency system. Kenseikai did it in order to avoid returning to the large-sized constituency system, which was likely to make excessive multi party system, and to introduce the favorable election system to it. The medium-sized constituency system was favorable for Kenseikai in that it would not lose heavily. Kenseikai aimed to grow as one party in two party system, and the plan really came true after that.

Japanese Evaluation to the Reform of Electoral Institution in the Lower House

Masahiro YAMADA (62)

The purpose of this article is to examine the effects of electoral reform and tendency toward Duvergerian equilibrium in the lower house elections in Japan to voters. At first, using aggregate data of voting, we confirm the tendency to the Duvergerian equilibrium at the single-member district level. Next, in order to test the relationship between voter turnout and effective number of candidates (ENC) in the SMDs, we estimate OLS regression. After that, combining calculated the ENCs with survey datasets, we observe voters' perception about satisfaction to election results, belief to function of election, and external efficacy.

Here we have two main findings. The one is the positive relationship between voter turnout and the ENCs at the SMDs. The other is the robustness of the voters' perceptions to electoral reform and the tendency toward the Duvergerian equilibrium at the SMDs. From these findings, we conclude that Japanese voters do not share so pessimistic views as some critics to current electoral system and bi-partism. Simultaneously, we argue that we should be cautious of abstention and the validity of survey datasets.

An Analysis of the Votes of No-confidence in the Japanese Diet
Mikitaka MASUYAMA (79)

Why do opposition parties propose votes of no-confidence they know will not pass? Although there is an extensive literature on the confidence relationship between parliament and the executive, it tends to focus solely on the vote of no-confidence as a mechanism for the parliamentary majority control of the executive. This article fills a gap in the literature by exploring the vote of no-confidence as a tool of the opposition, focusing on its use in the Japanese Diet. I suggest two possible reasons for the vote of no-confidence to have utility to the opposition, even when they know it will not pass. The opposition might use the no-confidence vote for legislative gains, using the no-confidence vote as a delay tactic or filibuster. Or the opposition might use it for electoral gains, using the no-confidence vote as an opportunity to publicize unpopular government policies or actions. Although the traditional literature on the Japanese Diet has suggested that the opposition uses the no-confidence vote for legislative gains, the evidence presented in this article suggests that electoral gains hypothesis better explains no-confidence votes in postwar Japan.

The Mechanical Effect of Electoral Systems on Disproportionality
Kentaro FUKUMOTO (110)

This article defines the mechanical effect of electoral systems according to the literature on causal inference. An electoral system is decomposed into six parts: assembly size, district magnitude, malapportionment, geographical vote distribution, interaction between these, and electoral formula. The article proposes a new index of disproportionality, which is derived from the log likelihood ratio of the multinomial distribution. The mechanical effect of electoral systems on disproportionality is illustrated using simulation as well as election data from both Houses of Japanese Diet from 1890 to 2007.

Comparative Study of Divided Government: American Politics as a Case

Satoshi MACHIDORI (140)

This article proposes a framework for the comparative study of divided government and applies it to the U.S. cases. A recent theory of comparative politics, comparative analysis of political institutions, emphasizes there are many variations of the presidential systems. They come from two institutional arrangements: electoral and executive rules. These rules lead to the variations of divided governments by making differences in party systems and organizations. In the case of American divided government, it had been a combination of two-party competition and weak intra-party unity until the 1970s. Since the 1980s, however, American two-party system has been with a strong intra-party cohesion. This transformation has also changed the policymaking process of the divided government. By some data and a case study, the author finds that confrontations between the President and Congressional majority party become sharper, although these are continued not so long.

Toru Shimizu's Constitutional Theory and the Emperor's Court in the Pre-war Showa Era

Yukihiro SUGAYA (162)

Toru Shimizu was a scholar of constitutional and administrative laws in Modern Japan. He lectured the Taisho Emperor as an employee of the Imperial Household Ministry, and young Showa Emperor as an employee at the educational section of the prince's palace. The objective of this study is to elucidate the political processes in the pre-war Showa Era, in which the Meiji constitutional system unsettled and collapsed, by reviewing the doctrine of Shimizu and its political position. In this study, the doctrine of Shimizu is compared with the constitutional theory of Tatsukichi Minobe from the viewpoint of constitutionalism and liberalism. In detail, the author discussed the commonalities and differences regarding the Emperor's political power, the state minister's consulting responsibility, the Imperial Diet's position and roles, party cabinet system theory, and electoral system theory, etc. In addition, the author attempts to conduct a comprehensive analysis, discussing how the doctrine of Shimizu was evaluated by the emperor's entourages including Nobuaki Makino and Kouichi Kido, middle-class army personnel, and right-wing constitutional scholars, and to position his presence in the Japanese political history in the 1930s.

Enactment of the National Diet Law: Rational Choice of GHQ/SCAP and Restriction of the Autonomy of the House of Councillors

Shu KAJITA (183)

Parliamentary reform between 1945 and 1947 was one of the key policies implemented in Japan during the Allied occupation. It brought a fundamental change to the institutional arrangement of the Japanese legislature. This article finds that it was truly a by-product of the U.S. congressional reform around that time. The newly established National Diet of Japan bore a significant resemblance to the U.S. Congress reorganized by the Legislative Reorganization Act of 1946. Some novel institutions proposed by congressional reformers were struck down at home but survived on the opposite side of the world. Although the main content of the reform was not optimal for Japan, it was the best choice from the subjective view of GHQ/SCAP in Tokyo. The author also contends that GHQ/SCAP expected the House of Councillors to be an obstacle to the democratization of Japan. Thus it was rational for GHQ/SCAP to provide the House of Representatives with veto power that would infringe the autonomy of the upper chamber.

Sato's Visit to the U.S. and the Negotiations over the Reversion of Okinawa in November 1967

Takuma NAKASHIMA (208)

PM Sato's Visit to the U.S. in November 1967 was one of the important phases in the process of the reversion of Okinawa to Japan. In the Joint Statement following the summit meeting, the two governments announced the agreement on keeping the status of the Ryukyu Islands under joint review, guided by the aim of reversion. Furthermore, the joint communiqué referred to Sato's hope that the agreement would be reached between the two governments "within a few years" on the date for the reversion of the Ryukyu Islands. As it turned out, the two governments agreed on the time of Okinawa reversion two years later.

This article analyzes the Japan-U.S. summit meeting in November 1967, with special focus on the process of completing the joint communiqué through negotiations. The negotiation process was characterized by its complexity. While Japan's Ministry of Foreign Affairs conducted negotiations with its U.S. counterparts, Sato sent his personal emissary to the White House to negotiate on setting the timetable for the reversion "within a few years." This was because the MOFA had had a negative attitude toward Sato's plan. This article examines the development of Japanese "dual diplomacy" on the basis of documents from both countries.

Why mixed electoral system has been continued?
Shinsuke HAMAMOTO (232)

Electoral systems are distributive political institutions that shape party system and policy outcomes, yet are themselves endogenously shaped outcomes of political choices.

In this article, I examine whether legislators are motivated by self-interest, values, ideology, or all of these when evaluating proposals for changing electoral institutions. Using survey data from Asahi Shinbun (1995, 1996, 2003), I verify four hypotheses. Four hypotheses are 1) vote seeking 2) office seeking 3) electoral self-interest 4) policy preference and ideology.

As a result, mixed electoral systems are supported than other electoral systems (SMD, SNTV, PR). The supports for mixed electoral systems consist of party electoral benefit, coalitional benefit, self-interest, policy preference, ideology.

One of the notable features of mixed electoral systems is two different incentives.

Legislators who are elected by SMD prefer more disproportional systems, while legislators who are elected by PR prefer more proportional systems. The feature causes the last of mixed electoral systems.

Conflict between Autonomy and Vigor: Administrative Competition for Control over Legal Protection of Computer Software
Shunsuke KYO (257)

This article analyzes a policy-making process for revised Japanese copyright law to add provision for computer software. The policy outcome of this process had been made through the conflict between the Agency for Cultural Affairs and the Ministry of International Trade and Industry. The paper describes the conditions under which administrative conflicts, as a result of attempts to control new policy areas, arise and are settled. Previous research shows that such conflicts are viewed as administrative competition for additional resources. In order to modify this understanding, by introducing "autonomy" and "vigor," the author argues, as previous studies have shown, that conflicts between both agencies pursuing vigor tend to lead to deadlocks and need arbitrators (e.g. politicians) to provide resolutions. Conversely, conflicts between agencies pursuing vigor and ones pursuing a degree of autonomy tend to be resolved without such arbitrators as policy outcomes satisfying both interests arise when the agencies' goals are different.

The Gap between Theory and Positive Method on Social Network Studies: Two types of the Columbia Voting Studies
Mamoru SHIRASAKI (279)

Social network studies treat informal network of the individual which consists of his family and friend and so on. The studies survey both the network structure and network effects on his psychology and behavior. Particularly, this article treats the political network studies which have continued since 1970' in America.

R.Huckfeldt and his colleague classify the networks into two models: *Cohesion Model* and *Structural Equivalence Model*. Huckfeldt and his colleague regard the former as the network with persuasion, and the latter as the network without persuasion. Though Huckfeldt and his colleague derive their idea from studies by R.S.Burt, Huckfeldt and his colleague cannot precisely follow his positive method. This article compares these models, and examines the possibility of experiencing them. In addition, this article discusses studies in Japan which make use of these models.

Divided Government and Legislation Process in Germany
Hiroki YASUI (303)

Federal Republic of Germany has been governed by the unified governments only for 17 years of its 59 years history. The upper house of German legislative body (*Bundesrat*) has no power to dismiss the cabinet, but has a de facto veto power in the legislation process. Such setting of governing system makes it difficult to keep the unified government in Germany.

However, the period of "certain divided government", in which the opposition parties have a clear majority in the Bundesrat, is shorter: about 13 years. Voting behavior of a "mixed state" that has a coalition government of federal ruling parties and federal opposition parties tends to be dependent on the negotiations summaries 403

among the parties. Therefore, for around half of the period, Germany experienced the "uncertain divided governments", under which neither the ruling parties nor the opposition parties could have controlled the solid majority in the Bundesrat.

While negotiations and compromises are the basic mode under the "certain divided governments", federal cabinets in the time of "uncertain divided government" have a room for maneuver to arrange the legislative proceedings in a unilateral manner.

Corruption and Economic Development: An Explanation based upon the Rational Behavior of Bureaucrats under the Park Regime in South Korea
Yumi HORIKANE (322)

Most of recent statistical studies show corruption is incompatible with rapid economic development. In South Korea, however, the miraculous economic growth was attained despite the existence of ample corruption. This paper tries to explain this riddle through deductive exploration of the rational behavior of bureaucrats in the Korean institutional framework.

The model assumes that there were various types of bureaucrats, yet all of them were basically rational utility maximizers, competing with each other for promotion regardless of their official or personal purposes and propensities. The rule was clearly defined within the newly-established merit-based civil service system, and all they had to do there, in fact, was to make greater contribution to the leadership's ultimate target of economic development. Under the extremely goal-oriented public administration of the developmental state, the performance of the economy was always closely monitored and regularly reported, by which the performance of the relevant bureaucratic agencies as well as that of the persons in charge was revealed. In other words, bureaucrats, regardless of their individual interests, always needed to achieve good performance in order to be promoted. Even if they were corrupt, their corruption should not gravely hinder the good performance.

Clash of Interests and Form of Settlement: The Transformation Process of Legislative Apportionment Rule at the Time of Canadian Confederation
Maiko TAKANO (345)

This article concerns a long-term political dispute in Canada — the apportionment rule of the parliamentary seats between contemporary provinces of Ontario and Québec at the time of Confederation. During this period, Canada transformed the apportionment rule of the Lower House from one of equal distribution to distribution according to the population ratio. This was incredibly controversial because the latter would disadvantage the French politicians of Québec in terms of representation. Although previous scholars have highlighted this dispute as the main political issue of the time, they have not elucidated the actual transformation process and reason why the change was attained. In this article, I use primary historical resources for examination and clarify the process and reason why the agreement to adopt the new rule was reached. As a conclusion, I contend that the French politicians accepted the distribution of seats based on the population in return for their attainment of a "guarantee," that is, the acquisition of a particular provincial right in the course of the Confederation debate.

年報政治学2009 – Ⅰ
民主政治と政治制度
2009年6月10日　第1刷発行

編　者　日 本 政 治 学 会（年報委員長　川人貞史）
発行者　坂 口 節 子
発行所　有限会社　木鐸社
印刷　㈱アテネ社／製本　大石製本

〒112-0002　東京都文京区小石川5-11-15-302
電話（03）3814-4195　　郵便振替　00100-5-126746番
ファクス（03）3814-4196　　http://www.bokutakusha.com/

ISBN978-4-8332-2417-8　C3331

乱丁・落丁本はお取替致します

日本政治学会編　年報政治学

日本政治学会編　年報政治学2005－Ⅰ　2005年より版元変更。年2回刊
市民社会における参加と代表
A5判・360頁・2300円（2005年11月）ISBN4-8332-2370-8 C3331
政治改革の効果測定－小選挙区比例代表並立制導入に伴う投票行動の変化と持続－＝小林良彰
2003年衆議院選挙・2004年参議院選挙の分析－期待の政治の帰結と有権者＝池田謙一
2004年参院選における業績評価投票＝平野浩
2004年参院選における自民党からの離反と小泉評価＝山田真裕，他

日本政治学会編　年報政治学2005－Ⅱ
市民社会における政策過程と政策情報
A5判・260頁・1700円（2006年3月）ISBN4-8332-2375-9 C3331
衆議院総選挙候補者の政策位置＝谷口将紀
無党派知事下の地方政府における政策選択＝曽我謙悟・待鳥聡史
政策形成過程における官僚の民主的統制としての組織規範＝金宗郁
国民の対外意識に及ぼすマスメディアの影響＝河野武司

日本政治学会編　年報政治学2006－Ⅰ
平等と政治
A5判・320頁・2200円（2006年11月）ISBN4-8332-2382-1 C3331
運命と平等──現代規範的平等論＝飯田文雄
世界秩序の変動と平等＝遠藤誠治
不平等と政治的動員戦略＝新川敏光
福祉国家と平等をめぐる政治＝宮本太郎

日本政治学会編　年報政治学2006－Ⅱ
政治学の新潮流──21世紀の政治学へ向けて
A5判・270頁・1800円（2007年3月）ISBN978-4-8332-2391-1 C3331
規範理論と経験的研究との対話可能性＝田村哲樹
比較政治学における「アイディアの政治」＝近藤康史
「制度改革」の政治学＝森　正
日本官僚論の再定義＝宮本　融

日本政治学会編　年報政治学2007－Ⅰ
戦争と政治学　戦争の変容と政治学の模索
A5判・200頁・1400円（2007年9月）ISBN978-4-8332-2396-6 C3331
ウエーバーにおける戦争と政治＝亀嶋庸一
書かれざる「戦争の政治学」＝川原　彰
民主主義と武力行使＝押村　高
デモクラシーと戦争＝北村　治

日本政治学会編　年報政治学2007－Ⅱ
排除と包摂の政治学
越境，アイデンティティ，そして希望
A5判・262頁・1700円（2007年12月）ISBN978-4-8332-2398-0 C3331
帝国の時代におけるリージョンとマイノリティ＝竹中　浩
無国籍者をめぐる越境とアイデンティティ＝陳　天璽
文化的多様性と社会統合＝辻　康夫
越境社会と政治文化＝小川有美

日本政治学会編　年報政治学2008－Ⅰ
国家と社会　統合と連帯の政治学
A5判・368頁・2300円（2008年6月）ISBN978-4-8332-2404-8 C3331
労働の再定義——現代フランス福祉国家——＝田中拓道
ハイエクの民主政治論——トクヴィルとの比較＝山中　優
結社と民主政治＝早川　誠
ポスト植民地主義期の社会と国家＝大中一弥

日本政治学会編　年報政治学2008－Ⅱ
政府間ガバナンスの変容
A5判・380頁・2500円（2008年12月）ISBN978-4-8332-2412-3 C3331
中央地方関係から見た日本の財政赤字＝北村　亘
行政組織の必置緩和と地方政府の制度選択＝村上祐介
中央地方間ガバナンスの政治分析＝南京兌・李敏榤
分権改革はなぜ実現したか＝市川喜崇
医療供給をめぐるガバナンスの政策過程＝宗前清貞，他

議会制度と日本政治■議事運営の計量政治学
増山幹高著（政策研究大学院大学）
A5判・300頁・4000円（2003年）ISBN4-8332-2339-2

既存研究のように，理念的な議会観に基づく国会無能論やマイク・モチヅキに端を発する行動論的アプローチの限界を突破し，日本の民主主義の根幹が議院内閣制に構造化されていることを再認識する。この議会制度という観点から戦後日本の政治・立法過程の分析を体系的・計量的に展開する画期的試み。

立法の制度と過程
福元健太郎著（学習院大学法学部）
A5判・250頁・3500円（2007年）ISBN978-4-8332-2389-8 C3031

本書は，国会をテーマに立法の理想と現実を実証的に研究したもの。著者は「制度は過程に影響を与えるが，制度設計者が意図したとおりとは限らない」とする。すなわち［理想のどこに無理があるのか］「現実的対応のどこに問題があるのか］を的確に示すことは難しい。計量的手法も取り入れながら，立法の理想と現実に挑む。

選挙制度と政党システム
川人貞史著（東京大学大学院法学政治学研究科）
A5判・290頁・4000円（2004年）ISBN4-8332-2347-3 C3031

著者がこの十数年の間に，さまざまな分析モデルを活用して進めてきた研究の中から，「選挙制度と政党システム」に関するものを集めた論集。一貫して追求してきたテーマと分析のアプローチは発表の都度，夫々注目を集めるとともに高い評価を得てきたもの。

選挙制度変革と投票行動
三宅一郎著（神戸大学名誉教授）
A5判・240頁・3500円（2001年）ISBN4-8332-2309-0

選挙制度改革後，2回にわたって行われた総選挙に示された有権者の投票行動の分析から，55年体制崩壊後の政治変化を読み取る三宅政治学の現在。有権者による小選挙区・比例区の2票の使い分け，一部で言われている戦略投票との関係など，著者の一貫したアプローチを新しいそれとの整合を図ることを試みる。